广州中医药大学
1924-2024 100周年校庆

陈文锋　王伟 ——— 编著

世纪广中医精诚人物传

南方日报出版社
NANFANG DAILY PRESS
中国·广州

图书在版编目（CIP）数据

世纪广中医：精诚人物传 / 陈文锋, 王伟编著.
广州：南方日报出版社, 2024.11. -- ISBN 978-7-5491-2931-7

Ⅰ．K825.46

中国国家版本馆CIP数据核字第2024UU8890号

世纪广中医：精诚人物传

SHIJI GUANGZHONGYI JINGCHENG RENWUZHUAN

编　　著：	陈文锋　王伟
出 版 人：	周山丹
责任编辑：	蔡　芹
装帧设计：	二间设计
责任校对：	熊丽思
责任技编：	王　兰
出版发行：	南方日报出版社
地　　址：	广州市广州大道中289号
经　　销：	全国新华书店
印　　刷：	广州市新怡印务股份有限公司
成品尺寸：	180mm×260mm
印　　张：	28
字　　数：	501千字
版　　次：	2024年11月第1版
印　　次：	2024年11月第1次印刷
定　　价：	100.00元

投稿热线：（020）87360640　　读者热线：（020）87363865
发现印装质量问题，影响阅读，请与承印厂联系调换。

本书编委会

主　任：陈文锋　王　伟

副主任：邱亚洪　潘华峰　张忠德　刘中秋　王宏斌　郭　鸿　林奕娇

委　员：（按姓氏拼音排序）

包伯航	蔡　苗	蔡慧冰	操红缨	陈　希	陈宏珪	陈坚雄	陈锦良
陈凯佳	陈秀华	邓　博	邓长生	豆晓莹	方　芳	方坚松	冯雅雯
符文彬	郜　洁	龚兆会	郭　莉	郭　强	郭华民	韩敦彦	何桂花
何婉婉	何伟炎	洪海都	侯　宇	胡洁莹	华　荣	黄　枫	黄彬城
黄洁明	黄俊翰	黄伟萍	黄子天	贾建伟	简柳军	金连顺	黎慰英
李　荣	李　颖	李红蓉	李焕英	李家驹	李乃奇	李培武	李穗晖
李主江	梁宏佐	林传权	林定坤	林佩芸	林晓红	林学凯	刘　炽
刘　鑫	刘成丽	刘凤斌	刘书君	卢　明	卢悦明	路　艳	罗巧云
罗日永	罗颂平	罗英子	马　瑞	马碧茹	孟　楠	牟喜君	宁百乐
潘胡丹	潘治森	裴　悦	丘宇慧	全世建	沈创鹏	施佳平	司徒红林
孙爱宁	孙晓生	唐丽娟	田　妮	万　雷	汪蓓蓓	王　琳	王桂彬
王海彬	王继红	王进忠	王靖雅	王舢泽	王震霆	文灼彬	翁泽林
吴　辉	吴　倩	吴　伟	吴智兵	谢文山	熊述清	许洁安	许伟明
严　萍	闫福曼	杨　从	杨彩霞	杨启琪	杨泽虹	易　浪	游　江
余　瑾	曾征伦	张　娟	张　林	张　瞳	张　莹	张　正	张楚莹
张小虎	张晓东	张晓红	张芝桐	赵　威	赵京涛	郑　洪	郑丽娟
钟敏莹	周　莎	周情情	周瑞生	周文妤	朱　磊	庄礼兴	

序

世纪广中医，精诚写春秋。从"上医医国，先觉觉民"至"厚德博学，精诚济世"，广州中医药大学从1924年创建的广东中医药专门学校一路走来，诞生于唤醒民族精神、争取民族独立之时，成长于民族觉醒、国家复兴之际，开现代中医药教育先河。回首百年，一代代广中医人始终与国家民族同呼吸共命运，用铮铮铁骨与仁心仁术坚决扛起中医药事业发展的大任，涌现出一批批为国家和民族大业矢志奋斗、为中医药事业发展呕心沥血的精诚人物。

一百年的积淀，涌现出广中医的精诚人物，凝聚着广中医人的精神力量。《世纪广中医·精诚人物传》作为广州中医药大学百年校庆纪念图书，全书收集整理了78位在学校发展历史上足够代表广中医的精诚人物的故事，以期展现广中医人百年耕耘、百年奋斗的艰辛历程，启迪广大师生从中汲取智慧与力量，在强国建设、民族复兴的新征程上，为党育人、为国育才，为建设教育强国、健康中国作出新的更大贡献，为中国式现代化建设发挥广中医力量。

在本书中，读者将领略到一代代广中医人在历史长河中的奋斗足迹，他们的成长故事、求学经历、优秀品格与坚韧精神，以及他们传承延续的治学之道、科研理念和精湛医术等等，将成为我们映照现实、仰望星空的宝贵财富。卢乃潼、陈任枚等创校先驱，在风雨如晦的民族抗争年代，毅然扛起捍卫民族瑰宝的旗帜，担负起近代中医药救亡图存、振兴发展的责任，在资源匮乏、条件艰苦的环境下创建广东中医药专门学校，为学校的发展奠定了坚实的基础；黄耀燊、罗元恺、邓铁涛、李仲守、司徒铃、刘仕昌、梁乃津等前辈，从广东中医药专门（科）学校毕业后孜孜不倦、深耕不辍，成为学校各个学科领域的开拓者，为中医药学科的发展开辟了新的天地；刘良、吴以岭、禤国维、周岱翰、林毅、林天东、李国桥等新时期名医名家，作为师者传道授业、作为医者仁术仁心，他们以实际行动践行济世情怀，谱写岭南医学的精髓内涵，为构建人类卫生健康共同体贡献广中医力量。杏林称毓秀，朝夕竞风流，这些精诚人物的故事不仅体现了中医药文化的博大精深，更彰显了广中医人百年传承的精神力量。

一段段深刻的记忆、一次次深情的讲述和一帧帧泛黄的老照片，一切呈现看似平凡朴素，却又寓意万千，意蕴非凡。这些精诚人物故事的倾情回顾，饱含的是我们对一代又一代广中医人崇高的精神礼赞，他们将成为广州中医药大学璀璨历史星河中的一束束光，照亮百年历史，赓续峥嵘岁月，并将引领我们奋勇前进，续写广州中医药大学新的百年华章！

历史长河奔腾不息，精诚人物不断涌现。本书是广州中医药大学"精诚人物传"的第一辑，我们将继续沉淀积累，从更多的维度对广州中医药大学的人物故事进行挖掘和整理，从更多精诚人物的故事中续写和升华广中医精神。

陈文锋　王伟
2024年10月

目录

首任校长卢乃潼：倡建中医药学校，振兴教育之大端 / 001

"温病大家"陈任枚：中流砥柱兴办学，医林望重著经典 / 007

"生理学教父"陈汝来：熟研经典，勤于著述 / 012

"中医秀才"梁慕周：针灸尊古而不泥古，采众长成一家之言 / 016

"南粤儒医"卢朋著：精医善教，以史育人 / 020

"诗豪郎中"梁翰芬：拯救苍黎超十万，杏林春满誉南天 / 025

医武宗师李佩弦：武林全才，杏林圣手 / 031

"当代仲景"刘赤选：温病论春秋，兼收众家长 / 037

"杏林革新者"陈永梁：从医无中西到方剂大家 / 041

"针灸少将"周仲房：弃政从医，名扬香江 / 046

妇科名家谢泽霖：专精教育，特色鲜明 / 051

"岭南骨伤圣手"管季耀：从自制生肌活血"隔纸膏"到方剂济世传人 / 056

中西结合先驱黄省三：倡专方专药，誉满省港间 / 062

"粤海跌打王"何竹林：著手成春起沉疴，中西合璧开先河 / 067

金匮泰斗陶葆荪：善用金匮疗顽疾，德艺双馨妙回春 / 072

杂病专家冯德瑜：施方不超八味药，倡导"学贵有疑" / 078

"带刺的红玫瑰"古大存：国策践行者，中医薪传人 / 082

"中医急先锋"张阶平：立志炼成国医手，吾道从兹信不孤 / 087

眼科学巨匠李藻云：为了光明，一生跋涉 / 095

"筹款专家"林夏泉：寒门出名医，常怀济世心 / 099

1

德艺双馨钟耀奎：传承唯贤不唯亲 / 105

"中医活辞典"李仲守：生命"燃烧"到最后一刻 / 110

杂病大家甄梦初：善用南药，化解疑难沉疴 / 117

"寻声者"杨志仁：三味真药济苍生，医身医病亦医心 / 123

"岭南一支针"韩绍康：银针渡疾苦，桃李满天下 / 129

"肝郁斗士"关汝耀：取各家之长，创独到之法 / 134

"温病妙手"文子源：创现代岭南儿科流派 / 137

岭南伤寒奠基人何志雄：以经方辨治岭南杂病 / 141

"小儿王"杜明昭：一篙撑两渡，威震龙津路 / 148

岭南妇科鼻祖罗元恺：新中国第一位中医教授 / 153

温病泰斗刘仕昌：擅治疫病的"东江之子"，淡泊名利的"抗非"功臣 / 160

"哮喘大咖"黎炳南：德术同兼备，圣手抚幼苗 / 167

针灸名家司徒铃：博古通今、中西合璧的岭南针灸奠基人 / 172

外科名家黄耀燊："党外的布尔什维克" / 179

"岐王再世"梁乃津：金牌胃药献方人，一片赤诚祛病痛 / 185

"铁杆中医"邓铁涛：生是中医人，死是中医魂 / 192

"编舟者"林建德：发皇经典精义，致力辞书编纂 / 198

"探界者"岑鹤龄：学贯中西开先风，勇倡争鸣兴医道 / 203

"古籍痴"沈炎南：三尺讲台耕耘不辍，矢志不渝传承中医 / 208

"万花油"献方人蔡荣：承家学万花满林，汇临证筋骨薪传 / 214

"守藏史"杨复：为中医呐喊，守知识殿堂 / 219

中医英译家欧明：以译为桥，联通中西 / 225

"骨坏死克星"袁浩：爱心无价，救治好军嫂 / 230

药理泰斗王建华：融贯中西奠基复方药理，呕心沥血开创脾虚研究 / 236

劳模专家庄国德：等值退还患者红包，融汇中西创大内科 / 242

"生理学领路人"陈洁文：砥砺深耕行致远，笃行不怠领芳华 / 247

"靳三针"靳瑞：轰动世界的三针绝技 / 252

飞针大师陈全新：东方神医，开创流派 / 259

"广东药王"梁颂名：四代名医一脉源，杏林春满誉南天 / 265

"以身试疟"李国桥：证实青蒿素恶性疟疾疗效第一人 / 271

精诚儒雅岑泽波：中医骨伤一把刀，岭南薪火传四海 / 278

"岭南皮肤圣手"禤国维：平调阴阳，治病之宗 / 285

中风病救治大师刘茂才：中医脑病的攻关人 / 291

"骨疏松克星"刘庆思：救死扶伤抢在前，中医振兴冲一线 / 296

甘作嫁衣区永欣：《内经》教学改革的开拓者 / 301

"送子观音"欧阳惠卿：兼收并蓄，细大不捐 / 305

正骨宗师肖劲夫：骨折复位绝技独步岭南 / 310

"攀登者"赖世隆：以数据诠释中医药疗效 / 316

中医抗癌周岱翰：首倡"带瘤生存"，开拓岭南中医肿瘤学术流派 / 322

"铁娘子"林毅：现代中医乳房病学奠基人与开拓者 / 328

赤子之心罗荣敬：永不停步的生理学"攀登者" / 334

"药学先行者"王宁生：鸿鹄高飞举千里，殷殷报国赤子心 / 339

"脾胃大家"陈蔚文：致知格物，创新不息；穷理探微，继往开来 / 343

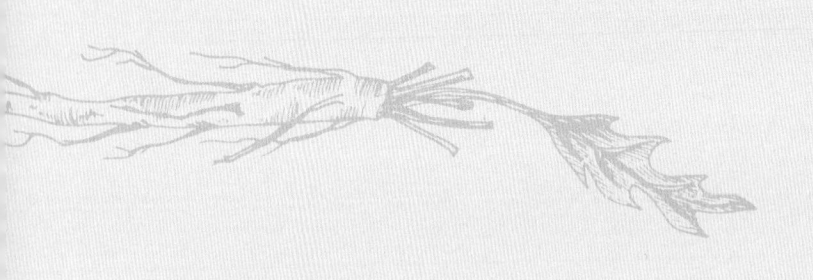

改革先锋吕玉波：探索中医院现代化之路 / 348
教学名师陈群：春风化雨，桃李满园 / 355
"岭南针匠"赖新生：通元疗法耀杏林，大医精诚铸仁心 / 362
湾区院士刘良：用现代科学"雕刻"中医之美 / 369
"中医女杰"罗颂平：精研岐黄之术，推动罗氏妇科流派走向世界 / 376
一生"针"缘许能贵：彰显国粹精华，勇攀学术高峰 / 382
"最美逆行者"张忠德：行医如同行善，践行大医精诚 / 387
"中医市长"梁剑波：诗书金石称三绝，更钦声价重医林 / 393
"黎医守卫者"林天东：琼州经方流派掌门人 / 399
络学大医吴以岭：推动络病理论创新，挺起中医药脊梁 / 405
首位中医议员陈永光：初心如磐务实笃行，传承引领使命在肩 / 411
"中医粉"姆萨·姆里瓦·阿哈马达：月亮之国的"驱魔人"，搭建中非友谊之桥 / 415
"澳国中医弄潮儿"薛长利：上下求索谋新路，严谨循证医名扬 / 422
"医心人"胡镜清：传承创新并举，中西医学并重 / 429
香江中医卞兆祥：打造国际化中医人才的"梦工厂" / 434

首任校长卢乃潼

倡建中医药学校，振兴教育之大端

学人小传

卢乃潼（1849—1927），字清辉，号梓川，广东顺德人。广东近代著名的教育家暨中医学教育家。自幼聪颖，学习骈文，擅长欧体书法。曾游艺于广东著名学者陈澧（东塾）先生门下，学业日益进步。光绪辛巳年（1881）补博士弟子员（一说举人）。历任广东咨议局议长，广东省教育会会长，顺德县修志总纂，广州菊坡精舍、学海堂书院（均为广州一中前身）学长，广雅书院（广雅中学）院长，广州中学（由羊城、越华两书院合设）校长，"主持上述院校教育工作十五年，成就人材为至众，此皆阐扬文献，振兴教育之大端也"。

筚路蓝缕，以启山林

1913年以来，鉴于中医中药衰微，广州市医药界人士特在张大昌行寿世会馆多次集会，讨论推举卢乃潼为主席，倡办中医药学校，培养人才。会议一致公推卢乃潼为"中医药学校省港筹办处主席"。卢乃潼对中医教育事业满腔热忱，义不容辞挑起重担，不畏艰难，毅然与中医药界同仁奔赴省港各地沿门劝捐。从1913年至1924年，广州药业八行与香港药业三会共汇捐十万大洋，其中卢乃潼一人就募捐到学校大礼堂全部建筑费。也正是因为卢乃潼与筹办处同仁的不懈努力，学校建设虽屡经波折，但最终仍然顺利完成。

1923年12月18日，省港同仁在香港联益公司举办会议，推举卢乃潼为第一任校长。1924年9月15日，广东中医药专门学校举行正式开学典礼，首任校长卢乃潼对学生致开学训词。

> 中国医学，肇自轩辕。逮乎宋明，始分科教士。晚近学术不讲，庸医充斥，为世集矢。然此非中医之不良，实习医之无人耳。不知中国天然之药产，岁值万万，民生国课，多给于斯。倘因中医衰落，中药随之，其关系至大。本校设立之宗旨，习中医以存中药，由中医以通西医，葆全国粹，维持土货，以养成医药学之人材，而举国皆登仁寿域矣。诸生来学斯校，志愿甚闳。惟医学博大精深，非研精覃思，不能探其奥，且为人民生命所托，意见不容稍偏。千里毫厘，此尤不可不注意者也。鄙人滥竽学界十有余年，时会多艰，愧乏成效，惟差可自信者，诚心毅力而已。本校发轫伊始，建设万端，樗栎庸材，深虞陨越。赖董事诸公同心协力，粗具规模。兹所期望于诸生者，勇猛精进，极深研几，一雪医学空疏之耻，他日学业成立，蔚为通材，非徒一校之名誉，抑亦全粤之光荣也。诸生勉旃！

首位不领薪资的校长

卢乃潼以医药相互维系、中医前景远大来勉励学生。出于对当时中医状况的忧虑，他将办学视作培育人才、挽回危局的当务之急。他后来在为学校刊物《中医杂志》撰写的发刊词中，进一步向学生表达了感愤激励之意：

> 中国医学，肇自皇古，圣作贤述，垂四千年。拯黎庶之沈疴，赞天地

之化育，正如日月江河，万劫不灭者也。考之往籍，成周设疾医、食医、疡医、兽医之职，而以医师总其成；宋代课士，分为方脉、针灸、疡科三门，其命题考试之法，至今犹有传书；明太医院十三科学制，尤为详备。古人之重视医学如此！诚以关系人民生命，不可视为末技也。慨自欧风东渐，西医盛行，喜新厌故之徒，数典忘祖，神州国粹，不绝如线。同人等恝焉忧之，爰创立广东中医药专门学校，挽国学之衰微，谋医术之深邃。艰难缔造，几历十年，横舍落成，课程粗备，莘莘学子，锐志潜修。吾道其不孤矣。……呜呼，医学之晦盲否塞，至今日而极矣！倘不急起直追，亟图补救，过此以往，老成凋谢，文献无征，即此千钧一发之传，恐亦归于销灭。邦人君子，或不以斯言为河汉乎？！诗有之：风雨如晦，鸡鸣不已。愿与海内同志共勖之。顺德卢乃潼识。

卢乃潼担任校长期间，不领受薪资。中医学校在当时作为首创，并无先例可循，各项工作都在摸索中开展。学校创办之初，卢乃潼事无巨细、亲力亲为。校史记载了学校创办之初的情形："中医课程无所依据，卢校长苦心规划，以适合科学之原则聘请汪莘伯、李耀常先生担任教务及编辑事宜，召集医学名流，开会讨论，拟定学科大纲，并购置图书模型仪器，借资研究，设药物标本陈列室、药物标本图，以资实习，绘生理图三百余幅以备参考，此校务规划之大纲也。"

卢乃潼出身教育界，深感培养人才至关重要，常常引用明代医家孙一奎的名言："读书而不能医者有之，未有不读书而精医者。"他聘请广东地区医学、教育名流，商讨办学事宜；又请来陈任枚、卢朋著、管季耀、廖伯鲁、陈惠言、陈汝器、梁湘岩、古绍尧、吕楚白、梁翰芳、刘赤选等一批知名人士共同制定教学大纲，编写教材讲义，充分体现了他知人善用的组织才能。他医学阅通，富有教育经验，在职期间实心任事，不辞辛劳，推动多项改革举措，使得学校事务日益发展，成绩昭彰。为了落实学生临床实习基地，卢乃潼又计划筹建广东中医院，并议举代表远赴南洋募捐。晚年在病榻弥留之际，卢乃潼还挂念着组建医院的事情，足见其对中医事业的一片赤诚之心。

垂范后学，风范长存

1927年8月29日，长期操劳的卢乃潼病逝，享年78岁。10月2日中午

> 開學日盧校長訓詞
>
> 中國醫學肇自軒轅，逮乎宋明始分科教士，晚近學術不講，庸醫充斥，歿世集矢，然此非申醫之不良，實習醫之無人耳。不知中國天然之藥產，歲值萬萬民生國課，多給於斯，儻因中醫衰落，中藥隨之，其關係至大。本校設立之宗旨，習中醫以存中藥，由中醫以通西醫，葆全國粹，維持士貨以養成醫藥之人材，而舉國皆登仁壽域矣。諸生來學斯校，誌願甚閎，惟醫學博大精深，非研精覃思，不能探其奧且為人民生命所託，意見不容稍偏，千里毫釐，此尤不可不注意者也。鄙人濫竽學界十有餘年，時會多艱，愧乏成效，惟差可自信者，誠心毅力而已。本校發軔伊始，建設萬端，樑棟庸材，深虞隕越，賴董事諸公同心協力，粗具規模，荏苒所期望於諸生者，勇猛精進，極深研幾，一雪醫學空疏之恥。他日學業成立，蔚為通材，非徒一校之名譽，抑亦全粵之光榮也。諸生勉旃。

▲ 卢乃潼开学训词

12时，广东中医药专门学校各董事、教职员、学生及省港佛山药业同仁，在学校礼堂举行追悼卢乃潼大会。礼堂内悬挂的横批写"教泽长留"，校门悬挂的挽联上书"风凄绛帐，霜冷鳣堂"。校内四处悬挂、张贴着祭文、挽诗及挽联达六百多副。参加追悼大会的人员达到524人。校董伍耀廷主持大会，讲述了卢乃潼创设学校的功烈。史伯衡宣读了祝文：

> 呜呼！医学沈晦，绵历千年。筚路蓝缕，孰启其先？狨歀先生，继轨前贤，开辟黉宇，纂辑宏编。济济多士，劬学钻研。素灵精义，炳耀中天。风雨如晦，陵谷变迁，挽救疮痍，未忍息肩。仁者必寿，福泽永延。龙蛇厄运，馆舍遽捐，不遗一老，闻耗凄然。苹蘩清洁，敬荐几筵。灵其来享，降此堂前。尚飨。

卢乃潼家族代表卢景襄等致谢词后，追悼会现场再次奏响哀乐，并进行拍照纪念。

▲ 追悼卢乃潼大会的纪事

此前9月25日，全校学生派代表往卢府致祭，祭文也很好地反映了学生对卢乃潼的敬仰和思念之情：

> 于维先生，志洁行芳。贞不绝俗，通不乖方。文坛誉起，令名显扬。泮林撷秀，蟾窟分香。丝纶职掌，薇省翱翔。蜚声粉署，才迈冯唐。晚推国老，望重乡邦。主持舆论，造福梓桑。菁莪乐育，多士津梁。菊坡学海，祥集鳣堂。郡学提挈，成绩优良。群沾教益，流泽孔长。中华医学，日渐沦亡。先生振起，奋袂提倡。凡余小子，著籍门墙。同堂淬砺，术究岐黄。引年妙药，未进昌阳。一朝薤露，黯然神伤。追维梁木，景仰难忘。生刍一束、肃奠椒浆。呜呼，尚飨。

卢乃潼以社会名人、著名绅士的身份，晚年积极投身中医教育，对广东中医药专门学校的创办起了不可替代的作用。在他办校前后，正是国事日乱、烽烟难靖的岁月。当时同学感叹："飘摇风雨，四顾苍茫，频年羽橄交驰，深宵烽火，而吾校能巍然独存，其不随虐浪狂涛以俱去者，幸矣！"自此，学校深切怀念卢乃潼校长，每逢诞辰，都会休课一日，或在礼堂举行集会纪念，不到场者以旷课论处。

参考文献

廖伯鲁. 创办本校前校长卢梓川先生事略. 中医专校刊, 1937, (9).

佚名. 布告摘录. 广东中医药学校校刊, 1931, (6).

佚名. 悼念卢校长大会记事. 中医杂志, 1927, (5): 12.

佚名. 发刊词. 中医杂志, 1926, (1): 1.

佚名. 开学日卢校长训词. 中医杂志, 1926, (1): 73.

朱生寿. 跋 // 学生会整理委员会. 广东中医药专门学校同学录. 广州：广东中医药专门学校, 1929.

"温病大家"陈任枚

中流砥柱兴办学，医林望重著经典

学人小传

陈任枚（1870—1945），广东南海人。家境清寒，自幼依赖父亲勤俭供养读书。后因科举未中，于是开设私塾授课。恰遇一位精通医学、藏书甚丰的归隐先辈，便以弟子之礼相待，与其结为忘年交，自此"抱济世心，敝屣仕途，笃好医学"。1924年广东中医药专门学校创办，被首任校长卢乃潼聘为教员及赠医处主席。1927年8月，卢乃潼病逝。10月，学校召开董事会公举新任校长，获得票数最多，当选为校长。校刊记载："查陈先生历充各校校长、教员、学监，声望素重，复深于医学，任本校教席两年，生徒悦服，此次当选，咸庆得人。"

中流砥柱，鞠躬尽瘁

不夸张地说，陈任枚主持广东中医药专门学校的近10年时间，也是学校中医教学医疗进展迅速的时期。此外，陈任枚还继承了前任校长卢乃潼遗志，砥柱中流，领导学校度过恶劣环境。1929年2月，国民政府第一届中央卫生委员会议议决"废止中医案"后，陈任枚表示极大愤慨。3月17日，他毅然率领广东代表前往上海，参加全国医药团体联合总会，向国民党政府请愿。5月18日，教育部命令中医学校改称传习所后，陈任枚又参加全国中医学校统一教材编写会议并任主席。由于全国中医药界的抗争，国民党政府被迫作出让步，于1931年3月在南京成立中央国医馆，陈任枚、梁翰芬、梁湘岩、冯瑞鎏、卢朋著、谢香浦、卢宗强、管季耀、潘茂林、方公溥、陈道恒11人出席成立大会并任常年理事。陈任枚不负省港药业界及中医专校师生期望，使学校日趋兴盛，学生最多时有五百余人。1933年广东中医院创建，成为国内最大且有留医部的中医医院。

陈任枚医林望重，其栽育的英才，在新中国成立后多成为广东中医界栋梁。陈任枚因其医师、教师背景出身，医学教育经验丰富。他仪表堂堂、谈吐清楚，讲话提纲挈要，听众毫无累赘之感。同时，他善于勉励学生，自己出钱奖赏考试获前三名学生以资嘉勉，深受同学们爱戴。此外，他还鼓励学生维护祖国医学，敢说敢干。当时李仲守创办的《医林一谔》杂志，就是陈任枚主张采用《史记》"千人之诺诺，不如一士之谔谔"之语命名的。

陈任枚为中医教育事业心力交瘁，直到1936年以"年老而医务亦纷繁"告退，1945年在广州龙津路住所病逝，享年75岁。医界星沉，同人咸多悲悼，送殡者数百人。

岭南名医，温病大家

清末民初之际，广州交通发达，人口稠密，疾病流行相对严重。1921年陈任枚迁居广州，在龙津西路开设医馆，称作"陈敬慎堂"。陈任枚每日接诊的患者中，多是急性高热症，他也因此对温病发生的机理研究颇深。

1929年，陈任枚与刘赤选（1896—1979）合编《温病学讲义》，他负责上篇总论部分，刘赤选负责下篇各论部分，被公认为当时各科讲义中编纂质量最佳的一本。

▲ 陈任枚《温病学讲义》书影

陈任枚主要的温病学术思想如下。

1. 详论温病的意义、历史、性质与传变

陈任枚开篇即阐述温病学之意义，解释"温"与"热"的概念，指出温病学说之创立，是适合其临床环境需要而卓然自成一家。温病既包括瘟疫等烈性流行传染病，同时也包括感染性发热性疾病，两者既有区别，又密切相关，都可以运用温病学说的理论指导防治。明清以来为温病最盛之时代，说明这一学科在当时具有实践指导意义，应该把它摆在教学的重要位置上。

陈任枚还讨论了温病的性质，并将其与伤寒作对比。他认为，寒之体为水，水弱而性缓；温之体为火，火烈而性急。伤寒多卒感，病自外来；温病多伏邪，病从内发。自内发者，直升横进，其变无方。故温病伤人，视伤寒为尤速，则其性之暴烈使然。他指出，温病传变与伤寒不同。"伤寒之六经，即百病之六经，故前人谓伤寒可以钤百病。是说也，不可以例温热病焉。温病伏邪自内而发，与伤寒传经由阳而阴者大异。"

2. 论温病旁征博引，以卫气营血为纲领

陈任枚在该讲义第一篇中引用前人论著有三十余家，包括《素问》《灵枢》《伤寒论》《金匮要略》等著作，以及刘河间、朱丹溪、李士材、吴又可、叶天士、薛雪、吴鞠通等学者的研究。可以看出，陈任枚的学术根基相当深厚，其对温病的认识也相当全面。

对于温病纲领，陈任枚认为，"吴鞠通著《温病条辨》，强分三焦，以板法限活病……自谓'四时杂感，朗若列眉'，而不知宾主混淆，已失论温之主旨"。在对比前人百家研究的基础上，陈任枚推崇叶天士的学术主张，最终选择以叶天士卫气营血辨证为其温病纲领。

3. 推崇伏气温病说

陈任枚认为温病病因有三：一是伏气，二是外感，三是内伤。基于对温病性质认识，陈任枚尤其主张伏气温病说。他认为："伏气者，乃人身阳热之气，郁伏于人身之内，而不得外泄者也，但伏气未外泄时，不觉有病。其郁伏尚浅，而无外邪触发者，仍可随春升之气，缓缓散渐于外，或不为病，即病亦不甚剧。其伏匿深沉，郁极而发，或为外邪激刺而发，或为饮食嗜欲逗引而发，其发也多致内外合邪，势成燎原，不可向迩，此则所谓温病也。"进而总结，"温热之病，其总因不外阴虚，谓阴精衰竭，邪乃乘之也。"

4. 辨证分病象、兼夹证，各列定则为指导

陈任枚辨证温病先分病象，他指出，"病象者，温病所独有之形状，发见于外，而厘然可辨者是也。今以卫、气、营、血、五脏，分别条列，其目凡九"。这九条病象分别是卫、气、营、血、肺、心、脾、肝、肾。各病象之下列定则一或二条，凡见定则所述症状，即辨为该病，再分细则论述。辨明病象后则应当辨兼夹证。陈任枚总结辨别温病兼夹共九，分五兼四夹：兼寒、兼风、兼暑、兼湿、兼燥，夹痰水、夹食滞、夹气郁、夹血瘀。各兼夹证下各列定则一条为辨证指南。

陈任枚临证辨治温病时尤其注重辨兼夹证。举一案为例：

张苓，女童。（舌色）润薄白苔。（脉象）微数。（证候）发热头痛，手足疲倦，无汗。（说明）伏暑挟湿，拟辛凉淡渗。陈任枚先生订方：

青蒿二钱，白薇三钱，薄荷七分，生薏苡五钱，丝瓜络四钱，绵茵陈三钱，枯芩二钱，滑石三钱，苇根四钱。

5. 论湿温关注地域因素，重视治疗脾胃

陈任枚认为东南地区受气候、地理因素影响，较多湿温病证。"东南濒海之区，土地低洼，雨露时降……则空气中常含多量之水蒸气，人在其间，吸入为病，即成湿热、湿温，又曰暑湿，此即外感温热兼湿之谓也。"又强调湿温之治当重脾胃："薛氏云：湿温之病……盖以脾胃受病，不能消化水谷，停聚成湿，湿郁生热，即《黄帝内经》'湿上甚为热'之理。既有此内因，再感客邪，内外相引，其病必甚。"陈任枚博采众家，对温病的认识全面系统，总的来说，乃是宗奉叶天士卫气营血辨证为根本。同时，他又根据自身见解对卫气营血辨证进行发挥、改造，实际上已超脱卫气营血辨证的框架，构建了一个独具特点且完备的温病辨治体系，成为前代岭南医家中的佼佼者。

参考文献

陈任枚，刘赤选. 广东中医药专门学校温病学讲义. 广州：广东中医药专门学校，1929.

任难. 华南名医访问记：广东中医药专科校长陈任枚先生. 光华医药杂志，1937，（8）：55.

佚名. 董事会选举校长. 中医杂志，1927，（5）：10.

"生理学教父"陈汝来

熟研经典，勤于著述

学人小传

陈汝来，字惠言，出生于1869年（一说1871年），卒年不详，广东南海人。庠生出身。1908年学课于医学求益社，撰写医学论文经常名列于前，负责改阅下一期同人课艺。1924年执教于广东中医药专门学校，编撰教材《生理学讲义》《形体生理学》《儿科学讲义》《内科杂病学讲义》等。以熟研中医经典、勤于著述为医界同仁所乐道。

融通经典，教书育人

陈汝来1908年加入医学求益社（广东近代最早的中医社团），为该社第三期社员。在医学求益社期间，陈汝来熟读《黄帝内经》等中医经典，许多卷篇均能背诵，并融会贯通，是医学求益社优秀社员之一。陈汝来不仅自己笔耕不辍，还负责改阅其后进入医学求益社同仁的课艺。医学求益社结束后，陈汝来随该社同仁黎棣初、罗熙如到广东医学实习馆，任该馆总编辑。

1924年，陈汝来执教于广东中医药专门学校，讲授全体学、生理学、杂病学、伤寒学、病理学等课程，对《黄帝内经》等经典著作原文多有阐释，深受欢迎。这些生理学、病理学均系中医内容，是当时参照西医分科方法，根据古代经典择选而成的。

日寇侵占广州后，强占大德路广东中医药专门学校校址为日军广州中区宪兵司令部，学校师生被迫颠沛流离，陈汝来回到家乡平洲避难。1941至1942年，年逾古稀的陈汝来任平洲南平小学校长。

教余著述，编撰讲义

陈汝来中医功底深厚，其在教学之余主编的广东中医药专门学校教材有《内科杂病学讲义》《儿科学讲义》《生理学讲义》《病理学讲义》《形体生理学》。其中《内科杂病学讲义》又名《内科杂病纂要》，共5册，1929年由广东中医药专门学校印刷。此书以《金匮要略》为主，参合《伤寒论》的有关言论，形成纲目，然后辑集各注家之论，再附历代名医对同类疾病的见解和医方，起到穷源溯流的作用。其中也间附作者本人的见解，以"按"的形式出现。

有的按语说明辑集原则，例如在甘草附子汤条文下，引录唐容川的"湿本有寒热二证"言论后，后面录《千金方》等各家之论，加按语指出："按：此论甚是，《伤寒论》中，如茵陈蒿汤、桐子柏皮汤、麻黄连翘赤小豆汤诸证，皆湿而兼热者也。论中已载，不赘。兹特搜集仲景所未言及者，以备学者之研究耳。"

有的按语表达作者的医学观点，如"《千金》论痉一条"中作者三度加按语。其中一处评论《千金方》原文"太阳中风，重感于寒湿，则变痉也"说："按：一语破的。然属于湿热者亦不少。"另一处在小续命汤后加按语说："按：《千金方》治角弓反张者凡数首，其加减出入，不越此方范围，然皆为

《内科杂病学讲义》书影

偏于风寒者立法。其涉于湿热者，不在此例。"以上反映出作者身处南方地域，重视湿热证治的特点。

全书编著者新撰的言论看似不多，但其编集方式和按语评述仍处处体现陈汝来的见识、学问与思想。

谙熟理论，活用经典

陈汝来一生著述颇丰，除教材外，尚有《星聚草堂医草》《读河间六书伤寒医鉴书后》《经闭治验三则》等医著流传于世。

在广东中医药专门学校校刊《中医杂志》中曾刊载有他的医案医话性质的《星聚草堂医草》，略录其"遗泄由于痰饮治验"一则如下：

吾乡谈某，在港业打金匠。年未三十，患遗泄。月凡八九至，食少肌削，循至阳事不举。服六味地黄丸及滋肾丸、天王补心丹之类，如以水投石。至年余始邀予诊。其脉弦大无力，舌中净苔满布，黄白滑腻。询知其胸胁痞满，决为痰饮弥漫，当用吐法。拟用瓜蒌薤白汤，加续随子、川贝母、郁金、苦楝、丹参等药吐之。座有伊戚，略讲医药，以方中不用肾经药，疑为不切于病。予曰：此即《内经》所谓治病必求于本也。倘止遗之药能中病，则此证愈已久矣，何尚延至今日耶？请先详明气水之根源，及此证之原因，则知引方之妙用矣。《经》曰：肾者主水，受五脏六腑之精而藏之。夫精何以化？化于水谷之液也。精既由水谷而化，藏之精囊，复由肾气贯输，由脊骨脂以上通于脑，内注于脏腑，外濡于官骸，此肾所以为作强之官也。且也精囊中之精液，既得水谷之津液补充，则化而为气，而上主于肺；化而为血，而上主诸心。心肺复贯输血气，以下蒸动于肾，《难经》所谓肾间动气，十二经之根本，呼吸之门。又曰：呼出心与肺，吸入肾与肝者也。如是则脏腑调和，百病不作矣。今试再言此证之原因：病者既业金匠，且勤于厥职，金匠之作工，必用铜管吹火，以为错金之用。此时气上而不下，则气道约，气一蕴结而水不行，久之则为停痰宿水。痰饮既聚于中焦，则心肺之气，不能下交于肝肾，而肝肾虚，此遗泄之大原因也。况胸胁痞满，舌苔滑腻，尤为蓄饮之确据乎？彼大叹服，如方服之，果吐出停痰，几及盆许。次日复诊，胸胁已畅，舌苔亦薄，食已知味。以加味二陈汤调理旬日而遗竟止。再以小陷胸汤料合封髓丹为丸，早晚吞服，逾月诸证不复作。

仅从此案即可见，陈汝来确实谙熟理论，且能在临床中灵活应用，同时善于运用经方，是中医临床家。

参考文献

刘小斌，郑洪. 岭南医学史（中）. 广州：广东科技出版社，2012.

郑洪，刘小斌. 民国广东中医药专门学校中医讲义系列·生理病理类. 上海：上海科学技术出版社，2017.

"中医秀才"梁慕周

针灸尊古而不泥古，采众长成一家之言

学人小传

梁慕周（1873—1935），字湘岩，广东南海人。近代岭南针灸名家。自幼勤奋好学，聪慧过人，擅诗词。目睹家乡疫病流行，决心研习岐黄之术，潜心攻读《素问》《灵枢》等，并四处拜访名医，得邻乡名医黄赤诚指导，医学造诣渐深。1913年加入医学求益社，为第六期社员。擅用华佗针灸法，精于内科、妇科诸症，在广州西关洞神坊四十三号设诊授徒，并受聘为广东中医药专门学校和广东光汉中医专门学校教员，主讲针灸学，兼授病理学、药物学等课程。同时还任广东中医公会执行委员兼文牍员、广东中医公会编辑主任、广东医学卫生社董事等职。1929年，在反对"废止中医案"的全国性中医风潮中，执笔起草《告海内外同胞书》，广为散发。1930年，同7位广东中医药界代表一起被聘为中央国医馆发起人，并代表广东出席南京中央国医馆成立大会，其后还出任全国教材编委会委员。

医文兼优，成就一家之言

作为岭南地区民国时期声名显赫的针灸医家，梁慕周精通医理，长于文笔，文学修养极高，著作等身，有"中医秀才"之称，现存著作有《医学明辨录》《病理学讲义》《针灸学讲义》《内经病理学讲义》等。其中，《针灸学讲义》是梁慕周结合个人经验并为教学所需而编著的广东中医药专门学校教材，一定程度上代表了其针灸特点。

在部分经穴的取穴定位、刺灸法、治疗等方面，梁慕周均有个人心得体会，以按语形式附随于后。例如，肺俞穴"慕按伤寒太阳少阳并病，心下硬，颈项强而眩者，当刺大椎，肺俞，肝俞，是肺俞又为太阳少阳并病所针之穴，又按此穴主泻五藏之热，与五脏俞同"等。此外，《讲义》第七章针灸要录中灸论部分，亦大多以明人杨继洲的《针灸大成》卷九内容为根据。

博采众长，尊古而不泥古

翻看《针灸学讲义》不难发现，这部著作充分体现了博采众长、兼收并蓄的特点，这也是梁慕周"集诸家之长，成一家之言"的生动写照。

在编著《针灸学讲义》教材时，梁慕周将《黄帝内经》作为针灸理论和指导临证的纲领。在系统把握传统针灸理论的基础上，他将《灵枢》《素问》中关于针灸的经典论述按章节分类条列，再选取张介宾、马莳、杨继洲、张志聪等诸注家对该段文字的阐释，附注于原文后，有助于学生对经文的理解。

在当时"中医科学化"的思潮下，以承淡安先生为代表的针灸界已开始对针灸的学术内涵、针灸课程的设置等进行积极的探讨和改革，并引入解剖学知识厘定穴位。梁慕周显然亦参考过时贤著述，但他仍坚持将《黄帝内经》经典作为针灸教材的纲领，采诸家之长，这与他对经典的深入认识和重视是分不开的。

然而，梁慕周信古却不泥古，注重检以求真。在《针灸学讲义》中，他以经典为纲，并提倡要在临证中验证前贤所论。在书中多个经穴和灸法的按语中，梁氏结合自己临证所得，提出有别于前人的观点，足资借鉴。

例如，膏肓一穴，古今医家多以宜灸不宜针论，梁慕周则认为："昔贤多主用灸而禁针，慕尝疗治疟疾，乘其方来，如发寒则用补针，如发热则用泻针，出针立愈，不一而足，愿以公诸同好者。"

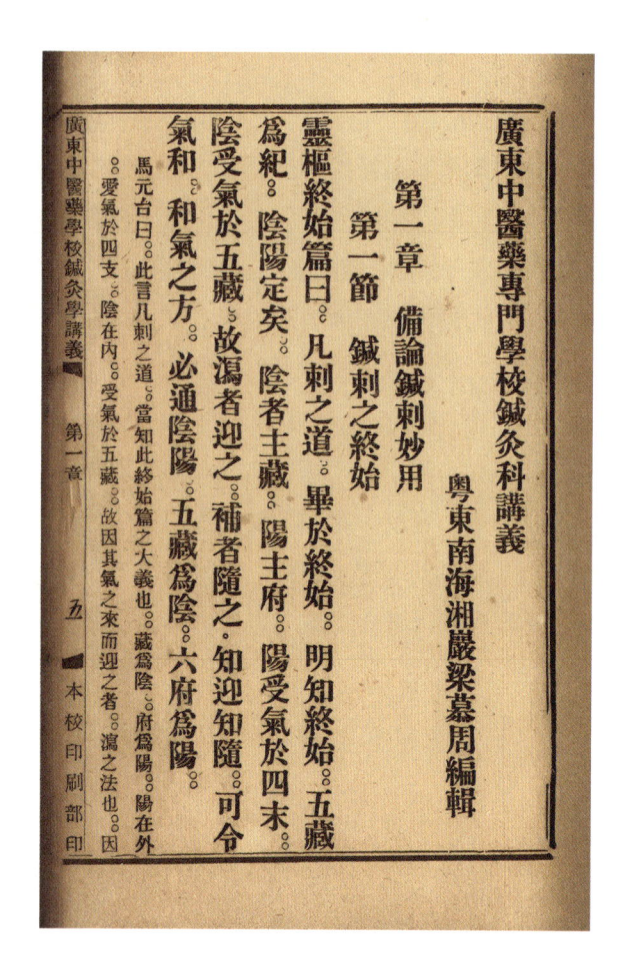

▲《针灸学讲义》书影

对古人用灸"动则百壮，甚则千壮"的记述，梁慕周指出："吾固不敢疑古人，吾亦不肯泥古，皆视其病之轻重而为之。"同时，他举其治验一例："尝治一黄氏妇，环跳穴处，经痛半年，即用艾贴灸之，第一日灸六十壮，第二日七十五壮，共灸一百三十五壮，其痛遂疗。"梁慕周慨叹："然后知天下之病，必有灸至百余壮，而病乃可奏功也，但亦居少数耳。"

此外，瞳子髎放血治眼红肿痛，外患气病灸鸠尾而愈等表述，无不体现了梁慕周"医道固要信古，然亦不必泥古也"的主张。

梁慕周对灸法的论述尤其详细。他认为，灸分补泻，直接灸效捷。泻则艾粒取半截绿豆大，火灸见痛后，令病者小吸其气，旋令病者由丹田呼出其气，用长气以呼出之，吸占二而呼占八，在医生亦承时以口吹去其火，此为灸泻法；补则艾粒取如绿豆大，火灸见痛，先令病者小呼出其气，旋令病者吸气，用长气以达到丹田，呼占二而吸占八，在医生亦承时以手压熄其火，使火气由穴口尽行而透入之，此为灸补法。他还认为，隔物灸则宜分症治之对隔物灸，经脉专病者则宜于独艾灸，病兼营卫者则宜于隔姜灸，病兼食道者则宜于隔蒜灸，或隔巴豆霜灸，病兼湿杂者则宜于和药灸。

可以说，《针灸学讲义》充分反映了梁慕周的针灸特点和医治经验。作为著名针灸家，他崇尚经典，汲古求真，博采诸家之长，遂成一家之言。难能可贵的是，梁慕周主张信古而不泥古，于实践中验证学说，其刺灸补泻简易实用，关于灸法的应用尤多有心得。《针灸学讲义》作为广东中医药专门学校的教材，其不足之处在于略于病症治疗，不便于临证检索，但其对中医经典的重视，仍值得为今天针灸教材编写所借鉴。

参考文献

梁慕周. 针灸学讲义. 广州：广东中医药专门学校，1936.

刘小斌，郑洪. 岭南医学史（中）. 广州：广东科技出版社，2012.

罗雨林. 荔湾风采. 广州：广东人民出版社，1996.

马莳. 黄帝内经灵枢注证发微. 北京：人民卫生出版社，1994.

马莳. 黄帝内经素问注证发微. 北京：人民卫生出版社，1998.

杨继洲. 针灸大成. 北京：人民卫生出版社，1963.

张介宾. 类经. 北京：人民卫生出版社，1957.

张介宾. 类经图翼. 北京：人民卫生出版社，1958.

张志聪. 黄帝内经集注. 杭州：浙江古籍出版社，2012.

"南粤儒医"卢朋著

精医善教,以史育人

学人小传

卢朋著(1876—1939),名雄飞,广东新会人。民国时期广东中医教育界著名人物,近代优秀中医理论家。1905年起先后在两广师范等8所学校任教,文史哲知识丰富。1912年辞去教职,转而行医,精医哮喘兼理内科。1924年被聘为广东中医药专门学校教师,编写《医学通论讲义》等8种教材,另著有《四圣心源提要》等4种,由学校印刷刊行。曾任广东中医药专门学校教员兼编辑主任、广东光汉中医专门学校教员和广州市政府卫生局中医考试阅卷委员等职。1925年5月参加在上海召开的全国中医院校统一教材编写会议,被推举为全国中医学校教材编委会委员;1931年3月出席在南京召开的中央国医馆成立大会,被选为国医馆名誉理事。

由儒通医，兴办医馆

卢朋著出身书香门第，自幼研读经史，为清末贡生。此后，卢朋著受到戊戌变法思想影响，潜心学习西方近代数理化等实务学科知识。1905年后，全国各地兴办学堂，各类学校日渐增多，卢朋著先后在两广师范学堂等8所学校任教，教授数学等理学，教学之余研究文、史、哲各科专业知识，为日后的儒而通医、从事中医理论研究及中医教学奠定了坚实的基础。

1912年民国初立，卢朋著辞去各校教职，在广州惠爱路（现广州市中山五路）流水井开设卢仁术堂医馆，悬壶济世。1932年广州杏林医学社出版《杏林医学月报》，首页有"医界名录"，介绍当时名医的主治、诊所、职务，其中就有卢朋著。卢朋著医术精湛，愈人甚众，曾名噪一时。如病人邓楚生、卢雨三身患重疾，经卢朋著的精心调治而愈，两人感卢朋著中医师之恩德，特赠送镜匾一面，上题"医学湛深"四个大字。该镜匾仍珍藏于其子卢启正家中，向后人诉说着卢朋著的精湛医术、高尚医德。其子卢启正继承父业，1932年秋学课于父亲任教的广东中医药专门学校，1937年毕业，行医四十余年，曾任广州市传染病院主治中医师。

"中国何尝无医学史也"

卢朋著在行医之余，大量购置中医书籍，尤多手抄本和坊间绝版本。历任广东中医药专门学校教导主任、总务主任的廖伯鲁（广东南海人）先生称赞："朋著兄家藏书最富，皓首穷经，寒暑靡辍，儒医之称，洵无间然。"经过十余年的精勤研读，加之大量的临床实践体会，卢朋著学术水平迅速提高，形成了自己独特的学术思想。因其早年在广东教育界颇有盛名，于广东中医药专门学校创办之初，即被首任校长卢乃潼慧眼识中，聘请为该校教师，并主编教材讲义。

卢朋著讲授过的科目有法医学、药物学、方剂学、医学史、医学通论等。他先后为中医学校编写了8种讲义，包括《医学通论讲义》《医学史讲义》《医学源流讲义》《医学常识讲义》《方剂学讲义》《药物学讲义》《本草学讲义》《法医学讲义》。除编写教材之外，卢朋著尚有医著作两本，分别为《四圣心源提要》和《哮喘经验谈》，连同早年撰写的《算学讲义》和《算余心得初集》，共计著述12种，现均见存。

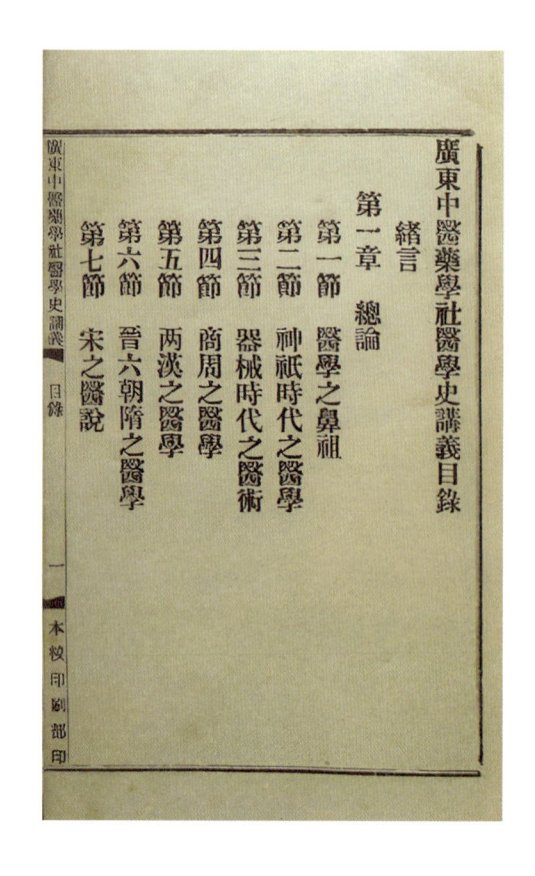

▲《医学史讲义》书影

在诸多讲义中，最出名的要数《医学史讲义》。《医学史讲义》是广东最早的医学史讲义，针对当时"中国无医学史"的谬论，卢朋著下定决心对医学史开展深入研究和系统整理。这种决心和毅力来自对医学的热爱和责任使命，正如他在绪言中所说："论者谓中国无医学史，夫中国何尝无医学史也。"

在《医学史讲义》中，他不仅明确了中国医学的医药、理法、医方代代相承的系统，区分了众说纷纭、各执一词的门户之见，而且向后世习医者展示了读书入门、逐层深入研究的医学书籍目录。他详尽论述了医学的远古起源，从殷商周至两汉、魏晋南北朝、隋唐、宋金、元明清时的医学发展，以及近代西洋医学的传播，详细梳理了各朝代的名医事迹、医学著作的撰写、各种疾病的发生治疗及医学事务政令颁行等多种情况，资料丰富翔实，条目清晰明确，为中国医学史的系统研究提供了学习的门径。《医学史讲义》已成为中医基础学科的重要课程之一。

为广东中医院募捐二百大洋

1925年，卢朋著在全国中医院校统一教材编写会议上被推举为全国中医学校教材编委会委员，并于1929年5月作为广东地区的代表之一出席了我国中医药界在上海召开的第二次教材编辑委员会会议。该次会议收广东的教材比较多，而广东的中医学校教材，有一部分是由卢朋著编撰的。该次会议由全国医药团体联合出面召集，参加的院校代表均系我国近代中医教育界的著名人物，此次会议是近代中医教育史上的重要事件，标志着我国中医近代教育已经开始成熟。

1931年3月，卢朋著、陈任枚等11人代表广东中医药界出席南京中央国医馆成立大会。卢朋著被选为国医馆名誉理事，返回广东后即向省港中医药界报告大会主要内容，谓"此次会议到达者三百余人，吾粤代表偕同各地同人请行政院定出考试国医之规程，使国医既有出身之路，即国药有中兴之望"。

同时，卢朋著对广东中医药专门学校各项建设极为关心，曾为当时正在筹建中的广东中医院慷慨解囊，募捐大洋二百。1932年，广州市卫生局中医生考试，应考者八百余人，局长何炽昌函聘卢朋著、管季耀为阅卷委员。

卢朋著适应时代发展，坚持兴办中医学校，开展中医教育，历任中央国医馆名誉理事、广东中医药专门学校教员兼编辑主任、广东光汉中医专门学校教员，培养的学子遍及两广与东南亚各国，为社会培养和输送了不少理论水平高超与临床经验丰富的中医师，对新中国成立后广东地区中医药事业的发展发挥了奠基和开创作用，为广东乃至全国早期现代中医药教育事业作出了重大贡献。

敢于公开临床经验秘方

在卢朋著看来，学习特别是中医学习，博览群书、研习医典很重要，且读医书"宜先杂博，后方可专纯"。"杂博者，杂则多，多则博，博则泛收各家之说，足以集思广益而无穷"，而"专纯者，专则纯，纯则精，精则自成一家之言，足以特立独持而不败"。此种思想对学习尤其是中医学习至关重要。中医药是传统文化瑰宝，汲取了几千年的传统知识，中医药典籍更是浩如烟海。面对浩瀚的中医药典籍宝藏，中医药学习者尤其是初学者应遵从先易后难的学习规律，打牢基础知识，博览群书，才能厚积薄发，成就精专医术。

卢朋著在中医教育方面不遗余力，除编写讲义培育人才之外，还重视中医期刊的刊行，敢于公开自己的临床经验秘方。他不墨守成规，认为中医期刊能宣传中医，扩大中医的影响力，对提高本地区中医药学术水平能起到集思广益的作用，其所发表的论著如1926年第1卷第1期《广东医药杂志》的《中国医学源流》、1927年第4期《中医杂志》的《百砚室医案》等，具有一定的学术价值。

卢朋著不仅为近代岭南医学的发展作出了贡献，还在治学和为人处世等方面为后人树立了楷模。1934年，他在广东中医药专门学校第六届毕业纪念特刊"赠言"中要求医学生们："凡医：不求有利，先求无弊；不求有功，先求无过。弊与过甚多，而偏之为害实甚"，提醒他们行医时要切记："庶人命不等于草菅，斯民可登于仁寿矣。"

参考文献

邓铁涛. 中医近代史. 广州：广东高等教育出版社，1999.

刘芳. 卢朋著及其医事活动. 中医文献杂志，2004，（3）：48—49.

刘小斌. 卢朋著小传. 新中医，1983，（11）：53.

卢朋著. 本省代表报告出席中央国医馆筹备处经过情形 // 李仲守. 医林一谔. 1941，（5）：79.

卢朋著. 发刊词 // 中医专学生会. 广东医药杂志. 1926，（1）.

"诗豪郎中"梁翰芬

拯救苍黎超十万，杏林春满誉南天

学人小传

梁翰芬（1876—1960），广东番禺人。清末监生（一说贡生），近代杰出中医学家。早年从邻村儒医杨某习医，后任广州市方便医院医师，曾任教于广东中医药专门学校、广东光汉中医专门学校、华南国医学院等。中华人民共和国成立后，历任广州市第二人民医院中医顾问、广州中医学院教师、广东省中医药研究委员会委员，为政协广州市第二届委员。精于诊断，尤其重视脉诊与舌诊。著有《诊断学讲义》《眼科讲义》《辨舌疏证》《痛症案疏》《脏腑药式》等。

以儒通医，累积临床经验

"执业已卅年，拯救苍黎超十万；教医逾廿年，算来桃李足三千"，这是梁翰芬在60岁生日的时候写下的一首诗，也是他从医从教的生动写照。

梁翰芬祖籍番禺禺北兔岗村（现广州白云区人和镇明星村）。早年，他在乡间教书为主。为什么会走上中医道路呢？据孙子梁颂名回忆："祖父说，他看到很多当地有名的中医给别人治好了病，中医治病救人的精神感动了他，他就不教书了，开始拜当地名中医为师。"

梁翰芬文学根基十分深厚，因此阅读中医古籍极易上手，博览众多医书，加上其勤于临床，经验丰厚，在清末民初的广东省医生考试中一举夺魁，受聘于广州方便医院。

广州方便医院前身是清光绪二十五年（1899）建立的城西方便所，不久与城北方便所合并，称广州方便医院。该院是慈善机构，依靠穗、港、澳绅商募集捐款，主要收治那些无力问医的病者，赠医施药，救赈患者，为当时华南最大的慈善机构，广州九大善堂之首，也是广东第一间较具规模的中医医院。

1926年，方便医院开始兼设西医，成为当时广东唯一中西医兼备的医院。其后，该院逐步以西医药治疗为主。据梁颂名追忆，收进方便医院的病人，多为奄奄一息、病情危重的患者。梁翰芬凭借自己的医术，挽救了不少重病患者的生命，从此有了名气，并积累了许多临床经验。

曾主编广东近代中医教育最早教材

梁翰芬对中医教育的贡献巨大，培养了很多中医人才。

1918年，梁翰芬回到家乡附近的鸦湖村执教私塾，并带徒授医。从20世纪30年代至50年代，梁翰芬先后在广州汉兴国医学校、广东中医药专门学校、广东光汉中医专门学校、广东保元国医学校、华南国医学校担任校长或主任、教师。梁翰芬治学严谨，从1934年起在广州汉兴国医学校任教，后代理校长，均要求学生研读《黄帝内经》《伤寒论》《金匮要略》等经典医籍。

在广东中医药专门学校任教时，梁翰芬主要教授中医诊断和妇科两门课。梁翰芬一边在中医学校教书，一边在诊所看病带徒。此外，他还设有一家药店，即浆栏路上的集兰堂，后搬至龙津路。任教期间，他还编写了许多教材讲义，包括《诊断学讲义》《眼科学讲义》《疗治学讲义》等，这些教材在早期中医

▲《诊断学讲义》书影

教育中具有较高学术价值。其中，1929年主编的《诊断学讲义》，是广东近代中医教育现存最早教材。1938年广州沦陷后，梁翰芬携家眷到香港，分别在华南国医学院、香港保元中医学校执教，并担任保元中医学校校长。

1956年起，梁翰芬在广州中医学院任教，开"中医诊断"和"妇科"两门课。1956年，全国成立了4所中医学校，同时在北京成立中医研究院。周恩来总理亲自主持从全国挑选、聘请老中医，在广东点名聘请了梁翰芬。后因梁翰芬不适应北方干燥气候而未应聘。梁翰芬一生乐于授业，勤于教务，杜明昭、杜蔚文、罗元恺、邓铁涛等当代名医都曾是他的学生。

积极建言，笔耕不辍

梁翰芬曾积极为中医发展献计献策。当时，国民党政府提出废除中医药，引发全国的风潮。1930年5月7日，国民党中央执行委员会举行第226次政治会议通过了成立国医馆的提案。经过数月筹备，1931年3月17日在南京召开了国医馆成立大会。梁翰芬以广东中医代表身份，同广东中医药专门学校校长陈任枚等共11名广东知名中医出席南京中央国医馆成立大会，并被选为该组织理事。会议期间，梁翰芬抨击当局摧残中医的行为，为中医发声正名。

新中国成立后，梁翰芬曾担任广州中医学院内科教研组教师、研究室主任，历任广州市第二人民医院中医顾问、广州中医学院教师、广东省中医药研究委员会委员，为政协广州市第二届委员，为中医药事业的发展建言献策。

梁翰芬一生勤勉，诊务之余笔耕不辍，他还记录了众多的医案、医话，84岁时仍撰文发表。70岁时，梁翰芬曾自题一诗云："人生七十古来稀，寝馈难忘只是医？济世未能偿夙愿，还将责任付吾儿。"

精于诊断，关爱病人

梁翰芬精于诊断，重视舌脉，认为它是中医诊断危重急症的重要手段。在抢救病人的时候，患者往往无法准确自诉，甚至昏聩不语，全凭医生的经验察色按脉，处方下药。

▲ 梁翰芬等人出席南京中央国医馆成立大会

广州市一些西医院曾邀请梁翰芬参与抢救一些尿毒症昏迷、肝昏迷、急腹症休克的病人。经他诊治后，这些病人都有较好的近期疗效。梁翰芬在诊妇人孕脉亦有独到心得。梁翰芬认为妇科之要，莫重于调经，调经者乃治本也。他反对传统的五轮学说，"眼之病，非脏病，亦非腑病，实脏腑之络病也"，认为应从经络辨证论治眼病。梁翰芬注重验方，擅用鲜品，其在多年的临床实践中发现，久在民间流行之方药每有实效。

1941年香港沦陷，梁翰芬等人回广州途中，所行之地突发霍乱，疫情严重，其妻子也罹患霍乱。一德国医生欲为梁妻诊治，他坚决反对，随后坚持以中药医治其妻，最终痊愈。

新中国成立后，梁翰芬也经常为当时一些领导人诊病，深受患者赞许。例如，20世纪50年代，当时的广州市市长朱光患黄疸型肝炎，求救于梁翰芬，他仅用两服中药便把朱市长的炎症煞住，并使之逐步痊愈，再度饮誉羊城。梁颂名回忆梁翰芬有2个典型医案，其一是一个70多岁的女患者，手足冰冷、高热便结、身弱无脉，但重按有力，有些医生认为患者年老体弱，不敢用下法，而梁翰芬大胆重用大黄等解热通便药，三剂妙手回春；其二是一个60多岁的男患者，舌苔黄，脉虽大但无根，一般医生选用白虎汤等寒凉药不奏效，梁翰芬改用甘温除大热法，选用附子、炮姜和十全大补汤加减，患者服药后立即好转。

梁翰芬重视民间经验，曾在医话中说：

> 久在民间流行之方药，每有实效，医者宜搜集，验之临床，切不可忽视。医圣张仲景也勤求古训，博采众方，想伤寒金匮之方，大多是当时已在民间流行之者。广州及邻近各县流行之方，如五核汤治疝气，七星茶治小儿外感，苦瓜干、鬼羽箭、榕树须、鸭脚木皮治夹色伤寒，昆布、海藻、生地、犀牛皮治血热暗疮等均有一定效验，对症可加减用之，不必强求处方要"有书为证"也。

虽是中医，梁瀚芬却对西医抱着接纳的态度，认为中西医各有所长，应当互相取长补短，自编之讲义时有引用西医理论以阐释，临证亦多参考西医意见，中西互补。

梁翰芬精通临证各科，对妇科、内科、眼科诊断等较为擅长，尤其是对治疗远年气痛、胬肉攀睛、不孕症、妇人孕脉有独特的医术。梁翰芬医德高尚，对病者无分高低贵贱，一视同仁。对求诊者，缺钱买药的，自己只要囊中方便，便尽力相助，深受病人敬仰。

四代名医，一脉相承

中医代有传承，梁翰芬学术传承已四代，形成岭南梁氏学术流派。

梁翰芬的儿子梁具天跟随父亲学医，在广东中医药专门学校毕业之后，进入方便医院工作。后来越南的一个华侨医院来广东招聘医生，梁具天以粤港澳中医师第一名的成绩入选。

新中国成立之初，梁具天回国，在广州市第二人民医院工作，擅长治疗妇科、内科尤其是肠胃方面的病，挽救了不少危重病人。在梁翰芬的直接教导之下，孙子梁颂名也走上了中医的道路，在中医方剂学等领域贡献突出。梁颂名的儿子梁思潜、梁思力也在香港从事医学教育工作。

在长期的临床实践中，岭南梁氏杂病流派以独特精准的中医诊法、脏腑辨病用方为主要学术特色，善用岭南本草和鲜品等寻常之药治病，治疗的领域涉及多个方向，内、妇、眼科等杂病尤为突出，形成了独特的学术特色。

参考文献

曹志标. 名老中医梁翰芬// 广州市白云区政协文史资料研究委员会. 白云文史. 1989，（4）：48.

广东省立中山图书馆. 老广州. 广州：岭南美术出版社，2009.

郑洪，刘小斌. 民国广东中医药专门学校中医讲义系列·妇儿五官类. 上海：上海科学技术出版社，2017.

医武宗师李佩弦

武林全才，杏林圣手

学人小传

李佩弦（1892—1985），祖籍广东新会，生于佛山。岭南一代医武宗师。1916年加入上海精武会，20世纪20年代开始在佛山、梧州、广州等地筹创精武体育会，曾任中央精武会教务部主任、广州精武体育会会长。新中国成立后，先后任广州市武术协会副会长、广东省武术协会副主席等职务。参与筹备创建广州中医学院体育教研室，并担任首任主任。编著有《八式保健操》《气功大成》《易筋经》《八段锦》《鹰爪派翻子门十路行拳》等图书。

▲ 李佩弦参加精武会毕业证书

精武会继承人之一

李佩弦自幼习南拳、客家拳、练气功,学打坐。1916年,他曾参加上海精武会,他的儿子李家驹回忆,李佩弦早期在上海精武会跟随霍元甲的第二代弟子陈公哲学习,后来就在精武会里工作。

在精武会,李佩弦经六年系统学习,先后跟从赵连和、罗光玉、陈子正、吴鉴泉、熊长卿等人练习谭腿、少林拳、螳螂拳、鹰爪拳、太极拳、行拳10路、连拳5路、罗汉拳108手、易筋经及刀、枪、剑、棍和大杆子等本领,获得精武会高级毕业证书。

后来,上海精武改为中央精武会,他又担任中央精武会摄影部部长、舞蹈部主任、教务部主任等职务,曾加入精武马戏团赴东南亚诸国表演。当时,天津、武汉、广东、广西以及东南亚等地都开设有精武会。

1919年,陈公哲等人决议在广州设立广东精武分会,敦聘何竹林为伤科顾问及教练。随后,上海精武会又派李佩弦、霍东阁等人来广东拓展体育会工作。

广东精武会又称广东精武体育会，会址设在广州市太平门晏公街贤乐里。当时，沈季修担任主任，杨深伦为副主任，霍元甲的次子霍东阁、李佩弦等人担任精武会教练。1937年抗日战争全面爆发后，李佩弦在广州武术协会曾主办抗日杀敌大刀队。新中国成立后，他还是精武会继承人之一。

"医武结合"实践者，筹备中医学院

1956年，广州中医学院成立。1958年，李佩弦开始从事组建学院委员会工作，1959年担任首届广州中医学院体育教研室主任。他在学院建立起武术队，讲究医学和武术相结合，传授气功疗法。他在1958年任广州市武术协会副主席，1982年任广东省武术协会副主席。

李佩弦毕生致力于尚武健身，并在广州沙面教授吴式太极拳。1957年，他率广东武术队前往北京，参加全国武术评奖观摩会，推广各门类的武术、体

▲ 正在打太极拳的李佩弦

操、气功等活动，以增气力、强筋骨、御疾病。他擅用点穴理伤治疗各类软组织损伤，其手法开合有度、刚柔相济，同时强调骨折患者早期功能锻炼的重要性，专门为骨折患者自创肢体功能锻炼操，治疗劳损诸症用药则主张益气健脾、养血荣筋。

李佩弦晚年，随其学习理伤手法的学生众多，同道中人称其为"武林全才""杏林长老""精武秀才"。李佩弦认为，武术可以强身治病、保守卫气、舒利关节、疏通经络、调和营卫、流畅气血、壮筋骨、肥肌肉，对神经衰弱、高血压、肺结核、胃溃疡、关节炎和风湿等都有显著治疗效果，男女老幼均可练习。

李佩弦善于治疗严重性类风湿病、因中风引起的半身不遂等后遗症、腰椎间盘滑脱、坐骨神经痛、帕金森综合征、脑血管意外后遗症、髋关节骨化性肌炎等。那时，他给街坊看病几乎不收钱，还送药。其子李家驹回忆，李佩弦治骨伤的时候有一种药条，以前住在西关的时候，一个街坊（老婆婆）爬上趟栊门（一种岭南特色古门窗）打扫卫生，不慎摔到地上，李佩弦马上为其服用药条，帮助其康复。

"运动医学"首倡者

李佩弦善于总结经验，勤奋写作。1960 年，他编著了《八式保健操》《气功大成》。1962 年和 1977 年，他编写《易筋经》《八段锦》，均由人民体育出版社出版。1982 年开始，他在《武林》杂志发表了少林合战拳 1 到 4 路。1990 年又出版了《鹰爪派翻子门十路行拳》。尚存遗稿有《气功学概论》《气功问答》《按摩日记》《养生学》《少林五战拳》等。此外，他还曾在《新中医》《羊城晚报》《广东体育史料》等报刊上发表过数十篇文章，为宣传武术和医学作出贡献。

其中，李佩弦因其代表作《易筋经》，而被称为"运动医学"的首倡者。书中介绍两套"熊式易筋经"，并附有 3 种"古本易筋经"。"易筋经"是我国古代流传下来的一种健身法，是改良和增强肌肉运动功能的方法。其中，"易"的意义是"改变"，"筋"指的是"肌肉"，"经"指的是"方法"。在锻炼时，易筋经能够以一定姿势，借呼吸法诱导，加强大脑皮质对机体各部位的控制，从而保养内脏器官，加强肌肉力量。

▲ 李佩弦著作《鹰爪派翻子门十路行拳》

《按摩日记》以患者入院现病史和既往史开头，按时间顺序详细记录了患者入院期间的按摩、敷药、针灸、熏洗等情况，最后总结治疗情况和效果，绝大部分患者在经过治疗后病情好转或者康复。

书中记载，曾有一位患者于1958年开始发病，在中山医学院检查被诊断为严重性类风湿病，他的四肢活动困难，手指足趾变形，左上肢不能伸屈，左下肢膝关节痉挛不能伸直，无法行走。13年的时间里，曾在人民医院、中山医学院和其他大医院及疗养院治疗。李佩弦通过按、揉、摩、捏、搓、拍、滚、摇、抖、擦等按摩手法，帮助其康复。

还有一个67岁的女性中风患者同样被记载。她有高血压史，因中风而患上半身不遂后遗症，导致上下肢瘫痪，丧失活动能力。1971年住院期间，通过用中药、针灸治疗，结合按摩疗法，其症状缓解。书中提到，该患者常有头晕、头痛、失眠，终日不能坐正，加上年老体弱多病，治疗要求格外小心谨慎，要用轻柔施治方法。此外，要熏洗其上下肢热敷，热拍各关节，还要配合被动运动，如摇上肢、摇髋关节、抬腿、抖腿等动作。

重视养生，善用气功

古人认为疾病的形成与人体内部的正气强弱有关，认为保养正气、增强内在的抵抗力在预防疾病中有很大作用，因而提出了"上工治未病"的学术观点。李佩弦认为，养生之道应分为四个方面：其一，精神方面应保持思想活动正常和精神愉快；其二，要从事适当的体力劳动，以劳逸结合、预防疾病；其三，在生活制度方面应提倡"饮食有节，起居有时"；其四，在气候剧烈变化时应注意防范外来疾病因素，以免受邪。

在气功方面，李佩弦也颇有成就。气功亦称"内功"，是一种运用呼吸锻炼内脏以预防和治疗疾病的方法。李佩弦擅长气功，1960年学院派他赴新会教授气功课。他编写了《气功问答》一书，对练功者在练功中常见的问题做出解答。例如，有人关心，为什么高血压和神经衰弱者多采取站桩？他将其解释为，高血压患者上实下虚，练站桩功则引血下行，使头部容易放松，再加上意守下部，能有一种气血下降的感觉，因而使血压下降。

常有练功者遇到练功时有睡意的情况，他建议"初练功时往往有睡意，任其自然，如果身体并不疲劳，白天练功或晚上练功有睡觉的，可睁开双眼停一下，或移动一下肢体，或拍击大腿一下，然后再继续练功"。

参考文献

陈凯佳，郑洪. 佛山中医药简史. 广州：中山大学出版社，2021.

佛山炎黄文化研究会，佛山市政协文教体卫委员会. 佛山历史人物录第2卷. 广州：花城出版社，2009.

上海精武体育总会. 精武志. 上海：上海文汇出版社，2021.

"当代仲景"刘赤选

温病论春秋，兼收众家长

学人小传

刘赤选（1897—1979），广东顺德人。广东省名老中医，著名温病学派医家。自幼立志学医，16岁起就在顺德永善医院随师学习，22岁时任顺德联安、志明两所学校的教员兼校医职务，25岁时经考试院（广州市卫生局）检核合格成为注册中医师，在广州西关十八甫冼基西开设诊所，善治发热病、咳嗽症。1930年起从事中医教学工作，先后任教于华南国医学院、广东中医药专门学校、广州汉兴国医学校、广东省中医进修学校、广州中医学院。在长期教学、临床实践过程中积累了丰富的教学经验，形成了独特的医疗风格。其学术思想渊源灵素，秉承仲景，效法叶吴，博采各家，对内科、伤寒、温病之研究造诣甚深。曾任广州中医学院伤寒、温病学教研组主任，内科教授以及教务处处长、顾问等职，曾任第三届全国人民代表大会代表、中国人民政治协商会议第五届全国委员会委员。

运用中医药治疗乙型脑炎

刘赤选治学严谨，不尚浮华，博采众长，勤于实践。在治病救人方面，他不染薄俗，诊疾不分贵贱，向以救人为怀，医德有口皆碑，深受人们爱戴，在广州、港澳以及东南亚地区享有盛誉。他经常鼓励学生和医生要刻苦学习，手不释卷，要青出于蓝而胜于蓝，治病不分贫富贵贱，一视同仁。他的高尚医德，给人们留下了深刻的印象。

刘赤选主张"治重症大症，要用仲景经方，治温热时病，叶派时方，轻灵可取"。在治疗内科杂病方面，他拥有丰富的临床经验，立法遣方有道，加减用药精专。他精通灵素与伤寒论理法，对金元明清诸家学说亦能兼收并蓄，运用自如。

刘赤选对后世各家医籍，常精研不倦，临证所用之方，亦旁及各家。例如，他用《冷庐医话》醉乡玉屑散加减治痢疾、《局方》失笑散加味治疗关格、《病机气宜保命集方》黑地黄丸治疗便血、《傅青主女科》二地汤治疗月经过多等。根据临床千变万化的症情，他自拟的方亦不少，其选方精良，加减灵活，思路开阔，既能秉承前贤之精华，又能发挥古人之未备。

刘赤选曾反对经方、时方两派的门户之见。无论在教学过程或著作中，他阐述伤寒原著，总从临证实用出发，认为仲景辨证条分缕析，组方用药严谨精当，疗效卓著，奉之为圭臬。

刘赤选临证善用经方治疗内科杂病。如用吴茱萸汤治疗胃虚寒饮之噎膈，桂枝人参汤治疗虚寒胃痛；用猪苓汤治疗阴虚水肿，用当归四逆汤治疗风湿寒痹，用苓甘五味姜辛汤治肺寒哮喘等。在运用经方时，刘赤选反对机械地对号入座，认为用药最忌庞杂，崇仲景药少力专之旨，形成用药味少而量大的风格。

在抢救危重病症时，刘赤选尤显胆识过人。例如，他用白虎汤为主治疗暑瘵（钩端螺旋体病，肺出血型）；用白通加猪胆汁汤治疗阴枯阳竭之昏迷（肝昏迷）；用大承气汤治疗阳明腑实之热厥（病毒性脑炎）等，每起沉疴。在治疗外感时病，多用时方，如常以新加香薷饮合清络饮治疗暑湿初起发热头身痛，用桑杏汤治疗秋燥咳嗽；用王氏连朴饮治疗暑湿吐泻，用三仁汤治疗湿温泄泻等，每以时方法活灵巧取胜。

1957年，刘赤选与广州市传染病院合作，运用中医药治疗160例乙型脑炎。他从乙型脑炎的临床表现出发，将其归属于"暑温"的范畴，并根据各个时期所呈现的不同特征分为五期辨证施治。经他治疗的病人疗效显著，后遗症较少，

▲《温病学讲义》书影

恢复较快。他还多次参与"乙脑""流脑""钩体病""肠伤寒""流行性出血热"等传染性急重疾病的抢救工作。

"研究温病者，必先钻通伤寒"

刘赤选从事中医教学医疗工作60年，精通医理，学识渊博，积累了丰富的经验。在医疗上，他以擅长温病而著称，对伤寒造诣亦甚深。他认为南方温热病十分广泛，在急性外感热病中，温病总是占大多数，所谓"伤寒十无一二，温证十有六七"。

他主张将温病分为四类，即温热、燥热、风温、湿温。又有四夹，即夹痰水、夹食滞、夹气郁、夹血瘀。诊断时，他首重辨舌，在"验舌决生死"方面经验独到，其辨证则以叶天士卫气营血为纲，以病统症、对症拟方。

刘赤选常常教导学生："精研《伤寒论》经典著作之余，不能囿于仲景成法而故步自封，忽视后来之发展；而读通温病学说之后，亦不能忘记源出于伤寒，妄自抹杀古人成法。"这些观点与精辟论述对伤寒论与温病学的理论与临床影响深远。

刘赤选认为，南方疫病，热势梦乱，由里达表，始终皆热，应很好地掌握温病各个阶段的用药指症，例如，羚羊犀角，当用即用，清营凉血时切勿忘记渗利痰水湿浊。

在教学上，刘赤选讲授温病、伤寒、内科等课程，主张中医教学宜深入浅出，以简驭繁，理论与临床实际应用相联系。例如，他教授温病学一课时，便以南方温热病较为广泛的实际情况为出发点，提出诊疗的关键是要将温病与伤寒作鉴别，让学生更容易理解。

刘赤选生平著述厚重，早年便开始著书立说。伴随时间推移，他又写了不下60万字的教材、医案、学术论文和经验总结，为温病学、伤寒论的教学与临床作出了贡献。刘赤选的学术思想及临床经验介绍，已收载入1983年卷《中医年鉴》。他的著作包括《温病学讲义》《伤寒论讲义》《学习温病的关键》《温病知要》《教学临症实用伤寒论》《刘赤选医案医话选》和《中医临床方药手册》等。

参考文献

政协广东省委员会办公厅，政协广东省委员会文化和文史资料委员会，广东省中医药学会. 岭南中医药名家. 广州：广东科技出版社，2010.

"杏林革新者"陈永梁
从医无中西到方剂大家

学人小传

陈永梁（1912—1950），字衍材，广东南海人。毕业于广东中医药专门学校，曾任职于广东中医院及惠阳开明中医学校，1937年赴香港任东华医院内科医生。抗战胜利后任职于广东中医药专门学校，1950年被聘任为广东中医院代理院长。著有《中国医学史纲要》《中国医学概论》《新中医方剂学》等。

工诗善乐的医学院长

陈永梁自幼天资聪颖，勤于学习。1930年，他在广东中医药专门学校就读，是第七届学生，1935年毕业后，他留任该校附属广东中医院医生。此外，他还曾任惠阳开明中医学校校务长。

抗日战争全面爆发后，他回到家乡避难，在石楼小学任教。课余时间，他常与里人、同事陈玉森（其时亦回乡避难，后为中山大学教授）、陈介直等人吟诗唱和，忧国忧民。1939—1941年，广东中医药专门学校在港办学，陈永梁任香港东华医院内科医生。抗战胜利后他返穗，于1947年8月被聘为广东中医药专门学校教授兼文书编辑主任。1948年3月，经考试院中医师考试合格，他加入广州市中医师公会。

新中国成立后，1950年2月，广东中医药专门学校原校长潘诗宪因病辞职，辞掉学校所兼各职，董事会改聘该校教授罗元恺为校长，任陈永梁为广东中医院代理院长，更好地保证学校、医院均能有专人负责，以利发展。后来，陈永梁因操劳过度，不幸染上不治之症，于1950年6月英年早逝。

名医罗元恺曾在《菁莪毓秀，杏苑花繁——广东中医药专科学校史略》一文中回忆道："前任广东中医院院长陈永梁，是第七届的毕业同学，出版有《中国医学史纲要》《新中医方剂学》，并完成了《中医诊断学》手稿。他对中医学术有较深的造诣。"

陈永梁除了擅长医学，还喜欢音乐和写诗。湛江文化名人、戏剧家熊夏武曾在为《中国医学史纲要》一书作序时谈道："我很荣幸能够认识陈永梁先生，而且读到他的作品：《中国医学史纲要》。陈先生写诗写得非常之好，也很喜欢音乐，有浓厚的艺术家的气质——他给我的第一个印象是如此。所以起初，我万想不到陈先生对思想、学习、生活都有异常谨严的科学态度，这种态度，尤其深切地表现在这本《中国医学史纲要》中。"

主张"医无中西"的革新医家

陈永梁是一位具有革新思想的医家，这在他的《中国医学概论》一书中有所体现。他认为，中医学术在近百年脱离了实用性，又被西方文化所影响，急需革新，并在书中指出："可惜近百年来，因我国思想运动受专制思想所影响，学术界的活动完全以科举做中心，一般学者只知对八股骈文用功夫，以致中国

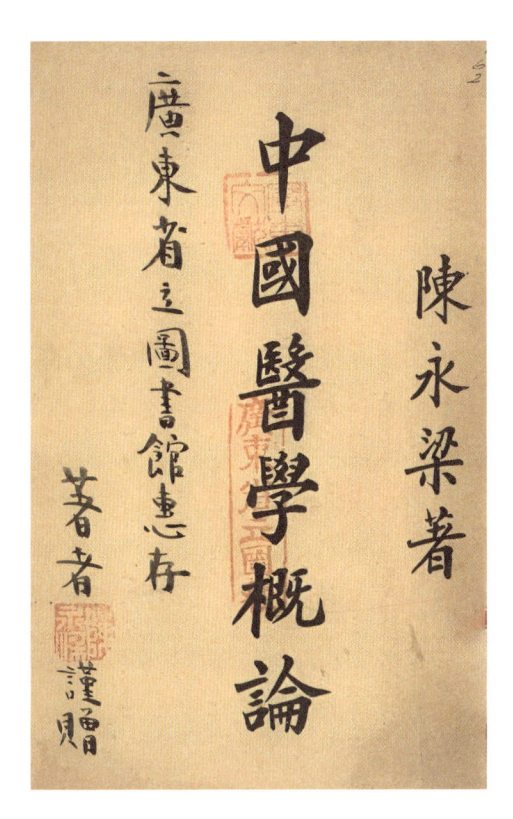

▲《中国医学概论》书影，现存广东省立中山图书馆 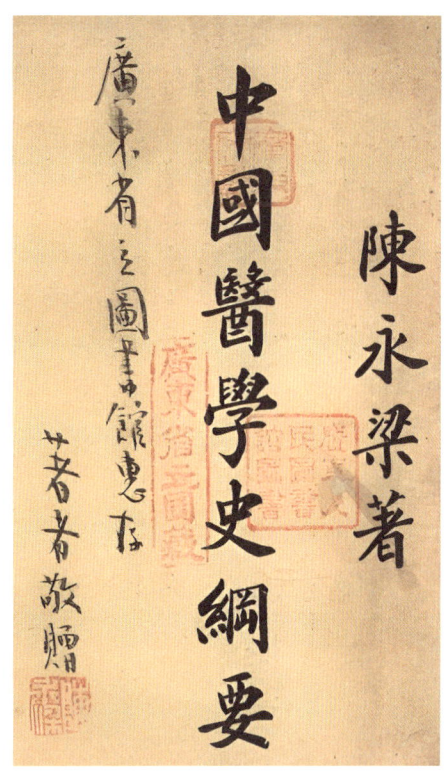　　▲《中国医学史纲要》书影，现存广东省立中山图书馆

学术，陷入严重的偏枯状态，将一切实用科学摒弃不顾，就连有关保健民族的医药，也受影响。加以欧风东渐，一般学者趋之若鹜，认为中国文化不足与西洋文化相抗衡，遂又转向钻研西洋学说，而把我国固有学术置之度外，医学文化由此亦更缺乏了生机。"

医学无中西之分。在书中他提道："医学者何？一言以蔽之，曰：治病之学也。以治疗疾病为发起，以治疗疾病为宗旨，而以治疗疾病为目的也。何谓疾病？疾病乃生活起异常变化之谓。而治疗疾病，即纠正此疾病之现象，以恢复生活之正常，此为吾人共同需要之治疗。此种治疗之法则原理，使吾人可以执简驭繁，以已知例未知，借此应付治疗一切疾病——至少是许多疾病，乃为医学。"

《中国医学概论》共分为上下两编。上编讨论中国医学的特点，包括"中国医学之原始论""中国文化之特质与中国医学之发展""中国医学整理之原则与方法""阴阳五行之认识"和"中国医学之特点与缺点"5篇。下编则包括"中医生理解剖之检讨""中医观察病理举隅""人与细菌""关于药物""方剂之实际与改良""诊断之理论与实际"6篇,还有1篇附录——"脉诊答问"。

在他看来,因立场不同而对中医的维护或反对实属自然,若排除感情因素,"若就吾人之观点,以为中医有其可以存留之一部,但基础须重新再建,同时亦有应加以扬弃之部分,但不是全盘推翻"。

以阴阳五行为例,陈永梁认为,"中医阴阳五行学说,虽不尽合理,然实未尝不合理。且无一非系于必然之事实,殆以病人为对象,因临床经验与药治成绩,乃设为阴阳五行诸说以说明之者"。

在中医的临床认知思维方面,陈永梁提出:"时至今日,仍不背于科学。盖其下手方法,亦不外一观察,二定名,三推论,四实验诸步骤也。"他认为,"中国医学在综合观察与整体治疗下,有其特点,然亦有其缺点",如忽略病菌的认识、药效缺乏分析等。他指出,"中国医学之特点与缺点,在着手整理改进时,应将该真相全面暴露,不加掩饰,方可求出新的建设焉"。

将中西医汇通阐释方剂学

陈永梁认为,中医的处方以调整体质为核心,而西医的治疗以杀灭致病菌为主。中医方剂学主要是考究中药之间的配伍运用,并归纳方剂合适于何种病证。

他撰写了《新中医方剂学》一书,分上下两册,1948年出版。书中常借用现代医学理论阐释病因病机、方剂组方原理,例如,对于失眠的病人,陈永梁将病因病机解释为:"此虚烦不得眠,正神经衰弱之一种证候。人之睡眠,须血液流向下部,使脑部比较的贫血,方能入寐,但神经衰弱者,则神经常欲摄血以自养,虽眠睡时,脑部仍见虚性充血,故虚烦而不得眠,如此者却可借本方安抚以催眠。"

书中列出用酸枣仁汤治疗因营养不足而神经衰弱者的失眠症状,这是因为方中主要有药酸枣仁,其性味酸平,含有色体及肥皂草素等,能起到镇静神经、摄敛其虚性充血、健胃滋养等作用。

弟子梁梦侠在下册的序中称赞陈永梁:"以调节机能,把握体质变化为核心,阐发中国传统医学之独到处;更分析处方与调剂之运用,新知古义,融会而沟通之。使学者于药效知其所以然,对成分知其所配合,庶临证治病,不致歧路彷徨。谓中医方剂学之示范固可，即谓中医方剂学之革新，亦无不可。"

以科学方法研究医学历史

陈永梁认为医学史或医史学，是为研究医学历史而产生的学科。他主张用科学的史学方法研究医学知识的进展，并著《中国医学史纲要》一书，1947年由广东中医药专科学校印刷出版。

熊夏武称赞陈永梁的《中国医学史纲要》："作者是曾在中医革新运动的浪潮中翻混过的人，对于中医前途有着热切与光明的期望……我们常会感到一股澎湃的热情，回荡于字里行间。这种热情是在寻常的论文中绝少见到的，可以说是感情与理智高度统一后的产物。"

参考文献

陈永梁. 对施副馆长国医统一病名建议之商榷. 克明医刊, 1933: 1—6.

陈永梁. 论中国医学史纲要. 华西医药杂志, 1948: 40—42.

陈永梁. 新中医方剂学. 广州: 光华四书印务公司, 1948.

陈永梁. 整理国医应有之认识与努力. 克明医刊, 1933: 3—7.

陈永梁. 中国医学概论. 广州: 光华四书印务公司, 1947.

陈永梁. 中国医学史纲要. 广州: 广东中医药专科学校, 1947.

刘小斌, 陈凯佳. 岭南医学史（下）. 广州: 广东科技出版社, 2014.

刘小斌, 郑洪. 岭南医学史（中）. 广州: 广东科技出版社, 2012.

罗元恺. 罗元恺论医集. 北京: 人民卫生出版社, 1990.

"针灸少将"周仲房

弃政从医,名扬香江

学人小传

周淦(1881—1942),字仲房,又名天驷,广东增城人。民国时期著名针灸学家。毕业于广东水师鱼雷学堂,官至少将,后入学堂习国学医术,专研针技,精于针灸。后于广东中医药专门学校任教,曾任代校长。任教期间,考据古今,综针灸古今之滥觞、合悬壶济人之灼见,为授针灸课程而简编《针灸学讲义》一书。此书针灸内容丰而全、精而要,博古通今犹引人入胜,于针灸学研究颇有裨益。

官至少将，以针鸣世

从海军学校的一名毕业生，逐步成长为少将、海军学校校长，又再弃政从医，周仲房一生的经历可谓传奇。

周仲房是广东增城小楼镇周溎村人，1909年周仲房毕业于广东水师鱼雷学堂第11期驾驶专业，旋即在海军服役。辛亥革命成功后，1912年起任广东海防舰队舰长、广东省参议会议员、广东海军学校监督少将代校长。1913—1917年，就任改名后的广东海军学校校长，在校期间多方保护学生，颇得学生拥护。1920年任广东海防司令部少将高级参谋。

陈策、招桂章都是周仲房的学生，师生交情弥厚。及后陈策升任广东海军司令，坚定支持孙中山的革命事业。1922年6月，陈炯明叛变，周仲房之弟周天禄担任珠江江防司令，参与陈炯明反对孙中山事件，周仲房受到牵连，虽后查实他未曾参与其中，但民初军政人事更迭，各派系明争暗斗，周仲房遂绝意仕途，弃政从医。

立志成为医生的周仲房，随后攻读广东军医学堂针灸科，学课于广东中医教员养成所。学成后先归隐故里，业针悬壶，后侨居香江。

1931年，周仲房任香港港侨医院中医部主任，1932年又出任侨港中华国医分馆副馆长。继而返羊城任广东中医药专门学校教务主任，期间他编类《针灸学讲义》并教授针灸课程，授业之余应诊于广东中医院。1936年，时任校长陈任枚告老辞职，周仲房暂任代校长一职。1938年广州沦陷。1939年3月，广东中医药专门学校于香港跑马地置地办学复课，周仲房仍任教务主任，至1941年香港沦陷学校停办。他任学校教务主任、代校长时期，虽为时不长，但多有建树，尤其战时临危受命，随校辗转，复课香江，护校兴学，劳苦功高。1942年，周仲房病逝于香江。

周仲房一生历经清末至民国军、政、医三界之动荡年代，官至少将，中年投身岐黄，以针鸣世，在近代中医界实属少有之"针灸少将"。

精于针术，博采众长

周仲房针灸临床经验记载并不多，其中特别有意思的，是广东中医药专门学校教员朱愚斋在其小说《黄飞鸿别传》中记载的周仲房的两个病例。

在周仲房治郑氏女闭经一案中记载："郑氏女，及笄闭经，屡治不愈，日渐尪瘵，寻且双足瘫软不能步，惟坐卧而已。其父母忧之，延医为其诊治，屡医无效。仲房为友人所荐，延诊之，谓兹病无须饮药，仅以针刺其前后穴，即可消除。奇其言，乞试为之。仲房乃出针刺其会阴穴及长强穴，才数刺，郑女即呼腹痛，已而经隧通。"

还有另一则："有友罹痛病甚苦，多年不瘥，每发则呻吟床笫，而所延医立论不一，有谓其为邪风者，有谓其为走马风及死人风者，故终无一效。吾追维郑氏女之事，因建仲房于吾友，且欲乘间一验其术，果尔针刺病除，以是益慕其术。"

周仲房所编《针灸学讲义》传承和引用了诸多针灸经典文献，以《针灸大成》为主，有关经外奇穴等部分内容出自《勉学堂针灸集成》，部分引据自《黄帝内经灵枢》和《黄帝内经灵枢集注》，体现了周仲房博采众长的特点。

周仲房所用穴位精简，易于学习。在《讲义》所录138种病症中，绝大部分取穴都在2—4个穴位，其中最复杂的中风证也仅保留10个取穴，且取穴直接在病名之后，作为一本针灸教科书实为简洁精要，令读者能直接了解和建立取穴和病症之间的关联，更适合针灸的入门理解。

编撰讲义曾在广东和香港发行

周仲房现存唯一著作，即是在广东中医药专门学校教授针灸学课程期间编写的《针灸学讲义》一书，分为两卷两册。

这套书现存两个版本，分别是广东中医药专门学校印发的铅印本及香港广东中医药专门学校发放的铅印本，在广东省立中山图书馆、广东中医药博物馆和广州中医药大学图书馆三处皆有藏书。两版本经对比后发现内容基本一致，只是封面和边框提名中有增减"香港"二字以示区别。

其书首篇记"针灸源流说略"，依托针灸各家学说文献讲说针灸史发展历程。其后则记周仲房本人的"针灸治病论"，从针灸这门医技之纲领机要——经络腧穴阴阳五行讲起，阐明针灸治病之道理和其使用过程中所需要注意的事项，尤其是强调了针灸医生的基础中医学知识不可或缺，同时也不可纸上谈兵："手术不研究，刺法不能从心，则尤为针灸之忌"，并同时批判了某些从医者急功近利的态度。

周仲房尤其重视针灸治疗，在全文开篇的《针灸源流说略》中以"医用针灸，由来已久，大都药力所不能到，非针灸莫为功"一句话开题，令针灸治病

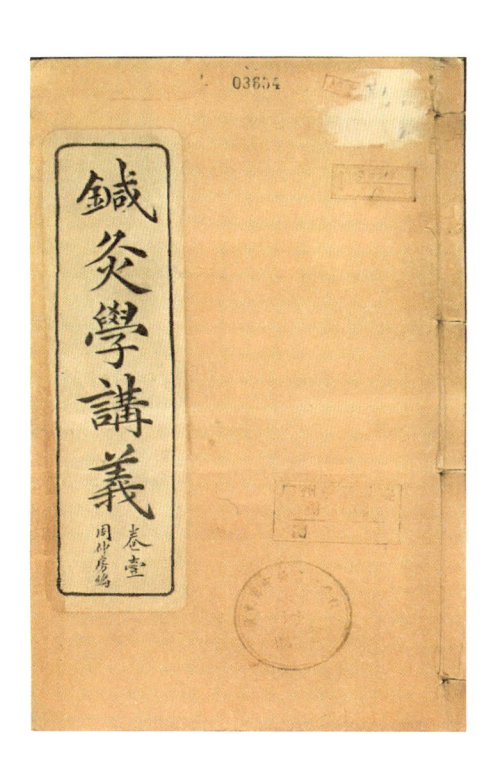

▲《针灸学讲义》书影

的重要地位贯彻全篇。

《针灸学讲义》中重视针灸医生的经络腧穴、阴阳五行、奇经八脉基础。周仲房认为人身气血运行当与时令气候相匹配，"大抵人身一小天地，天气磅礴，运行不息，雨旸之若，雨雷之荡，江河之流，皆适乎气候之乎"，若是时令气候不及与太过，便容易生成疠病。

"有不及与过，则必为厉，飓风水旱之发明，天地之疠病也。人之一身，具备五脏六腑八脉十二经然，其同流转输，得成身体有活动灵机者，则全视乎气血之流注，气血不及其经络与脉，病则生焉。"周仲房认为，推及人身体则全然考虑全身气血在经脉的运行，气血不能正常流注满足经脉运行，疾病即有发生，实在是经验之谈。

开岭南针灸流派

周仲房一生精于针术，但真正收入门中的弟子不算多。

汕头有一位黄传克，1938年于广东中医药专门学校毕业。周仲房任校教务主任时，见其刻苦聪慧，便收为入室弟子。黄传克后随师在港打理诊所，擅长针灸、内科、儿科，尤精于杂症，1978年被广东省政府授予"广东省名老中医"称号。此外，周仲房还曾传授针灸之术给两位至交好友冯其焯和陈育之，三人曾联合开设医舍于香港仔大街39号。

周仲房授课广东中医药专门学校时，当时还是学生的开平县人司徒铃受其影响，醉心针道，后来成为现代岭南著名针灸学家。据司徒铃的弟子符文彬回忆，他在整理司徒铃留下的资料时看到其自述怎样走上针灸道路的日记。当时司徒铃才读小学，父亲得了水肿病到处治疗却没有效果，后来司徒铃跟着父亲来到广东中医院找到周仲房治疗并很快治愈，从此他立志学医。1931年他考入广东中医药专门学校学习针灸，后成为周仲房的学生，家中一直存有周仲房的《针灸学讲义》。符文彬整理了自周仲房开始的岭南针灸三代传承，并梳理了岭南针灸学术流派，让岭南针灸学派真正发扬光大。

参考文献

李乃奇，刘小斌. 近代广东针灸名家周仲房. 中华医史杂志，2013，43（6）：380.

刘小斌，陈凯佳. 岭南医学史（下）. 广州：广东科技出版社，2014.

周仲房. 针灸学讲义. 广州：广东中医药专门学校，1927.

妇科名家谢泽霖

专精教育，特色鲜明

学人小传

谢泽霖（？—1958），生年可能在1879至1899年之间，广东南海人。民国时期广东著名妇科医家。1919年就读于广东医学实习馆，肄业后在广州西关悬壶执业。1924年受聘于广东中医药专门学校，著有《妇科学讲义》等。曾任广州市第一人民医院中医科主任，广州中医学院筹备委员会委员。

编撰学校最早使用的教材

在广东中医药专门学校创办之初,谢泽霖即受聘任教,讲授妇科学、儿科学,每周授课8小时。

谢泽霖重视教材编写,编撰的《妇科学讲义》两册,是广东中医药专门学校最早使用的教材,1924年开始编撰应用于教学,刊印于1929年3月,现存广东中医药专门学校印刷部铅印线装本。

谢泽霖的《妇科学讲义》分为经事门、胎孕门、产子门、杂治门四大篇。第一篇经事门论述了月经生理以及21种常见月经病的病因、病机、治法方药。本篇内容对月经病诊察细致,注重辨别月经形、色、质。经水异色、经下异形、经来异臭等内容,均为临床常见、但现行教材并未单列的病症,该书予以详细论述,颇切实用。第二篇胎孕门阐明了成胎的原理、种子方法、10种不孕症的治疗、妊娠诊断、妊娠禁用药物、孕期调护及28种妊娠病的治疗,对不孕一病按病因病机辨证,进行了细致详尽的论述。辨胎一章,论述了脉象验胎、药物试胎、辨别男女胎及伪胎的方法,在缺乏辅助检查手段的年代,这些诊

▲《妇科学讲义》书影

断妊娠的方法尤显重要。第三篇产子门主要阐述了临产调护的方法、临产的诊断、难产六证的处理、催产的方法、产后 60 证的治疗，内容充分肯定了中医在产科疾病防治中的历史作用。第四篇杂治门论述了 23 种妇科杂病的病机、证治，包括了前阴病、带下病、癥瘕等妇科常见病。

纵观谢泽霖《妇科学讲义》全书，与现代妇科教材有所不同。现代中医妇科教材分总论和各论，总论总述妇人解剖、生理病理特点、妇科疾病诊断要点、治疗原则；各论分述妇科经、带、胎、产、杂、前阴诸病，不孕症属于妇科杂病。而该书不分总论与各论，将妇人生理、病理特点、治疗原则等分别放在经、胎、产、杂等各章节或具体病症中论述，将不孕症列入胎孕门，将带下病、前阴病都归入杂治门，而不另行列出。该书以汇集前人妇产科精辟论述为主，很少夹杂自己的见解，上穷《黄帝内经》、仲景之言，下至张景岳、傅山等明清诸家之论，凡是妇科精要契理之说，临床确有实效之方，均摘而录之。该书编写目的是让后学者可以据此对中医妇科的理论有一个较全面的了解，希望后学者通过认真钻研，有益于思路的开阔以及医疗水平的提高，不失为一本较好的教学参考书。

继《妇科学讲义》之后，谢泽霖又与台山李近圣合编了一本《妇科学讲义》。该书以前作为蓝本，由李近圣加上按语，现存广东中医药专门学校印刷部铅印线装本。

热心参与教务

除了授课、编写教材，谢泽霖还参与了广东中医药专门学校的其他工作。

为传播中医文化知识、增进学术交流，广东中医药专门学校积极创办刊物，《杏林医学月报》即为其中之一种。该刊物第一期刊载了广东新中医学会、广东中医药专门学校学生会、广州西关赠医所等社团组织发来的颂词，以及包括谢泽霖在内的各位中医名家的题字、题词，体现了谢泽霖对《杏林医学月报》的支持及期待。谢泽霖还曾在以赠诊为主、作为学生实习场所的广东中医院出诊。

《广东中医药学校校刊》1931 年 12 月第 3 期刊有谢泽霖多次参加医务处会议并担任会议主席的记录：9 月 2 日谢泽霖出席该学期第一次医务处会议，会上讨论了《医务处办事细则》内容的修改、赠医名牌及领药证的样式，并规定了每月 1 日为医务处开会时间；10 月 1 日谢泽霖出席第二次医务会议，会上张阶平提议变换原有医生相架、增加其余医生相片以便病人认识，骆定基提议补行欢迎谢泽霖主任并欢送前内科主任梁翰芬，关济民提议再行宣传赠医事业，谢泽霖提议西濠街口原有校牌空架处改悬赠医广告，所提各案均获通过；11月2日，谢泽霖出席第三次医务会议，会上由陈亦毅报告上月宣传工作经过，讨论了宣传费管理、赠医处各项器皿管理等事项；12月1日，医务处第四次会议，谢泽霖因事不暇出席，由管需民代任会议主席。

1930年，裘吉生、蒋文芳等人关于设立全国性中医药学术机构中央国医馆的提议获得通过，定于翌年3月17日举行成立大会，谢泽霖为发起人之一。据当时杂志所载："中央国医馆于三月十七日开成立大会，事前曾函请广东省政府陈主席介绍人才为发起人，并函促晋京开会。查本校陈校长任枚、卢主任朋著、梁主任翰芬、管主任季耀及陈惠言、管需民、谢泽霖、梁湘岩、古绍尧、冯瑞鎏各先生等，均被聘为发起人云。"

新中国成立以后，谢泽霖继续从事中医临床和教学工作，曾任广州市第一人民医院中医科主任。1956年广州中医学院成立，谢泽霖是筹备委员会委员之一，为广州中医学院的筹建做了很多工作。

强调情绪致病，关注妇女心理

谢泽霖未见有医案流传于世，从其《妇科学讲义》中可窥其妇科学术思想之一二。其妇科学术成就表现在：重视冲任与脾胃肝，阴虚火旺、痰湿壅滞是常见证型，临产戒早用力，妇科病多与情志相关。

谢泽霖尤其重视冲任、脾胃、肝的调治，对妇人生理的论述，对月经病、妊娠病及杂病的论治均体现了这一特点。在论述妇人生理时，谢泽霖比较重视冲任、脾胃。他认为妇人之月经来源于饮食，由脾胃所化生，而冲为血海，任主胞胎，女子二七任通冲盛，脾胃健旺，血有余则注于冲脉而为经水，怀孕时亦赖脾胃化生之血荫胎，产后脾胃健旺则乳汁丰富。

在妊娠调护方面谢泽霖强调了肝脾胃的作用，他认为肝藏血以护胎，肝主升，肝气横逆则胎不安；脾胃为气血生化之源，胎赖其运化以滋养，而且脾主升，胎系于脾，脾气虚则胎易堕，因此，妊娠期间调理肝脾胃是非常重要的安胎方法。广东地处岭南，炎热潮湿，妇人多阴虚、脾湿体质，谢泽霖在编纂讲义的时候充分重视这一地域特点，论治疾病多涉及阴虚火旺、痰湿壅滞的证型。比如论闭经的证治，谢泽霖就引用了萧慎斋、朱丹溪的论述来阐明闭经有阴虚火旺、亦有积痰壅闭；论崩漏，谢泽霖认为阴虚火旺之崩漏，应于补阴之中行止崩之法，又引朱丹溪之言认为崩漏亦有因胸中涎郁者；论不孕症的治疗，谢泽霖认为有阴虚火旺不孕，治宜滋肾水平肝木，又有湿盛不孕，治宜健脾化痰。可见，谢泽霖治疗妇科疾病是比较善用滋阴化痰法的。

谢泽霖还充分关注了妇女怀胎多郁的心理特点，除在各种疾病的证治中重视肝气郁结证的论述外，孕悲、忿怒气逆、肝气郁结不孕、怒气胎动、大怒小产等节内容，更是强调了情绪致病，该书关注妇女心理、情志致病的特点可见一斑。

参考文献

谢泽霖. 妇科学讲义. 广州：广东中医药专门学校，1929.

佚名. 中央国医馆成立大会, 本校校长教员补聘为发起人讯. 广东中医药学校校刊，1931，（4）.

郑洪，陈凯佳. 佛山中医药文化. 广州：广东人民出版社，2016.

"岭南骨伤圣手"管季耀

从自制生肌活血"隔纸膏"到方剂济世传人

学人小传

管炎威,号季耀,生卒年不详,广东大埔人。传承父亲管镇乾医术,且精通文理,能把骨伤经验上升为理论,有《伤科学讲义》《救护科讲义》《花柳科讲义》等著作存世,历任广东中医药专门学校外科赠医主任、广东中医院骨科主任,1929年任全国中医教材编委会委员,是民国时期全国有影响力的岭南骨伤科名医。

编撰《伤科学讲义》，倾囊相授三世经验

祖籍江苏武进的管季耀出身于一个武学世家。其祖父管德裕出少林，善技击，通医学，精内功，点脉救伤，被称为"神手"。父亲管镇乾得到祖父的真传，行伍出身，清咸丰年间在军队任军医二品衔，精于正骨跌打刀伤，救活了很多军营的官兵。后流寓粤省大埔，同治至光绪年间寄居佛山开设医馆。据说管镇乾当时专门建有一处宅子，用于制作成药，并卖到各地，而且家里有请专门教英文的教师。

管季耀继承父亲医术，自述少承家学，成童执业，随父亲在军营救伤20

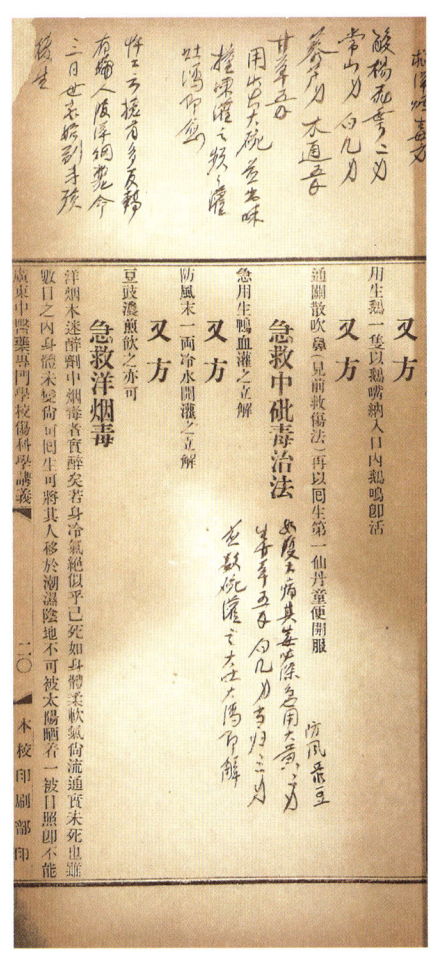

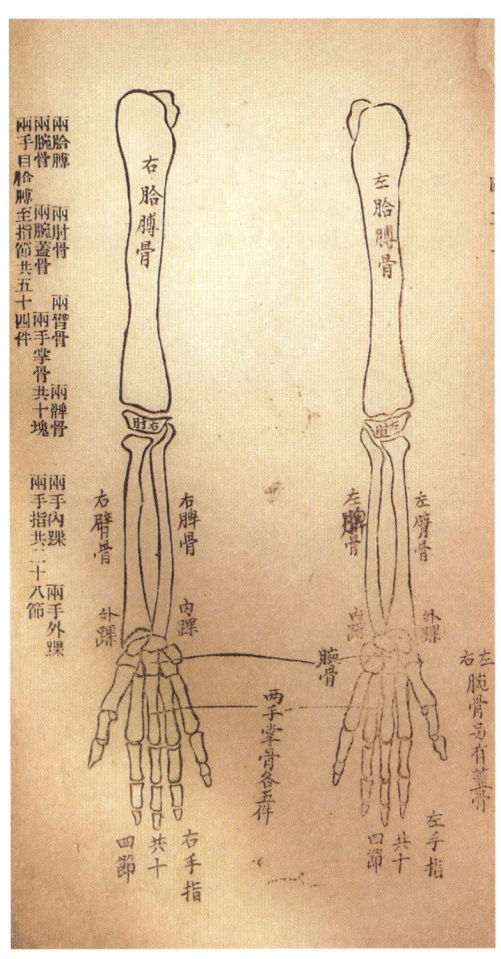

▲《伤科学讲义》中可见管季耀手写眉批和修改文字，右图为管季耀自行绘制的骨骼图，其中左髀骨的"髀"字印刷错误，管季耀手写改正

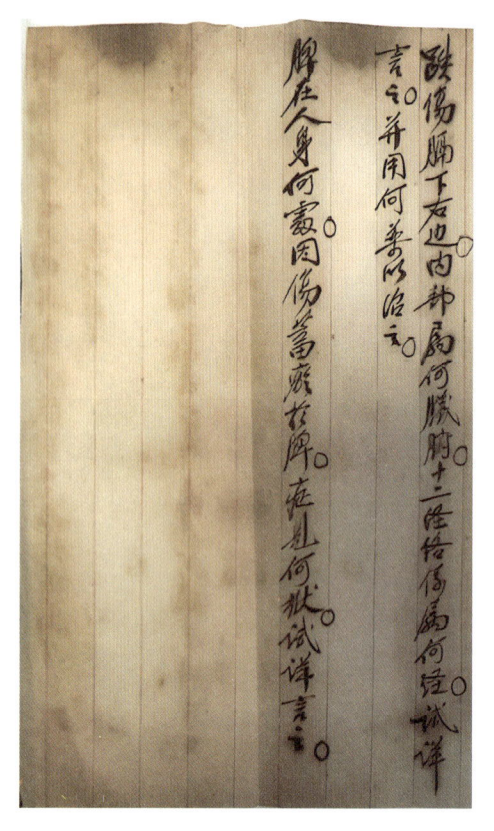

▲《救护科讲义》书影　　　　　　　▲管季耀手写给学生的考试题目

年。1924年，广东中医药界创办广东中医药专门学校，管季耀受聘为伤科教授，主讲伤科，并担任外科赠医主任，后又开设救护科。1928年广东省举办第11次运动大会，请广东中医药专门学校负责医疗服务工作。学校成立了救护队，管季耀任卫护股主任，组织培训及参会救治伤者，救护380余人，均获安全，载在大会日刊，大会结束后救护队获得广东省省长、运动大会会长李济深签发的褒奖状。

管季耀具有坚定的中医文化自信，他认为中国自神农尝百草就开始有医学，为世界医学的领先者。他专门编撰了广东中医药专门学校教材《伤科学讲义》，将自己家族三世行医的骨伤科经验传给后学。

第五代传人管焕嫦家里珍藏着一套《伤科学讲义》，为现存最早的版本。书中存在大量管季耀亲笔手写的眉批。据管焕嫦回忆，管季耀是她爷爷的哥哥，这套书是管季耀孙女交给她保存的，书中的图为管季耀自行绘制。此教材后来又两次修订重印，条理清晰、体例规范、内容丰富。书中重视骨科生理解剖及伤科秘方研制，共绘画人体骨骼图8幅，标明166件骨骼古代及近代名称互为对照，并结合中医经脉穴位作解释，绘制经络图14副，拟自制方252首，如通关散、透甲逐瘀汤、软骨宽筋汤、止痛还魂丹等，体现了其丰富的骨外伤科临床经验。

此外，管季耀还编有《救护科讲义》，刊于1927年，一套4册共286页，现有广东中医药专门学校铅印本，藏于广州中医药大学图书馆、中国中医科学院图书馆；编有《花柳科讲义》，刊于1924年，详述淋浊、下疳、梅毒、疔疮、杨梅疮、麻风、白癜风、癣症等病症及治疗，现有广东光汉中医专门学校铅印本。

隔纸神膏，还魂金丹

据管氏第五代全国名中医邱健行回忆，当年他在中医学院读书时，学校梁颂名教授曾经称赞管季耀的医术"最出名的两个药方是隔纸膏和还魂丹"。

隔纸膏是用一种油纸，蒸煮消毒之后盖在伤口上，再放自行研制的生肌膏，一方面不影响肌肉的生长，另一方面慢慢结痂（煨脓长肉），肌肉就长好了。

隔纸膏疗效极佳，堪称神奇。管焕嫦回忆，她父亲管铭生当年应省政府的号召去了湛江行医，后来成为广东省名中医。父亲当年也传承了管季耀的隔纸膏，"用柴火来烧，熬制隔纸膏，然后用瓦罐装起来，放一些水，盖起来，用于临床，效果很好。其中一些做好之后就放在家里的床底下，放了几十年。后来我父亲生病了以后，下肢溃烂了，用什么药都没有效果。这才想起来我们管家的隔纸膏，从床底找出来，发现虽然过了几十年，膏药既没有长毛也没有长虫，就把它拿出来一用，我父亲的伤口奇迹般地痊愈了"。

《伤科学讲义》中没有记载隔纸膏，但是有记载自制方"拔毒生肌膏"，统治各种跌打损伤、疮疽已溃、金疮等症。凡有损皮烂肉者，均可治之。木鳖子肉廿斤、草麻子三斤、归尾二斤、北杏五斤、锦大黄二斤、大田七比二斤、苦参八两、没药二斤、川黄连一斤、砂姜一斤、瓜子菜二斤（生草药）、黑芝麻廿四斤。制作方法是：先将各药钗碎，入芝麻油浸一宿，先文武步火，煎至渣枯，隔去渣。再煎至滴水成珠，收火加入后药末搅匀，倾入瓦盆搅至冻，用冷水浸之。每日换水一次，至少隔年可用。后下药末：陀僧四斤、安息香八斤、龙骨一斤、乳香四斤、松香四斤、顶大田七八两、上血珀一斤、炉甘

▲ 《伤科学讲义》中的"拔毒生肌膏"

石一斤半（醋制七次）、上血竭一斤，共研极细末，俟药油炖至滴水成珠时，收火留炭，将各药末筛入搅匀，至冻为止。从整个制作过程及主治功效来看，应该就是隔纸膏中所用之"生肌膏"，隔纸膏应该是一个俗称，即隔着油纸贴膏药的意思。

邱健行回忆"还有一个还魂丹，梁颂名说亲眼看到有人痛得昏迷了，吃了管季耀的这个还魂丹之后就苏醒了"，说明止痛效果极佳，并具有开窍醒神的作用。《伤科学讲义》中载有"止痛还魂丹"，马钱子（用糯米水浸七天，童便浸三天，清水浸三天，刮去毛煅存性，净末）四钱，闹阳花（炒焦）四钱，乳香（灯芯炒）四钱，没药四钱，珍珠二钱，无名异二钱，田七二钱，熊胆二钱，结白蜡一两，川麝香一钱，研极幼末每服二分，重证倍服，小童半服，孕妇、婴儿勿服。

中医不是慢郎中

中医常常被称为慢郎中,在急危重症领域的抢救被认为是中医所不擅长的。为此,管季耀还专门写了《救护学讲义》,书中论述中医在急救领域的救治方法,指出"救护……究其药方,中国独优。受伤虽重,厥疾能瘳,足见国药,驾美凌欧。救护有国药,何必向他求"。

"国货亟宜振兴,毋任专美他人,国粹应宜永保。药则搜罗地道,术要巧夺天工。"管季耀推崇运用中医中药处理急危重症,在他看来,中医中药在救急救危具有很好的疗效,应当发扬光大,而不是只是照搬西方医学。

急性损伤等重症的救治与时间息息相关,因此急救时,临时去煮中药是不切合实际的,管季耀认为,救治急危重症要以预先制备好的丹、散剂为主,自创通关散、止痛还魂丹、回生第一仙丹、止血散等内服丹、散剂,分别针对临床三急症:昏迷、疼痛、出血。如通关散通用于昏迷,功效开窍醒神;止痛还魂丹用于止痛;止血散用于止血。

管氏学术代有传承,形成管氏伤科学术流派。管镇乾学术传子管季耀、管藻卿,管季耀传子管霈民,管藻卿传子管铭生,管霈民、管铭生两人均被广东省人民政府授予"广东省名老中医"称号。管氏伤科学术流派至今已传至第六代。

参考文献

管季耀. 救护学讲义. 广州:广东中医药专门学校,1927.

管季耀. 伤科学讲义. 广州:广东中医药专门学校,1929.

郑洪,刘小斌. 民国广东中医药专门学校中医讲义系列·附编:南天医薮:广东中医药专门学校校史. 上海:上海科学技术出版社,2017.

郑洪,刘小斌. 民国广东中医药专门学校中医讲义系列·伤科类. 上海:上海科学技术出版社,2017.

中西结合先驱黄省三

倡专方专药，誉满省港间

学人小传

黄省三（1882—1965），名思省，广东番禺人。近代著名中医学家。自幼随父亲学习医术。19岁时，因瘟疫流行，开始为人治病，药到病除，医名日著。1910年迁居广州，开设黄崇本堂医寓，成为羊城名医。1924年赴香港，在香港跑马地礼顿山道设馆行医，接触外国医学，提倡中西医结合。1955年返回广州，历任多项医学要职，是广州中医学院的创建者之一。晚年勤于著述，著有《流行性感冒实验新疗法》《白喉病药物新疗法》《肺结核实验新疗法》《肾脏炎肾变性实验新疗法》《麻疹实验新疗法》《急性阑尾炎药物新疗法》等。

幼承家学，一鸣惊人

黄省三1882年出生于番禺县化龙乡一个乡村医生家庭，家藏古籍医书甚丰。黄省三幼时就对医学产生了浓厚兴趣，虽然他只读过几年私塾，未受过学院的系统教育，也并非师从名医，但他学识十分渊博。

可是，在黄省三12岁那年，他的父亲与世长辞。生活的重负却磨灭不了黄省三继承父业的意志。他每晚挑灯夜读，把父亲遗留下来的线装医书一本本认真钻研。几年来的默默用功终于使黄省三在19岁那年一鸣惊人。同年，家乡一带瘟疫流行，缺医少药，蔓延甚凶。他受父老乡亲之邀，运用所学的知识，细心诊治，往往药到病除。乡中几位年迈长者回忆，当年一名村民得了瘟疫，已临弥留之际，在其他人的建议下，找到黄省三进行诊治，不料该垂死病者服药后苏醒了，最终得到康复。"起死回生"的佳话传遍四乡，方圆几十里有病的乡亲踊跃前来就医，黄省三名声一时大噪。

携万册医书离港返穗

1909年冬，28岁的黄省三迁居广州，在南关西横街开设黄崇本堂医寓，由于他博览医书，疗效显著，名声不胫而走，成为羊城名医，官绅民众都乐于求诊。1924年因被歹徒打单勒索，人身安全受到威胁，他不得不连夜离穗赴港，在香港跑马地礼顿山道设馆行医。

1955年夏，应广东省政府的邀请，73岁高龄的黄省三甘愿放弃香港优越的生活条件，毅然举家迁回广州定居，并带回医书70箱，不下万册。他说："回国来为国家服务，与在香港时为个人相比，意义大不同了。"

回国后，黄省三在医学教育领域做了大量的工作，受聘为华南医学院教授，并担任广州中医学院筹备委员会副主任，是学校的创建者之一。

黄省三历任中华全国医学会理事、中华全国医学会广东分会副会长、广东省中医药研究委员会副主任、广东省卫生厅顾问、广东省卫生工作者协会副主任委员等职。黄省三回广州后，政府特别关心和照顾他的生活，安排他住在大南路一座有小花园的楼房，里面有诊室、学习研究室和两间图书室，珍藏着上万册中西医书籍，其中不少是线装书和孤本书。

在这里，黄省三积极开展著述工作，除了日间伏案写作外，也常常工作到晚上11时才休息。他说："有一分精神就做一分事，在我有生之年要把临

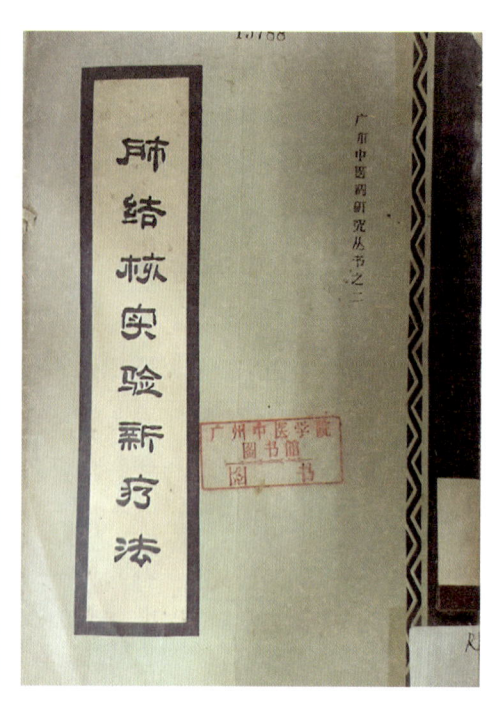

▲《流行性感冒实验新疗法》书影　　▲《肺结核实验新疗法》书影

床经验写出来，否则就对不住党和国家，对不住人民了。"

黄省三晚年勤于著述，其著作科学性强，讲求实效，不尚空谈。十余年间，他撰写了《流行性感冒实验新疗法》《肺结核实验新疗法》《肾脏炎肾变性实验新疗法》《麻疹实验新疗法》等十余本书，这些书均由广东省中医药研究委员会审定，列为"广东中医药研究丛书"。

"啃"日文版西医原著，方剂经得起临床检验

黄省三在香港行医时，正值香港的西医院从无到逐渐兴起的阶段。黄省三敏锐地认识到中医要发扬光大，既要继承博大精深的传统，又要走与现代科技相结合的道路。于是，黄省三不仅钻研中医古籍，还悉心研究西方医学理论和实验手段。当时译成中文的西医原著很少，大多是日文版的书籍，因此黄省三苦学日文，去"啃"日文版的西医经典原著。同时，他花巨资购买了显微镜和实验设备，并聘请了两位留学德国的西医师协助研究。

黄省三以当时最新的西医科技手段对病症进行确诊，同时着力于辨证施治，用中药方剂进行治疗，在心脏病、慢性肾炎、麻疹等疾病的治疗上取得了重大的突破，成为我国提倡中西医结合的中华医学新体系的先驱者之一。

黄省三善于运用中医药治疗疑难杂症、重病，注意吸收西医之长，强调专方专药治病。对风湿性心脏病合并心力衰竭、慢性肾病合并尿毒症、急性高热休克等，研制了有效方剂。黄省三认为，每一种疾病都有专方专药，而在每一种疾病发展的不同阶段，又需谨守病机，结合辨证，相应地变换不同方药，才能取得满意疗效。

黄氏各种著作多带有"实验"两字，即临床实践检验的意思。因此，他制定的每一首汤方，都有着坚实的临床基础，经得起考验。例如，他用以治疗肾炎水肿病的"黄氏肾脏炎肾变性有效汤方"，从1910年起施于临床，经过检查，绝大部分患者在临床症状消失后，血尿、蛋白尿、管型尿亦消失，共计治愈病例352例。

黄省三不仅强调专方专药治病，还以西医难治疾病作为研究重点。黄氏经常应邀会诊一些难治的心衰病人，为此他研制出"黄氏强心有效汤方"。

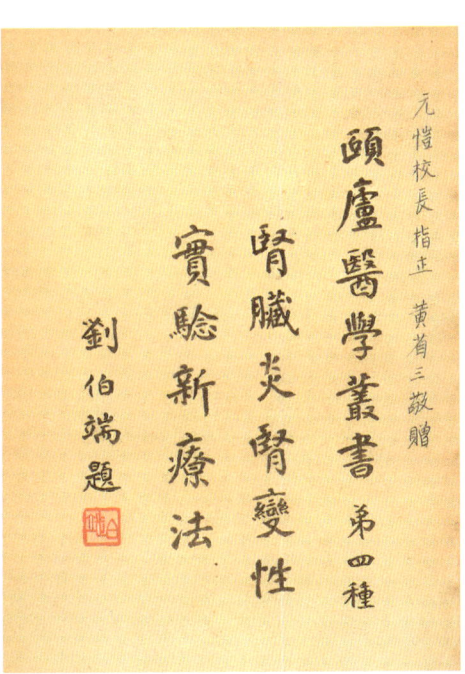

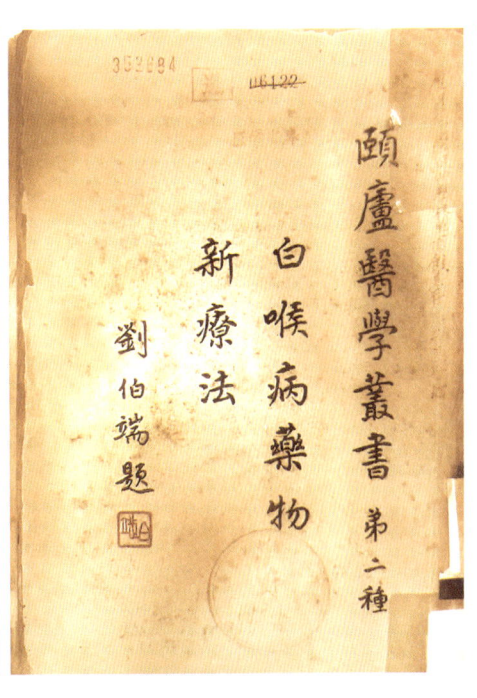

▲《肾脏炎肾变性实验新疗法》书影，为黄省三赠送给罗元恺的书　　▲《白喉病药物新疗法》书影，为黄省三赠送给广东中医药进修学校图书馆的书

贫困患者不收诊金

黄省三气质儒雅，和蔼可亲，不管求医者贫富贵贱，均一视同仁，细心诊察病情，耐心听病者诉说，深入浅出地剖析病因病理等。对于贫困的病者，黄省三不但不收诊金，还经常赠医送药，在处方上加盖印章，病者到药店配药时不用付款，由他与药店定期结账。

中山大学叶任高教授是我国中西医结合治疗肾病专家，在20世纪50年代曾师从黄省三临症学习达五六年。他回忆说："黄老前辈的医德医风非常高尚，我记得当时有一位患慢性肾炎的病人，治疗过程中家里没钱了，黄老十分同情，坚持让病人到他的诊所继续治疗，不收诊金还掏钱给他到药店配药。这样的例子是很多的。"

叶任高认为，黄省三是德高望重的老中医，是探索中西医结合的先驱者，更在中医发展史上开创了一个新的纪元。"黄老前辈对后辈的辅导十分细心，总是毫无保留地将几十年来的研究心得倾心传授，每个关键环节更是手把手地一直教到学生完全准确地领会为止。这种教徒方式在当时是极为难得的……可见其医德教风之高尚。"

参考文献

关振东. 粤海星光. 广州：花城出版社，2008.

刘小斌，陈凯佳. 岭南医学史（下）. 广州：广东科技出版社，2014.

政协广东省委员会办公厅，政协广东省委员会文化和文史资料委员会，广东省中医药学会. 岭南中医药名家. 广州：广东科技出版社，2010.

"粤海跌打王"何竹林

著手成春起沉疴，中西合璧开先河

学人小传

何竹林（1882—1972），广东南海九江人。何氏家族自明清以来世代行医，祖辈精通伤科，父亲何良显清代在粤悬壶，精武技及伤科医术。何竹林自幼秉承庭训，私塾之余，侍诊父亲左右，曾拜师广州光孝寺少林派觉云禅师、武林高手番禺大岭下胡贤拳师习武学技。成年后，为集南派、北派武术精华，博采众家之长，游历全国，广开见闻，提高了武艺和医术。曾任广东精武会伤科顾问及教练，抗战胜利后曾任中央考试院两广考铨处中医检核委员会顾问，并兼任广州中医公会理事及各大社团之医事顾问。新中国成立后当选政协广州市第一至三届委员，曾任广州市正骨学会主任委员、广州中医学院筹备委员会委员、广东省中医院首任外科主任。行医70年，在广东中医界享有崇高声望，为我国现代中医骨伤科的创建与发展作出了重大的贡献。

"破腹穿肠能活命"

1904年，20岁出头的何竹林以"城西何氏、世传伤科、专医跌打、善出炮码"之名在广州西关长寿路开设医馆。一天，一位老侨眷从楼上坠落，头部受伤且全身多处骨折，昏迷不醒，危在旦夕。家人求助于西医，被通知"无药可救"，只得无奈准备后事。后经人介绍，家人把奄奄一息的老人送给何竹林诊治。何竹林进行点穴理伤复苏，并给病人进服"通脉止痛散"，经一段时日的精心治理，终于把这位老人从死神手中夺了回来。

1917年，孙中山先生就任中华民国军政府大元帅，其时副官马伯伦因持枪走火，伤及手臂，致肱骨骨折并伤口感染，何竹林为之清创、固定，经用生肌膏等药治愈。自始府中军政要员遇有跌打伤症均乐邀其诊治。后经马伯伦介绍，加入孙中山创办的联义海外交通部从事医疗工作。

1924年10月，广州爆发商团叛乱事件。一位市民被流弹所伤，子弹斜穿切破腹壁，肠管膨出外露，何竹林用银花甘草水外洗患部，把肠管推回腹腔，用丝线缝合伤口，外敷生肌膏而取得成功。该市民康复后，感激涕零，特制一块题为"破腹穿肠能活命"的牌匾送给何竹林。

1935年中秋，广州西关乐善戏院发生火灾，棚架烧通，一片火海，人们顷刻间集中在通道逃生，只因门楼不堪拥挤而轰然倒塌。当时跌伤、踩伤、烧伤80多人，即送邻近何竹林诊所救治，在他的精心治理下，这批伤者获得良好疗效。时任广州市市长的孙科（孙中山先生之子）特批"著手成春"，以示嘉奖。

舍身施救革命同志

何竹林为人豪爽慷慨，医德高尚，对贫苦患者赠医施药。曾与同道陈伯和等人在广州长寿路合办"西关赠医所"，由当时各科的知名大夫轮值，每日就诊者络绎不绝，深受劳动大众的称颂。

1927年，广州起义期间，何竹林不顾个人安危，亲自为起义领导人苏兆征、陈郁、何来以及工人赤卫队疗伤，对革命同志照顾资助，有求必应。

1937年7月7日，日军全面侵华。17日，广东民众御侮救亡会成立，并通电全国"百粤民众誓以热血同赴艰危"。何竹林和药厂代表将"何竹林跌打丸"分数批赠给抗战部队。之后，日机轰炸广州时，有大批市民死伤，身为广州市长寿区救护队长的何竹林在自己医馆设救护队部，自备药品，率救护队员日夜抢救，救活了许多危重伤员。沦陷期间，他避居南海里水甘蕉村，为乡亲治疗疾病。

对侍诊左右的生徒，他不忘谆谆告诫："凡为医须心存'戒欺'二字，求治者无论贫贱富贵，一律皆须施以验方正药，不可以衣冠取人，喜富贵而恶贫贱也。再如伤科之验伤，虽以望、闻、问、切为要，但也需顾及老、幼、妇人之别。验伤之时，遇有重伤，须解衣谛视遍身。若为妇人伤及胸腰下部，只可嘱其自解罗衣，不可手替。"

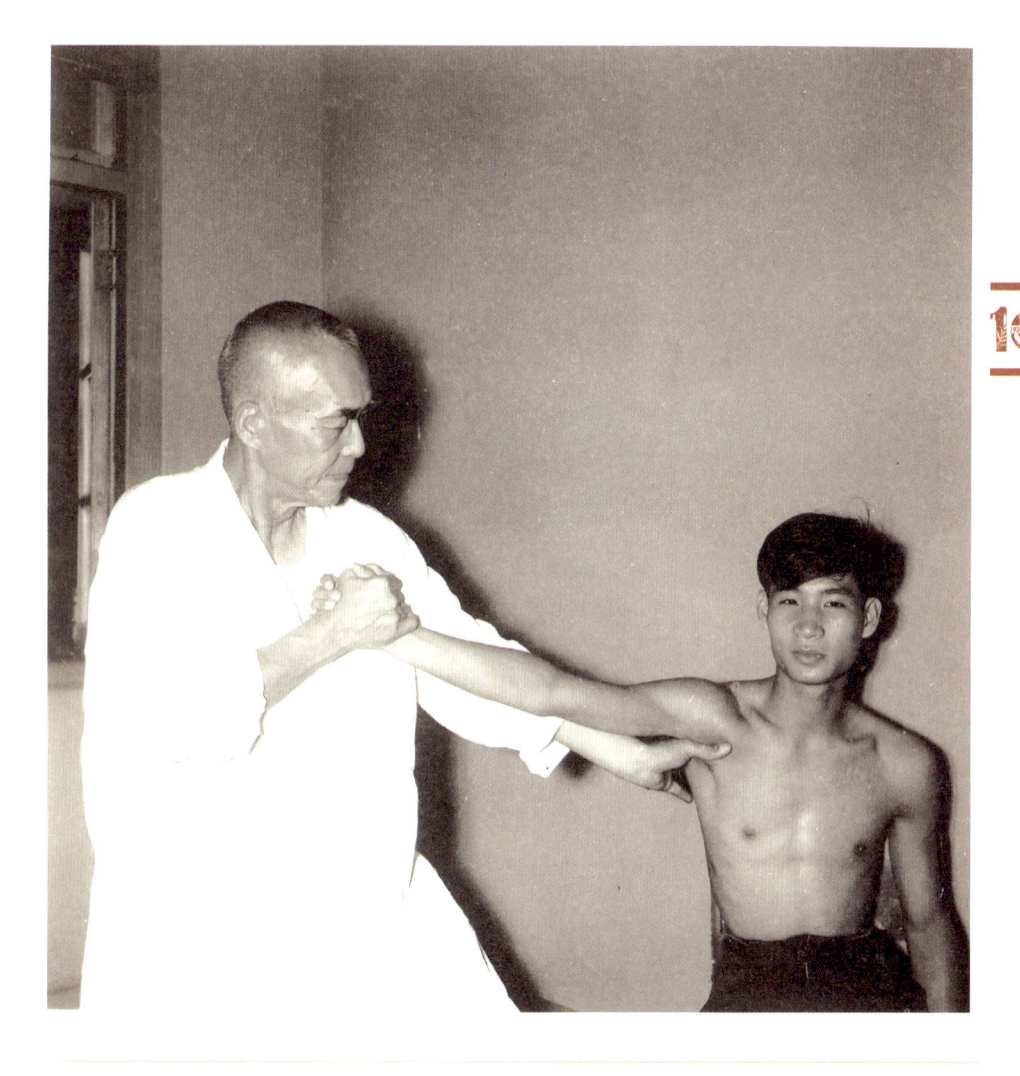

▲ 何竹林为学生示范正骨手法

自费购买设备，授课前需"彩排"录音

何竹林不但对病人仁心仁术，对同道也鼎力相助，被誉为"粤海杏林豪杰"。一次，有位医生帮一个富人的儿子接骨治疗大腿骨折，由于处理不好，病情复发，富人要求赔偿，情急之中他向何竹林求助。何竹林二话不说，帮富人儿子重新接骨、固定，疗效甚好。事后，这位医生很感激何竹林，把一块很贵重的古玉作为谢物送给他，但他婉言谢绝。

何竹林的医馆业务做得颇具规模。那时，何家中午开饭通常是3桌，一桌约10人，他和家人一桌，他的助理们一桌，剩下一桌就是车夫跟病人。车夫把病人送来了，路程走得远的，便在他家吃饭，还有些病人从很远的地方来求医，中午也在他家吃饭。

1956年6月，国家筹建广州中医学院，73岁的何竹林受聘为筹备委员并任教，同时兼任广东省中医院外科主任。1957年，他根据教学需要，主编了广州中医学院教材《中医外伤科学讲义》和《中医伤科学》，并用600多元私蓄购买了一部录音机。他废寝忘食地在家里备课，先自己试讲录音，听过满意后，才向学生讲授。

何竹林虽以精确稳妥的手法和独特有效的固定技术著称于世，但并不保守自封。他孜孜不倦地向西医学习骨关节放射学知识。他说："中医骨伤科历史悠久，有系统的理论和丰富的经验，但不应故步自封，应与现代科学相结合，利用声、光、电、化等设备，以不断提高。骨伤科医生，不但要掌握好望、闻、问、切的诊断方法，而且要学会读X光片。"拥有国际视野的何竹林是中医骨伤科学界拥抱现代科学的先行者之一，其理念也深深影响了弟子和学生，孕育了岭南骨伤科中西医结合事业的新局面。

奉献验方，后继有人

何竹林不仅在教学上呕心沥血，还把自己几十年来积累的疗效显著的骨伤科验方、用药经验，毫无保留地公之于世。1958年，他毅然把自己的传家宝——骨科的膏、丹、丸、散献出来，甚至连煮药的工具都搬到学院，教同学们掌握制药技术。何竹林还献出多种伤科验方，如通脉止痛散、驳骨散、金枪膏、生肌膏等。

1984年，广州中医学院、广东省中医院、广州市红十字会医院、广州市

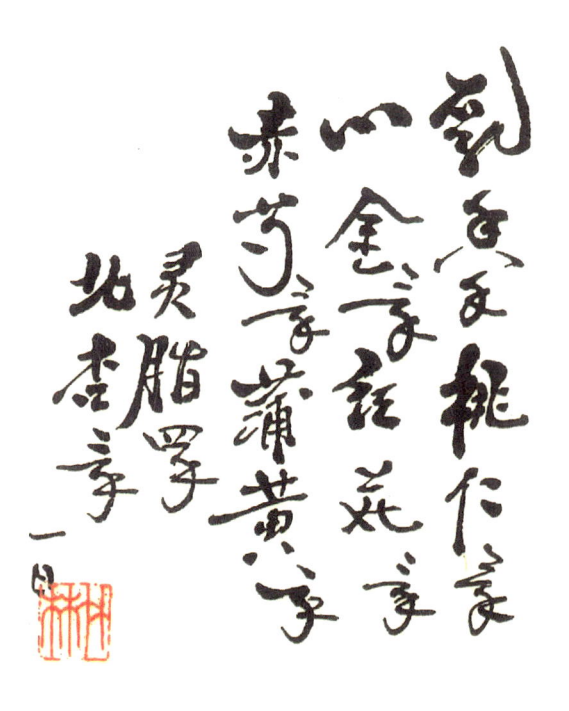

▲ 何竹林处方手迹（1963年）

荔湾区中医院、广州白云山制药厂根据他献出的验方共同研制的"田七跌打风湿霜"获得广州市科学技术协会科技成果奖。

1966年，84岁的何竹林还亲自给伤者施行骨折、脱位的整复操作，直至1972年临终前一个月，仍风雨无间，每天按时回骨科住院部查房，把正骨技术毫无保留地传授给后辈。

何竹林的学生中有不少担任骨伤科教授或主任医师，有的在海外和港澳地区设馆行医，把何氏的精湛医术和高尚医德传播到海外。受何竹林的熏陶和培育，他的6个儿子、2个女儿、3个媳妇也均以中医骨伤为业。1991年，人民卫生出版社出版的全国高等中医院校教材《中医骨伤科各家学说》，将何竹林列为全国近代对骨伤科有贡献十大医家之一。

参考文献

何应华，李主江. 何竹林正骨医粹. 广州：广东科技出版社，2003.

何应华，李主江. 岭南骨伤科名家何竹林. 广州：广东科技出版社，2009.

金匮泰斗陶葆荪

善用金匮疗顽疾，德艺双馨妙回春

学人小传

陶葆荪（1894—1972），字葆生，广东南海人。自小有志于医学，15岁在家自习攻读岐黄医书历时7年。后入广东医学实习馆学医，1922年开始在广州、香港两地行医。1946—1949年任中央国医馆广东省分馆副馆长。1953年开始担任广州中医学院筹备委员会委员，1958年起担任广州中医学院内科教研室、金匮教研室主任，是广州中医药大学中医内科、金匮等核心学科的重要奠基人。1959年获广东省卫生厅继承发扬祖国医药学表现积极、成绩优良奖。1962年获评"广东省名老中医"称号。治学严谨，对《金匮要略》的研究尤其深入，著有《金匮要略易解》《对肺痨病肺结核的认识与临证经验体会》《对慢性肝炎的临床体会》等论著。

善用岭南本草，药精量少效佳

陶葆荪深得《金匮要略》的精髓，组方严谨，用药精专，药量轻而效堪夸。据后人口述，当年他家住广州文昌路附近，周围的药店对陶葆荪"又爱又恨"，爱是因为很多人拿着他的药方去买药，恨是他的药方药味不多，药量也小，很难收取高费用。在1960年的《广州中医学院教职工献方特辑》中，陶葆荪单人献方18首，遍及8个病种，有久咳方、鸭参方、三白汤、地榆汤（又名阑尾炎代刀汤）等，其中久咳方被某附属医院呼吸科加减治疗风燥犯肺的肺部感染后咳嗽，总有效率达95%。

陶葆荪善用岭南草药，在其贡献的18个方剂中就有如芒果核、素馨花、鸡骨草、海底椰、千层纸、枇杷叶、龙脷叶等岭南草药的使用。他认为芒果核消滞化痰，对于痰湿壅盛的支气管炎，尤其是食滞而成的咳嗽，效果更好；枇杷叶善于清肃降肺气；龙脷叶善于平肝肺之火，更利支络之痰，俾渐复肺降肝升之用；素馨花能解郁泄热疏肝，行气止痛；海底椰清肺而不寒，润而不滋腻；千层纸可疏肝润肺，清热利咽，和胃生肌；鸡骨草能清热导滞化湿、利胆退黄等。

▲ 1959年广州中医学院筹备委员会合照，前排左二为陶葆荪

▲ 陶葆荪生活照

严师育高徒,崇德传家规

陶葆荪治学严谨,临床经验丰富,1958年起担任广州中医学院内科教研室、金匮教研室主任,讲授《中医内科学》和《金匮要略》两门课程,对中医经典著作《金匮要略》的教学方法更是颇有研究,他概括的《金匮要略》独特之精神"原则启发,举例说明,重点鉴别"也作为该课程的教学方法,并被金匮教研室沿用至今。

陶葆荪对学生要求严格,深信"严师出高徒"的格言,热情鼓励学生"青出于蓝胜于蓝"。他的课堂座无虚席,经常运用临床医案去启发学生,往往让学生茅塞顿开。原广州中医学院刘汝深院长在《金匮要略易解》的序言中写道,"陶老师治学认真,稍有疑难,必不人云亦云,敷衍过去,而必旁征博引,结合临床经验,务必贯通,然后落笔。此种发扬祖国医学之热诚与治学态度之严肃,尤足效法"。

陶葆荪言传身教，学术传其子陶志达，以及邓灼祺、廖新雄、黄仰模、万思年等人。陶葆荪医德高尚、医术精湛，悬壶济世与教书育人相得益彰。他经常教导后人："施惠勿念，受恩莫忘，见富贵不生谄容，遇贫穷不作骄态，读书志在圣贤，非徒科第，世界上最好的职业是医生，因为救死扶伤，医治人类，解除痛苦，永无私敌！"这既是陶氏家规，也成为岭南陶氏内科流派历代传承人恪守的家法家风。

参考文献

陈坚雄，周福生. 岭南名医陶葆荪学验探讨 // 广州市社会科学界联合会，广州中医药大学. 近代广州医药与《广州大典》学术交流会论文汇编. 2016.

韩光，张宇舟. 中国当代医学荟萃（第三卷）. 长春：吉林科学技术出版社，1989.

刘小斌，陈凯佳. 岭南医学史（下）. 广州：广东科技出版社，2014.

陶保荪. 对慢性肝炎的临床体会. 新中医，1972，（6）：17—18.

陶保荪. 慢性支气管炎的临床经验. 新中医，1972，（5）：28—29.

陶葆荪. 对肺痨病肺结核的认识与临床经验体会. 广东中医，1959，（7）：304—307.

陶葆荪. 对肺痨病肺结核的认识与临床经验体会续完. 广东中医，1959，（8）：316—319.

陶葆荪. 金匮要略易解. 广州：广东人民出版社，1963.

陶保荪，黄仰模. 陶保荪《金匮要略》探寻. 北京：科学出版社，2015.

郑文洁. 广州中医药大学馆藏广东省中医献方普查研究. 广州中医药大学硕士学位论文，2019.

政协广东省委员会办公厅，政协广东省委员会文化和文史资料委员会，广东省中医药学会. 岭南中医药名家（二）. 广州：广东科技出版社，2010.

杂病专家冯德瑜

施方不超八味药，倡导"学贵有疑"

学人小传

冯德瑜（1894—1965），广东佛山人。广东省名老中医。出生于佛山镇（现佛山市禅城区）的一个医学世家，自幼浸润于中西医学的交汇氛围中，随父学医临证，并学习中药炮制。民国初年于广州医学卫生社学习，为第四期（1915年）毕业生。1921年在佛山独立开业行医，1922年通过卫生局考试，取得中医开业执照，并加入中医公会，自此开启医学生涯。1926年被省港药材行聘为广东中医药专门学校董事。曾任佛山市中医院院长、广州中医学院教务处处长、中华医学会广东分会副会长、广东省医科学院副院长等职。

一腔热血倾注中医事业

1929年，冯德瑜不顾危险，在广州市及佛山市报纸撰文驳斥当局废除中医之谬论，并与当地中医中药界召开大会，发表演讲，为力争中医合法地位而积极奔走。

新中国成立后，冯德瑜响应政府号召，1953年带头组织佛山汾宁中医联合诊所，之后又倡议并组织成立佛山市中医院，被推举为该院院长。

1956年，我国筹办第一批四所中医学院，冯德瑜积极参加广州中医学院筹建工作，被任命为筹备委员会委员，后被任命为教务处处长兼内科诊断教研组组长。

作为一位资深中医教育家，冯德瑜担任教务长期间致力于提高教学质量，培养了一批批中医人才，对中医学的教学体系建设作出重要贡献。

冯德瑜认为，好的教材是办好学院的重要因素之一。为此，他凭借深厚的医学理论基础和丰富的临床经验，积极参与全国中医学院教材的编写工作，成为全国中医学院教材编写委员会五人小组的成员。

冯德瑜还组织并参与编写中医内科诊断讲义及其他各科讲义，积极参加5所中医院校的联合教材编撰工作。当时，他已年逾六旬，患有高血压，仍多次到南京、安徽、北京、成都、青岛等地参加教材编审会议。

多年来，冯德瑜从不计较金钱得失，全心全意为人民健康事业服务，受到人民政府表彰，被评为广东省卫协先进工作者，并于1958年加入中国共产党。

每月撰写两篇中医论文

冯德瑜毕生忙于诊务教学，没有专门著作存世。但是，他主编的《中医诊断学讲义》以及有关的临证心得、论文资料却很多。

早在广州医学卫生社学习时，他就每月撰写两篇中医论文，此后常撰写医学论文刊登于中医刊物《医余诊话》上。

20世纪50年代香港发生霍乱时，冯德瑜曾在《大公报》"省港名医谈霍乱"的专栏上发表专论，为后来的中医学生和从业者提供了宝贵的学习资料。他的学术探讨涵盖了从古代经典如内经、难经到近现代名家的思想，并结合自己的临床实践，提出了一系列具有创新性的医学理论和治疗方法。

他也常向古典医籍"取经"，广泛涉猎《黄帝内经》《难经》《伤寒论》

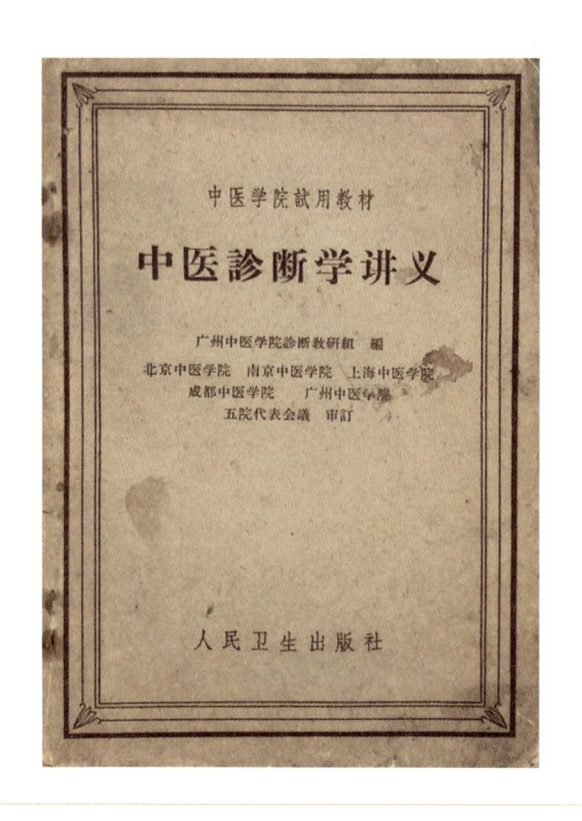

▲《中医诊断学讲义》书影

《金匮要略》等书，深度挖掘李东垣、叶天士、喻嘉言等历代医学名家的理论与实践，结合自己的临床经验，灵活运用。

其中，冯德瑜尤为重视李东垣的脾胃学说。因此，他擅长内科杂病诊治，如头痛、黄疸、结石、慢性肾炎、妇科崩漏、风湿病等，并精通药材炮制，用药讲究，精练平稳，日诊患者120余人。群众对他的医术、医德评价很高。

但在治学时，冯德瑜有自己的一套想法，提倡"学贵有疑"，不会盲目信从古书，认为后世时方如果运用得当同样能解决问题，反对"厚古薄今""项今非古"，而提倡"博古通今""古为今用"。

用药用方尤忌生搬硬套

从医过程中，冯德瑜四诊并重，同时重视用药后的反应，不偏重于脉诊。在用药方面，他主张时病以用时方为主，切忌生搬硬套经方，处方多以汤剂为基础，但也会根据病情的需要，配合丸剂及外用法等。

在用经方治内科杂病方面，冯德瑜颇有独到之处。例如，用吴茱萸汤加减治厥阴头痛、桂枝汤加减治胎前恶阻、旋覆代赭汤治疗噎膈等。

治病时，冯德瑜还善于分析病症的主次先后轻重缓急，以确定治疗的步骤，认为治病必细察精详，不可草率行事。

临床上，他常灵活应用张仲景方，着重注意药物性能、方剂配合等问题。因此，他用药往往慎重而精详，圆融而活变，对症下药，轻重适宜。其常用处方中，每方不超过8味药，且其量适当，明辨补、泻、寒、温诸法。

冯德瑜行医尤为重视正气，培补脾胃。他认为，脾为营血生化之源，五脏六腑四肢百骸皆赖以养，有益气、统血、主肌肉四肢、化痰化湿等重要生理功能，许多血病皆由气机的升降失调引起，如气血虚脱，气郁血滞，气升血逆而血衄。因此，治疗某些血病必加入气分药，以增强疗效。

在治疗胃病中，冯德瑜主以四君子汤，加减辨治；在治疗浮肿病中，主以健脾化湿之法；在多种疾病的治疗过程当中，均着重培补脾土，尤其在疾病的延绵不愈及善后处理上，更是从调理后天之本的脾胃着手。

作为一位杰出的中医教育家、医学研究者和临床医生，冯德瑜悬壶济世，治愈无数患者，并且在广州中医药大学发展史上留下不可磨灭的贡献，教学成果、科研成果和著述均对中医学的发展产生了深远的影响。

参考文献

陈凯佳，郑洪. 佛山中医药简史. 广州：中山大学出版社，2021.
刘小斌，陈凯佳. 岭南医学史（下）. 广州：广东科技出版社，2014.
刘小斌，郑洪. 岭南医学史：图谱册. 广州：广东科技出版社，2015.
政协广东省委员会办公厅，政协广东省委员会文化和文史资料委员会，广东省中
　医药学会. 岭南中医药名家（二）. 广州：广东科技出版社，2010.

"带刺的红玫瑰"古大存

国策践行者,中医薪传人

学人小传

古大存(1897—1966),原名永鑫,广东五华人。1917年入广东公立法政专门学校攻读法律,1924年加入中国共产党,其后参加东征。土地革命时期参与创建东江革命根据地和红军部队并担任要职。1940年底抵达延安学习,1943年担任中央党校第一部主任。1945年出席中共七大,当选为中央候补委员。抗战胜利后,任中共晋察冀中央局委员兼党校校长、中共中央西满分局常委兼秘书长、土改工作团团长等职。中华人民共和国成立后,任广东省人民政府副主席、副省长,中南军政委员会委员,全国人民代表大会常务委员会委员,中共中央华南分局第一副书记,中共广东省委书记处书记,中共八大中央候补委员等职。1956年6月29日,兼任广州中医学院筹备委员会主任委员、副主任委员,落实国家建立中医高等院校的政策,为国家中医传承、发展作出了贡献。

初入革命，踏上征途

近代以来，马克思主义、实验主义、基尔特主义、无政府主义等西方思潮渐入中国，引起关注与论争。1921年陈独秀在粤演讲"什么是社会主义、如何选择社会主义"时，正好是古大存就读于广东公立法政专门学校期间。他回忆"这曾对我的思想有较大的影响"，促使他信仰马克思主义。

1924年春，古大存经中共党员沈春儒、黄国梁介绍入党，组织成立五华青年同志会，同时不定期出版该会刊物《春雷》，旨在宣传反帝反封建反军阀反官僚，指明青年担负的使命，扩大革命思想的宣传范畴。

1925年初，国民革命军第一次东征，中共广东区委监察委员、国民党中央组织部代理部长杨匏安指派古大存随军，负责战地宣传工作。同年夏，国民革命军第二次东征，古大存以省农民协会特派员身份领导民众协助作战。

古大存在五华县开展革命工作期间，时逢商人趁春荒哄抬粮价与农民长期对峙冲突，立即率领县农民自卫队反抗，宣布禁止谷米出河口，并发生武装冲突。他注重团结农民，发展农民武装力量，政治上、军事上反击右派，积累了组织民众、武装斗争经验。

第一次国共合作破裂后，尽管古大存与党组织失去联系，但其仍试图扩大中共在地方的政治影响与革命斗争。1928年初，古大存选取了横跨五华、丰顺、揭阳的八乡山作为根据地，发展武装力量，随后又逐渐扩大到丰顺、梅县交界的九龙嶂等地。

1930年5月，在东江苏维埃代表会议上，东江苏维埃政府成立，陈魁亚、古大存分别任主席、副主席，同时大会决定成立红十一军，古大存任军长。同年秋，根据上级指示成立东委，古大存任军委书记。由于地方党组织先后受"立三路线"和"王明路线"的影响，1931年古大存被调离至陆惠县。其后两年，中共在东江的武装力量被削弱，党组织发展缓慢。

1933年秋，古大存调回东委任东江红军第一路总指挥，着手整顿、发展武装力量。但因革命形势严峻，该年广东各地的党组织大多遭到破坏，至1934年9月香港工委机关被破坏后，广东省级党的领导机关也被迫中止活动，致使各地党组织活动陷于沉寂。古大存在这一时期蛰伏于大埔，秘密发展党员，但始终未能与组织取得联系。

国难有责，矢志不渝

1937年全面抗战爆发后，古大存因与组织失联且身处僻壤之地，不知国共达成第二次合作，其以东江苏维埃政府名义散发传单引起中共闽粤赣边区省委书记方方的注意，方方指派饶彰风前往寻找。直至1938年春夏，古大存方与组织取得联系，并于1938年底任中共广东省委统战部部长。

在统战工作方面，古大存自述当时"思想还停留在内战时期的水平，存在着与国民党对抗的观念"，更多倾向于深入群众、发展群众。其在1940年6月前往延安途中，与胡服（刘少奇化名）致电中央，认为海南岛具有极大的战略意义，但琼崖党组织在国共实力对比中占很大优势的情况下，因"统战策略的错误了解，对国民党过于退让"并"自愿接受其一切限制"，导致党组织发展缓慢，希望中央去电南方局及广东省委，争取建立琼崖抗日根据地，发展党组织、武装力量，建立政权。

同年10月，中共琼崖特委书记、琼崖抗日独立总队队长兼政治委员冯白驹即致电中央，报告琼崖地区国共摩擦等问题，计划在军事、党组织、创建政权等方面着手准备。可见古大存对时局的变化与革命发展的趋势判断具有前瞻性，警惕统一战线政策的教条化。

1939年秋，古大存被选为中共七大代表，率队往赴延安。在整风运动期间，古大存担任中央党校第一部主任，不仅深刻剖析苏维埃时期王明"左"倾路线、抗战初期王明右倾路线对广东革命的消极影响，还开展自我检讨，贯彻"整风运动是一个自觉的思想运动，是一个自我教育、自我改造的运动"。原八路军驻广州办事处主任云广英回忆党校学习期间，古大存尊重同志，密切联系群众，平易近人。毛泽东评价古大存是"带刺的红玫瑰"。

1944年7月，古大存与张鼎丞（中央党校二部主任）、方方（三人离粤达2、3年之久）给中央书记处书记任弼时关于部署南方游击战争的建议，认为除配合盟国对日反攻外，还要考虑南方党组织潜在的力量如何适时建立新的根据地、新的武装。

1945年4月23日，中共七大召开。5月11日，古大存在会上作了发言，一方面重点介绍了抗战以来广东武装力量的变化、发展，表明发展武装力量须依靠农村、依靠群众，独立自主；另一方面，回顾抗战以来党组织发展、策略及武装力量的得失，检讨错误，总结经验教训。6月10日，古大存当选为中央候补委员。

鞠躬尽瘁，为国为民

自日本扶植溥仪建立伪满政权以来，国共两党在东北的势力均较弱。中共七大上，毛泽东指明目前各根据地分散且没有城市、工业基础，强调"东北是一个极其重要的区域"，"如果我们有了东北，大城市和根据地打成一片，那么，我们在全国的胜利，就有了巩固的基础了"。

11月，古大存奉命带队前往东北，行至张家口时遇国民党占领交通线转而待命。古大存即动员队员"不知等到什么时候才去东北，我们不能闲着，该帮这里做点工作"。古大存以其经验协助晋察冀中央局创办党校，任委员并兼校长。

1946年6月古大存遵照中央指示，绕道内蒙古入齐齐哈尔，担任中共西满分局常委兼秘书长，不久又为西满分局土改工作团团长，在肇州县开展土改工作。古大存强调土改工作须"注意调查研究，熟悉地理民情"，躬行己说，深入群众了解民情。

翌年9月，西满分局撤销，古大存调任中共中央东北局委员、组织部副部长。由于彼时政局动荡，中共在各地的组织机构、人员变动频繁。古大存注意到干部调动的思想变化，常言"做组织工作的人，首要的一条，就是要使同志们时刻感受到党的温暖"。

1949年3月，古大存在西柏坡参加七届二中全会，同年9月以华南人民解放军代表身份在京参加中国人民政治协商会议，并任组织法草案整理委员会委员、华南代表组副组长。同年10月广州解放，古大存任广东省人民政府副主席，同时，党中央任其为中共中央华南分局常委。12月任中南军政委员会委员。

1951年10月，古大存任中南局、广东省政府土改委员会委员。土改工作中，注重发动群众，同时也抵制极"左"偏向；保护华侨、工商业者、中农的合法权益，避免人为扩大矛盾。在镇反工作中，他时常强调办案要深入调查，对任何事情，都应该从多方面观察分析，克服、防止主观片面，以免造成错案。该时期，古大存了解到莫雄被冠以"惯匪"且批准枪决一事，向组织讲明莫雄由叶剑英寻回且对中国革命贡献颇深，保护了莫雄。

1954年9月，古大存任全国人民代表大会常务委员会委员。1955年6月，任中共广东省委常委、书记处副书记。1956年6月29日兼任广州中医学院筹备委员会主任委员、副主任委员，落实国家建立中医高等院校的政策，为中医传承、发展作出了贡献。

1956年8月，古大存任中共广东省委书记处书记，9月出席中共八大，继续当选为中共中央候补委员。

1957年，广东省委第八次全体会议（扩大）撤销古大存省委书记等职务。次年4月，广东省委撤销古大存省委常委、副省长职务，改任增城县委书记。

1983年中共中央纪律检查委员会向中央书记处呈送《关于冯白驹、古大存同志的问题审理意见的报告》。报告中指出："冯白驹、古大存同志都是我党的老党员，他们在极其艰苦的条件下，长期坚持革命斗争，对党对人民是有重要贡献的。一九五七年十二月广东省委第八次全体会议（扩大）作出的《关于海南地方主义反党集团和冯白驹、古大存同志的错误的决议》以及对他们的处分是错误的，应予撤销，恢复名誉。"1983年2月9日，中共中央同意中央纪检委的报告，撤销对冯白驹、古大存同志原处分的决定。

古大存生于国难日深、时局动荡之时，自受马克思主义启蒙以来，忠于信仰，忠于革命。在土地革命时期，尽管中共面临的生存环境恶劣，但古大存仍坚守阵地，发展党组织，创建武装力量、根据地。抗日战争时期，服从党组织安排，深入群众，开展统战工作。抗战胜利后深入东北，为中共的政权建设夯实基础。新中国成立后回粤任职，推行新中国的政策、方针，重建百废待兴的广东。其在任期间兼任广州中医学院筹备委员会主任委员、副主任委员，不啻积极落实国家传承、发展中医的政策，也从侧面表明他对中医之于国家、民族的重视。

参考文献

古大存. 古大存回忆录//中共五华县委党史研究室. 五华县党史资料汇编第1辑（1921.7—1937.7），1994.

延安中央党校整风运动编写组. 延安中央党校的整风学习第二集. 北京：中共中央党校出版社，1989.

佚名. 广东省人民委员会关于省人民委员会会议通过广州中医学院筹备委员会名单的通知（1956年6月29日）. 广州中医药大学档案馆藏.

张江明. 广东历史问题研究：广东"地方主义"平反研究资料. 广州：学术研究杂志社，2000.

中共广东省委党史研究室，中共广东省五华县委员会. 红旗不倒：纪念古大存诞辰一百一十周年暨红十一军创建77周年. 广州：广东人民出版社，2007.

中央档案馆，广东省档案馆. 广东革命历史文件汇集甲40. 1983.

"中医急先锋"张阶平

立志炼成国医手，吾道从兹信不孤

学人小传

张阶平（1906—1985），广东顺德人。广东中医药专门学校首届学生、校长陈任枚弟子。毕业后留校任教，为副教授、内科副主任医师。两次被授予"广东省名老中医"称号。擅长内科杂病、温热时病，尤精于"虚损""胃痛""肝炎"等，常用的"珠母补益方"被多部验方书籍收录。负责编辑《广东中医药学校校刊》、主编出版《杏林医学月报》（共计101期）等，后者是民国时期广东地区出版时间最长、期数最多的中医期刊，被誉为20世纪30年代广东中医界重要的学术和舆论平台。

天才少年初露头角

1906年4月的一天，广州西关的普通私塾家里诞生了一位孩童——张阶平。尽管张家家境尚算丰渥，但在动荡年代，张阶平目睹了无数民间疾苦，这促使他从小"胸怀常抱活人心，立志炼成国医手"。

幼年的张阶平，天资聪颖，勤奋好学，成绩优异。1924年广东中医药专门学校建校伊始，18岁的张阶平以总分第三名的成绩被录取，成为学校的首届学生，并因成绩优异，荣获该校5年奖学金，免费攻读中医5年。

在校期间，张阶平刻苦钻研，尚未毕业时，就在1926年以第一作者身份在广州《中医杂志》发表学术论文《脾者主为卫使之迎粮视唇舌好恶以知吉凶说》。

论文中，他大胆提到："脾与胃相合，唇为脾之官。水谷之入，先经唇舌。唇舌既为脾官，是受脾之命以迎粮也。夫唇舌既受命在外以迎粮矣。则唇舌者谓非脾之属耶，内而为脾外而唇舌，内外相同，理当一致。观外足以明内，欲察乎内，必候乎外。医之望法也，故视唇之揭纵坚大上小遍举而知脾之小大高下坚脆遍正矣。"此文一出，业界普遍看到了他的天赋异禀。

▲ 广东中医药专门学校第一届全体同学合照

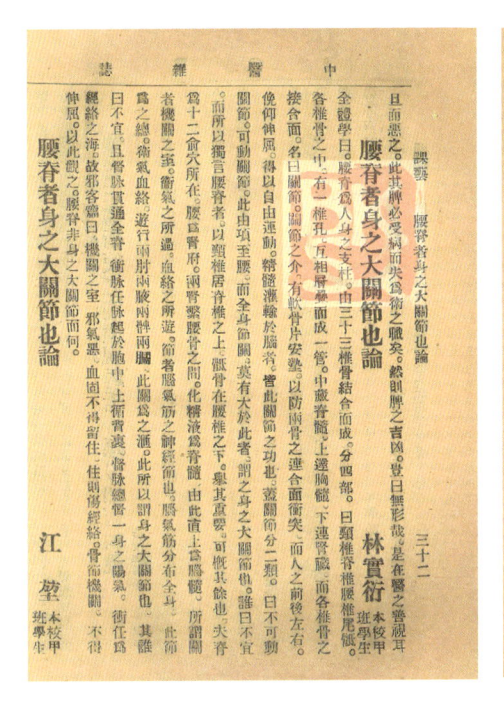

▲ 1926年《中医杂志》上张阶平发表学术论文《脾者主为卫使之迎粮视唇舌好恶以知吉凶说》

为此，越南广肇会馆、香港药行巨商陈绍经先生、顺德乐从同仁医院、三水芦苞医院等争相到学校招聘，希望把张阶平招至麾下，但校长陈任枚均一一谢绝，希望他留校任教。

1929年张阶平毕业，留校任教员。毕业仅一年，1930年的《上海医报》便刊登了张阶平的学术论文——《开中医的金矿（二）：心生血、肝藏血、脾统血之原理》。基于张阶平的文笔功底与学术造诣，学校任命他协助教务主任廖伯鲁，一面行医任教，一面主持杏林医学社编辑工作。

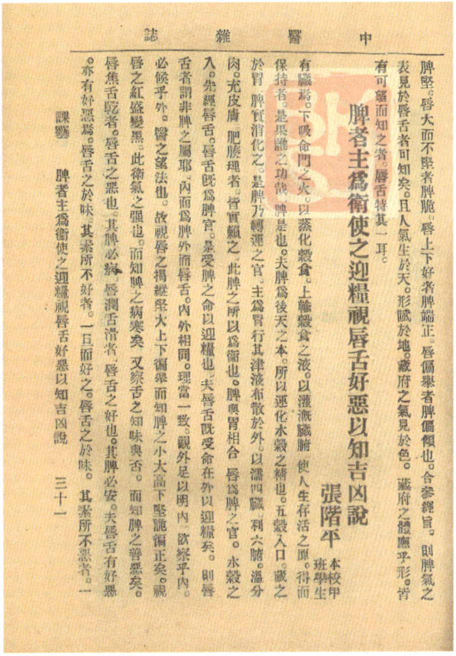

为中医存亡大声疾呼

1929年3月17日，全国性的"中医风潮"暴发。当局要求"以四十年为期，逐步废除中医"，包括废止中医中药的四项措施，其中之一项是"取缔新闻杂志等非科学医之宣传品"。

此前，1929年1月，由张阶平主编的《杏林医学月报》便已创办，社址位于广州市大德路麻行街84号广东中医药专门学校内。其宗旨在于融贯古今，沟通中外，研究中国医药之实用价值，宣传我国医药文化。

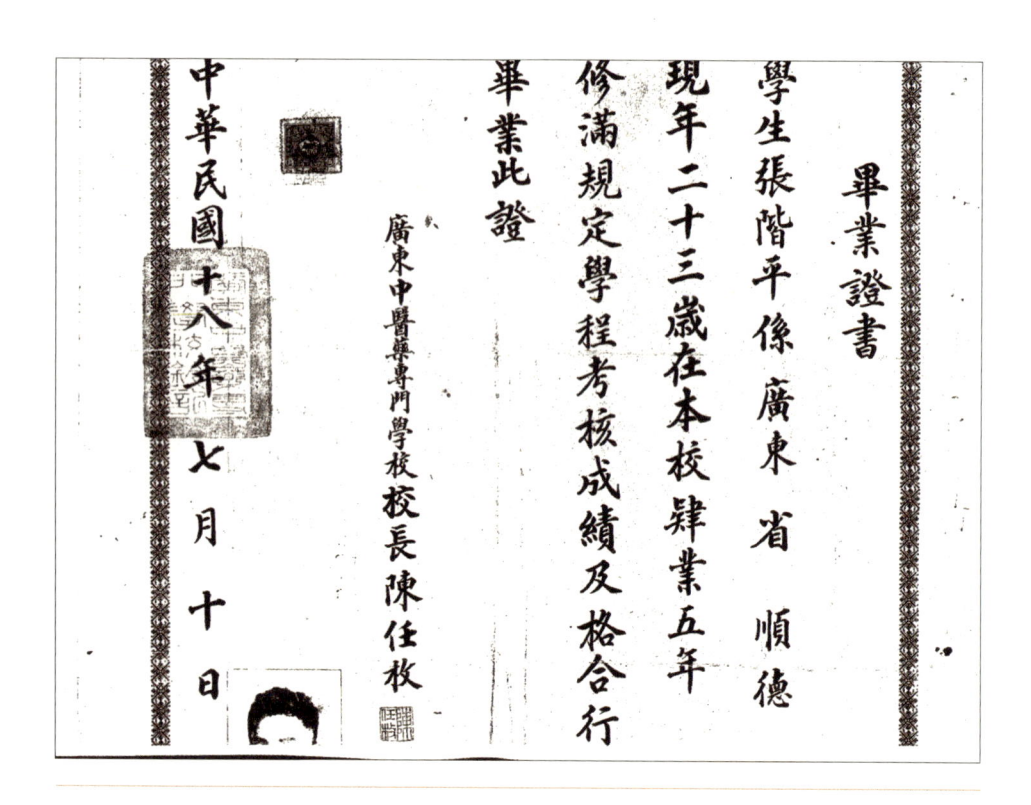

▲ 张阶平的广东中医药专门学校毕业证

迫于中医局势之危亡，张阶平思虑中医之所困，不顾个人生命安危，奋起疾书，呼吁全国中医药界同仁抗争到底。他在《杏林医学月报》1929年第3期上刊登文章《写在"全国中医药界一致反抗中央卫生会议议决废止中医药案之呼声"之后》，开篇写道："最近掀起的中西医药的恶潮，形成两重划然的对抗的壁垒。归结它们排挤的根源，不外下面这三点问题。而在中西医药潮澎湃中，这三大问题，实在是不容错认和误解的。现在，把它提出来，讨论讨论，还呈中西医药界同志们，放大你的瞳孔呵！放大你的瞳孔啊！"

他提出了新旧问题、学术问题、疗效问题三大问题，还呼吁："今后在医药界上也不必互相排挤、互相攻击，只要大家团结，努力改进，为将来医药界的前途放一曙光！"

"风雨如晦，鸡鸣不已。一波未平一波又起。此中医药前途之情势也……"同报同年第6期再度刊登张阶平的署名文章《所望于全国医校教材编委会闭会后》。张阶平以其笔锋之力，积极呼吁社会各界来广泛关注与支持中医药事业的存续。虽说要废除中医，但当时社会上支持中医的呐喊声却渐大，中医期刊蓬勃涌现，成为守护中医的重要舆论阵地。

"中医急先锋"张阶平

▲ 张阶平发表在1929年"中医风潮"事件后，在《杏林医学月报》上刊发了《所望于全国医校教材编委会闭会后》

▲ 张阶平的《写在"全国中医药界一致反抗中央卫生会议议决废止中医药案之呼声"之后》发表于1929年《杏林医学月报》第3期

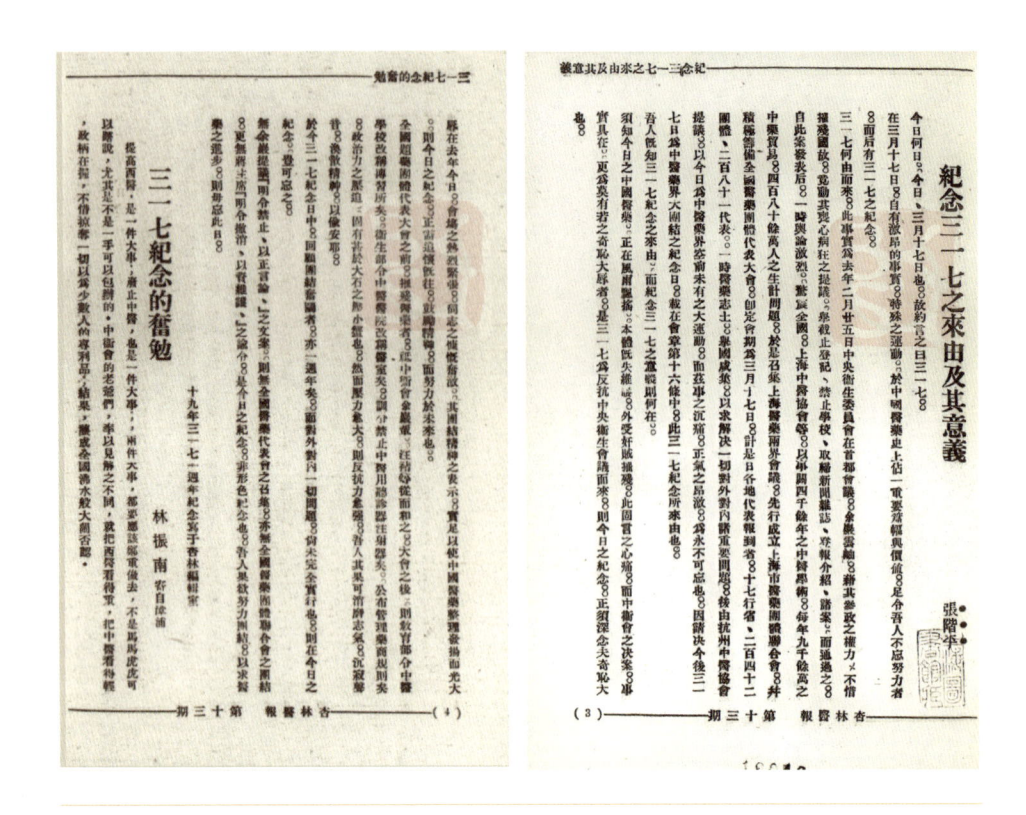

▲ 张阶平在"中医风潮"一周年之际在《杏林医学月报》上刊发了《纪念三一七之来由及其意义》

不过，纵使呐喊声再大，在全国性"中医风潮"事件一周年之际，国民政府教育部依然下令中医学校改称传习所。张阶平再度执笔奋书《纪念三一七之来由及其意义》刊登在《杏林医学月报》1930年第13期，呼吁中医留存，又一次引起社会业界反响。

善用珠母补益方

广州沦陷后，张阶平被迫离开，到澳门取得行医资格，继续行医。1937年，澳门霍乱流行，群医束手无策。享有"顺德名医"之称的张阶平以中医之辨证论治，医治病人甚多，上门求医者络绎不绝。

抗战胜利前夕，张阶平回到广州，在爱育善堂行医，从事慈善事业。

1949年，新中国成立。党和人民政府十分关心名医们的工作和中医药事业的发展，广州市儿童医院、工人医院、红十字医院、广州铁路医院等先后邀请张阶平前往任职。但经历新中国成立前中医所遭受的坎坷，张阶平更加珍惜党和政府对中医发展的扶持，希望能将中医发扬光大，治病救人。所以，他一一婉谢各大医院的邀请，选择进入广东省中医院，继续用他的岐黄之术为人民服务。

张阶平学识渊博，尤为擅长脾胃疾病，对肝炎治疗也造诣高深。他采用清肝、疏肝、平肝、养肝四大法，疗效显著，提出中医分型治疗传染性肝炎；其次，对治疗儿科麻疹、水痘、惊风、痘厥亦妙手回春，在中医内科杂病方面积累了丰富经验。

在学术深究上，早年的张阶平主张"心生血、肝藏血、脾统血之原理"，尤重脉法，而后，对心、肝、肾虚损诸证颇有心得。

张阶平认为，虚损，是指气血不足，五脏亏损。因病而致虚致损的，调之可复，补之可足。大抵虚损这病，五脏都有，但多产于心肾不交，肝阳上亢，因此治法应当补心养肝益肾，虚损就能治愈。

珠母补益方是张阶平的临床常用方剂。用珍珠母二两、龙骨一两、酸枣仁三钱、五味子二钱、女贞子五钱、熟地黄五钱、白芍四钱等药组合成方，对失眠证、阴虚阳亢的高血压、水少火旺头痛证、癫痫病、诸痛症、瘿瘤病、瘰疬病、肝虚血少的肝炎证、盗汗证、肾虚证等病，可随症加味而取效。

1969年7月，张阶平曾接诊一位23岁的精神分裂症病人，他常烦躁不安，或奔入河中，或捣毁家具，曾站两昼夜不动不寐，辗转治疗三载，每晚仍需服安眠药始能小睡。自1972年5月9日开始，他服用珠母补益方加桑寄生、夏枯草、牛膝、玉竹、沙参共廿一剂后，精神胃纳日佳，渐渐不需安眠药就能熟睡了。

除了珠母补益方治疗精神异常症，张阶平在论治肾炎水肿方面，还提出了治水七法——利尿、健脾、补虚、温补、消导、退炎、发汗；以及治水肿四方，即虚肿方、实肿方、炎肿方、平肿方，治愈了多位患者。

因材施教，用心栽培

1956年，广州中医学院成立，张阶平着手培养新一代中医人才，历任主治医师、副主任医师、学院副教授等职，教书育人，桃李满天下。

张阶平认为，带好徒弟，首先要了解徒弟的思想个性及文化水平，以身作则，在培养中才德兼顾，以品德为主，学业为要。其次，要从显浅理论出发带好徒弟。如阴阳五行脏象经络，先教其基本知识，不用深奥复杂玄妙，迷扰徒弟巧思，反致其难吸收、不消化之弊。最后，以理论联系实践带好徒弟。

治病先以防病为主，他常从预防和善后的实践经验中证明治病理论。疾病有属伤寒或温病，倘在疑似两可之间，亦各有方法治验，当详解明辨，不应偏执一见主观，应在百家争鸣中，让徒弟自取其优点。

1962年，广州中医学院第一届学生毕业，中共广东省委、广东省政府非常重视，在东方宾馆召开了"继承名中医学术经验座谈会"，授予张阶平等72位在临床第一线工作、学验俱丰的名医"广东省名老中医"称号。1978年，党和人民政府为表彰他几十年如一日为祖国医学事业兢兢业业、奋斗不息，再次授予他"广东省名老中医"称号。

张阶平一生大部分时间都在动荡中度过，但不管自身环境多么艰苦，他始终怀着治病救人、教书育人的信念，立志用自己的医术去普济劳苦大众。1984年，张阶平退休时为自己作诗一首：

六十年来一大夫，今朝解甲释兵符；好将战果书回忆，吾道从兹信不孤。

参考文献

邓铁涛. 中医近代史. 广州：广东高等教育出版社，1999.

李姝淳，刘小彬. 话说国医：广东卷. 郑州：河南科学技术出版社，2017.

沈英森. 岭南中医. 广州：广东人民出版社，2000.

陶广正，吴熙. 医学求真集览. 北京：中医古籍出版社，2003.

张阶平. 读周氏丛书诊家枢要论滑涩脉象书后. 杏林医学月报，1929，（5）.

张阶平. 纪念三一七之来由及其意义. 杏林医学月报，1930，（13）：3—4.

张阶平. 开中医的金矿（二）：心生血、肝藏血、脾统血之原理. 上海医报，1930，（25）.

张阶平. 脾者主为卫使之迎粮视唇舌好恶以知吉凶说. 中医杂志，1926，（1）.

张阶平. 所望于全国医校教材编委会闭会后. 杏林医学月报，1929，（6）.

张阶平. 写在"全国中医药界一致反抗中央卫生会议议决废止中医药案之呼声"之后. 杏林医学月报，1929，（3）.

张阶平. 医务处第二次医务会议录（式十年六月廿四日）. 广东中医药学校校刊，1931，（5）.

张阶平. 医务会议录（一月一日至三月一日）. 广东中医药学校校刊，1932，（7）.

政协广东省委员会办公厅，政协广东省委员会文化和文史资料委员会，广东省中医药学会. 岭南中医药名家（二）. 广州：广东科技出版社，2010.

眼科学巨匠李藻云

为了光明，一生跋涉

学人小传

李藻云（1907—1976），广东番禺人。著名中医眼科专家、广东省名老中医、五官科医家。自幼随父习医，秉承家学渊源，对中医有着深厚的感情和独特的理解。后来进入广东中医药专门学校深造，并在广州市中医进修班继续学习，不断充实自己的医学知识。毕业后，任香港东华医院、广州广济医院医师，广东中医药专门学校教师等职。1956年出任广州中医学院眼科教研组副主任，创建中医眼科学课程。毕生致力于中医眼科学的研究和教学工作，为中医眼科的教学和科研事业贡献力量。

编写中医眼科学教材

1964年，《中医眼科学讲义》出版。这是全国高等中医院校的试用教材，为中医眼科的教学和研究奠定了重要基础。

这部教材由李藻云编写，是他毕生临床经验的结晶，充分体现了中医整体辨证论治特色。书中主张"五轮八廓学说"，临床诊断上以望诊和问诊为主，治法分内治、外治和手法，书中特别强调眼病的护理和预防。通过这些教材，许多中医眼科学生得以系统地学习和掌握中医眼科的知识，并在临床实践中得到有效应用。

李藻云始终投身于教育事业当中。编写教材之外，他还在广州中医学院创立了中医眼科学课程，是岭南中医眼科学奠基人。

李藻云不仅在教学上有卓越贡献，他的学术研究也为中医眼科的发展作出了重要贡献。他总结了许多治疗眼疾的经验方，如眼科灌脓方、宁血汤、味滋阴止血饮等。这些方剂至今仍广受中医眼科临床工作者的欢迎，体现了他深厚的临床经验和高超的医术水平。

李藻云对中医耳鼻喉科学也有着较深造诣。新中国成立初期，他就编写了国内最早的《中医耳鼻喉科讲义》，内容包括耳病12种、鼻病11种、喉病11种，李氏的治喉经验也全部汇集在该书中。

中西汇通，善用道地药材

虽是一名中医，但李藻云从不拒绝外来文化，积极学习和借鉴西医技术。例如，他主动学习西医检眼镜的使用，以提高自己的中医局部辨证水平。

中西医结合的医学理念在当时是非常先进的。这种开放包容的理念，不仅提高了中医眼科的诊断水平，也改善了临床疗效。李藻云特别强调用现代医学技术来辅助中医诊断，这样的诊疗方式，也使中医眼科在诊断和治疗上取得更好的效果。

从19世纪开始，随着西方医学的传入和渗透，中医书籍中不断出现有关西医眼科知识的记载。

20世纪三四十年代，李藻云就开始进行中西汇通治疗眼病的医疗实践活动。例如，在进行白内障摘除、翼状胬肉切除及其他眼科手术时，消毒和手术环节均按照现代医学一般常规进行，但麻醉时以针刺代替麻醉剂。这样的中西医结合，能够让手术取得更好的效果。李藻云医术高超，救治的病人众多，因而声名大噪。其中，用药精湛更是他医术的集中体现。

李藻云用药药性平和，善用化湿滋阴药，喜用岭南地域常见药，少用辛温发散药。他的用药特点体现了深厚的中医理论基础和对地域药材的深刻认识。在治疗过程中，李藻云注重整体调理，通过调整脏腑功能，改善体质，从而达到治疗眼病的目的。他在治疗脾虚引起的上胞下垂和命门火衰引起的高风雀目内障时，采用内治法；对经络阻滞引起的胬肉攀睛，则以外治法为主；在治疗脾胃湿热内蕴、风邪外乘形成的椒疮和感受四时风热毒疠之气所致的天行赤眼等症时，则注重内外治相结合。

在具体用药方面，李藻云灵活应用各种药材，制定个性化的治疗方案。例如，在治疗前房积血时，采用了生地、当归、白芍等药物，结合养肝潜阳、活血止血的方法，最终使前房积血完全吸收。在治疗眼底出血时，采用了羚羊骨、干地黄、石决明等药物，通过平肝养阴、活血化瘀的方法，取得了显著的疗效。

广育英才，传授仁心

在广州中医药大学的教学工作中，李藻云不仅注重学生的理论知识教育，还注重学生的临床实践能力培养。

通过案例教学、临床实践等多种教学方式，李藻云培养了一批又一批优秀的中医眼科人才。学生们在他的指导下，系统地学习了中医眼科的理论和实践，并在各自的临床工作中取得了显著的成绩。

李藻云对学生的要求非常严格，不仅要求学生在学术上要精益求精，还要在临床实践中认真负责，细致入微。

他始终强调，作为医生，最重要的是要有仁心，要时刻把患者的利益放在首位。正是由于这种严谨的教学态度和高尚的医德，他培养了许多杰出的医生。其中，最著名的就是李云鸾教授。

李云鸾教授为西学中的精英，在中医眼科学方面也颇有建树。从西医院调到广州中医学院任教后，她与李藻云相互合作，向李藻云学习中医，潜心研究中医。同时，李藻云也向她请教西医检查手段，两人互为师生。

在李藻云的悉心指导下，李云鸾教授在中医眼科领域取得了显著的成就，并继承和发扬了李藻云的学术思想和治疗方法。

李云鸾教授还是中西医结合的积极分子，曾参与编写《中医眼科学》，并在老年性白内障的治疗上取得了重要突破，研制的明目丸获得了卫生部科技进步奖，得到了中西医临床工作者和患者的广泛欢迎。

树立典范，广传佳话

李藻云的医术和医德备受患者和同行的赞誉。他一生致力于中医眼科的发展和创新，为中医眼科的传承和进步作出了卓越贡献。

20世纪三四十年代，李藻云和全国各地如上海的陆南山、范新孚，四川的陈达夫，浙江的韦文贵、姚和清等中医眼科专家，在中西医结合的临床实践中摸索出一套有效的治疗经验，并取得了显著成效。

李藻云的学术思想和临床经验对中医眼科学的发展起到了重要的推动作用。许多同行都表示，李藻云的学术和临床经验为中医眼科学的发展提供了宝贵的借鉴，不仅提高了中医眼科学的治疗水平，也为中医药事业的发展作出了重要贡献。各医家一致认为，李藻云不仅是一位杰出的医生，更是一位优秀的教育家和临床工作者，他的学术成就和医德医风不仅在中医眼科学界树立了良好的典范，也为整个中医药事业的发展注入了新的活力。

作为岭南中医眼科学的奠基人之一，李藻云以其卓越的学术贡献和高尚的医德赢得了广大患者和学界的敬仰。他的一生不仅是对中医眼科学的奉献，也是对中医药事业的执着追求和无私奉献的生动体现。

参考文献

陈少藩，刘小斌. 岭南名医李藻云的生平及学术贡献. 中国中医药现代远程教育，2009，7（8）：12—13.

李兴业. 眼底出血. 新医药通讯，1980（2）：23.

李藻云，张述清. 前房出血. 新中医，1976（1）：33.

李藻云. 中医眼科学讲义. 北京：人民卫生出版社，1960.

刘小斌. 广东中医育英才. 广州：广东省卫生厅，1988.

"筹款专家"林夏泉

寒门出名医，常怀济世心

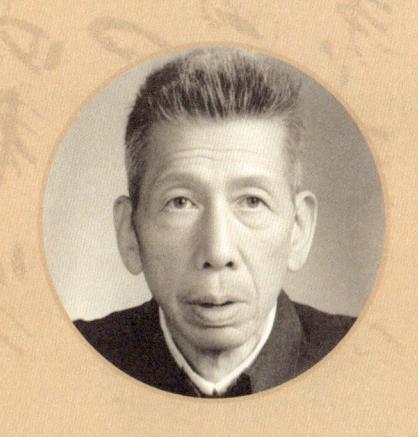

学人小传

林夏泉（1908—1980），广东台山人。师从岭南妇科名医吕楚白，擅长内科、妇科、儿科，1978年被授予"广东省名老中医"称号。就读于广东中医药专门学校，参与筹建广东省中医实验医院，历任医院医务处副主任、门诊部主任、副院长。1956年加入中国农工民主党，曾任农工党广东省委常委。曾任全国中医学会广东分会理事、广州市第六届人大代表。

"除了拿刀做手术，什么病都要看"

林夏泉的童年是在广东台山度过的。与众多名中医的医学世家相比，他的从医之路没有家学师承传统。

1927年，林夏泉进入广东中医药专门学校接受中医科班教育。1929年，当他还在刻苦学习中医的时候，南京国民政府提出"废止中医案"。虽然在广大仁人志士的反对声中不了了之，却也说明当时中医生存发展之不易。但林夏泉依旧克服艰难，顺利完成学业，其间还得到岭南温病大家陈任枚赏识，此后又师从岭南妇科名医吕楚白先生。

毕业后，正值局势动荡不安，林夏泉不得不辗转于广东、香港各地开诊行医。新中国成立前，他在岭南热病、内科、妇科、儿科等方面已颇有建树。

1950年，新中国成立之初，岭南中医药事业百废待兴。林夏泉回到刚被广东中医药专科学校收回的广东省中医实验医院，参与改制与筹建工作。医院创立之初，条件十分简陋。

"我记得他经常念叨说那时候的中医院破破烂烂，人手少、设备简陋，整个医院包括清洁工人只有九个人，三个医生、两个伙计、几个护士。那时候医院还没有科室之分，因此，他除了拿刀做手术，什么病都要看。"林夏泉养女林琦回忆。

就是在这样的条件下，林夏泉也没有放弃，开诊风雨不辍。他性格平淡，看诊教学十分认真，对内、妇、儿诸科均很擅长，所以在群众间的名声越传越广，不少外地的患者特地远道前来求医。

在学生和家人的印象中，林夏泉为人朴素，性格温实，甚至有点内向。在广东省中医院20世纪70年代的病历中，可见林夏泉查房和主持会诊，以及指导弟子刘茂才、黄培新、谭荣益等人开方用药的记录。作为主管医疗业务的副院长，林夏泉还组织医院制定协定处方等工作。

作为建院元老，林夏泉的学术思想和临床经验受到重视，与岑鹤龄、张阶平、文子源、甄梦初4位中医专家的经验被汇编成《临症见解》，于1978年由人民卫生出版社出版，为广东省中医院日后的学术地位打下了基础。

林夏泉为广东省中医院的发展作出了重要贡献。20世纪70年代，在林夏泉等诸多前辈的努力下，广东省中医院的病人数量逐渐增加，但苦于财力不足，医院发展受限，甚至有时连工资都不能正常发放，加之人员紧张，设备简陋，房屋狭窄，改建升级迫在眉睫，而筹措经费的任务就摆在林夏泉面前。

▲ 林夏泉手稿

当时跟随林夏泉学习的谭荣益称林夏泉是广东省中医院的"筹款专家"。他感慨道:"每遇医院资金紧张,医院领导往往动员林夏泉出面,去找省领导争取政府拨款,这样医院才有工资发给员工。"凭着医术精湛、有口皆碑,加之医德高尚、为人平和,常为部门领导愈病疗疾,林夏泉积极为医院建设奔走呼吁,筹措资金,使广东省中医院得以稳健发展。

"除痫散""青灵汤"等经验方成院内制剂

林夏泉对癫痫诊治颇有心得,提出临床所见癫痫病因以后天因素为多,在后天因素中有风、寒、暑、湿、燥、火、疫毒之外感因素;喜、怒、忧、思、悲、恐、惊刺激之精神因素;饮食不节,过食膏粱厚味损伤脾胃之生活因素;因跌仆损伤脉络之外伤因素等。

上述因素相互交错,或互为因果,但癫痫之所生,主要由于体内气血虚弱,脏气不平,而造成风、痰、虚交错。

故其治疗抓住风、痰、虚之理,立祛风、化痰、养血之法。于是,林夏泉拟有"除痫散"一方,用于临床颇有验效。

在治疗癫痫时,林夏泉常以汤剂与除痫散配合应用,散剂长期服用,汤剂则间断服用。在发作较频时,配合汤剂以加强药效,取"汤者荡也"之意。

全国名中医刘茂才曾师从林夏泉。刘茂才在林夏泉"除痫散"养血祛风为主的基础上,加化瘀涤痰之品,研制院内制剂"益脑安胶囊"。广东省中医院临床治疗癫痫已历近二十年,临床及基础研究均证明该方对于癫痫的治疗有较好疗效。

岭南地域气候湿热明显,加之岭南人群的生活体质特征,因而岭南温热病为常见多发病。林夏泉认为,岭南之地外感发热多为温病,较少感寒,极易夹湿,与其他地域不同。他将外感发热按照病位之深浅、湿热之轻重,分为外感风热之轻证、重证。

根据"三因制宜"思想,林夏泉自拟青灵汤治疗岭南急性外感发热病,疗效显著,临证经验在临床上得以继承和发扬,弟子罗细贞等在临床试验中运用青灵汤治疗发热病总有效率达90.38%,退热效果显著有效。

在临床试验有效的基础上,林夏泉将青灵汤转化为院内制剂"青柴灵口服液",以适应临床需求,至今仍在临床上广泛使用。

善治脾胃妇儿疾病

岭南地处亚热带,终年温暖潮湿,脾胃病为岭南多发病、常见病。岭南医家在治疗脾胃病方面,有着诸多宝贵经验。

林夏泉认为脾胃病,如慢性胃炎、慢性肠炎、消化道溃疡、功能性消化不良、便秘等发病,当与肝脾胃密切相关。于是,他在脾胃病治疗上以"肝脾同

▲ 林夏泉带领学生查房

治，脾胃分治，重在调气"为原则。

"脾胃分治"指治脾当以"运化法"，治胃当以"养阴和胃法""运化法和养阴和胃法"相结合。"运化法"源于李东垣《脾胃论》中的温补脾阳，"养阴和胃"则源于叶天士的《临证指南医案》中的"养胃阴"的思想。

胃肠病多受忧思恼怒或情绪抑郁不疏影响，出现肝气横逆犯脾，胃失和降，脾失健运，气机不畅，治疗上在注重"脾胃分治"的同时，还应当"肝脾同治，重在调气"。

在妇科临床治疗方面，林夏泉认为，要重固肾、扶脾、调肝、调理冲任气血。他曾跟随妇科名家吕楚白侍诊学习一年多，在妇科方面学术思想受其影响颇深，但又在临证过程中总结出了自己的特色。其所用方剂多由《重订妇科纂要讲义》中用方剂加减化裁而来。如治疗崩漏的加味顺经汤方、补固汤方，治疗经早的加味四物汤方，治疗闭经、经迟或经行腹痛的舒郁调经汤方等等。而在加减变化中，又时时体现了其以固肾扶脾、调肝理气、调理冲任气血为主的学术思想。

在儿科临床治疗方面，林夏泉遵循"平肝泻心补脾"思想。该思想见于晚清儿科名医程康圃《儿科秘要》，其将小儿生理病理特点概括为"小儿肝常有余，脾常不足，心火常炎，染病皆由此故"，据此提出的"儿科八证"（风热、急惊风、慢惊风、慢脾风、脾虚、疳证、燥火、咳嗽）和"治法六字"（平肝、补脾、泻心），是在钱乙、万全的肝常有余、脾常不足、肾常虚、心常有余、肺常不足的理论基础上发展而来的。

"筹款专家"林夏泉

1924

2024

103

林夏泉经历了现代岭南中医坎坷多磨的创建与成长之路，其一生奉献于临床，虽未能将其一生的学术思想和临床经验诉诸笔端，但有不少弟子传承其医术。全国名中医刘茂才，广东省名中医黄培新，岭南名医谭荣益、罗细贞、张葵兰均是其高徒。

与此同时，林夏泉也留下了不少自创的经验方。其中，"青柴灵口服液""益脑安"等已被制成当今知名的广东省中医院院内制剂。

参考文献

广东省中医院. 临症见解. 北京：人民卫生出版社，1978.

何莉娜，孙景波，华荣. 林夏泉治疗脾胃病经验介绍. 新中医，2017，49（12）：208—209.

华荣，陈纳纳，王远朝，等. 岭南林夏泉流派擅用虫类药治疗癫痫经验. 陕西中医药大学学报，2016，39（4）：27—29.

华荣，黄燕，刘茂才，等. 岭南名医林夏泉养血息风、涤痰定痫法辨治癫痫的临床经验. 广州中医药大学学报，2016，33（1）：118—120.

林夏泉. 外感风热及兼证的辨证治疗. 中级医刊，1978（12）：12—14.

林夏泉. 治疗溃疡病和慢性结肠炎的体会. 新中医，1977，（6）.

刘小斌，陈凯佳. 岭南医学史（下）. 广州：广东科技出版社，2014.

罗细贞，林琳. 青灵汤治发热52例疗效小结. 新中医，1995，（2）：36—37.

丘宇慧，武曼丽，华荣. 林夏泉辨治外感发热经验介绍. 新中医，2022，（13）：200—204.

田超，聂广宁，华荣. 岭南名医林夏泉妇科学术思想简介. 时珍国医国药，2016，27（2）：478—479.

杨晓，华荣. 岭南名中医林夏泉平肝泻心健脾治疗儿科疾病经验. 中医研究，2016，29（4）：27—29.

政协广东省委员会办公厅，政协广东省委员会文化和文史资料委员会，广东省中医药学会. 岭南中医药名家. 广州：广东科技出版社，2010.

政协广东省委员会办公厅，政协广东省委员会文化和文史资料委员会，广东省中医药学会. 岭南中医药名家（二）. 广州：广东科技出版社，2010.

德艺双馨钟耀奎
传承唯贤不唯亲

学人小传

钟耀奎（1908—1996），广东新会人。中医内科学专家。清光绪三十四年（1908）出生于中医世家，1925年就读于香港陈伯坛创办的中医学校，1929年于广东中医药专门学校深造，1954年在省港、五邑等地开业行医，任江门兴宁联合诊所所长。1956年加入中国农工民主党。1957年任广州中医学院内科教研室副主任、教授。为广东省第五、第六届人大代表，江门市第一、第二届人大代表。1978年被授予"广东省名老中医"称号，1991年被评为第一批全国老中医药专家学术经验继承工作指导老师。

把抢救危重患者放在首位

钟耀奎早年师承岭南名医陈伯坛,精通《伤寒论》《金匮要略》。他认为,这两本书确实是指导临床的好书,但不可墨守一家之言,因为医学不断发展,后世书籍亦应深入研究。

于是,钟耀奎博览群书,在诊治病证过程中融汇新知,中医理论造诣很深。他一生治学严谨,在超60年的医、教、研工作中,兢兢业业,讲究实效。钟耀奎将经方、温病方和时方有机结合,自成一家,擅长内科杂病治疗,对消化系统、呼吸系统、心血管系统等疾病均有独特经验,尤其对病毒性肝炎、肺心病、冠心病等内科疑难病疗效卓著,并指导研制肝友胶囊和咳喘顺丸等。

1957年,钟耀奎受聘执教于广州中医学院。自广州中医学院附属医院开办以来,他便任内科负责人。每当出现危重病患者,不论昼夜、晴雨与寒热,钟耀奎都把抢救危重病患者放在首位,亲自到场提出治疗方案,发挥中医优势,将中医中药有效运用于危急重症的抢救治疗当中。

1958年底,钟耀奎带领广州中医学院首届(1956级)本科学生到番禺县南村公社救治麻疹病人。当时,该地麻疹大流行,死了不少患儿。到达公社后,他根据具体情况定出治疗原则,拟定升麻葛根汤加减为主方治疗麻疹疾患,经治疗后患者极少出现并发症,且无1例死亡。

之后,广州中医学院1956级学生撰写了1250例麻疹治疗观察报告,并发表于1959年的《广东中医》。在这次带教过程中,钟耀奎突然患上左眼外展神经麻痹症,出现头痛、复视,同学们纷纷请他赶紧回广州治疗疾病。但钟耀奎想到防止麻疹病蔓延必须分秒必争、刻不容缓,就决定不提前回去,直到工作全部完成后才和同学们一起返校。回校后仍带病坚持课堂教学工作,因此被学院嘉奖为"先进工作者"。

毫无保留传授宝贵经验

在广州中医学院任教期间,钟耀奎致力于中医教学工作,经常带头试讲,亲自指导中青年教师备课和修改讲稿,还到广州军区总医院、中国人民解放军第一军医大学、解放军第一五七医院等教学、医疗单位讲课。

1963年参加全国中医学院第二次教材会议,组织编写《中医内科学》教材;1967年再度组织编写《中医内科学》教材,1973年组织编写内儿科教材,

▲ 1991年，罗日永（左）与冯存伟（右）被评为全国老中医药专家学术经验继承工作指导老师钟耀奎（中）的学术继承人，师徒三人合影

1974年主持修编《中医内科学新编》……钟耀奎将自己临床及教学经验总结整理，在学术期刊发表。

不论在课堂上还是在实践中，钟耀奎总是毫无保留地将自己的宝贵经验传授给学生、徒弟。尤其当国家要他带徒、培养学术继承人时，他并没有选择自己的两个孩子（均为医师），而是选择了教研室的青年骨干教师——罗日永、冯存伟。

80多岁高龄的他本已退休，却不顾年迈体弱，坚持在实践中言传身教。有时，学生见他身体不好，气喘吁吁，就劝他不要出诊了。但他总是说："已经确定的事，一定要做好，我身为学术经验指导老师，一定将徒弟带好。希望你们能把中医传承下来，发扬光大。"为启发后学，钟耀奎举办中西医结合研究会广东分会肝炎学习班，系统讲授病毒性肝炎的临证思维并介绍治疗该病的经验。

"老师钟耀奎为中医药事业的发展和继承鞠躬尽瘁,岐黄之术尚留人间,吾辈应身体力行,承接岐黄薪火,传承中医衣钵。"学生们常将这句话挂在嘴边。

创新济世良方

尽管从少年时代就开始学习中医经典,钟耀奎在60多年从医从教生涯中仍反复研读,并结合临证经验总结经方运用的体会。他常常教导学生要活到老、学到老,读书百遍其义自见,医学探索永无止境。

过程中,他也研究出一系列行之有效、标本兼治的好方良方。

钟耀奎熟读伤寒金匮,尤其善用四逆散治疗泄泻、痢疾、胃脘痛(消化性溃疡病、胃炎、十二指肠炎)、胁痛(慢性肝炎、慢性胆囊炎)、腹痛(急、慢性阑尾炎)、疝气(小肠气痛)等病症,疗效显著。

慢性气管炎、肺气肿、支气管哮喘、肺源性心脏病等呼吸系统疾病,属中医学咳嗽、痰饮范畴,临床上以老年患者居多,反复发作,病程较长,治疗较困难。钟耀奎认为,老年人咳嗽,要能宣肺平喘,又不能汗出过多以顾护年老体弱。

于是,他首先考虑苓甘五味姜辛汤,但觉得本方虽有温肺散寒止咳作用,却欠平喘之力。之后,受到明代叶文龄《医学统旨》中的"降气化痰汤"的启发,钟耀奎以健脾燥湿化痰之二陈汤治其本,配入苏子、前胡、北杏仁、瓜蒌仁、桑白皮等宣肺化痰平喘止咳之品以治其标,既能宣肺平喘,又不致汗出过多。

钟耀奎强调,要根据病情审时度势辨证用方,病之早期见风寒或风热闭阻,仍以小青龙汤或麻杏甘石汤加味先疏解外邪。药后但见汗出多,咳逆未平,痰多者改用降气化痰汤祛痰平喘。若咳喘甚,畏寒,面目、下肢肿者,为脾肾阳虚之候,则宜降气化痰汤合真武汤,温肾利水,降气化痰。咳喘后期,喘平仍咳者,可改用茯苓甘草干姜五味汤或苓桂术甘汤之类。善后调理,脾虚者以陈夏六君汤、阳虚者以真武姜辛五味汤,以提高机体抵抗力,培补正气。

湿热是构成病毒性肝炎的主要外因,并贯穿于该病发生发展的始终。钟耀奎认为,湿热内侵聚于胁下,耗伤肝气,导致肝气郁结而不得疏泄,肝血运行障碍,导致气滞血瘀,则可凝成硬块,结于胁下,按之疼痛(肝脾肿大);若血化热,蕴结于胁下,逼伤胆管,胆液外泄,则发生黄疸。肝气不得疏泄,则横逆犯脾,致肝脾失调,脾失健运,因而产生一系列脾失健运的症状。如余邪久羁,或气郁化火,均能耗伤肝阴,遂转为肝阴亏损之候。

钟耀奎辨治冠心病，处方用药精湛简练，颇具特色。他认为，这类疾病的关键是心血不足，瘀血内停。症见心悸，短气胸闷痛，脉结代，甚则面色青紫，汗出肢冷等。其病情虚实夹杂，故以滋养阴血、益气行瘀、虚实兼顾为总治疗原则。本病表现虽有多种类型，但临床以气阴两虚和心阳虚弱两型较常见，钟耀奎喜用四君子汤和真武汤分别合生脉散加减治疗，疗效较为显著。气阴两虚型。症见心悸，胸闷痛，面色苍白，短气，或兼头晕，舌质淡红、苔少或微薄白，脉多细弱或弦细。治宜益气养阴，活血健脾。方用生脉散合四君子汤加黄芪、丹参、三七末。钟耀奎认为生脉散益气养阴，加入丹参、三七末活血行瘀；而脾胃为后天之本，生血之源，用四君子汤加黄芪健脾养胃，充实生血之源。心悸较明显者，酌加酸枣仁、柏子仁养心安神；胸痛较剧者，加荜茇、失笑散活血祛瘀，增强止痛之力；睡眠欠佳、口干、纳呆或恶心、苔微黄者，可合温胆阳汤和胃安神。心阳虚弱型。症见心悸，胸闷痛，短气，手足不温，面色苍白，口淡，舌淡、苔白润，脉细弱，或结代，或虚数。治宜温阳行瘀，益气养阴。方用真武汤合生脉散加丹参、三七末。钟耀奎认为，表现虽然是以阳气虚弱为主，但主要由于心血不足，故治疗虽着重于温暖阳气，仍须兼顾心阴。生脉散益气养阴，真武汤温补脾肾，暖心阳。胸痛剧者加荜茇，兼服冠心苏合丸、失笑散等通痹止痛。若心悸，胸闷痛，面色苍白或紫黯，汗出肢冷，神疲，舌淡或紫黯，脉微细欲绝或虚数无力者，属阳气虚衰，改用四逆汤、白通汤之类回阳固脱。

"中医活辞典"李仲守

生命"燃烧"到最后一刻

学人小传

李仲守(1909—1984),广东顺德人。广东省名老中医,现代著名中医教育家。出身于中医世家,自幼随父学医,1926年考入广东中医药专门学校,学业优异,1931年毕业留校任教。抗战期间,前往香港广东中医药专科学校执教。新中国成立初期,在广州创办恩宁联合诊所并任所长。1958年受聘于广州中医学院,先后负责药物学、方剂学、诊断学、儿科学、妇科学、内科学等学科的教学工作。身兼中华全国中医学会内科学会顾问、广东分会主任委员,广州中医学院学术委员会委员等多个职务。

中医药事业的守卫者

1929年，国民政府中央卫生行政会议通过了令中医界震惊愤怒的"废止中医案"，该药案全盘否定中医中药，一股妄图取缔中医中药的逆流汹涌而来。广东地方也发布一则《广州市禁止善堂延聘中医赠医施药》令，中医事业面临着生死险境。

那时候，李仲守刚刚20岁，正在广东中医药专门学校学习，他主编的《医药学报》在国内外颇有影响。听到这个消息之后，李仲守没有沉默旁观，而是义无反顾地投入这场斗争中。他立即在《医药学报》上撰文，痛斥国民党政府的反动政策，为中医事业的存续发展竭力发声。同时他致电全国，号召中医药界同仁行动起来"一致力争，毋任国医国药再受压抑于政治铁蹄之下"。

他的言论激荡起一波波抗争浪潮，也影响更多中医同仁行动起来守卫中医事业。正因为这样，《医药学报》很快被查停办。时任广东中医药专门学校校长的陈任枚引《史记》"千人之诺诺，不如一士之谔谔"支持鼓励李仲守。紧接着，李仲守又创办了一本名为《医林一谔》的杂志，继续不屈不挠的斗争。最终，在中医界众人的坚持和社会各界的支持下，"废止中医案"以失败告终。李仲守实现了自己对中医的坚守。对他而言，中医不仅是一份谋生的职业，更是追求一生的事业。

李仲守出身中医世家，其父李子钧为清末民初广州名医，以治疗温热病著称。自幼随父学医，他对中医的热爱是刻在骨子里的，对历代医学著作爱不释手。青年时代就反复研读了《黄帝内经》《难经》《伤寒论》《金匮要略》等经典著作，并且烂熟于心。遇到有人问起，他能将许多古医籍资料的确凿出处和原文内容随口说出。

据李仲守的学生陈宏珪回忆，当年组织撰写《新编中医学概要》时，众多专家聚集在简陋的办公室，没有先进便捷的信息查询手段、缺乏丰富且整理有序的藏书提供查询，知识点的溯源成为难点。而博闻强记的李仲守成为"中医活辞典"，当有编者想要溯源查询某一个知识点时，他总能第一时间指出，在某一本著作的某个章节甚至某一页上，精准度不输现在的信息化查询手段。

热爱中医事业，李仲守一生勤于著述，发表了《生草药掘发》《民间验方之我评》《南洋特产药物考察记》等多篇药物学研究文章。著有《心脏拉杂谈》《中医止血法》《重订医余偶录》《脉学新编》《唐宗海血证论简介》《冠心病的辨证治疗》《阴虚阳亢型高血压病的治疗》《中医脏腑辨证论治》《臌胀

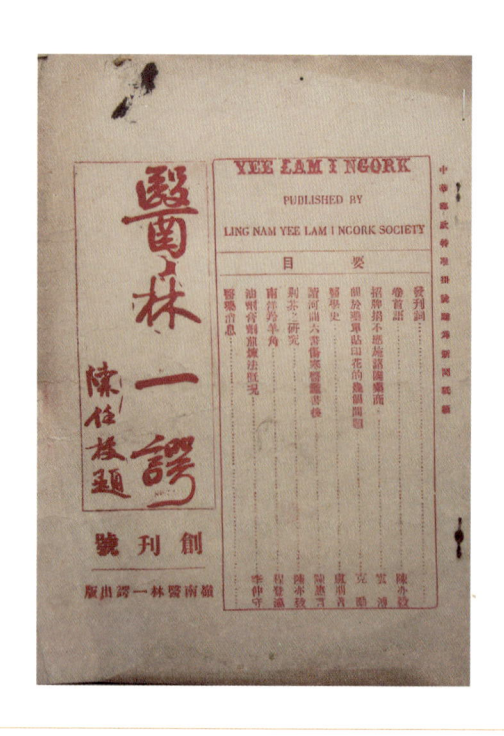

▲《医林一谔》创刊号，李仲守主编

的辨证治疗》等书籍，还主编或参加编写了《新编中医学概要》《内儿科学讲义》《简明中医内科学》《中医内科教学大纲》《中医内科辨证治疗简表》等专著和教科书。

提出养阴制阳学术理念

李仲守酷爱读书，知识渊博，对历代医学著作更是爱不释手。青年时代就反复研读了《黄帝内经》《难经》《伤寒论》《金匮要略》等经典著作。他对先贤的学术思想常有精辟而独到的阐发，而且记忆力惊人，能将许多医籍资料的确凿出处和原文内容随口背出，故有"中医活辞典"之美誉。

在中医理论上，李仲守有自己的独特见解。他十分重视阴精在人体生理病理变化中的作用和地位，认为在阴阳协调中，阴精是阳气的物质基础；在脏腑活动中，阴精是盛衰的本质所在。

由于"人至壮年，阴精衰半""阳气易回，阴精难复"，因而他提倡"治病求本，勿忘阴精"。而"阴虚五脏皆有，治疗宜重脾胃"，所以在治脾胃方面，李仲守又有独到之处，善用补脾益气、健脾行气、滋养胃阴、调理肠胃等多种方法。

事实上，重视养阴是李仲守结合岭南的地理气候环境特点，积累几十年临床经验而形成的学术思想。他虽然推崇中医温补学派一代宗师张介宾"形以阴言，实惟精血二字足以尽之"之说，但又不主张以熟地的滋腻养阴。这是因为，岭南地区的气候导致人们多阴虚内热、湿热互结，临床上经常会见到"虚不受补""实不任泻"的虚实相混的情况。若用滋腻养阴，则加重湿盛热恋；若以苦寒直折，又恐劫阴伤正之虞。由此，李仲守因地制宜，开出了适合岭南人的药方子，他主张以甘寒清养为主，可养阴渗利，甘寒并用既能胜热又避免伤正。

从医多年，李仲守总结出中医的病理认识最终可归结为"气血"二字，对顽固性疾病，更应深究其气血状况，找到症结所在。如李仲守对臌胀的分型论治，以气、血、水三证为纲，正是根据臌胀的病理变化概括的经验总结。治疗慢性肝炎的验方五草汤，其立方亦基于调气理血。血证论治，是李仲守运用气血理论的典型体现。

▲ 李仲守（右二）和他带教的研究生们

倡导"三分治七分养"

"治疗疾病当分标本缓急,选方用药应层次分明。"李仲守的用药讲究"精、简、轻、便"四个字。他反对用药动辄盈两,重锤乱捣。在日常开方中,李仲守细心推敲,斟酌用量,处方不过十味药,用量甚少超过二十克,而且尽量采用药源充足,配药方便的当地常用药、季节药。

用药简单量少又要保证疗效,就需要医生在药物选用及配合应用上下工夫。李仲守在这方面积累了不少经验。如黄芪配泽泻,可治多种水肿,尤其是对突发性水肿有良效。川芎与葛根同用,取川芎辛温血中气药,上治头目,下调经水,中开郁结之功,配葛根辛凉解肌之效,相互制约,不寒不燥,对改善头脑部的血液循环有特殊作用。金樱子配石菖蒲,滋肾开窍,专治虚性或老年性的耳鸣脑鸣等等。

对药物的搭配,李仲守也十分讲究。如气分火热头痛用白菊花,血分郁热头痛则宜黄菊花或野菊花,紫草与疏肝解郁方剂同用有平衡内分泌失调的功效,加入养心安神方中则善治血热心火内郁之失眠……仔细观察会发现,虽然这些药都不奇特,但疗效非常好,这缘于用药选方的精确。

"人类寿命的限制,主要是忽视养生及疾病的影响。"李仲守也提出,以药物延长寿命并不是科学的方法。服药的目的就是治病,无病服药只会损害健康。

临床工作中,李仲守十分强调养病的意义,他常提及一个经治疗病情稳定的住院高血压患者,某晚同病友外出,因饮食不当突发脑出血而死亡。每次谈到这个案例,李仲守都唏嘘不已。他坚持,对急慢性疾病病情控制后的恢复期或康复期,重点在调养。所谓"三分治七分养"的原则适合于所有疾病,"养"包括生活起居、饮食调理、锻炼强体等病后保健措施。

主张引用经文求精不求多

除了知识渊博、临床经验丰富之外,李仲守还是一名出色的教育工作者,当时刚刚筹建的中医学校,从全国各地汇集来中医名家,组成了临时教师队伍。这些名家虽都是临床大家,救人无数,但毕竟都不是教育事业出身,对于如何传道授业仍处于摸索阶段,那时李仲守便以突出的教学能力成为中医教师的模范。

"中医活辞典"李仲守

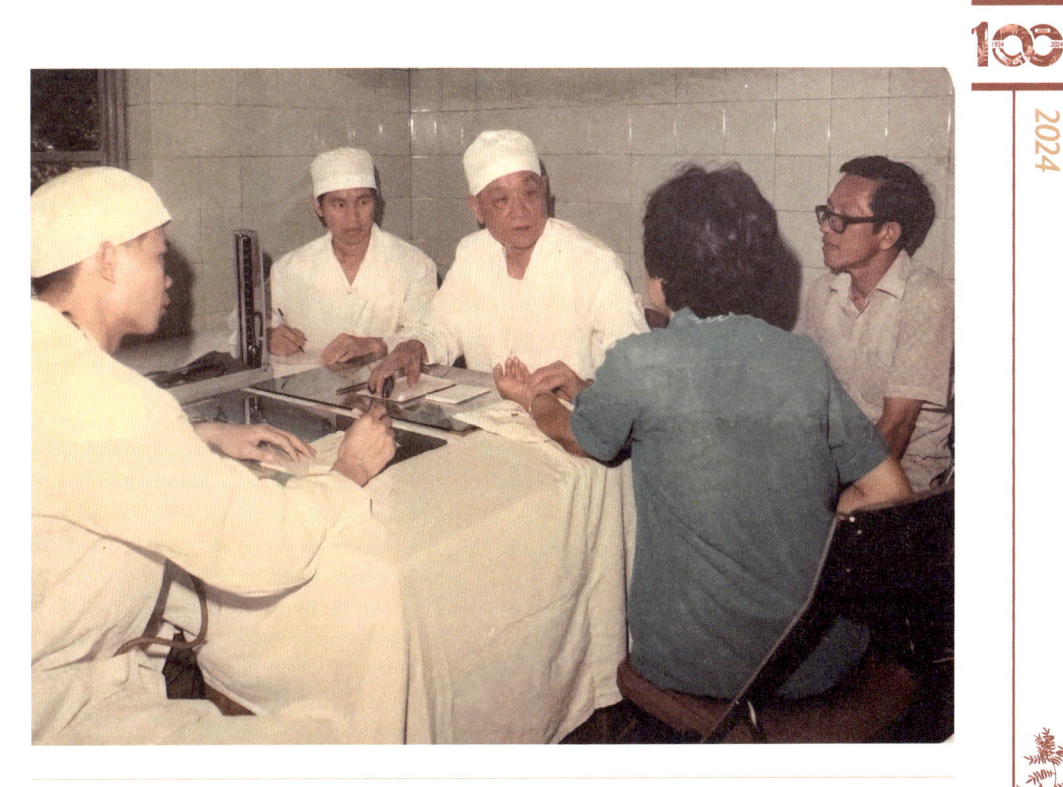

1924 2024

▲ 李仲守出诊

李仲守治学态度严谨，对课堂教学和临床教学都十分认真。在课堂教学中，他主张引用经文求精不求多，要讲解透彻而不能囫囵吞枣。在临床教学中，他常常以常见病症为基础，引导学生透过现象看清本质，学会分析问题的方法。比如，他根据临床实际主编的教材，便将中风以轻、重分型，更符合内因为主的发病学说。同时，将臌胀以气、血、水论治，舍虚、实分型，更符合臌胀的病程发展。

他讲课时思路开阔、条理清晰、言语简洁凝练，深入浅出地剖析相关知识和条文，使学生常有豁然开朗的感觉。据曾听过他课的陈宏珪、丘和明、赵立诚等老教授回忆，李仲守的课总是座无虚席，许多老师也都来观摩学习他的教学经验。

对于后辈，李仲守总是抱有极大的耐心。据陈宏珪回忆，参编书稿时自己年纪轻、资历浅，李仲守便对他的书稿初稿逐字逐句地进行修改，并指出修改的原因，到最终稿件发出、刊印成书籍，付出了难以想象的辛劳，但李仲守将这视为理所应当的事情。受过其指导教诲的同学后辈均对李仲守非常尊敬，为其人品所折服。

古稀之年，李仲守仍在为中医教育事业操劳，担任广州中医学院研究生班主任、导师小组副组长，一面从事教学科研，一面坚持临床工作。在他生命的最后一天，他依旧在专家门诊为患者解除病痛，最终因心脏病突发，离开了人世。

参考文献

政协广东省委员会办公厅，政协广东省委员会文化和文史资料委员会，广东省中医药学会. 岭南中医药名家（二）. 广州：广东科技出版社，2010.

杂病大家甄梦初

善用南药，化解疑难沉疴

学人小传

甄梦初（1909—1990），又名兆熊，号斡达，广东开平人。岭南甄氏杂病流派的第二代传承人。1929年就读于广东中医药专门学校，由于成绩优异，未毕业便在广东中医院出诊。后在广州、香港、澳门、韶关等地行医。1956年进入广东省中医院内科工作，擅长活用岭南道地药材治疗痹病、痨病以及内科疑难杂症。任中华全国中医学会理事，广东省中医学会常务理事、学会顾问，政协广东省第四、第五届委员等职。

为穷人看病不收诊金

生活在解放路一带、上了年纪的老广州人大概还记得，新中国成立初期，这里的甄家医馆名声显赫，口碑很好，医馆主人叫甄梦初。

甄梦初出生于中国著名的侨乡开平。当时正值清朝末期宣统年间，中国正处在战乱时期，中医也处于生死存亡之际。当时，甄梦初的父亲甄显松经营药材买卖，母亲李瑞琴则通医道，善手法正骨，常为乡里宗亲疗疾治病，求医者众。甄梦初从小在家里得到母亲的言传身教，对医学产生了兴趣，逐渐确立了悬壶济世的志向。

1934年，甄梦初从广东中医药专门学校毕业后，先后在广州、香港、澳门开设医馆（三地各开一间，定时去开诊）。一年后，甄梦初又在广州惠爱西路（现中山六路）赞寿堂药店开设分馆，内、外、妇、儿各科均有涉猎，尤以内科杂病见长。当时，在如今的和平路、龙津路和长寿路一带，有几条"三步一馆"的中医街。馆主们个个身怀绝技，如"草果二"王照南专于草药，何竹林长于骨伤，古绍尧精于儿科、喉科等，年轻的甄梦初能在名医云集、竞争激烈的老西关占有一席之地绝非易事。

1938年秋广州沦陷，甄梦初不得不举家北迁至韶关。尽管战时漂泊无定，甄梦初仍然不忘学医之初树立的开医馆治病救人的梦想，在曲江东河坝中心路开设了一家医馆。在这里，前来求医问药的病员特别多，身份各异，有官员、有商人，甚至还有犯人。甄梦初对待病人不论身份，一视同仁，危重患者优先诊治，穷人不但不收诊金还送医赠药。

战时疠疫横行，韶关发生霍乱，医院的条件不足以收治所有病员，甄梦初与社会人士倡议筹建广东方便医院，并带头积极捐款筹备。此后，甄梦初一边完成医馆的工作，一边义务担任广东方便医院筹备委员会医务组长、内科医师，并于1943年4月兼任该院医务科长。当时抗日将士缺医少药，甄梦初还不顾安危毅然担任了韶关抗日医疗救扶队队长，为粤北战士及人民的医疗保障工作作出贡献。

战火蔓延下，中医发展环境愈发恶劣。甄梦初深感，想要传承千年中华医脉，就要创办系统性的中国医药读物来进行舆论抗争、学术交流和中医常识普及。1940年11月，甄梦初与当时名医江济时、黄硕如、吴粤昌等发起创办《广东医药旬刊》，明确提出将中医导向"民族形式、科学内容、大众方向"的办刊思路，聚集了一批学问医术好、热心中医事业的中坚人士。由于时局动荡，该刊仅出版了 36 期。

抗战胜利后，甄家医馆在韶关民生路复业。1947年秋甄梦初先后在越华路、惠福路、解放路开设医馆。1956年，甄梦初应聘到广东省中医院内科工作。

用纯中医治疗肺结核

"岭南诸疾，辨湿为要"是甄梦初在继承先贤思想的基础上总结的岭南甄氏杂病流派核心学术思想之一。他认为岭南地区春夏多雨，天热地湿，人处湿气交织中，易感受湿邪，其性重着黏滞，易阻碍气机，损伤阳气，故其病变常缠绵留着，不易驱除，治湿应分表里上下，分层祛湿。以此理念开方，甄梦初化解了诸多内科杂病，不但善治温热时病、肝胃之疾，而且精于痹病及其类证的诊治。

在韶关行医期间，甄梦初就开始了对痹症的深入研究。韶关地处山区，重峦叠嶂，求医问诊的人中湿痹者较多。甄梦初结合古籍独创穿海汤一方，具有通络、祛风、除湿，兼调和气血之功，疗效很好，也因此医名渐开。

▲甄梦初、张贵善夫妇与两个儿子甄驾夷、甄抗夷

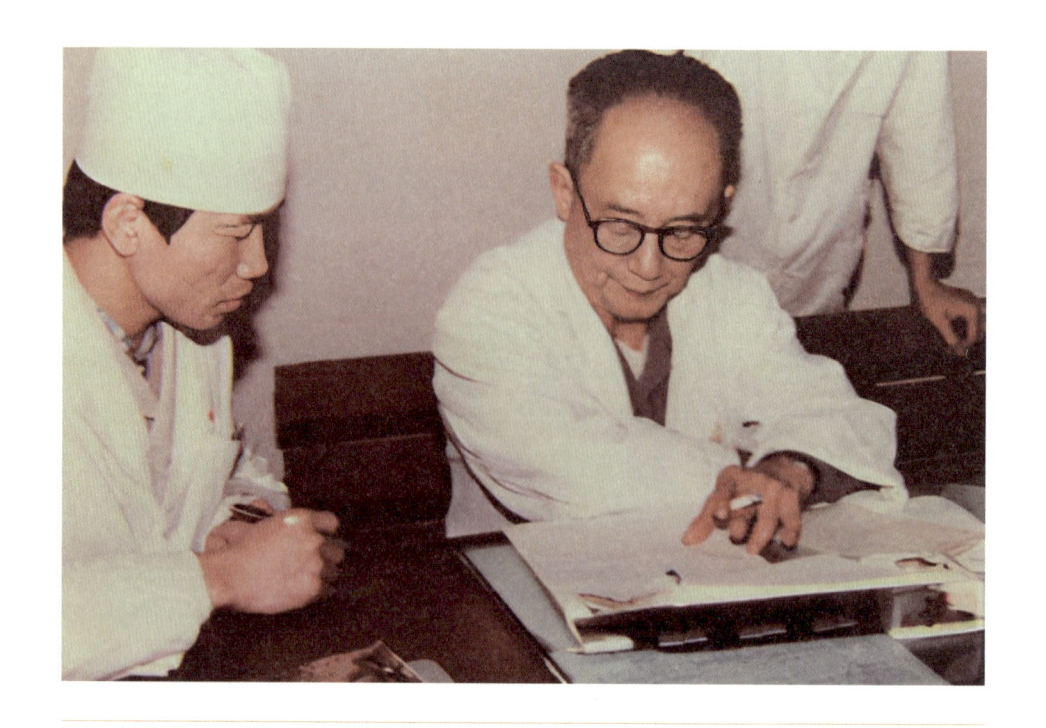

▲ 甄梦初工作照

随后，甄梦初在叶天士"久病入络""久痛入络"等传统理论的基础上，结合自己多年的临床实践和研究，在治疗痹、痨诸病方面形成了自己独特的医学理论。他基于对"痹""痨"诸证的体会，提出"痹痨必瘀，瘀去证消"的观点，同时提出治疗内科疑难杂症"独重肝脾"的理念。

当时广州最骇人听闻的病是肺痨病，也就是肺结核。由于医疗条件差，肺痨在当时是"不治之症"，得病者几乎只能等死。据统计，新中国成立初期，我国结核病患病率高达1750人/10万人，死亡率200人/10万人，严重危害我国人民健康。当时大家都已经意识到肺痨有较强的传染性，接触者稍有不慎即可能染病，但甄梦初并不因此而拒绝此类病患，而是以医者之本心，切切实实为患者解除病痛。

经过多年经验的积累，加上自身不断地学习和摸索，甄梦初针对肺痨的治疗提出审因辨机而后治，可于活血祛瘀之后，再行补肺滋阴，或于养阴清肺基础上，加以活血祛瘀之药的治疗方法。他选择采用民间验方铁破汤加减治疗痨疾，充分运用岭南地区特色草药熬制，对治疗肺痨等顽疾沉疴，亦可有十之六七得愈。

1975年2月下旬，一名怀有3个月身孕的陆姓女子来甄梦初处求诊。她咳嗽少痰，右胸背痛已经有一月余，早上起床及深呼吸时疼痛剧烈。当地医院初诊为"感冒"及"肋间神经痛"，药物治疗未见效果，后进行进一步检查，诊为"右上肺炎，右侧胸膜炎，未排除右上肺结核"。若进行西药治疗，势必胎儿不保，万般无奈之下求助于甄梦初，希望能以纯中医治疗，留胎儿一线生机。

甄梦初斟酌后选用铁破汤加减治疗。前后就诊7次，服药4月余，患者病情稳步好转，症状逐渐减轻，并于1975年10月诞下一健康婴儿。患者分娩后，病灶尚未稳定。甄梦初继续帮助她调理身体，在铁破汤的基础上加入养阴益血之品。经过一段时间的调理恢复后，后复查胸透提示："右上肺见少许纤维结核灶，余肺心膈未见异常。"

这样的案例并不少。行医60余载，甄梦初灵活运用岭南道地中草药，且主张用药简便廉验，以减轻患者负担。就这样，他创立了"穿海汤""鱼白甘汤""玉泉饮"等一系列岭南道地方剂，化解了众多疑难沉疴，也为岭南中医的革新与传承起到了不可估量的作用。

甘为人梯，80多岁仍在门诊一线

在人才培养上，甄梦初甘做人梯，无私地将自己的心得——传给年轻的医

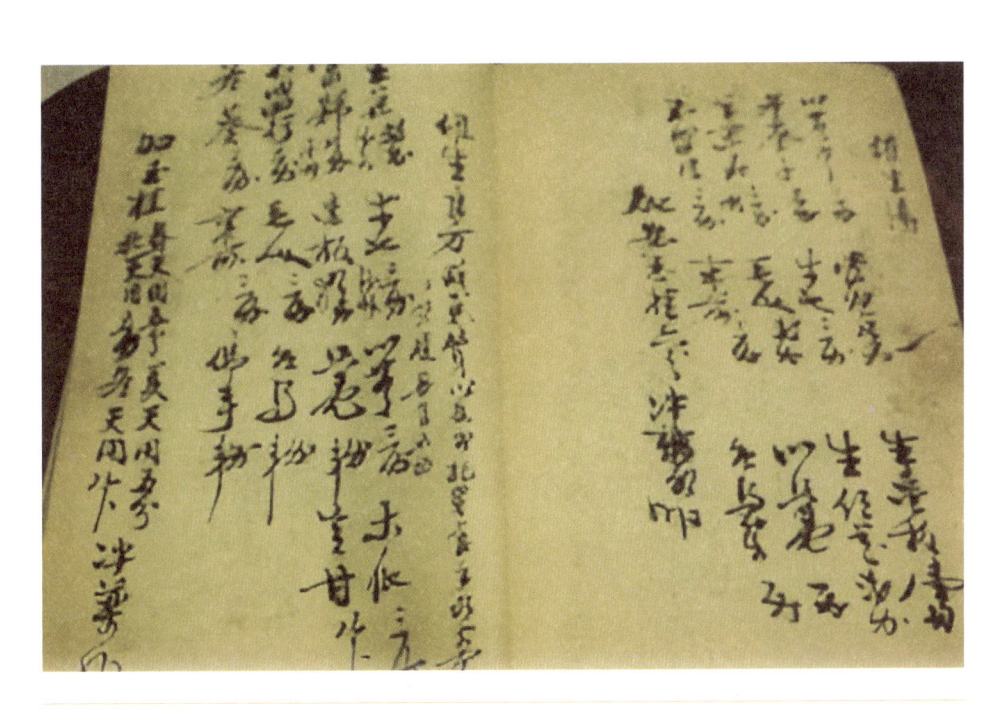

▲ 甄梦初手稿

生，为医院培养了一大批医疗骨干。广州中医药大学副校长、广东省中医院院长张忠德便曾师从甄梦初。在他的回忆里，甄老师为人朴实，不摆架子，对护士病人都很好，也很乐意带实习生，对学生言传身教，经常手把手教学生们把脉、开药。

当时的广东省中医院名医荟萃，各有所长，形成了广东省中医界宝贵的学术传统。甄梦初不仅以医术服人，更以为人谦和、全心全意为人民服务的态度，深受群众赞扬和欢迎。

晚年，80多岁高龄的甄梦初依旧坚持在临床一线开展诊疗活动。直至1989年，在医院的门诊室，甄梦初病倒了，被诊断为肺癌，才停止工作。甄梦初始终以临床实践为重，没有留下完整的学术专著。在他逝世后，广东省中医药岭南甄氏杂病流派传承工作室通过收集、复原、扫描、记录了甄梦初仅存的手稿、文章、读书笔记、报刊，以及对继承者进行访谈，挖掘、归纳、总结了甄梦初在多年的临床实践中所积累的宝贵经验和独特的医学理论。

尽管老广州记忆里的甄氏医馆已不再出现在熟悉的街头，但甄梦初独特的医学理论和岭南道地药材的应用经验却传承下来，滋养治愈着一代又一代岭南人。

参考文献

戴洁琛. 岭南名医甄梦初学术思想与临床经验研究. 广州中医药大学硕士学位论文，2008.

张瞳，戴洁琛. 从名老中医甄梦初肺痨脉象心得试论脉诊入门. 北京中医药，2014，（5）：365—367.

张瞳，戴洁深，金连顺. 甄梦初运用铁破汤治疗肺结核理法阐析. 广州中医药大学学报，2014，（3）：466—468.

张忠德，江俊珊，戴洁琛. 名老中医甄梦初论治痹证撷英. 新中医，2009，（11）：20—21.

张忠德. 岭南中医药名家甄梦初. 广州：广东科技出版社，2015.

张忠德. 西关甄氏杂病世家. 广州：广东科技出版社，2018.

"寻声者"杨志仁

三味真药济苍生，医身医病亦医心

学人小传

杨志仁（1909—1986），曾用笔名衍政、持正、居端，广东南海人。出身中医世家，1932年进入广东中医药专门学校学习，次年取得中医师证书，开始行医。新中国成立后任教于广州中医学院耳鼻喉科，1978年被授予"广东省名老中医"称号。主编《中医喉科学讲义》《五官科学讲义》《中医喉科学中级讲义》等全国教材，还有一批10多万字的医案存世。

从久病成医到杏林春满

杨志仁能走上医学之路，与其父亲杨梅宾的指引分不开。杨梅宾平素就喜阅医书，常与当时的名医往来，后因自己常患喉病而拜佛山喉科世医柯师母为师，得其真传而成善治喉疾的能手。他经常为街坊邻里看病，施医赠药，从不受酬。

杨梅宾很重视子孙的学业，聘请了当地名秀才麦秀歧先生做私塾老师，所以杨志仁5岁便开始在家中私塾诵读四书五经、诗词歌赋等，也练习书法。杨志仁8岁开始学习英文，10岁进入香港著名的学校——拔萃英文书院读书，这为他后来学习中西医学打下了扎实稳固的语言基础。

但由于生病，杨志仁14岁时便休学在家，养病之余由父亲指导其学习中医，也涉猎西医。从20岁开始，他在父亲指导下临床实习中医，所诊患者也以喉科为多。在家庭的熏陶下，杨志仁也对中医学情有独钟，立下献身人类健康事业的志向。

1932年，23岁的杨志仁进入广东中医药专门学校学习，并于次年参加广州市卫生局中医师考试，取得中医师证书。随后，他在广州第十甫路与两位毕业于西医大学的姐姐合作开设曦云医务所，执业中医，同时也向姐姐学习西医知识。在此期间，他还抽空到广州名中医谭次仲先生处学习内科，参加了上海名中医恽铁樵、陆渊雷先生的函授班学习，后来又跟随香港名中医卢觉愚先生学习。

1938年广州沦陷后，杨志仁逃难到香港，在香港九龙油麻地佐敦道42号挂牌行医。4年后香港沦陷，杨志仁又辗转到曲江、桂林、梧州等地避难。在战乱年代，他为谋求生计，曾在广州大学经济系学习获学士学位，做过英语教师、日语教师、会计主任等。然而在曲折起伏的生活征途中，他的志向则是穷究岐黄医术之妙以造福众生。

新中国成立前后，杨志仁在广州有名的医生街——抗日西路开业行医。1950年9月又与杜淦珍医生等一起在六二三路筹办了广州市第一间中医联合诊所——百达中医联合诊所。在看诊之余，他还参加了第一届广州市中医进修班的学习，以第一名的优秀成绩毕业。

失声者的摆渡人

杨志仁认为，要不断更新知识才能跟上时代。因此，尽管工作繁忙，但他

▲ 杨志仁在家中阅读

"寻声者"杨志仁

一空闲下来就会钻研医书。杨志仁爱读书，在他常读的书里，有其所做的圈圈点点的记号。对于重要的内容，他还一丝不苟地摘录在笔记本上。每年他都会订阅多种医学书刊阅读，直到晚年还在不断探索新的问题。

在翻阅喉科文献的过程中，杨志仁发现，以往的文献里，喉科病名繁多，各家学说不一，缺乏系统化的教材，学生学习起来难免一头雾水。为此，他主持编写《中医喉科学讲义》，对繁杂的喉科病名整理归类，使学生能执简驭繁。该教材既总结继承了历代医家的经验，亦融进了杨志仁的临床心得。

《中医喉科学讲义》及其重订本（分别于1960年和1964年出版）开撰写国内中医大学喉科教材的先河，成为其后几十年中医五官科学教材的编写范例和基础，对中医喉科乃至五官科学的发展有着不可磨灭的贡献，杨志仁也成为国内耳鼻喉科的元老级人物。

尽管杨志仁在喉科方面的知识是家传的，但他并不是墨守成规的人，反而更喜欢自己锲而不舍去钻研和在实践中不断探索创新。在他主持编写的教材中，很多经验方都是杨志仁常用的有效方剂。

在传统的喉科教材中，有一条名为疏风清热汤的经验方，原是佛山喉科世医柯师母所传，原方本有十五味药（金银花、连翘、牛蒡子、赤芍、荆芥、防风、桑白皮、桔梗、天花粉、当归尾、玄参、川芎、白芷、甘草、大黄），辛温、

▲ 1977全国西学中教材《五官科学》审编会议代表（前排左起第三人为杨志仁）

辛凉药并用，集疏风清热、活血消肿药于一方。但杨志仁在实践中体会到，南方人的喉病以热证与阴虚者较多，故应舍去当归尾、川芎、白芷三味，加入黄芩、浙贝母，使其适应证更广，取得了更好的疗效。在治疗慢性咽喉病方面，他认为凡咽喉病日久不愈者多有体质虚弱、正气不足之内因，并常兼见痰湿和血瘀，应根据年龄、体质、证候等细加辨别。

在治疗失声患者上，杨志仁也颇具心得。1973年，杨志仁接诊了一位声嘶3个月的女患者，她经西医院诊断为声带息肉，医生认为必须手术摘除。杨志仁认为其证属肺肾阴亏，虚火上炎，灼伤阴血，血滞成瘀，当治以滋阴清肺，活血化瘀，拟方：干地黄、玄参、麦冬、桔梗、甘草、龙脷叶、桑白皮、瓜蒌皮、柿霜、茜草、赤芍、川红花、田三七，水煎服。另取西青果含服，每日4次，每次1枚。服药20余剂，患者声音恢复正常，复查声带息肉也已消失。

杨志仁在《失音证治略谈》一文中总结了前人的经验和自己的心得，概括出失音证临床常见的6个基本类型，并介绍了依据自己临床经验所得出的治疗喉病的基本方。他还认为凡咽喉病患者，除用药治疗外，还必须做到：少讲话、早睡眠、忌饮食。这些是杨志仁积几十年经验之谈，亦为现代科学研究的成果所验证。

无论贫富尊卑都一视同仁

在工作中，杨志仁对患者极其热心负责，对患者无论贫富尊卑都一视同仁，悉心治疗。偶有患者缺钱取药，他就解囊相助，仁心仁术，体现无遗。

诊病细心是杨志仁的特点，凡被他诊治过的患者对此有口皆碑。在杨志仁教授所写的病历上除了一般的记录外，往往还记载有发病诱因、饮食习惯、生活嗜好、作息安排、性情脾气思想以及服药反应等，他认为这样有助于辨证求因和审因论治，也有助于深入剖析疑难复杂病例。

在杨志仁看来，医生不但要有开药方的本领，还要指导患者调整心理、安排作息和避免一切不利因素的影响，这才算是完全负责。杨志仁爱与患者交谈。认为成功的谈话对疾病的诊断和治疗都至关重要。诊病时，他会尽可能与患者细谈，在了解病因的同时关心患者的生活习惯和心理，帮助患者调整精神状态，指导患者配合治疗，促使疾病向好的方面转化。

杨志仁认为，有些疾病靠单纯的药物治疗是治不好的，他尤其强调中国传统的体育锻炼方法在防治疾病方面的独到功效。20 世纪 50 年代末，曾有一位话剧演员常常废寝忘食地工作，结果患了肺结核、早期肝硬化等多种慢性病，

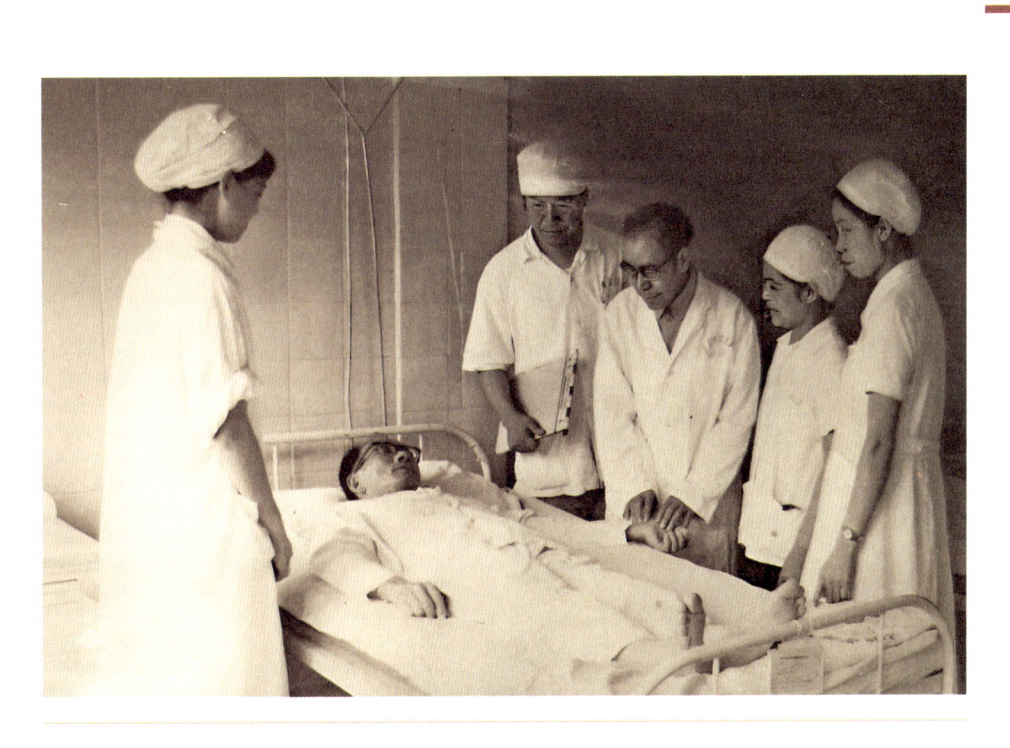

▲ 杨志仁在病区查房

▲ 1985年全国耳鼻喉科师资班结业照（前排左起第五人为杨志仁）

无法继续工作。在杨志仁的指导下，患者一边服用中药，一边苦练气功，慢慢恢复了健康，重新走上了舞台。

曾有一位重症肌无力患者，西医治疗无效，经杨志仁用中药调治并教其自行按摩胸腹，病情大有起色。杨志仁说："不要小看胸腹按摩的作用，胸腹是脏腑的所在地，微循环是人体的'第二心脏'，经常按摩胸腹能够改善脏腑的微循环，从而使阴阳平衡，与其他锻炼方式相比，按摩胸腹往往有事半功倍的疗效。"杨志仁反复强调，有些疾病不是光靠一张处方就能治好的，所以在他的一生中，有三味药方是常备的，那便是医病、医心和医身。

参考文献

杨启琪. 杨志仁学术精华与临床应用. 广东：广东科技出版社，2022.

"岭南一支针"韩绍康

银针渡疾苦,桃李满天下

学人小传

韩绍康(1909—1986),字开源,又名来玖,广东番禺人。岭南针灸名医,被誉为"岭南一支针"。18岁在家乡开设"天生堂"坐堂行医,26岁领取中医开业执照,35岁参加国家考试院特种考试(中医师考试),成绩名列前茅,获中医师考试合格证书。1958年任广州中医学院内经教研组及针灸教研组副组长,是学校针灸学科的元老及奠基人之一。1963年受聘为广东省中医研究所针灸顾问,在任期间曾开展多项中医科研活动,如与靳瑞、黎文献等开展以"候气针灸法"治疗疟疾的研究,开展"针刺验证卫气行"研究等。

入针常独取一穴

韩绍康创立的"岭南一针候气针法"自成一家,是岭南针灸和古典针灸的杰出代表。该针法源于《黄帝内经》,韩绍康在曾祖父韩襄荣(道光年间)创立的"一针疗法"基础上完善了韩氏"一针候气针灸法"。此针灸法属《黄帝内经》针灸补泻法范畴,是中医传统针灸的主要或基础手法,辨证是基础、候气是关键,补与泻在于调节进针退针的快与慢。

韩氏候气针灸法是在审因分经辨证选穴的基础上,用毫针刺进穴位后,集中精神,耐心等待针下"气至",运用"针下八纲",正确分辨针下的邪气、正气、营气、卫气,运用或补正、或泻邪、或不补不泻(导气)的手法进行治疗的针灸手法。其针法特色是选穴少而精,重视择时取穴。韩绍康在临床诊疗时则经常独取一穴,针药结合治疗,同时十分重视针灸与时间的关系。他认为,人体的"经气"受一年四季、月亮盈亏、气候变化、人体营卫之气等因素的影响,按时选穴能更好地候气、调气,达到预期的临床疗效。他擅用子午流注法、灵龟八法及《黄帝内经》记载的卫气运行规律取穴,在人体肌表候气针刺。

韩绍康认为,实践《黄帝内经》,就要应用书中的针灸理论和具体施术方法,特别在毫针刺法方面重视候气,对辨证选穴、进针候气、得气行针、治疗效果有一定要求。他曾在中山市治一患巅顶头痛十年的中年男子,其每次发作痛不欲生,面赤耳鸣,口干不欲饮,脉弦浮大而无力,舌苔白质红,他医作肝阳上亢、神经性头痛,治疗无效。韩绍康根据《素问·五脏生成篇》"头痛癫疾,下虚上实,过在足少阴巨阳,甚则入肾"的论述,辨证该病是肾精亏损、

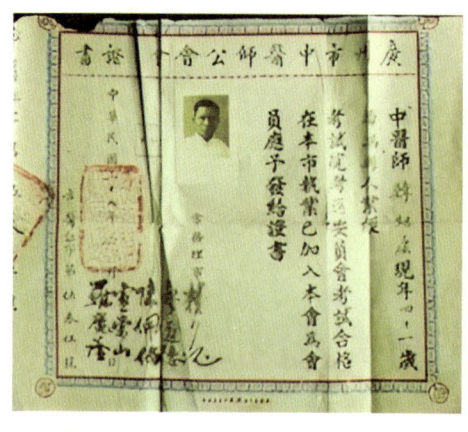

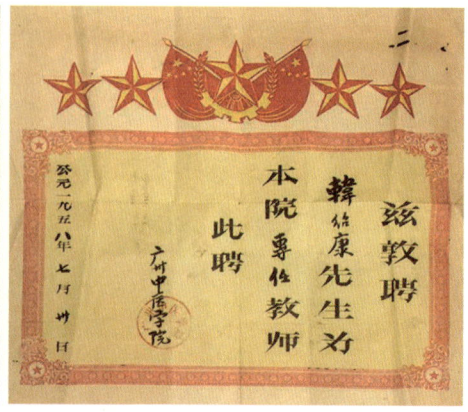

▲ 韩绍康民国时期的行医执照和1958年广州中医学院聘任书

虚阳上浮，需用补肾益精、引火归原的办法，针刺补导膏肓、涌泉。针后患者头痛顿减大半，再服右归饮加减汤药，十日乃愈，追踪五年，未见复发。此证明《黄帝内经》如用得恰当，真是效如桴鼓。

韩绍康还十分重视《素问·阴阳离合论》所说的"太阳为开，阳明为阖，少阳为枢"，认为枢之义重在枢转气机，针刺少阳经穴，可治气机不畅的疾病。他的儿子韩兼善根据其学术思想，在1988年4月选用手少阳三焦经的支沟穴及舒肝药，也成功治愈一个患严重忧郁症的患者；他的学生黄建业也据其学术思想，为一位肝癌肝区剧痛的患者针刺支沟并暂时缓解了疼痛，取得了不用麻醉止痛药、只单用针灸便解除肝癌疼痛的临床效果；他的孙子韩敦彦在支沟行"导气法"，解除了一位反复疼痛三天的患者之"胃痉症"。

韩式针法驰名海内外

已故首届国医大师、广州中医药大学终身教授邓铁涛在《寄语21世纪青年中医》一文中说："我校已故名医韩绍康教授，是针灸专家。新中国成立前私人开诊，当收入到一定数量，便闭门读书数月。读什么书？读《灵枢》，其弟子得其心法，多能行针下凉、针下热的手法，即'烧山火''透天凉'。个别弟子学习他常读《灵枢》已成习惯。"

韩绍康嗜读《黄帝内经》，多年深入钻研并临床实践，对《黄帝内经》中的阴阳五行、藏象经络、营卫气血等学说有较深刻的认识和体会，尤其对人迎寸口脉诊法、三焦的概念有独特见解。他认为研究脉诊问题须以《黄帝内经》为主，先从《灵枢·本输》所论的九条作为初步的系统研究。对于经络学说，他提倡用现代科学的方法进行研究，认为临床上能通过适当的针刺方法，诱发病人感觉有"气"在体内运行，这与《黄帝内经》所记载的"营气"或"卫气"的运行规律基本相符。除了《黄帝内经》之外，韩绍康还积极吸取历代针灸家的经验，结合自身多年临床实践，开创了韩氏一针候气针灸法流派。

韩绍康十分重视医德教育，教导学生不能为了钱财而去学医，并要求学生重视中医传统基础理论学习，练好基本功的同时还要努力训练持针手指的灵敏度，做到能够辨别针下邪正。在广州中医学院"内经教研组"和"针灸教研组"任教期间，他成立了"内经学习小组"，带领学生学习《黄帝内经》。从1961年春季至1964年夏季，每周日由针灸教研组教师靳瑞带领1959级的黎泽泉、黄建业、刘录邦、肖鑫和、袁美凤5名学生到韩绍康家中学习。韩绍康

▲ 1958年，韩绍康应邀赴北京参加全国中医学术大会

带着这些学生和他的大儿子韩兼善，风雨不改地坚持"开小灶"内经教学。在韩绍康的指导下，学生们深入钻研《黄帝内经》并进行临床实践，同时学习韩绍康的传统中医思维，根据病情确立治法、处方用药和选穴针灸，尤其是毫针刺法。三年多后，他们基本掌握针灸传统手法，后来成为韩氏候气针灸法的主要传承者和发扬者，如今成为誉满地方和国内外的著名针灸家及中医院校教授。

"靳三针"创始人靳瑞传承了韩绍康的针道。在学习针灸期间，韩绍康要求靳瑞必须熟读《黄帝内经》和《难经》，并结合《甲乙经》《针灸大成》《奇经八脉考》等针灸名著加以实践。为了更好学好上述著作，韩绍康要求靳瑞学好医古文，特别是汉代文章，还要写读后感或眉批。

由韩绍康开创完善的韩氏"岭南一针候气针灸法"的传承人主要分为三支：第一支是家传。韩绍康有八名子女，其中四人继承家学，分别在世界各地行医。长子韩兼善（1942—2023）是韩绍康候气针灸法的主要继承人（韩兼善去世后，次孙韩敦彦接棒成为继承人）；次子韩兼思为香港执业医师；三子韩兼听为美国纽约执业医师；幼女韩姹玲为意大利执业医师。第二支是韩绍康在广州中医学院任教时教导的1959级《黄帝内经》学习小组的其中三名学生——黄建业、

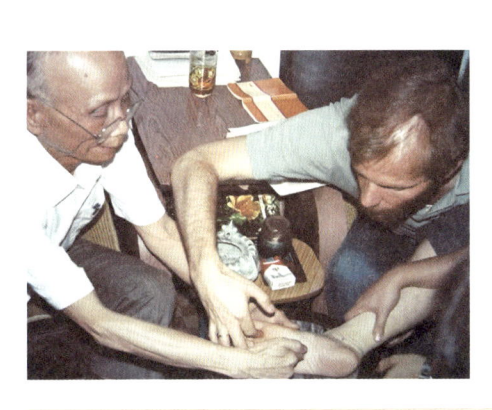

▲ 1984年韩鹏到广州跟随韩绍康拜师学艺

黎泽泉和刘录邦。第三支是韩绍康在担任广州中医学院针灸教研组组长时指导的同教研组教师靳瑞、在广州中医学院针灸师资班任教时指导的学员文介峰，以及晚年指导的德国国际中医学会主席 Dr. Carl Hermann Hempen（后从师姓改中文名韩鹏）。

如今，这三支传承人队伍各自大放异彩，以广州中医药大学为基础核心，把祖国中医及传统针灸的魅力辐射到世界各地，造福各国人民。

2022年12月，韩氏"岭南一针候气针灸法"成功入选"广州市越秀区第八批区级非遗代表性项目"。

1984年，因看了韩绍康的文章《对五俞穴的认识和运用》，韩鹏不远万里来到广州拜师学习针灸。学成回国后，韩鹏在慕尼黑开设了当地首家中医诊所，大力推广中医及韩绍康的学术思想，并在往后20多年间，多次邀请韩绍康的儿子韩兼善、孙子韩敦彦及学生黄建业到德国进行中医学术交流和举办讲座。他还在德国《中医学报》发表文章赞誉韩绍康，用德文刊登多篇韩绍康的儿子和学生撰写的关于韩绍康学术思想和临床经验的文章。

参考文献

韩兼善. 德国医生对韩绍康老师的赞誉.

韩兼善. 回忆韩绍康与靳瑞的师生情谊.

黄建业. 候气针灸法. 第五届亚细安（东盟）中医药学术大会, 1996.

邝思敏, 邓力学. 2023年11月8日广州永盛里韩敦彦访谈.

张正, 邝思敏, 邓力学. 2022年9月广州永盛里韩兼善访谈.

"肝郁斗士"关汝耀

取各家之长，创独到之法

学人小传

关汝耀（1911—1996），广东南海人。1937年毕业于广东中医药专门学校。广州中医学院的首批教师。1978年被授予"广东省名老中医"称号，同年又评为副教授。历任广东省中医进修学校教师、广州中医学院中基教研室主任等职。对中医经典医著研究甚深，尤其精通中医诊断学。曾参编高等医药院校《中医诊断学讲义》二版教材，撰有《中医学简明教程》《温热病辨证论治概要》《六味地黄汤运用体会》《中医理论理肝疗法治愈多种疾病》《中医诊断学教学体会》《治疗流行性乙型脑炎110例体会》等教材、论文。

主张辨病与辨证相结合

从医数十年来,关汝耀在诊疗理论方面作了悉心研究,谙熟历代不同学派的诊断和辨证特点,主张吸取各家之长、综合归纳,以形成新一代的中医诊断学。在教学中,关汝耀总是言简意赅,深入浅出,说理透彻,深受老师和同学的欢迎。其中,脉学属于比较难懂的内容,关汝耀经过长期的教学实践,把二十八脉进行分类归纳,总结出一套较好的教学方法,这对脉学的研究和中医教学改革起到了一定作用。

关汝耀特别强调辨病与辨证相结合。他认为,辨病有利于了解病因及疾病变化的规律,辨证有利于从整体观念出发,全面分析疾病的病位、性质及邪盛衰等情况,使诊断更加具体化、个体化,使治疗能够做到因人而异。关汝耀不偏执一舌、一脉或单一症状的诊病方法,强调要四诊合参、全面诊察,只有这样才能抓住疾病的本质,准确辨证,提高疗效。关汝耀还十分重视用现代科学手段研究中医,主张中西医结合、宏观与微观结合,这样才有利于发现新理论、有利于发展中医学。在关汝耀的指导下,他的几名研究生都采用现代科学的方法和仪器来研究中医的脉诊和舌诊,并取得了优异成绩。

创新运用理肝疗法

在关汝耀看来,脏腑学说是中医的理论核心。他发现,《黄帝内经》的气化理论对后世医学的影响颇大,历代对脾气、肾气比较重视,喻之为先后天之本,此外对心气、肺气的论述也不少,但对肝气的论述却略显不足。为此,关汝耀花了10多年时间,特别重视肝气在发病、病机及治疗方面的意义探讨。

肝的经脉下起足趾,上至于巅顶,是一条贯通人体上下两端的经脉,故其经气在全身气机的平衡中起着极为重要的作用。关汝耀认为,临床上许多疾病的发生、发展、变化与肝气失调关系甚大。《素问》云:"百病皆生于气也。"关汝耀认为,气者,即气化、气机,即许多疾病都是由人体内部气机失常而产生。所主疏泄,不论外感内伤,均可影响肝的疏泄功能。肝气调畅,全身气机便渐趋协调,疾病向愈,若肝气郁结或逆乱加剧,疾病加重。在疾病的极期或晚期,常常出现肝风内动的表现,这就是肝脏气机失常到了严重地步的结果。

关汝耀认为,鉴于肝气在疾病的发生、发展过程中的重要地位,所以许多疾病的治疗,都应考虑从调理肝脏气机入手。经过多年的实践,他总结出一套行之有效的理肝疗法，之后又进一步充实提高，把理肝疗法概括为"清、舒、平、养"四个方面。

独创"三足三护"养生学说

关汝耀学术思想的另一个特点是十分重视顾护人体的正气，疗养并重，认为内因是疾病发生、发展的根本原因。因此，在治疗时，不但要认清邪气，还要时刻顾护正气，"三足三护"则是顾护正气的有效办法。

"三足"是指营养足，睡眠足，运动足。"三足"的目的在于增强正气。营养足，才能为机体提供足够的能量和其他必需物质，保证生命活动正常进行。睡眠足，要求成人每天睡眠8小时以上，使机体得到充分的休息，才能精神饱满、增加抗病能力。运动足，就是根据各人的条件，尽量多些活动，最简单的是稍稍活动四肢或做做甩手疗法，力所能及的可以跑跑步、打打球。各种运动均贵在坚持，每天早、晚各运动3分钟至1小时，因人而异，见累即止。总之，"三足"对于平常人，可以防病延年；对于病人，则可以提高抵抗力，早日恢复健康。

"三护"是针对三类不同病因提出来的防范措施。一要预防感冒。许多疾病是从感冒开始的，所以要随气候变化适时增减衣服，避免着凉感冒。二要保持精神愉快。科学研究证明，情志刺激、七情内伤既与多种疾病的发病有关，同时又是许多疾病加剧、恶化的重要因素。所以，保持愉快乐观的精神，是防治疾病的重要一环。三要注意饮食、劳倦、房事。食物要易消化，并要按中医的辨证选择适合的食物，切忌过饥过饱及酗酒，要劳而勿倦、节制房事，这样就可以避免脾胃受伤和精气耗损。

"三足三护"理论把复杂的养生学说作了非常巧妙的概括，使病人易于理解和实行。不少病人经过严格的"三足三护"，病情很快好转，收到单纯药疗所达不到的效果。

参考文献

政协广东省委员会办公厅，政协广东省委员会文化和文史资料委员会，广东省中医药学会. 岭南中医药名家（二）. 广州：广东科技出版社，2010.

"温病妙手"文子源
创现代岭南儿科流派

学人小传

文子源（1912—1984），广东江门人。广东省名老中医。出生于越南华侨家庭，1928年就读于广东中医药专门学校。毕业后在广州、江门、香港等地行医。1952年受聘于广东省中医进修学校，为广东省中医院副主任医师，广州中医学院副教授。既专儿科，也能内科。1956年加入中国农工民主党。曾任中华全国中医学会广东省分会理事、广东省中医儿科学会主任委员、第一届广东省中医药学会理事及儿科分会副主任委员等职。

"见彼苦恼，若己有之"

行医任教 50 余年，文子源治学严谨，学识渊博，擅长吸取祖国医学各家之长，在继承的同时又有独特见解，且"用兵"自如，使赤子登于仁寿，活人无数。他擅长内科、儿科病症，尤其是在小儿疳积、麻疹、咳嗽、肺炎等病症中医辨证论治方面。他重视中药材炮制，认为药材质量好坏与临证疗效关系很大，他任华丰赠医所医生时常常亲自炮制药材，对岭南草药材有深入研究运用，如芒果核、布渣叶、龙脷叶等。

文子源十分推崇唐朝孙思邈的"大医精诚"，认为医者首先要"精"，医术要精湛，医者必须"博极医源，精勤不倦"；同时要重视"诚"，即医德修养，医者应赤诚济世、仁爱救人、不图钱财，要"见彼苦恼，若己有之"，多从自身感同病患之苦，且不得"自逞俊快，邀射名誉""恃己所长，经略财物"，治病不分贫富贵贱，应一视同仁。

潜心钻研小儿温病治疗

文子源精研《黄帝内经》，谙熟《伤寒论》，重视温病，潜心钻研温病诸书，考据百家，尤以轩岐仲景之论为经，以叶、吴、王、陈等诸家之辩为纬，审其异同、详加分析、努力实践，治疗小儿热病效果甚佳。他深究《素问·热论》中"未满三日者，可汗而已；已满三日者，可泄而已"，并遵循叶天士的温邪入于气分、"邪未伤津，犹可清热透表"原则，自拟一常用处方，命名"清透汤"，卓有效果。

在文子源看来，小儿温病初起病邪虽在卫、气，但最易传变，治疗应抓住时机，用药更须审慎，应及时予以透邪清热，因势利导，使邪透热清，可望速愈。他还认为，小儿脾常不足、胃气素虚，运化欠佳，而外邪侵袭，不单犯肺，常致肺胃俱伤，使宿食不化，积滞胃肠，导致外邪不易透解。临床所见，小儿外感温病，除见发热、咳嗽等肺系症状之外，每兼呕吐、纳呆、溏泄之候，外邪与积滞互相纠缠，使病邪难解。因此，文子源常以肺胃兼治法，于一派辛凉清热剂中，加入消导之品，使外邪易解，积滞亦消，胃气易复，向愈较速。对肺炎喘咳，他认为其病机由气入营，变化迅速，易于损及心阳，"肺佐心脏而主治节"，故肺病常累及心，心主血，肺主气，气行则血行，气滞则血滞，肺气闭郁，血流不畅，而出现面色苍白，口唇青紫，甚则烦汗不已，脉微肢厥，出现心阳虚衰等危候。在治疗上，他主张除清热宣肺、化痰平喘之法外，应佐以活血通络，使气行血行，病情才易缓解。

以活血化瘀法治麻疹

麻疹具有很强传染性，在采用麻疹疫苗之前发病率极高，儿童因感染麻疹病毒后继发肺炎、脑炎等，死亡病例不在少数。对于这个棘手难题，文子源常常在麻疹流行期深入一线，用精湛医术守护群众特别是儿童的健康。

对小儿麻疹出疹期的治疗，文子源常运用清热解毒、凉血活血化瘀的治法，采用红条紫草（便溏者改用紫地丁）、西藏红花（焗冲）、葛根、黄芩、银花、连翘、桔梗、北杏仁、桑白皮、瓜蒌皮、木通，组成常用"麻二方"，适用于出疹期症见壮热、烦渴，疹点开始透出，舌红或红赤、苔淡黄或黄腻，脉滑数或洪数，指纹红紫。他认为此期邪正交争、内热炽盛，应选用性味甘寒、有凉血活血和解毒之功的红条紫草，配合性味甘平、破瘀生新、活血通络、通透力强的西藏红花为君。用黄芩苦寒，泻肺火，清湿热；银花、连翘清热解毒为臣，助以葛根解肌透疹，桔梗宣肺气；北杏仁疏肺止咳；瓜蒌皮清化热痰；桑白皮清肺热，泻肺利水；木通清肺热，利小便为使。该法妙在西藏红花，经临床验证，此药用于血热瘀滞，疹子欲透难透，高热烦躁者确有神效，一般服药1剂后疹点即见迅速透出，热势随减，2剂疹子透齐，热退症轻，向愈甚快。查阅古籍，历代医家虽亦有西藏红花治麻，但都仅用于毒壅夹淤之兼证者，文子源则将其作为出疹期常规用药，此乃其运用活血化瘀法治疗麻疹之擅长。

以灵活方法治疗咳喘

咳喘为小儿常见之疾。文子源认为，此病与气候饮食有密切关系，咳喘患者每多寒热交错，虚实兼见，病因复杂，证候不一，非一方一法所能奏效。他主张用药应注意证候，因证施治，灵活组方，既要治肺，又要理脾，如非必要，少用苦寒之品，如需应用，则应在清凉药中适当加入辛散药物，以散寒行饮，在清泻肺热药中宜加温行化气之味，以化苦寒凝滞之气，或在通阳行痰温脾药中，加入一二味苦寒之品，以清肺金，必要时则温清补泻并用，不可拘泥。临床上，他善于正治之中，加用反治之法，因而收效较显著。

此外，生、炙麻黄并用治疗小儿咳喘，也是文子源治病独特之处。他认为麻黄为宣肺治喘要药，但生用宣而不守，炙用则守而不宣，咳喘一证，病多缠绵，本虚标实，应以攻守并用之药，肺脾肾同治之法，才能根治。

自拟"苍苓汤"以治泄燥湿

脾为后天之本，生化之源。小儿"脾常不足"，易为乳食积滞、生冷水湿及不正之气所伤，故泄泻亦为小儿临床常见之症，文子源对此也潜心钻研。他遵前贤"无湿不成泻"之训，强调以健脾分利为主，佐以消导治疗小儿泄泻，自拟"苍苓汤"，以苍术、陈皮、川厚朴、甘草、猪苓、泽泻、茯苓皮为基础，随症加减，统治一切泻症。健脾有增加胃肠消化液分泌、调整胃肠蠕动、减少肠道渗出等作用，苍术、云茯苓等均有健脾燥湿功能。分利是治湿泻的一个重要环节。所谓分利，就是《黄帝内经》所说的"在下者引而竭之"之意，猪苓、泽泻均有分利作用。近代医家认为它们不仅起利尿作用，而且通过机体调节大肠与小肠水分，使之平衡而起止泻作用。

消导也是该方的特点之一。急性腹泻的小儿多有夹滞，故常需佐以消导药物。对兼有湿热、泻下粪色黄白、状如蛋花样、肛门有潮红者，加川黄连、火炭母；兼有表证，恶寒者加防风、苏叶；身热者加芥穗、连翘；挟呕者加藿香、法半夏、吴茱萸、水炒川黄连；小便短赤加滑石、车前子；大便臭秽，下而不爽加鸡蛋花、木棉花；肠鸣腹痛加蚕沙、枳壳、大腹皮；寒凝中焦，泻下清稀加肉豆蔻、煨诃子，甚者加姜附；热泻身热，口渴溺短，暴注下迫，肛门灼热者去川厚朴、陈皮，苍术减量，加葛根、川黄连、黄芩、芦根；脾虚泄泻，体弱神疲者，易苍术为土炒白术，加炒扁豆、春砂仁、党参、黄芪。

广东省中医院儿科的中医学术思想正是在这种学术传承中不断发展起来的。文子源、杜明昭等形成的现代岭南儿科流派学术思想，为中医儿科临床提供了扎实有力的根基。

参考文献

广东省中医院. 临症见解. 北京：人民卫生出版社，1978.
林季文，李梨. 名老中医文子源学术思想及治验简介. 新中医，1992，24（5）：1—4.
林晓忠，翁泽林. 林季文儿科学术经验选集. 北京：人民卫生出版社，2018.

岭南伤寒奠基人何志雄
以经方辨治岭南杂病

学人小传

何志雄（1913—1983），广东大埔人，印度尼西亚归国华侨。现代岭南伤寒名家。1932—1934年就读于广东中医药专门学校，1934—1937年就读于上海中国医学院。毕业后先后在新加坡、印度尼西亚各地开业行医及从事医学教育。1940年在新加坡创办星洲国医函授学校。1942—1945年积极参加新加坡、印度尼西亚进步组织。1955年回国，积极参与民主党派活动，1957年加入中国农工民主党。任广州中医学院伤寒论教研室主任，广州中医学院侨联主席，政协广东省第四、第五届委员等职。1978年被教育部评为中医学首批伤寒论专业硕士导师，同年又被授予"广东省名老中医"称号。

纳海派中医之长

何志雄祖籍广东大埔湖寮双坑（今广东省梅州市大埔县湖寮镇双坑村）。湖寮镇地处广东东北部，居民均为客家人，当地崇文尚武、民风淳朴。正是大埔独特的人文社会环境，对少年何志雄的成长、成才影响甚大。

何志雄的母亲十分重视对他的教育和培养，在母亲的支持下，他先后在当地私塾以及广东大埔县立一中学习。这段学习经历，使何志雄对经史子集均有了深入的研究，逐渐树立起"不为良相，即为良医"的济世之志。

1932年，正值青年时期，何志雄只身来到广州，考入广东中医药专门学校，开启了岐黄之学的人生旅途，与当代中医名家邓铁涛、李藻云、关汝耀等为同班同学。适逢共产主义思想在广州传播，何志雄等有志青年思想上积极要求进步，经常在报章上发表进步文章，因此遭到反动派的追捕和迫害。为躲避追捕，继续岐黄之学，何志雄于1934年从广东中医药专科学校肄业，前往当时中国的医学中心上海，通过复考入读上海中国医学院，成为近代"海派中医名家"朱鹤皋、薛文元的学生，与吴松溪、关鼎汉、何蔼谦等为同窗，同时深受"海

▲ 何志雄上海中国医学院毕业证

派中医"思想的熏陶，在中西医学并立的医学环境中，不断吸纳求变，勇于创新、学优业长，切身感受到了另一种全新的中医思维，于1937年6月顺利完成学业。

1937年底，何志雄前往新加坡，在当地私人诊所行医，悬壶济世。他先在大坡老爷宫街何长春药行行医，后又在大坡吉灵街万山栈药行挂牌。1939年，何志雄入职茶阳会馆主办的星洲茶阳回春医社担任中医科负责人，为病人义务诊病。次年，为提高当地华人医师的中医水平，弘扬祖国医学，他与上海中国医学院同学陈去弱在大坡十八间共同开办星洲国医函授学校，并任校长一职，白天悬壶济世，夜间授业育人，成为当地的一段佳话。

此后，何志雄加入新加坡中药工会，担任秘书一职，开始为当地的华人中医药事业出谋划策。在新加坡行医的数年间，何志雄均以义务诊病为主，积极运用所学，对病人施仁爱之心，不收诊金，充分发挥中医药的优势，为诸多身患疑难杂症患者解除痛苦。

在海外行医数年积累起来的临床经验，为他以后回国专门从事中医经典临床、教育和科研工作奠定了良好基础。

结盟抗日，保卫华侨

身为学生的何志雄，在上海亲身经历了"八一三事变"的流血洗礼，对日本帝国主义的侵略行径多有实感而深恶痛绝，由此激发的强烈爱国主义思绪，为其以后在新加坡、印度尼西亚参加抗日救亡运动奠定了坚实的思想基础。

1941年12月，日本侵略军席卷马来西亚，星洲（新加坡）屏障尽失，"保卫星洲"已成为千万热血青年的口号，受此"感染"，何志雄加入爱国华侨陈嘉庚和马来西亚共产党共同发起，由"星洲华侨抗敌动员总会"组织的"星华抗日保卫团"并担任队长，积极组织开展抗日活动。新加坡沦陷后，他转赴印度尼西亚西加里曼丹省邦嘎所属的直木港镇。

1944年春，何志雄加入"西盟会"并担任邦嘎分会秘书长一职，与马来西亚共产党领导的"北婆罗洲反日同盟会"紧密配合，积极开展当地的抗日保侨运动。

1945年8月日本投降后，"西盟会"邦嘎分会成立保安委员会，何志雄与曾石生等人组织"青年义勇军"，肩负起维护治安、肃清日奸的重任。何志雄为"西盟会"邦嘎分会的抗日运动做了大量地下工作，在当时无人知晓。

1946年冬，"西盟会"宣布解散，西婆罗洲各地纷纷成立"中华公会"。

1947年春，何志雄担任邦嘎中华公会侨务部主任兼直木港中华公会主席，并开展了一系列维护当地华侨华人权益的社会政治活动，最终成功改组邦嘎中华公会，在西婆罗洲升起了庆祝新中国成立的第一面五星红旗。

回国执教，桃李盈门

新中国成立之初，百废待兴，中医药迎来了发展的春天。何志雄身怀报国之志，携母亲和妻儿返回祖国的怀抱，全身心投入中医药事业。1955年9月至1956年7月，何志雄在广东省中医进修学校中进修学习，毕业后被分配到广州中医学院担任学院的教学及附属医院的内科临床工作。1956—1965年，学校组建成立大内科教研室，包括内经、伤寒、金匮等学科，刘赤选任主任，何志雄负责《伤寒论》学科的教学任务；1975年分化出大中医学基础组，何志雄负责《伤寒论》学科的教学工作；1978年分出中医基础教研室，并于1979年成立伤寒论教研室，何志雄担任教研室第一任主任。

自1956年留校任教后，何志雄一直负责56级首届至83级的中医本科《伤寒论》的教学工作，此外先后担任56、58、59级等共10届西学中高研班、历

▲ 1982年何志雄与伤寒论教研室教师合影

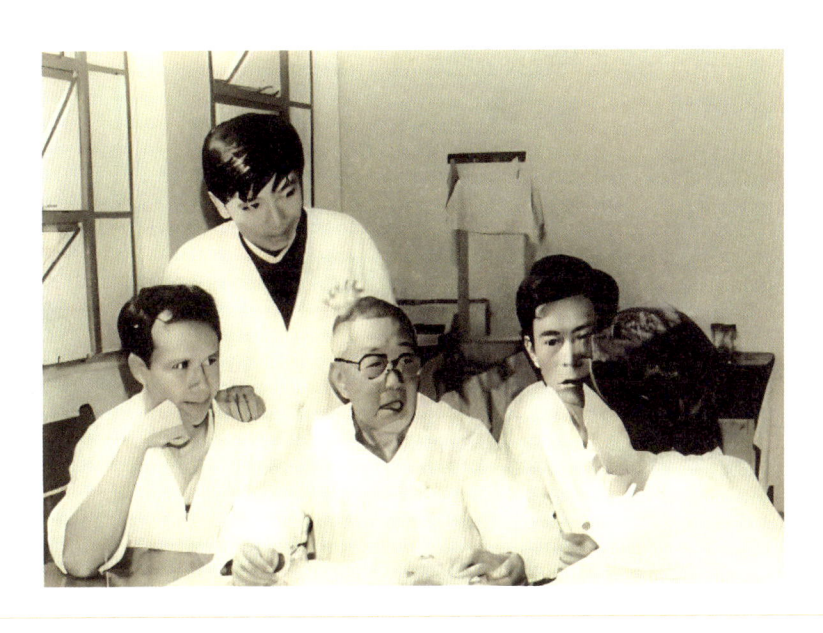

▲ 何志雄临证时给第二届研究生言传身教

届中医进修班、中医理论提高班、研究生班的《伤寒论》课程教学、专题讲座及临床带教、下乡带教工作，共计4000余学时。何志雄具有坚实广博的专业基础知识和丰富的《伤寒论》经典教学经验，他亲自撰写授课精要，受到广大中医药同仁、同学的一致好评，多次被评为先进工作者，1981年获得"学院教学优秀奖"。

作为广州中医学院首批硕士研究生导师，何志雄先后培养了7名优秀的研究生：林安钟、郑元让、张横柳、王伯章、魏甫贤、廖云龙、郭伟琪。

28年《伤寒论》经典教学生涯里，何志雄始终秉持着"经典回归临床，医教研一体化的发展方向"，带领教研室全体老师一起，不断探索《伤寒论》经典教学的新模式，并通过日常教学的不断探索以及成功经验的不断积累，在学科建设、梯队培养、理论教学等方面均取得了卓越的成果，为日后伤寒学科建设和经典教学体系的完善奠定了坚实的基础。

倡经方，重经方，用经方

何志雄一生倡经方，重经方，用经方，寒温统一，扩展了以经方六经辨治岭南杂病的适用范围。他临证善以经方治疗岭南外感、内伤疑难疾病，尤对岭南外感病的理论发掘、诊疗思维见解独到，遣方用药循仲师经典而不泥经典，辨证精准如神，用药简约轻灵。桂枝剂、柴胡剂圆活机巧，顾胃存津、健脾化湿贯穿全程，为何志雄临床诊疗的一大特色。

何志雄提倡首务治病求本，见证知机，对于经方运用，首先强调对经方组方机理深刻理解，临证中准确把握病机，方义相合，其次擅抓主症、依证施方。何志雄认为，对主症的把握，是掌握主要病机的关键。在实际运用中，医者可根据一二主症，结合《伤寒论》条文，将病证与经方互应，再次随证治之，变化灵活，临证运用经方，原方不动，或稍作加减，既可获效，其后标本缓急，次序分明，是何志雄临证经方运用的一大特点。

何志雄终身致力于《伤寒论》的教学、科研和临床工作，为当代岭南伤寒学派的发展奠定了坚实基础。何志雄伤寒学术专著《伤寒论选释和题答》于1981年出版，在仲景"六经实质""胃气学说"等方面多发创见，受到国内及日本汉医界的高度重视，在我国伤寒学术界占有极高地位。1982年，何志雄首次提出"伤寒论六经实质"，一改岭南医家轻理论重实用之医风，开六经辨治学术研究之新风，在全国伤寒学术界反响甚巨。其论文《六经病辨证论治》《厥阴病篇的认识》等均具有极高学术价值，屡获国内伤寒学术界赞誉。

何志雄一生宠辱不惊，怀济世之志，秉寿世之心，行仁人之术，高风亮节、

▲ 笔耕不辍的何志雄

堪为师表。他有仁爱之心，济世救人、服务社会，有克己奉公的工作作风，学习任劳任怨。他爱国爱乡，报效祖国，孜孜不倦，精益求精，为祖国的中医事业奉献终身。

参考文献

李巨奇，张毅之，沈创鹏，等. 何志雄教授在当代岭南伤寒学派发展史的地位和贡献. 中国民族民间医药，2012，21（11）：142.

沈创鹏，张横柳. 岭南中医名家何志雄. 广州：广东科技出版社，2016.

熊曼琪. 何志雄. 中国医药学报，1990，（3）：75.

张横柳. 岭南伤寒名家何志雄学术思想简介. 新中医，1989，（5）：14—15.

张毅之. 岭南伤寒名家何志雄教授主要学术思想整理研究. 广州中医药大学博士学位论文，2010.

"小儿王"杜明昭

一篙撑两渡，威震龙津路

学人小传

杜明昭（1913—1966），广东南海人。岭南儿科名医，现代岭南中医儿科流派奠基人。1927年在广东中医药专门学校学习，1933年毕业后在广州龙津路一带行医。1958年任广州中医学院妇儿科教研室副主任，并在广东省中医院儿科开展教学及诊疗工作。曾参与全国中医药大专院校中医儿科讲义的编写。

▲ 杜明昭毕业照

既反对废除中医，又主张中西结合

1929年3月，国民政府卫生部第一届中央卫生行政会议通过"废止旧医以扫除医事卫生之障碍案"，主张"废医存药"，此举遭到全国中医界强烈反对。为对抗国民政府的主张，杜明昭与同学李仲守等办起《医药学报》，出版"本市医潮特辑"，对把传统中医药引向死路的做法表示抗争和反对。他的英勇举动引起了全国中医界的强烈共鸣。

1933年毕业后，杜明昭悬壶济世于广州龙津路。当时的龙津路是广州各种私人诊所的汇集之地，杜明昭的医馆门庭若市，诊务极旺，与胞弟杜蔚文（广东省名老中医）齐名，坊间有"一篙撑两渡，威震龙津路"说法，"两渡"即指杜明昭、杜蔚文。

为了提高疗效，杜氏兄弟一般是白天接诊，晚上则向朱绍东、徐翼侯等西医师学习西医，较早地关注中西医结合治疗病症的问题。抗战胜利后，杜明昭集合了当时广州一批中西医生成立了中西医学研究社广州分社，共同探讨中西医结合的途径。后来，杜明昭等人又在星群中药提炼厂发起中药改革运动，把一些常用的中药制成流浸膏，方便患者服用，提高了中药的利用率。

开创岭南儿科流派

当杜明昭在广东省中医院行医的时候,很多患儿都慕名前来就诊。有一个3岁患儿,常年进食差,严重营养不良,且夜间睡眠差,常有夜啼,其父母多方求医,却未见疗效。后听人介绍,患儿的父母带着患儿从南海县前来求诊就医。杜明昭诊断其为干疳,予以中药及饮食调理,并教导患儿家属进行小儿推拿。经过一月余的治疗,小儿胃纳大增,营养状况明显好转,体重增加,夜啼也消失。患儿家属十分感谢杜明昭,送来了"小儿王"的牌匾,并留下了这张珍贵的捏脊照片。从此广东省中医院有个"小儿王"的消息不胫而走,吸引了更多患儿家属慕名带孩子前来就诊。

1962年,在广东省卫生厅的指示下,广州中医学院安排杜明昭收了一名入室弟子罗笑容。罗笑容出身于岭南名医世家,其外祖父何竹林和父亲罗广荫为当时岭南名医,幼承庭训,投身中医,因缘际会拜入杜明昭门下习小儿医学。

杜明昭将自己的医术和经验毫无保留地传授给罗笑容。在杜明昭的教导下,罗笑容也成为一名出色的儿科医生,并逐渐成长为杜明昭流派的代表性医家,在岭南中医儿科界颇具影响力。

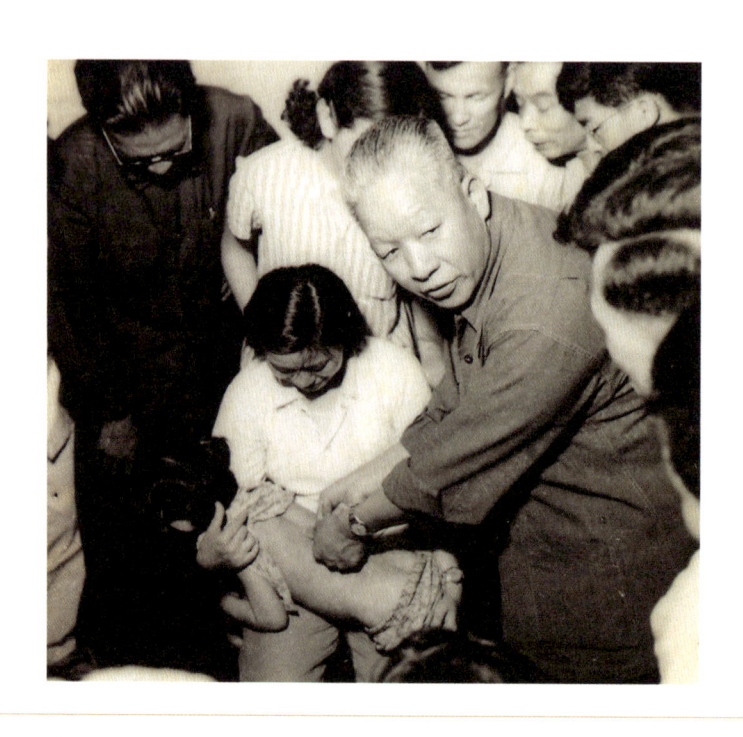

▲ 杜明昭给患儿捏脊

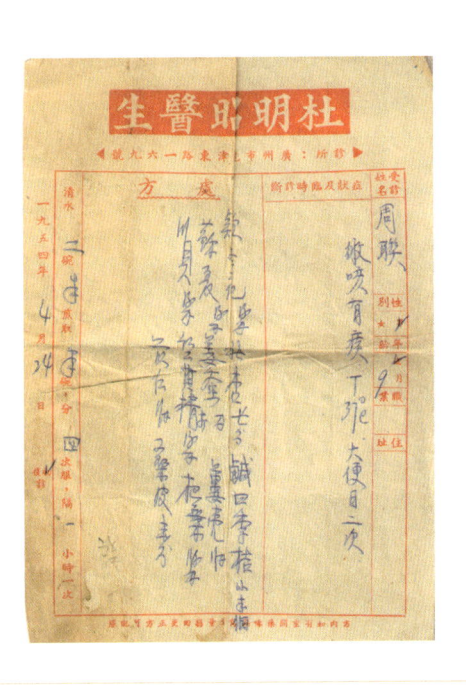

▲ 杜明昭门诊处方

岭南中医儿科学派素来高度重视脾胃，杜明昭尤是。罗笑容继承了他的思想，临证时处处顾及中阳之气，脾胃疾病治以"运脾"为先，过补则壅滞气机，峻消则损脾伤正。

罗笑容不仅继承了杜明昭的医术，更在实践中不断创新和发展，将传统医学与现代医学相结合，为患者提供了更为全面和有效的治疗方案。她的成就，是对杜明昭医术传承的最好证明，也是对医道传承精神的最好诠释。

组织巡回医疗队下乡

1965年初，杜明昭积极响应祖国号召，大力支援农业，组织巡回医疗队下农村的号召，并得到医院党委批准，参加广州中医学院第一批下乡巡回医疗队，担任副队长，到曲江县配合社会主义教育运动，进行了为期四个月的巡回医疗工作。回来后，杜明昭在《广东医学（祖国医学版）》发表了《面向贫下中农、走革命化道路——参加下乡巡回医疗队的体会》这一文章，引起业内强烈反响。

医疗队到达曲江黎市公社的第一天，听到黄塘村有麻疹病儿，杜明昭便随同几位同志，冒着寒风阴雨，踏上泥泞的道路赶到现场，立即采用各种方法救

▲ 杜明昭下乡插秧

治患儿,很快便把病情控制住。

下乡期间看病时,他细心诊察,在处方用药方面,既讲求疗效,又注意简便验廉,减轻病人的经济负担,每贴药一般是几毛钱甚至是几分钱。对小儿疳积,他一般采用挑四缝、捏脊来治疗。对小儿麻痹、泄泻、哮喘、蛔厥、胃痛、风湿性关节炎等病症,他多采用针灸配合服药治疗,总是千方百计做到不花钱或少花钱并治好病,在群众中渐渐形成良好口碑,深受患者赞誉。

参考文献

杜明昭. 面向贫下中农、走革命化道路:参加下乡巡回医疗队的体会. 广东医学(祖国医学版), 1965, (5): 1—2.

卢集森. 近代西关岭南名医. 广州: 广东科技出版社, 2004.

许坚. 杜明昭老中医儿科辨治经验. 新中医, 1978, (3): 10—13.

岭南妇科鼻祖罗元恺

新中国第一位中医教授

学人小传

罗元恺（1914—1995），广东南海人。1930年考入广东中医药专门学校，1935年毕业并留任广东中医药专门学校附属广东中医院医师。1950年任广东中医药专科学校校长，兼任广东中医院院长。1951年加入中国民主同盟，曾任广州中医学院民盟支部主委。1952年任广东中医药进修学校副校长，兼任广东省中医院院长至1953年。1979年任广州中医学院副院长。为第四届广东省人大代表，第五至第七届全国人大代表。新中国第一位中医教授，建立了广州中医学院第一个博士点。1962年和1978年两次被授予"广东省名老中医"称号。著有《罗元恺医著选》，主编《中医妇科学》五版教材、《实用中医妇科学》等。

从"儒医"到"学院派"

如果把老中医分为"民间"和"学院"两种,罗元恺属于典型的"民间"与"学院"的综合体。从他开始接触中医那一日起,其个人命运就与国家的中医发展紧密联系在一起。他童年就读于乡间私塾,诵四书五经及古文诗词,并幼承庭训,在父亲的熏陶下诵读方书,随父侍诊,立志以医为业。但他并不满足于父子相传、师承授受的家学,而冀望于当时新兴的中医院校教育。

1930年,罗元恺如愿考入广东中医药专门学校。在学期间,他与10位同学组成"克明医学会",研讨学习中的疑难,撰写医学论文,互相交流,还编印了《克明医刊》,并于毕业前就考取了广州市中医师执照。1935年,他以第一名的成绩毕业,留任该校附属广东中医院医师,开始其医师生涯。当时他是以内科为主、兼顾妇儿科,在门诊和病房诊治患者,处理过各种疑难重症,打下了牢固的临床功底。

1938年10月,日军进攻广州。沦陷前,广东中医院被迫停业,疏散人员。罗元恺与家人离开广州返回故乡。一个月后日军进犯南海,他带家人转道香港行医谋生。1939年,广东中医药专门学校迁至香港授课,他受聘为金匮要略课程教师。

1941年底,香港被日军攻陷,学校再次停办。罗元恺带着新婚妻子与父母、弟弟一起逃难,于1942年初经广西辗转前往当时的后方——粤北的韶关市,他一边开业行医,一边与学校的校董、校友筹划复办广东中医药专门学校。当他们选定校址、准备开课之时,又传来日军将犯韶关的消息,复校之事告吹。罗元恺携家眷转往广东西北部的连县(今连州市)继续开办中医诊所,并与当地老中医赵伯平合作创办连县中医讲习所。罗元恺承担了编写讲义和授课等主要工作,经过两年的努力,已有一班学生结业并在当地行医。

抗日战争时期,罗元恺不愿做日伪的顺民,背井离乡,辗转于香港、湘桂、粤北等地达7年之久,虽颠沛流离、生活艰难,经历亲人离世,自己也得过重病,但他仍执着于中医教育,致力于培养中医人才。

1945年抗战胜利,年底罗元恺返回广州,并开始筹划复办广东中医药专门学校。经过一番努力,1947年学校收回部分校舍,恢复招生并于秋季复课,罗元恺重返母校任教,担任儿科教师。1948年秋,广东中医院亦得以复业,后罗元恺曾任院长。

▲ 罗元恺为学生授课

培养出广中医第一位博士研究生

新中国成立初期，百废待兴，广东中医药专科学校被列入广州 11 所大专院校之列，首次成为政府认可的高等院校，中医事业呈现前所未有的光明前景。罗元恺深感振奋，从招生考试、课程设置到医疗质量、医院行政，事必躬亲，广纳人才，使学校与医院的工作走上正轨，教学设备渐趋完善，学校在短期内重获新生。

1956 年，国家决定在全国开设 4 家公立中医学院。是年 5 月，罗元恺被任命为广州中医学院筹备委员，参与制订规划、选择校址等工作。当时广东中医药专科学校刚结束不久，虽学校规模不大，但校舍、设备尚齐备。因此，广州中医学院就在该校的原址上筹办起来了，许多校友都积极参与广州中医学院的筹备工作。1956 年 9 月，广州中医学院招生开学，罗元恺任金匮要略教研组组长。1958 年广东省中医进修学校并入广州中医学院成为进修部，他就任院务委员会委员、进修部主任兼妇儿科教研组主任。

1961年,罗元恺作为《中医儿科学》主编参与全国中医药院校首套统编教材的编写,该教材于1962年出版。其后,他继续主编《中医儿科学》第二版并于1964年出版。他致力于中医教育事业,身体力行,兢兢业业地培养中医人才。对于中医教学工作,罗元恺强调因材施教和理论联系实际。他一贯以临床课教学为主,从早期的内科杂病(《金匮要略》)到后期的儿科、妇科都属于临床科目,故特别注重理论与实际相结合。他讲课善于引用临床实例,条理清楚,讲解透彻,深受学生欢迎。在课堂教学之余,他也非常注重临床教学,除了自己坚持查房、门诊等临床工作,还亲自安排学生的见习、实习,让学生在实践中学习诊疗疾病的技能。

1971年,在离开岗位,经历一番艰苦生活后,大学复课,招收"工农兵大学生",罗元恺重归他热爱的教学岗位。广州中医学院把原有的妇儿科教研组分为妇科与儿科两个教研室,罗元恺担任妇科教研室主任,并参与编写《中医妇科学》第四版教材和《中国医学百科全书·中医妇科分册》。

1976年,罗元恺迎来了学术生命的第二个春天。1977年广东恢复大学教授的评审,并第一次在广州中医学院设"中医教授"职称。罗元恺成为广州中医学院的第一位教授,也是中国中医院校的第一位中医教授。

▲ 罗元恺被任命为教授的证书

1979年，罗元恺被任命为广州中医学院副院长，主管教学和研究生工作。中医研究生培养从1978年开始，广州中医学院是首批招收研究生的院校之一。当时，中医研究生教育刚刚起步，从导师遴选、课程设置、研究生考核与管理、学位授予等各个环节，都需要探索、建制、完善。他团结校内的专家，凝聚集体智慧，也借鉴校外经验，邀请国内名家前来讲学，使广州中医学院的研究生教育很快走上正轨。罗元恺是首批获得中医硕士、博士学位授予权的研究生导师，他也培养了广州中医学院第一位博士研究生。1980年起，他还兼任国务院学位评定委员会第一届学科评议组成员，参与全国中医学、中药学硕士学位和博士学位授权点的评审工作。

第一代中医妇科学术带头人

1983年，罗元恺年近七十，他主动请辞副院长职务，专注于学术研究，并成为广州中医学院顾问。同年，他担任《中医妇科学》第五版教材主编。这部教材成为他在中医妇科领域的学术标杆。罗元恺集思广益，对妇科常见病和疑难病的定义、中医妇科理论、名词术语等进行认真的讨论，形成共识。如对崩漏的定义，他首次提出"经血非时暴下或淋漓不止"的概念，体现了严谨的治学态度。这部教材自1986年出版以来，在全国中医院校使用10余年，后来还作为香港回归后注册中医师考试的蓝本，亦被中国台湾长庚大学中医学系作为教材，是学术影响最大的中医教材之一。

在《中医妇科学》第五版教材出版后，罗元恺继续主编《高等中医药院校教学参考丛书·中医妇科学》。1988年该书问世后，以内容丰富、资料翔实而成为中医妇科教师备课的案头书，也成为学生学习的重要参考书。该书于1989年由知音出版社在中国台湾印行。

罗元恺从未脱离临床，亦孜孜不倦地进行学术研究。早年从内科杂病着手，打下扎实的临证功力，进而涉及儿科、妇科，晚年则专注于妇科。他注重经典、博采众长，在学术上受陈自明《妇人良方》、张介宾《妇人规》和傅山《傅青主女科》等名家医著的影响，注重脾肾和气血，调理冲任，还融合了岭南温病学派养阴保津的学术观点，形成自己的学术风格，对月经不调、崩漏、闭经、痛经、滑胎、不孕以及更年期综合征、子宫内膜异位症、子宫肌瘤等有丰富的诊治经验。

罗元恺是我国首批享受国务院政府特殊津贴的中医专家，1991年被遴选为第一批全国老中医药专家学术经验继承工作指导老师,其学术继承人张玉珍、罗颂平在1994年结业出师。

罗元恺注重传承,也勇于创新。1982年他创制了补肾安胎的中药新药滋肾育胎丸,获1983年卫生部科技成果乙等奖、1997年国家教委科技进步奖(丙类)三等奖;1984年他又创制了活血止痛的田七痛经胶囊,获1986年广州市科委成果三等奖。他指导研究生罗颂平探讨"月经周期的调节及其与月相的关系"的相关成果,获1987年国家中医药管理局科技进步奖乙等奖;参与"广东省名老中医电脑诊疗系统"研究的成果,获1991年广州市科技进步奖三等奖等。

罗元恺勤于著述,笔耕不辍。1980年出版《罗元恺医著选》,1990年出版《罗元恺论医集》,1994年出版《罗元恺女科述要》。他还全文点注了明代名医张介宾的《景岳全书·妇人规》,使其妇科专著《妇人规》首次单独刊行。1994年12月,他主编出版了最后一部专著《实用中医妇科学》。

罗元恺以传播和振兴中医药为己任。他作为新中国成立后第一代中医妇科学术带头人,多年来勤恳耕耘、立业树人,以自身的成就带动了学科的建设和发展。他在国内外颇有声望,生平和成就已被载入英国剑桥《世界名人录》和

▲ 罗元恺(中)与学术继承人全国名中医罗颂平(右)、广东省名中医张玉珍(左)合影

美国《国际名人辞典》。

此外,罗元恺还是一位社会活动家,作为人大代表,他积极为振兴中医呼吁、提出议案。他曾任中华医学会理事和中华全国中医学会理事、广东省中医药学会副会长。1984年作为团长率广州中医专家代表团访问泰国,推介中医中药,被誉为"送子观音"。晚年,他还创办了广州兴华中医药业余学校,并担任名誉校长,为中医爱好者提供了业余学习中医药知识的平台。他对中国文化亦有深厚的造诣,喜欢诗词与书法,爱好欣赏碑帖。

2011年,广州中医药大学在广州大学城校区为罗元恺等三位名医塑造了铜像。2016年,广州中医药大学第一附属医院也在新建的八号大楼首层树立了罗元恺的铜像。他永远留在校园和医院,守护着中医人的精神家园。

参考文献
杨兴锋,李根基. 世纪广东学人(第2辑). 广州:南方日报出版社,2013.
张镜源. 中华中医昆仑·罗元恺卷. 北京:中国中医药出版社,2011.

温病泰斗刘仕昌

擅治疫病的「东江之子」，淡泊名利的「抗非」功臣

学人小传

刘仕昌（1914—2007），广东惠州人。广州中医药大学终身教授，享受国务院政府特殊津贴，第一批全国老中医药专家学术经验继承工作指导老师。1938年毕业于广东中医药专科学校。1954—1956年先后任惠州镇卫生工作者协会副主任、惠州镇中西医联合诊所副所长。1956年到广东省中医进修学校深造，1957毕业并留校任教。先后在学校内科、儿科、温病学教研室从事中医教学和医疗工作，1976—1986年任广州中医学院温病学教研室主任。倡导"温病学科教、医、研三位一体"新模式；结合岭南地域特点，倡导并开展岭南温病研究。曾获广东省抗击"非典"三等功，被誉为最老的"抗非"英雄。

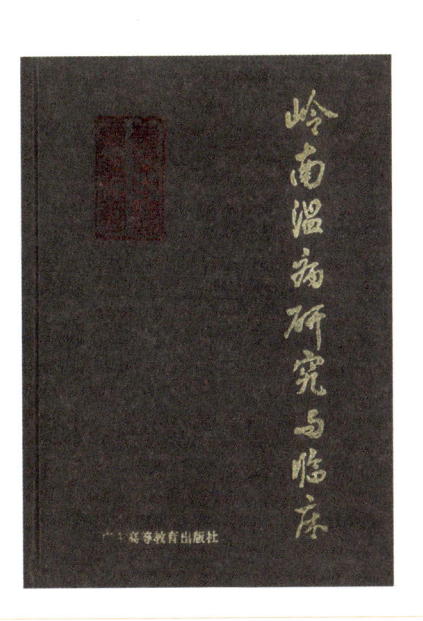

▲ 1991年出版《岭南温病研究与临床》

尊医圣宝典，通今古之变

刘仕昌1914年生于广东惠州，父亲饱览医书，自学成才，行医济世，在当地颇有名气。父亲一丝不苟辨病察言观色之细致，患者病愈时由衷的喜悦和谢意，都给他留下了难忘的印象。

十四五岁时，刘仕昌矢志岐黄，其时父亲边传授医术，边要求他攻读历代医典。从《黄帝内经》《伤寒杂病论》，到陈修园的七十二种医书，夜夜挑灯阅读，边诵边记，反复思辨，并结合患者例证，加深理解。他曾自述启蒙读物陈修园的《医学三字经》，当中记载的濒湖脉学、药性歌与汤头歌诀使他一生受用。父亲以医出名，因善缘广大，为人们所信赖，在云浮县行医时，不仅驱除病魔，亦调停民间各种争端，治理社会秩序。这使年少的刘仕昌很早便深知"医同良相"的道理。

家传一张纸，师传万卷书。19岁的刘仕昌获政府承认的行医资格，1938年又毕业于广东中医药专科学校。时值日寇南侵，战火纷飞，国人伤病、疫证不断，民不聊生。当此国难，刘仕昌医志更坚，在惠州开设诊所，奔走于乡间，并兼任惠阳开明中医学校教师，从此天高地阔，自甘医囚，再也没有离开过医与教。

我国清代著名医家叶天士、吴鞠通是创立温病辨证论治体系的杰出代表。

刘仕昌在长期诊疗热病的实践中，与叶天士、吴鞠通的学术思想结下不解之缘。他对温病原著熟读精思，案头经常见到《温病条辨》《温热经纬》《临证指南医案》等著作。他的学术思想主要继承叶、吴两家，又有所发展。刘仕昌主张以叶氏卫气营血辨证为主体，吸收吴氏腑腑相关观点，较好地处理了温病两大辨证的关系。

20世纪90年代，随着对乙肝病毒健康携带者、艾滋病感染者的研究不断深入，中医愈来愈感到伏气温病理论有其一定的正确性，不应当作糟粕抛弃。在刘仕昌的支持和鼓励下，1996年4月由本校温病学教研室彭胜权主编出版的普通高等教育中医药类规划教材《温病学》中，重新增添伏气内容，受到同行专家的认同，足以证明刘仕昌坚持的学术观点是经过深思熟虑的，绝非随波逐流。

树岭南温病医宗一派

广东北靠五岭，南濒大海，属亚热带地区，气候温暖、潮湿，外感多以温病为主。刘仕昌在多年临床与教学工作中，带领团队对华南沿海地区及岭南地区历年气候变化特点、地理环境特点，以及人体体质等做了广泛调查，发现岭南地区温病具有明显的热象偏盛、易伤气津和兼湿困的特点，患者往往表现为虚实夹杂、湿热胶结的矛盾状态。刘仕昌认为岭南地区温病的发生、病理变化等具有一定的特异性，治疗上应以清热解毒、顾护气津、化湿运脾为主，做到祛邪不伤正、扶正而不恋邪、化湿而不助热、清热而不伤脾。

本着继承和发扬温病学的宗旨，刘仕昌积极倡导研究岭南温病，1989年他主持广东省中医药管理局项目"岭南温病暑湿证治规律的临床与实验研究"，结合岭南独特的地理及气候环境，开展了多病种、多层次、多侧面的理论、临床和实验研究，研究成果不仅对气候条件类同的热带、亚热带地区和国家的温病防治有直接的指导作用，而且丰富和发展了祖国中医学的内容。相关研究成果分获1998年广东省中医药科技进步奖一等奖、1999年广东省科技进步奖二等奖。

事实上，早在20世纪六七十年代，刘仕昌在带学生下乡临床教学时就反复教导学生结合岭南地区的人群体质与气候特点辨治温病。

刘仕昌几十年的研究、临症和体用，是他获得广泛瞩目和认可的原因。刘仕昌认为，温病由外感温邪引起，起病迅速，变化多端，有些极为凶险，及时、

▲ 刘仕昌（右三）在病区查房

正确的诊断，可为准确的治疗赢得时间。

刘仕昌丰富了温病的诊察方法——独创辨咽喉法。其认为，咽喉为肺胃之门户，温邪侵犯人体，多从口鼻而入，咽喉又是全身经络行经之处，与五脏六腑之气相通，一晢可直接观察到。此外，他还拓展了温病治疗方法，强调三法并举：第一法为用药轻清，处方灵活巧妙，注意服药方法；第二法为寒温合用，清化并举，顺遂温热开泄之性，使温热之邪由里外达；第三法为注重养阴生津。总的来看，刘仕昌推崇叶氏"养胃阴"之说，补充了李东垣专治"脾阳"的不足。

力促经典回归临床

中医经典是中医学之精华，是几千年来历代医家在临床实践中凝练而成的。刘仕昌认为经典课程教学不能脱离临床，临床中亦不能离开经典理论运用。

刘仕昌于1976至1986年任温病学教研室主任，自1984年起，他与老一辈专家积极倡导并践行中医经典课程改革，带领团队于全国同行中率先使经典课程温病学回归临床，首创"温病学科教、医、研三位一体"新模式，在广州中医药大学第一附属医院成立温病学教研室的临床科室（四内科、30张病床），

1988年8月开始收治病人，开创经典教学以课堂、临床、科研三结合为中心的成功模式，在全国中医院校和中医学术界产生积极影响。

经国务院学位委员会批准，温病学于1978年获首批医学硕士学位授予权、1986年获医学博士学位授予权，是全国同行中最早被定为硕士、博士授予点的学科之一。1992年温病学科成为学院首批重点学科，刘仕昌成为首批学科带头人，为课程医教研可持续发展奠定了坚实基础。

为规范经典教学，刘仕昌与团队进行温病学系列讲义与教材编写，主编《温病选读》，参编《中医大辞典》，1986年参编《新编温病学讲义》。他指导编写的中医院校系列教材《温病学》于1990年6月出版，该书在1996年获得国家中医药管理局"优秀教材三等奖"。同年，刘仕昌指导"九五"普通高等教育中医药类规划教材《温病学》的编写出版，为学校温病学教研室后续主编"十五"至"十四五"全国高等中医药院校规划教材《温病学》打下了良好的基础。

仁者爱人，与世无争

1966年冬至1967年春，广州流行性脑脊膜炎（简称流脑）流行。小儿传染病传播速度非常快，且用西医方法治疗效果不甚理想。当时广州中医学院第一附属医院成立了专门的"流脑"病区，刘仕昌牵头组成治疗小组，对各例病患进行深入的研究、处方，结果相当令人欣慰，400多例感染病患，仅2例死亡，几乎创造了中西医结合治疗传染病的奇迹。刘仕昌当时参与拟定的流脑一号方到流脑四号方，已作为经典方剂编进教材，成为中医事业的宝贵财富。由此，刘仕昌更进一步提出温病学科要设立临床基地，让教师不脱离临床，最终促使温病教研室在广州中医学院第一附属医院开设了病房，理论联系实际，教与学相长，令全国同行刮目相看。

1980年11月，一位从江西来的长期低热女患者求治于刘仕昌，住在广州市内旅馆，刘仕昌便常常放弃休息时间出诊，却仍不取分文报酬。有一次，一个"最后一搏"的危重病人从省内的大医院转院，刘仕昌不但力排众议接收了病人，还千方百计地为他特设了一间单人病房，用中药为他诊治。经过3个月的治疗，患者奇迹般痊愈了。

85岁息诊之后，刘仕昌家里变得平民满座。附近的工人农民知道刘仕昌没有架子，直接找到他家，而刘仕昌也真是从未拒人于门外，一样悉心问病，

> 贺刘仕昌教授从医从教六十五周年
>
> 德高术精医者楷模
>
> 一九九九年十月一日 蒋正华

▲ 1999年全国人大常委会副委员长蒋正华题词

对于生活穷困者，刘仕昌甚至掏钱给人抓药。有位朝鲜族的旅日商人身患糖尿病，多方医治皆无成效，后经刘仕昌精心治疗痊愈。这位商人多次拜访刘仕昌，欲以财物表示感激之情，刘仕昌说治好病本身就是对医生最好的回报，坚持不取分文。

2003年的大年初九，刘仕昌忽然接到通知，请他参加"非典"会诊。当时刘仕昌脚伤还没痊愈，但二话没说，就登上了开往广州市第八人民医院的专车。89岁的老人家，面对病毒从未有过一丝惧怕，亲自到医院的隔离病区会诊，为患者把脉观病。在连看了多名"非典"病人之后，他敏锐地将其判断为"风温挟湿"症状，马上带领弟子运用"岭南温病学"理论，研究详细的中医药防治"非典"方案。

事后很多人都为刘仕昌感到后怕，但刘仕昌只是谦和地一笑："做医生就要看病，不管是什么病，我们都应该去。""旧社会什么病没见过？霍乱、天花、麻疹，我们带一支笔一张纸，几颗樟脑丸就冲上去了。"

在这场疫情中，整个广州中医药大学第一附属医院创造了医务人员零感染、"非典"病患零死亡的奇迹。刘仕昌亦获得广东省抗击"非典"三等功及"广州抗击非典先进个人称号"。

刘仕昌一生坚守临床，甘于平淡，若非"非典"，甚至很多人不知其名。

刘仕昌为学生修改文章时，总是把自己的意见写在另外准备的空白纸上，从不直接在原稿上修改，以示尊重。当文章准备发表时，学生都会恭敬地署上他的名字，他又经常二话不说把自己的名字从作者处圈掉。

1993年，刘仕昌被评为广东省名中医。1995年，国家遴选亟待抢救的100位师带徒名老中医，刘仕昌当之无愧位列其中。1997年，广州中医药大学为了表彰其在学科建设和人才培养方面的突出成绩，授予其"终身教授"的荣誉称号。

参考文献

彭胜权，李惠德. 温病学. 广州：广东高等教育出版社，1990.

彭胜权. 岭南温病研究与临床. 广州：广东高等教育出版社，1991.

彭胜权. 刘仕昌学术经验集. 广州：广东高等教育出版社，1996.

彭胜权. 温病学. 上海：上海科学技术出版社，1996.

佚名. 刘仕昌教授从医从教65周年纪念册. 广州：广州中医药大学第一附属医院，1999.

佚名. 全国名老中医药专家刘仕昌传承工作室总结报告. 内部资料. 2014.

佚名. 院志1964—2004. 广州：广州中医药大学第一附属医院，2006.

钟嘉熙，林培政. 岭南中医药名家刘仕昌. 广州：广东科技出版社，2013.

钟嘉熙，林培政. 刘仕昌. 北京：中国中医药出版社，2001.

"哮喘大咖"黎炳南

德术同兼备，圣手抚幼苗

学人小传

黎炳南（1914—2012），广东惠州人。1933年进入广东中医药专门学校学习。20世纪40年代曾任中央国医馆惠阳支馆副馆长。1958年起任教于广州中医学院。曾任中华全国中医学会广东儿科学会副主任、中华医学会广东儿科学会名誉顾问。1978年被授予"广东省名老中医"称号。1991年被评为第一批全国老中医药专家学术经验继承工作指导老师。

亲自为患者煎药

黎炳南学有渊源,既承庭训,亦谙经旨,学识渊博,德高技精。

黎炳南常言:"为医之道,一曰德,一曰术。德术兼备,方可言医。"他极力推崇孙思邈的"行欲方而智欲圆",并以此为座右铭,身体力行。对于医术,他视若患者性命所系,未尝稍懈,必欲精益求精。他甘于平淡,不逐名利;病无轻重,治必精心;人无贵贱,来者不拒。行医不论老弱富贫,一视同仁,不开大处方药、高价药。

某年春节,一对衣衫褴褛的夫妇哮喘复发,千里迢迢从河南省慕名而来请求救治。黎炳南不顾时已近午、身体饥乏,细心诊脉处方,交代调养方法。见来者穷苦,黎炳南还赠送了营养食品,让病患感激不尽。

20世纪70年代初,60多岁的黎炳南曾带学生到粤北山区实习。一天深夜,某村有位百岁老人突患肺气肿感染,咳喘不止,痛苦万分。黎炳南听到消息后,二话不说就连夜带着学生驱车赶去医治,并亲自为患者煎药,旁边的学生见老师为了治病救人,不顾自己的身体状况和个人得失,都不禁心生敬佩。

▲黎炳南(右二)外出行医

▲ 黎炳南在门诊带教进修医生

专攻小儿哮喘

黎炳南从医多年，发现患者的证候多不是单纯的寒或单纯的热，而是寒热错杂，单方面治疗热症或者寒症都是不全面的。黎炳南认为，小儿用药，当以"及病则已"为准则。药性药量不宜过当，应攻止有度，以"及病"为前提，以"则已"二字为戒。药重病轻，正气受之；药重病重，其病当之；药力不济，反致迁延时日；药峻量重，乃不得已而为之，切不可滥用。

因此，黎炳南根据小儿生理病理特点，结合岭南地域特点和现代生活条件，注重攻补兼施、寒热并用，形成了"理重阴阳，治病必求于本；法贵灵活，尤擅补泻温清并进；组制专方，善治哮喘顽症杂病；用药精当，及病则已，两面齐观"的学术特点。

黎炳南治疗小儿哮喘、肺炎喘嗽、泄泻、过敏性紫癜有独特的经验，相关优势病种的诊疗方案已广泛应用于临床。

黎炳南认为哮喘发病，正气不足为病之本，宿痰内伏为病之根，外邪为诱发之因，气闭喘鸣为病之标。小儿易寒易热，寒热常兼夹出现，因此不宜把某些局部的热像作为哮喘发作的主因。实质上，"寒"才是哮喘发作的主因。临床上，寒性哮喘及寒热兼夹最为多见，而少有纯热无寒的病理。因此，把哮喘分为热哮、寒哮而治，并不能体现该病本身的发病规律及治疗规律。

▲ 黎炳南及学术继承人著作

黎炳南大胆打破传统治法，在散邪、化痰、平喘的基础上，特别注重补虚、散寒，擅用三脏（肺脾肾）同治、气血同调、攻补兼施、寒热并用、收散并行等诸法，在中医儿科界产生较大影响。他自拟"黎氏哮喘Ⅰ号方"和"黎氏哮喘Ⅱ号方"，分别用于小儿哮喘发作期与缓解期，随证加减，临床疗效显著。

小儿肺炎喘嗽起病快而传变速，易猝见变证而危及生命，黎炳南强调小儿肺炎急性期需运用清肺、豁痰、开肺、祛瘀、固脱之法治疗，提出病毒性肺炎也可以纯中药治愈。恢复期病机重在余热留恋或痰浊未清，而气阴耗伤，治法重于补脾肺，益气阴，化痰浊，清余热。治疗过程中往往寒热并用，攻补兼施，重视早用活血祛瘀之法。

黎炳南认为，泄泻一证，成人与小儿均可得之，然唯因小儿脏腑娇嫩，"成而未全，全而未壮"，在罹患泄泻后，寒热虚实往往容易互变。因此他提出"湿为主邪，脾为主脏；全面辨证，细查大便""湿盛理脾"的小儿泄泻病治疗总则，既温运治脾、升举清阳，又甘凉治胃、降浊和阴，以复其气津。

过敏性紫癜反复发作，病程迁延，黎炳南认为本病因风热毒邪入侵，湿热内伏，血热妄行，血不循经而成，久病则气虚、阴虚，血瘀难除。治疗应重视祛风除湿，清热解毒，活血祛瘀。

黎炳南弟子许华教授在此基础上认为本病常有风湿之邪胶着，热毒内蕴，郁而不发，以致病势缠绵，病情迁延难愈。遵"火郁发之"之治则，在祛风除湿凉血中，以辛平、辛凉之类，取其升散、透达之功，则邪有出路，郁火得以发越，具有良好疗效。同时，采用内外合治之法，以紫苏叶、蝉衣、蒲公英、紫草煎汤外洗，临床效良，求医者众。

中医外治疗法历史悠久，黎炳南强调"良医不废外治"，运用外治法亦是得心应手。黎炳南常用中药熏洗治疗小儿感冒、头痛、麻疹、水痘等疾病，运用中药贴敷治疗小儿哮喘、泄泻、口疮等疾病，疗效显著。

九旬非夕阳

1958年，黎炳南成为中医学院首位专职儿科医师，在一无教材、二缺人才的情况下，开始了中医学院儿科的草创。黎炳南参与编订的《中医儿科学》第一版和第二版讲义，为新中国中医儿科教育提供了统一的教材，为此后数版教材的编写奠定了基础。黎炳南致力于中医事业70余年，不仅为广州中医儿科及儿科教研室的建立和发展做出了突出的贡献，同时为广东中医儿科培养了大批高质量人才。

其子黎世明教授将其学术思想发扬传承，编成《黎炳南儿科经验集》《岭南中医儿科名家黎炳南》等书。

黎炳南在90岁余高龄时，仍神清气爽，思路清晰。他把养生秘诀总结为两句话：手劳脚动身应健，目远胸宽心自安。第一句强调运动锻炼，特别是脚部、胸部运动，第二句着重于胸襟与心态。黎炳南每天坚持上下举拐杖200下，坚持每天运动至少一次，一次约40分钟。黎炳南还喜欢种花，有空的时候浇水、除草、换泥等都亲力亲为。黎炳南性格很随和，不在意，不计较，心自安，形神相养，自能延寿。

《名医》杂志曾赞黎炳南"九旬非夕阳，圣手抚幼苗"，这充分体现了他对中医事业的深厚情感以及在儿科领域的卓越贡献。

参考文献
黎世明. 黎炳南儿科经验集. 北京：人民卫生出版社，2004.
黎世明. 岭南中医儿科名家黎炳南. 广州：广东科技出版社，2012.

针灸名家司徒铃

博古通今、中西合璧的岭南针灸奠基人

学人小传

司徒铃（1914—1993），广东开平人，出生于广州。广东省名老中医。1936年毕业于广东中医药专门学校，后为广东中医院针灸医师。1956年至1984年任广州中医学院针灸教研室主任。曾任卫生部医学科学委员会针灸针麻专题委员会委员、卫生部中医药部级成果奖评审委员会委员、国家中医药管理局重大中医药科技成果评审委员、全国高等医学院校针灸专业教材编审委员、《针灸学辞典》编审委员、中华全国中医学会附属全国针灸学会第一届理事、广东省针灸学会主任委员等职。从事针灸临床50余年，擅用针灸治疗疑难杂症。培养了一大批岭南针灸名家，是岭南针灸的奠基人。

栉风沐雨求学路，勤耕不辍行致远

司徒铃生于一个小商业家庭，命运的波折迫使年轻的司徒铃常常在学业与家庭责任间做出艰难的平衡。

1928年，随着父亲的商店歇业，经济的重压使司徒铃的学业之路陷入困境。然而，逆境并未削弱他的意志，反而激发了他自学的决心。在家自修半年后，1929—1931年，司徒铃在广州市粤雅国文补习学校继续学习。

正是在这一时期，司徒铃父亲患水肿病久治不愈，司徒铃随其父向十多位医生求医，亲眼看见了中医针灸治疗的神奇效果，这不仅为他日后的医学生涯埋下了种子，也坚定了他服务劳苦大众的决心。经过不懈努力，1931年9月，司徒铃带着从伯父家借来的几块银圆报名考试，考上广东中医药专门学校。

家境的贫寒未能打击他求学的心。司徒铃在校期间勤奋刻苦，成绩优秀，连续五年位列全校第一，获得免收学费的奖励。1936年8月毕业后，司徒铃在附属广东中医院担任住院医师，医术精湛，深受患者信赖。

1937年8月，日军开始轰炸广州，司徒铃带着家人回到开平赤坎，成为一名医生。在那个艰苦的年代，全家人的生活都依赖于他的诊所收入。抗战胜利后，司徒铃迁回广州，于1948—1949年参加了广东中西医研究社主办的医学进修班深造。全班共20多人，集体交费请老师上课，白天上班，每晚7—10时上课。同学中张景述、何信泉、梁士、杨流仙、杜明昭、杜蔚文、梁乃津、邓铁涛、黄耀燊、罗次梅、胡济生等后来均成为国内外著名的中医专家。

1952年12月，司徒铃又前往汉口参加中南针灸师资训练班全脱产学习半年，授课老师均为全国针灸名家。这些学习经历不仅提升了他的针灸学知识，还使他吸收了现代科学知识，为继承和发扬祖国针灸医术打下了坚实的基础。

力学笃行岐黄术，妙手回春见真功

20世纪60年代中期，司徒铃响应毛主席"把医疗卫生工作的重点放到农村去"的号召，组织针灸医疗队奔赴广东省各地农村开展巡回医疗工作。据统计，他带领的医疗组曾在40天时间里，为梅县诊治病人18237人次，治疗病种26种，除痛症、瘫痪、子宫脱垂外，还包括胆道蛔虫和胆结石引起的胆绞痛、阑尾炎、毒蛇咬伤、晕厥、癫痫发作、流感、流行性结膜炎等急性病、传染病。

司徒铃以其精湛的医术和深厚的医德，赢得了无数患者的尊敬和信赖。他的双手，仿佛拥有神奇的力量，能够驱散病魔，带来健康与希望。在中医的海洋里，他孜孜不倦地探索着岐黄之术，创造出一个又一个医学奇迹。

曾有一位中年患者甘某，一天下午上腹部剧痛持续四个半小时，伴有恶心、呕吐；当晚7时30分左右，他被六位工友从三元里某工厂抬来急诊时，大汗淋漓，面色铁青，四肢厥冷，神志不清。司徒铃诊断为感受寒邪、气机不通所致的胃脘痛，认为可用"针引阳气，扶正祛邪"方法治疗，使患者阳气畅通，寒邪除，痛即止。于是，他活用传统子午流注辨证逢时开穴法，选取与病相宜的"束骨"和"冲阳"（胃经之原穴）穴位行针治疗。约10分钟后，患者腹痛开始减轻。再经泻法行针20分钟，腹痛便完全消失。经检查腹部无压痛，脉搏也转平缓，患者可下地行走。抬患者前来就诊的六位工友见状，感慨道："要不是亲眼看见，我们根本不相信针灸治病能如此神速见效！"

勤求古训探医理，聚沙成塔启后学

司徒铃临床之余坚持不懈学习经典，治学严谨，对《灵枢》《素问》《针灸甲乙经》等内容领悟颇深。《灵枢·经脉》提到"盛则泻之，虚则补之，热则疾之，寒则留之，陷下则灸之"，他认为这强调了针灸辨证施治的原则，对指导针灸治疗实践有重要意义。"针所不为，灸之所宜"，他认为辨证准确，选择合适的治法是获奇效的根本保证。

又如《针灸资生经》所述"凡着艾得灸疮，所患即瘥，若不发，其病不愈"，司徒铃深谙其道，灵活运用传统灸法，根据不同病情进行选择。例如对于顽痰宿疾的哮喘证，用常规的针灸方法往往容易复发，不能根治。他主张采用化脓灸的方法治疗气喘证，常获显效。

再如，四花穴灸法出自《外台秘要》，用以治疗精血亏损之骨蒸劳热，司徒铃灵活变通，发现艾灸四花治疗顽固性头痛、胁痛等沉疴顽疾，收效甚佳。又如面瘫，他受到金元名医张子和直接灸承泣穴、地仓穴的启发，打破颜面五官不能直接灸的常规认识，将艾炷灸运用到面瘫患者的面部穴位，疗效满意。

数十年来，司徒铃孜孜不倦，博览群书，在临床上屡起沉疴，总结了不少临床经验。与此同时，司徒铃笔耕不辍，发表了学术论文30余篇，著有《针法灸法学》《现代针灸资料选集》等教材著作，这些论著成为岭南现代中医的经典学习资料，为后辈学习针灸积累了宝贵财富。

▲ 1979年司徒铃（左三）参加第一届全国针灸针麻学术讨论会

善思拓新解难题，独辟蹊径立新术

司徒铃始终保持着对医学知识的渴望和对患者健康的关心，使得他在面对医学难题时，能够不断思考、勇于尝试，最终取得了一系列创新成果。

司徒铃深知艾灸在中医中的重要地位，但传统的艾灸方法存在一定的局限性，如操作烦琐、烟雾大、温度不易控制等。为了解决这些问题，1960年，司徒铃对艾灸疗法进行了革新。他深入研究艾灸的原理和作用机制，结合现代科学技术，创制了外涂艾绒流浸膏进行电热艾灸的方法。这一创新不仅提高了艾灸的疗效，还极大地方便了临床应用，为艾灸疗法的现代化发展开辟了新的道路。

针挑疗法作为一种传统的中医治疗方法，虽然在治疗某些疾病方面具有独特优势，但其操作复杂，对医师的技术要求较高。1978年，司徒铃在多年的临床实践和研究基础上，发现并总结了针挑疗法的规律和技巧，进而设计并制造了针挑疗法仪。针挑疗法仪的问世，不仅提高了针挑疗法的精确性和安全性，还极大地扩展了其在临床上的应用范围，为治疗多种疾病提供了新的治疗手段。

针刺麻醉显奇效，中西合璧促新学

司徒铃擅长应用针灸治疗腹痛、胃脘痛、痛经、肾绞痛、咽喉痛、牙痛、腰腿痛等急痛症，疗效之显著，被患者誉为"针到痛失"。司徒铃还把针刺治疗痛症的独到见解带入针刺麻醉的研究当中去。1970年7月，广东省卫生厅根据周恩来总理的指示，成立了"广东省针麻协作小组"，司徒铃作为理论组的重要成员之一，与其他专家一道，共同开展针刺麻醉临床研究，探索了中西医结合的新范式，推动了针刺麻醉技术走向世界。

1981年，司徒铃被聘为中华人民共和国卫生部医学科学委员会针灸针麻专题委员，这不仅是对他个人在针刺麻醉领域所作贡献的肯定，也是对针刺麻醉技术科学性和实用性的认可。在司徒铃的推动下，针刺麻醉技术逐渐得到了国内外医学界的广泛关注和认可。他的工作，不仅推动了针刺麻醉技术的发展，更为中西医结合开辟了新的道路，促进了医学领域的新学发展。

赓续国医担使命，春风化雨桃李芳

司徒铃发现针灸临床的思维僵化，生硬地套用中医内科辨证论治体系，他主张发挥针灸学科的特色优势，建立富有针灸特色的系统理论体系，启迪学生"重辨证，明补泻，求创新，发展针灸学"。

1963年，司徒铃在《如何学习针灸学》一文中提出，针灸的学习需熟练掌握经络腧穴、刺法灸法及针灸处方规律，强调经络辨证在疾病诊治中的重要性。在临床思维的教学中，他通过总结《黄帝内经》《难经》的针灸古文，结合自身临床体会，为学生论述循经取穴治疗的重要意义。

同时，司徒铃指导学生熟记"经络所过，主治所及"的针灸原则，掌握脏腑辨证在针灸临床应用的规律。他认为在脏腑经络理论指导下进行针灸治疗的重要环节是循经取穴，这对提高针灸疗效具有关键作用。

此外，司徒铃十分重视补泻手法，言传身教，精心为学生示范补泻操作。他时常告诫学生切勿机械地行补泻手法，易犯虚虚实实之戒，强调脉证合参，运用得当，效如桴鼓。

司徒铃在长期教学过程中留下了许多宝贵的财富。1958年他将物理光电学的知识与现代医学成果相结合，成功研制出"电光针灸经穴模型"，为针灸学的教学及科研工作提供强有力的支持，并获卫生部授予银质奖章和奖状等多

▲ 司徒铃在门诊

项奖励。1981年他主持录制的《针灸补泻手法》电视录像片，解决了古典针法难学难懂的难题，荣获卫生部医学教育电化教学电视片奖。同时，他曾编制《子午飞灵钟》图谱，利用此图可方便灵活地应用子午流注、飞腾八法、灵龟八法取穴治疗。

司徒铃于1986年被国务院学位委员会批准为广州中医学院针灸医学和临床医学博士研究生导师。他是学校针灸学专业第一位博士研究生导师，于1987年开始单独招生培养广东省针灸学博士。在身体不适的情况下，司徒铃不畏路途遥远，坚持每周一天带领学生到广州医学院第二附属医院变态反应科收集病例，其精湛的技术和严谨的治学精神赢得该院科室同仁的一致赞誉。到学生博士论文答辩时，司徒铃已身患重病，仍坚持参加完答辩会。司徒铃将毕生精力奉献于针灸事业上，立志培养更多优秀的针灸专业人才。

在司徒铃的培养下，岭南针灸涌现了靳瑞、陈全新、张家维、明顺培、杨顺益、辜孔进、赖新生、符文彬、庄礼兴、江钢辉、杨文辉、丘汉春等一大批名家，岭南针灸发展一派向荣景象，芳华绽放。广东省人民政府为表彰司徒铃从事教学工作以来为社会主义教育事业做出的贡献，特发"教书育人，桃李芬芳"证书。

丹青妙手起沉疴，针灸疗疾名四海

司徒铃精湛的医术还帮助过许多国际友人，极大扩大了针灸的国际影响力。

1980年7月，一位88岁高龄的泰国华侨谢先生不幸遭遇中风昏厥之厄，经过当地著名医院长达一个月的抢救依然昏迷不醒。谢先生的子女情急之下，通过国内亲友的协助，诚邀司徒铃前来诊治。8月28日，司徒铃携一名助手抵达泰国，随即根据"回阳救逆，扶元固脱"的中医原理，运用循经远近配穴的针灸疗法进行治疗。经过一个月的精心施治，谢先生终于苏醒过来，并逐渐康复。一年后，他特地让夫人回国，向司徒铃表达了感激之情。

此外，20世纪60年代初，印度尼西亚中国友好协会也曾来信感谢陈国桢教授和司徒铃，他们曾为该国苏哈托将军治病并取得显著疗效。1965年11月29日，柬中友好协会主席兰涅特致函我国驻柬埔寨大使，对司徒铃在为其治病期间所展现出的热情与专业表示衷心的感谢。信中提到，司徒铃每天不辞辛劳地为兰涅特进行针灸治疗，使其身体状况得到显著改善。1988年，司徒铃入选了由日本谷口书店出版的《现代中国针灸、按摩、气功100名人》一书。这些殊荣不仅是对他个人医术的肯定，更是对中华传统医学的赞誉。

司徒铃因其精湛的医术和勇于担当的责任感，曾担任政协广东省第四、第五届委员，广东省针灸学会主任委员，中华全国中医学会广东分会顾问，中国针灸学会理事，以及中国针灸专家讲师团、中国针灸国际水平考试委员会、加拿大中医药针灸学会、阿根廷针灸学会、香港针灸学会顾问等多项职务。他多次受邀前往日本、泰国、印度尼西亚等国家进行讲学与交流医疗经验，其卓越成就与声誉远播海内外。

参考文献

符文彬. 司徒铃针灸传薪集. 北京：人民卫生出版社，2022.

符文彬. 司徒铃学术精华与临床应用. 广州：广东科技出版社，2022.

外科名家黄耀燊

"党外的布尔什维克"

学人小传

黄耀燊（1915—1993），广东南海人。1934年毕业于广东中医药专门学校。任广东中医院副院长、广州中医学院外科教研室主任、广州中医学院附属医院院长等职。曾任中华全国中医学会理事、中华全国中医学会广东分会外科学会主任委员、中国中西医结合研究会广东分会顾问等职。1962年和1978年两次被授予"广东省名老中医"称号。

家国情怀：从医路上精勤不倦

黄耀燊出生于岭南中医世家，他的父亲黄汉荣曾悬壶羊城，在西关上陈塘设医药局，是广州驰名的伤寒家与骨伤科医家。黄耀燊天资聪慧，勤奋好学。居家时，他常在父亲左右侍诊，耳濡目染遂有志于中医。

幼年时的黄耀燊就已熟背《汤头歌诀》《药性赋》《医学三字经》等，中小学时学习成绩均名列前茅。1929年，14岁的他以优秀成绩考入广东中医药专门学校。这所五年制学校名师荟萃、教学严谨，为学生提供系统的中医教育，是广东名中医的"摇篮"。

在校期间，他的勤学好问闻名于同学之间，尤得刘赤选、陈任枚、梁翰芬、卢朋著等名师指导，于1934年以优等成绩毕业，旋被顺德县乐从同仁医院聘为医师。据1934年顺德乐从医院年刊载，当年年末黄耀燊已任外伤科主任。

他在这间医院工作了4年之久，而后辗转广州、香港、越南等地执业行医。从1939年至新中国成立前，他曾在梯云东路上陈堂六号开设医寓，名为"芝香馆"，以擅长跌打伤科、精通外科按摩手法闻名。他医术高明且医德高尚，同仁曾评价道："黄君耀燊，婆心济世，着手皆春，且素重义轻财，恤贫救苦，可谓擅岐黄之术而具菩萨之心者。"

抗日战争期间，黄耀燊不顾个人安危，只身深入广州霍乱流行地区进行抢救。当时他根据患者严重脱水、神情淡漠、四肢厥逆、脉微欲绝等表现，鼓励病人大量饮用盐开水，并予四逆汤。病情危急者，他嘱咐病人一边煮药、一边喝药，不必待药煮好再喝。他这一治疗方法，与当今大量静脉输入生理盐水或口服补液的抗休克疗法是完全一致的。经他治疗，许多危重病人得救，一时传为佳话。

艰苦卓绝：创新开拓中药剂型改革

1950年，广东中医药专科学校暨附属中医院成立了"校、院协进委员会"。委员会由同学会选举出15人组成，其任务是"协助校、院推进并研究人民政府的医药卫生政策法令，计划学校的总方针，依照目前校、院的环境与条件，拟定改革计划与步骤，协助推动校、院工作之进行，来达到应有的任务"。

当时的组织分工是执行委员主席为杜明昭，执行委员为罗元恺、黄耀燊、关济民、陈少明，委员为邓铁涛、罗广荫、李杰宏等9人，秘书由邓铁涛兼任。

▲ 黄耀燊为患者把脉

这些成员全是该校毕业生，并有社会职业，在复校、复院工作中发挥了重要作用。

1951年至1953年，黄耀燊出任未改制的广东中医院副院长。彼时，医院正处于举步维艰的时期，多位早期毕业、在社会上颇有名气的中医生，出于爱校、爱院之心回院开诊。骨科则是由黄耀燊等主持，开展应用中医传统手法复位、小夹板固定、辨证应用中药的方法治疗骨折。那时全院仅有职工30余人，病床30余张，门诊每天不过40余人次，年门诊量万余人，业务收入月仅数千元。设备也很简陋，一台250KV的X线机还是租的。后来，在党中央的关怀下，中医政策有了调整，全院上下热情空前高涨，医院度过了艰苦岁月，逐年有所发展。

1953年，黄耀燊响应党的号召，组织广州部分个体开业的中医师成立维新联合诊所，并担任所长。特别之处在于，他们采用星群制药厂的中药改革剂型，达到临证治病少用饮片的效果，颇受东南亚中医师欢迎。邓铁涛忆述此事亦称："黄老（黄耀燊）为中药的发展创新作出了贡献。"

1956年，中央决定在北京、广州、上海、成都成立四所中医高等院校。广东成立广州中医学院，集中全省最优秀的中医任教，当年就招生开学。

广州中医学院成立伊始，设有外伤科教研室，由著名跌打专家何竹林任主任，黄耀燊、蔡荣任副主任。建校初期教师教材匮乏，黄耀燊编授了《金匮要略》《中医外科学》《中医伤科学》《按摩治疗学》等课程教材。他讲课循循善诱，不但有理论、有病案，还有手法示范，是最受学生欢迎的老师之一。这时期黄耀燊还经常回广东省中医院参加门诊与查房工作。

淡泊名利：无私奉献中药名方

在医院工作期间，黄耀燊一面抓管理，一面抓医疗教学，不分昼夜出现在危重疑难病人抢救的现场，处处以身作则。

黄耀燊常说："治病救人比名利更重要！"广州中药三厂原来生产停滞不前、境况艰难，在该厂工作的一位学生找到黄耀燊，请他解救危困。于是，他把凝聚自身40余年心血的验方献出来，研制成骨仙片。此药投产后，马上畅销国内外，产量和销售量持续上升，成为供不应求的拳头产品。药厂要在骨仙片包装上留下黄耀燊的名字，黄耀燊说："不必！药的疗效最重要，个人名字不要紧！"药厂先后给他送来10多万元的报酬，但他把这笔钱全交给了学院。他说："能用这钱去改善教工生活和工作条件，我心里更舒坦！"

为了振兴祖国的中医事业，黄耀燊贡献了所有的光和热。他常说："我一天24小时除了睡觉几小时是我的时间，其他都是公家的，任由公家支配。"邓铁涛看他晚上十一二点还没收工，劝他注意休息，但他只是笑笑，照样应允，照常出诊。邓铁涛称赞黄耀燊是"党外的布尔什维克"。

1985年，黄耀燊带头参加广东省政协和农工党广东省委会在海丰县汕尾镇举办的医疗咨询活动。在一个月的时间里，就诊的患者很多，黄耀燊来者不拒。一些港澳同胞还专程来汕尾看病。他曾多次趁赴港、出国诊病之机，对外宣传我国对外开放政策。为造福革命老区的人民群众，他不顾年迈体弱，多次带头组织广州地区农工党的医学专家送医送药。

匠心医术：博采众长成就外科名家

"中医和西医各有长短，重要的是要互相取长补短，不带门户之见。但也要有主见，敢于坚持自己的正确意见。"黄耀燊说，"医生是要有专长的，但患者更需要医生成为杂家。"就他本人而言，擅长外科、骨科、皮肤科、妇科、儿科、杂病等，以外科最为突出。

▲ 黄耀燊出席广州中医学院台湾大专函授班开学典礼

　　在他看来，疮疡主要来源于感染，虽表现有疖、痈、肿毒、溃腐流脓等局部与全身症状，但其证治原则与内科相同。临床上要求重视气血、脏腑、经络，从整体上辨证治疗。诊断上，强调八纲辨证结合具体外科情况，在治疗上强调内外科有别。

　　黄耀燊认为，急腹症是六腑的病变，舌苔对病邪的反应很敏感，能反映出病邪的深浅、病情的轻重，尤其是急性阑尾炎患者的舌苔变化，可反映出治疗效果及病情的预后。他总结出"舌苔一日未净，邪热一日未清"的规律。此外，他对胆管系统感染和胆石症的诊治，尤其是肠痈病人腹部硬结、包块、索状物难于消散、石淋的救治颇有心得研究。

　　黄耀燊在岭南骨伤科的经验与何竹林、李广海、蔡荣等齐名。他的伤科经验，不仅来自祖传，而且吸收现代名医杜自明的经验，到了20世纪60年代，黄耀燊还在中国中医研究院向两位大师学习按摩，外科按摩学自杜自明大夫，内科按摩学自卢英华大夫。在课堂上他曾讲授和演示过杜自明传授的易筋经及骨科整复和按摩的手法。

　　黄耀燊基于深厚的内外科功底，尤对《黄帝内经》《伤寒论》《金匮要略》《外台秘要》有深入研究，长期从事教学工作，成为岭南一代名师。1974年，他主编了全国高等院校中医专业教材《外伤科学》（三年制）。1978年又主编了《中医外伤科学》（五年制）；他还是《中国医学百科全书》的编委，执笔编纂了《中国医学百科全书·中医外科学》，撰有《疮疡的辨证与治疗》等学术著作。他带领的中西医结合治疗蛇咬伤、急腹症、破伤风科研小组于1978年获全国科学大会奖，1979年又获广东省科学大会奖。1978年开始验证治疗骨质增生的"骨仙片"，于1981年通过鉴定并获广东省和广州市科技成果奖。疏胆胶囊也经鉴定批准成为中成药投产，1989年还研制出胆管系统感染和胆石症诊疗系统软件。

由于从医从教的工作成绩突出，黄耀燊1956年被评为广州市卫生系统先进工作者，1962年和1978年两次被授予"广东省名老中医"称号，1982年和1983年连续被评为广东省卫生系统先进工作者，1983年被评为全国卫生先进工作者，1984年被评为全国卫生标兵，同年又被评为全国民主党派、工商联为"四化"服务先进个人，1989年被国务院侨务办公室、中华全国归国华侨联合会授予全国优秀归侨、侨眷知识分子荣誉称号。

参考文献

邓铁涛. 忆黄耀燊教授. 新中医，1999，（12）：9—10.

甘兆胜，林亚杰. 广东民主人士名人传. 广州：广东人民出版社，1998.

靳士英. 岭南医药启示录. 广州：广东科学技术出版社，2012.

马定科. 蜡烛将残焰更红：记著名中医杂症专家黄耀燊教授. 广东华侨报，1989年2月21日，第1版.

孙晓生. 岭南名医风范. 广州：华南理工大学出版社，2010.

政协广东省委员会办公厅，政协广东省委员会文化和文史资料委员会，广东省中医药学会. 岭南中医药名家. 广州：广东科技出版社，2010.

政协广东省委员会办公厅，政协广东省委员会文化和文史资料委员会，广东省中医药学会. 岭南中医药名家（二）. 广州：广东科技出版社，2010.

"岐王再世"梁乃津

金奖胃药献方人，一片赤诚祛病痛

学人小传

梁乃津（1915—1998），广东南海人。1935年毕业于上海中国医学院。新中国成立后，先后任惠行善院内科医师、广州医协副主席、广州市中医药学会理事长。1953年任广东省中医实验医院院长，1956年任广州中医学院副教务长兼医经教研组主任，1963年任广东省中医药研究所所长、广东省中医学会理事长，1972年任广东省人民医院副院长，1981年任广东省中医院院长。从事中医内科学脾胃病方向的临床、教学工作，精究医理，重视临床。1986年被国务院学位委员会批准为广州中医学院内经医学博士生导师。是上市药物"胃乃安胶囊"及"金佛止痛丸"的献方者，两种成药于1986年获广东省科技进步奖，"胃乃安胶囊"于1989年获全国中成药优质奖、1991年获全国胃药唯一国家质量金奖。

▲ 梁乃津（前右）一家

乱世立志：潜心研读终有所成

1915年1月18日，梁乃津出生在广东南海一户书香世家。"抓周"的时候，父亲在他面前摆满了医、史、文、哲等书籍，他的小手就是紧紧握住医书不放，似乎暗示了他从医的命运。后来，梁乃津果然成为一代名医。

梁乃津自幼秉承"不为良相，当为良医"的家训，勤勉好学，熟读经书，才思敏捷，聪颖过人。6岁即在故里入私塾，勤修儒学，对四书五经、唐诗宋词等过目不忘。10岁，他便开始研习《古文观止》及格致之学，从而培养了良好的文学修养。1929年，14岁的梁乃津前往上海就读广肇公学，系统学习数学、物理、化学、英语等现代科学知识，这为其后来学习医学奠定了良好基础。

当时，梁乃津的曾祖父在浙江杭州开了一间中药铺，疗疾治病，活人无数。少年时的梁乃津耳濡目染，对中医产生兴趣。幼年的梁乃津身处战乱频仍、天灾人祸的年代，深受战乱所带来的痛苦。再加上他父亲因病英年早逝的缘故，梁乃津学习益发刻苦，决心要投身医学事业，以解救水深火热、病痛缠身的劳苦大众。

1933年，梁乃津以优异的成绩考入由上海国医公会开办的、秦伯未任校

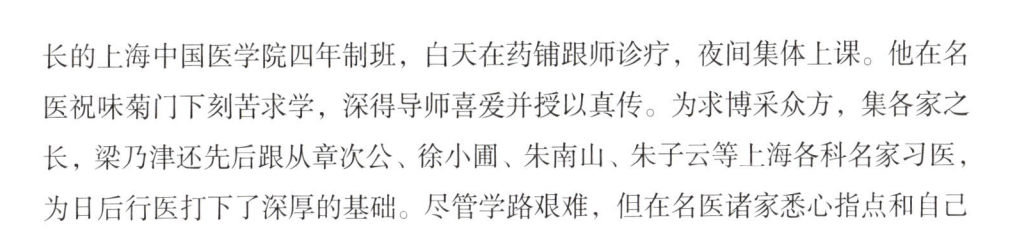

长的上海中国医学院四年制班，白天在药铺跟师诊疗，夜间集体上课。他在名医祝味菊门下刻苦求学，深得导师喜爱并授以真传。为求博采众方，集各家之长，梁乃津还先后跟从章次公、徐小圃、朱南山、朱子云等上海各科名家习医，为日后行医打下了深厚的基础。尽管学路艰难，但在名医诸家悉心指点和自己的勤奋苦读下，梁乃津如鱼得水，受益良多，进步很快。

疗效服人：阻止废除中医

1935 年，寒窗苦读的梁乃津顺利毕业，开始在上海滩开诊行医。对于年轻的医生来说，在当时名医云集、竞争激烈的大上海寻找一块立锥之地都非易事，更遑论闯出自己的一片天地。但由于梁乃津基本功扎实，且病多治验，慢慢地找他治病的人也开始多了起来。

然而，真正让他声名大噪的却来自一个机缘，而且这一次的妙手回春，为推动整个中医的发展起到了关键作用。20 世纪二三十年代，南京国民政府扬言要取消中医。中医生存，岌岌可危。当时某要员只相信西医，大有非取消中医不可之势。刚好该要员一位家人患了肠胃病，请了许多西医来治疗效果都不好，且病情越来越严重。有人向其建议请梁乃津会诊，该要员无奈，同意试试。开写处方时，梁乃津说："安心服药，一诊可愈，不必复诊。"

病危至此，一诊可愈？大家都将信将疑。然而，患者按照梁乃津的处方仅仅服用了几剂中药，果然如其所言。该要员这才相信中医之灵验，题字送匾"岐王再世"，自此不再提取消中医之辞。梁乃津自此声名远播。

满腔抱负：著书办刊传道授业

抗日战争全面爆发后，梁乃津离开上海，辗转来到广东抗战的大后方——韶关，并且在那里结识了一批志同道合的益友。

在战火纷飞的年代，20 多岁的梁乃津血气方刚，不畏艰难困苦，心中只有弘扬中医的理想和抱负。1940 年 11 月，梁乃津与吴粤昌等人一道创办了《广东医药旬刊》杂志，设有"十日论坛""专著""医话与医案""药物""报导"等栏目，明确提出将中医导向"民族形式、科学内容、大众方向"的办刊思路，积极倡导中医科学化，瞬时在国内外中医学界引起很大反响，得到许多医学名流学者的支持。谭次仲、叶橘泉、张公让、王药雨、章次公、万友生、

▲ 梁乃津（中）与弟子罗振华（左）、黄穗平（右）合照

沈仲圭、姜春华、任应秋、肖熙、朱良春、刘渡舟、宋向元、叶劲秋、邓铁涛等人纷纷惠稿支持，各陈医学心得及理论探讨，使刊物畅销海内外。

1956年6月，国家筹建广州中医学院。梁乃津作为筹建骨干，受聘为筹备委员，后任学校副教务长兼医经教研室主任，后成为广东省第一批博士生导师之一。他还负责编写广东中医药专科学校和广州中医学院教材《内经讲义》等，著作有《伤寒论概要》等3本，先后发表《肺结核》《医经派的经典著作》《对祖国医学理论体系核心问题的看法》《论中西医特质及中西医结合问题》《霍乱的中西医综合疗法》《脏腑经络学说的发生与形成》《中医经典著作是中医学术上的突破》等多篇文章，获业界高度评价。

课堂上，梁乃津经常教导学生，学中医必须在经典方面下功夫，因为这些都是经得起时间考验的，由一代代先辈通过学习实践和观察创造出来的伟大成就。梁乃津并不排斥现代医学，他甚至认为作为一名现代中医，除了要坚决以中医为立业之本外，还要掌握现代医学知识。如果只懂门诊看病，那么在管理病房工作时遇到急危重症患者可能会束手无策。诊断要中西两重诊断，抢救时要使用西药，这些不懂不行。只有精研中医，同时又能通达西医，他人治不好的病，自己能治好，这才是出路。

梁乃津在辨材识材上非常挑剔。在他看来，要想成为自己的学生，不光要有学医的天分，而且其内在各个方面修养素质都要达到一定标准。只有他看得上的，才会尽心传授。正是因为门槛较高，就连梁乃津自己的儿女都因为无法达到其授徒要求而没能继承其术业衣钵。1991年，梁乃津被选为第一批全国老中医药专家学术经验继承工作指导老师，并带徒黄穗平、罗振华。梁乃津将毕生宝贵的经验全盘传授给两位高徒，两位学生孜孜不倦地学习，经过3年的努力，两位徒弟顺利出师，如今两人都已成为广东省中医界的骨干，其中黄穗平于2017年被广东省人民政府授予"广东省名中医"称号。

患者至上：一片赤诚祛病痛

在广州中医学界，梁乃津是德高望重之人，不仅因他名声在外，更是因为他心系患者的一片赤诚。

梁乃津看病时，总是把患者的利益放在第一位。他深知，对于许多普通家庭来说，医疗费用是一笔不小的开支。因此，他在给患者开药时，总是仔细斟酌，总是努力为患者提供经济实惠的治疗方案，确保所开的药物既能够治疗疾病，又不会给患者带来额外的经济压力，希望患者能用最少的钱把病治好。

曾有一位患者患有胃痛，多次在外地求诊却始终未见好转。梁乃津经过仔细诊断后，发现患者的病情并不严重，只需要服用一些基本的方药，配合生活习惯的调整、饮食的调节就能康复。然而，当他看到其他医生为患者开出的药方时，发现其中有一些药物并非必要。梁乃津当即决定为患者重新开具药方。他仔细挑选了既经济又有效的药物，为患者开了一个星期的药，总共费用不到100元。弟子黄穗平在耳濡目染下，亦深得老师真传，看病开药时始终秉持着不开大处方、不选昂贵药物的原则。

梁乃津一生致力于救死扶伤，他深信医生的职责就是解除患者的痛苦，毕生只求尽自己最大努力，尽量多地为患者解除痛苦。梁乃津80多岁时，一个上午还看40多个患者。他知道很多患者都是慕名从很远的地方赶过来的，又排很长时间的队，为了不让他们失望，梁乃津尽心尽力为他们服务，甚至废寝忘食。他总是耐心地询问病情，仔细地检查身体，然后给出最合适的治疗方案。

▲ 梁乃津为患者诊治

献方制药：脾胃治疗屡获奇效

梁乃津诊病细心，辨证精当，尤其善于治疗脾胃。梁乃津认为，慢性胃炎的主要病机是脾胃虚弱，气滞瘀，热瘀湿困。辨证论治主张从肝脾胃入手，遣方用药往往同施多法，通补并用，标本兼顾。他认为调肝理气是遣方的通用之法，活血化瘀是遣方的要着之法，清热祛湿是遣方的变通之法，健脾和胃是遣方的固本之法，其他治法是遣方的辅助之法。他运用该理论指导治疗疑难脾胃病患者，屡获奇效。

20世纪七八十年代，人民还不富裕，生活条件较差，卫生水平也比较落后，胃病患者众多。梁乃津看在眼里，急在心里。

经过调查，广州中药一厂了解到，尽管市场上胃药不少，但作用真正优良的不多。于是，他们慕名找到了梁乃津，想要寻求一条治疗胃病的经验方。这个方案，双方可谓一拍即合。梁乃津毅然献出临床应用多年的验方，研制出2个药物，初命名为"安胃通脉胶囊"和"止痛灵丸"。

有一次，一位患者给梁乃津送来一幅上联为"回春妙手仁心仁术梁乃津"的牌匾以示感谢，但缺少下联。正好广州中药一厂的一位科研人员在场，当时

▲ 梁乃津（正中一排右二）参加"胃乃安"技术鉴定会

刚协助梁乃津成功研制了"安胃通脉胶囊"，见到此上联，一时诗兴大发，随口吟道："金牌胃药名厂名方胃乃安。"大家一听，都觉得十分工整，而且朗朗上口，不禁纷纷叫好。这位科研人员受了启发，回厂后就正式将"胃安通脉胶囊"改名为"胃乃安胶囊"。随后，为了与市场上的其他药物区分，"止痛灵丸"也易名为"金佛止痛丸"。

由于两个处方疗效确切，很快于1984年通过了成果鉴定。两种药物一经面世，很快就获得了广大医生和患者的青睐，并于1986年获广东省科技进步奖。其中"胃乃安胶囊"于1989年获全国中成药优质奖，1991年获全国胃药唯一国家质量金奖。

参考文献

黄穗平. 岭南中医药名家梁乃津. 广州：广东科技出版社，2010.
余康生. 胃乃安之父：梁乃津. 中国药店，2009，（8）：91.

"铁杆中医"邓铁涛

生是中医人，死是中医魂

学人小传

邓铁涛（1916—2019），曾用名邓锡才，广东开平人。著名中医学家，广州中医药大学终身教授，国家级非遗中医诊法代表性传承人，首届国医大师。1932年就读于广东中医药专门学校，1938年正式从事中医医疗。历任广东中医药专门学校教导主任、广州中医学院副院长、广州中医药大学第一附属医院内科主任、邓铁涛研究所所长。曾担任政协广东省第四、第五届委员，国家中医药管理局顾问，中华中医药学会终身理事，国家重点基础研究发展计划首席科学家。创新五脏相关学说、痰瘀相关理论，发扬脾胃学说，倡导寒温融合论治发热病，牵头中医诊断学科建设，开启岭南医学流派研究先河，创新师承教育模式，撰有《学说探讨与临证》《中医诊断学》等论著，曾获国家科技进步奖二等奖。2021年被中共中央追授"全国优秀共产党员"称号。

铸梦中医，"铁涛"明志

1916年农历十月十一日，邓铁涛出生于开平县钱岗乡石蛟村。祖父给他起名"锡才"，锡字通"赐"，寓意才华天成、财运亨通。邓家祖籍河南南阳，祖父经营中药，父亲邓梦觉（1886—1939）善治温病。邓铁涛自幼侍诊父侧，亲见父亲用中医解危救难，从小立志悬壶济世。

1932年，初中未毕业的邓锡才便考上了广东中医药专门学校。邓锡才读书时涉猎甚广，除了医学、自然科学，文史哲学科亦兼收并蓄，课余则先后跟几位不同派别的老前辈实习。上学期间，邓锡才参加了中医师资格考试并取得第三名的好成绩。报考时，他觉得"锡才"二字俗气，决意改名"铁涛"。

1927年国民政府勒令中医学校改称"中医学社"，不得以学校名义招生及颁发毕业证书。邓铁涛拒绝领取加盖"学社"印章的毕业证书，以示抗议。思想彷徨之际，又逢日本侵华，在救亡运动、进步文化的影响下，邓铁涛发现辩证唯物主义和历史唯物主义对学习、钻研中医学有很大的帮助，同时发现中医理论大多符合辩证唯物主义的内涵，更加坚定为中医学而献身的信心与决心。

1938年，日本轰炸广州，邓铁涛和家人避难于香港。期间，他与同学康北海等四人创办中医夜大"南国新中医学院"。第二年邓梦觉不幸病逝，邓铁涛接替父亲在香港南昌街芝兰堂坐堂应诊。开业不到半年，邓铁涛便小有名气。彼时，树仁中学女教师林玉芹与邓铁涛相爱，两人于1940年结婚。1939年6月中华全国文艺界抗敌协会香港分会成立，同时成立"文艺通讯社"，宣传中国共产党的抗战主张。邓铁涛参加了文艺通讯社，以"邓天漫"作笔名撰写针砭时弊的社论文章。

1941年12月，香港沦陷。邓铁涛携家人回到广州，日常在太平南路药材店坐堂应诊。好友谭军（香港文艺通讯社，受到邓铁涛激励参加东江纵队）奉东江纵队司令部之命找他做地下交通员。邓铁涛慨然允诺，他以医生职业作掩护，经常与东江纵队派来的同志上街购买游击区急需的各种物资，先存放在邓家，然后待游击队派人取走。东江纵队委派彭会和他单线联系。

抗战胜利后，邓铁涛与彭会联系中断。1951年，久别多年的彭会特意寻找到邓铁涛，两人见面时四手紧握，共同回忆起地下交通站抗战的峥嵘岁月，百感交集、激动不已。彭会说："如今全国开展土地改革，建议你参加土改，这种锻炼对知识分子十分重要。"后来，邓铁涛被编入政协广州市委员会新会土改第一队。在新会县睦洲乡的两年时间里，他总是背着一只药箱，一边开展土改动员一边为农民治病,直到土改胜利结束,他也成长为土改工作队队长。

回忆从阅读进步书刊到参加土改的历程,邓铁涛曾说:"这些经历使我开阔了视野,我的心从中医扩大到国家和民族,扩大到整个世界。"1958年12月,邓铁涛加入中国共产党。

创新理论,攻关疑难

20世纪50年代初,乙脑等传染性疾病流行。邓铁涛成功运用中医伤寒和温病的理论取得确切疗效。他公开发表的论著如《温病学说的发生与成长》等也引起学界重视,特别是"伤寒孕育温病、温病发展伤寒"的论点得到当时著名医家时逸人首肯。他还应用针灸、中药及外敷治疗阑尾炎,打破了西医必须24小时内手术切除的定论。

中医自古只讲望闻问切四诊,未有系统"诊断学"。中医高等教育开展之初,邓铁涛被委任主编《中医诊断学》第一版全国通用教材。他认为辨证才是中医诊断之特色与精华,于是把散在历代古籍的诊法内容和各家辨证体系加以整合,构建起系统的中医诊断学体系。其1984年主编的五版教材至今仍被师生广泛使用。

1959年邓铁涛带领"西医学习中医高研班"81名学员入驻解放军157医院,开展脾胃学说应用研究。教研期间,邓铁涛屡次展示了中医的急救能力。一位不完全性肠梗阻青年战士,肠鸣音消失,主治医生找邓铁涛问是否立即手术,邓铁涛前往诊查,发现患者腹痛拒按,但舌诊见剥苔下有新苔生长,诊为大肠腑实证,处方大承气汤保留灌肠,随后梗阻解除。

20世纪70年代,邓铁涛组织广州中医学院开展冠心病辨证论治研究。通过临床观察,发现中医对冠心病等心脑血管疾病的防治均有确切的临床指导意义。临床调查发现,岭南地区冠心病患者以气虚痰浊多见,邓铁涛以益气除痰佐以化瘀的方药治疗冠心病100例,总有效率达95%。他撰写的《冠心病辨证论治》发表于《中华内科杂志》,产生了深远的影响。心绞痛是冠心病需要面对的临床难题,1981年邓铁涛献出祖传验方五灵止痛散,该药有镇痛解痉作用,因服食方便、起效迅速,1984年8月通过技术鉴定,成为三类中药新药。

1961年,邓铁涛撰文首先提出"五脏相关学说"研究课题,并于1988年明确提出以"五脏相关说"取代五行说。2005年,89岁高龄的邓铁涛出任国家重点基础研究发展计划(973计划)首席科学家,将中医"五脏相关学说"

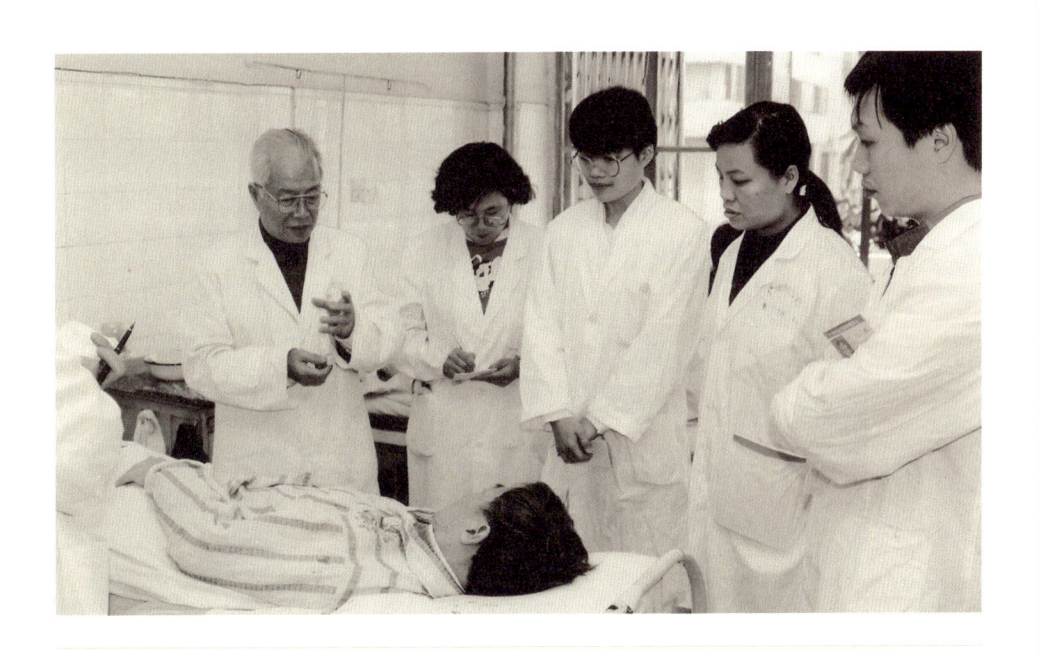

▲ 1986年邓铁涛（左一）在病房临床带教

等理论再一次推向学术前沿。1986年10月起，邓铁涛承担国家科委"七五"攻关课题"重症肌无力的临床及实验研究"，经过五年艰苦工作，课题顺利通过了国家中医药管理局组织的技术鉴定，1992年获得国家科技进步奖二等奖。

2002年岁末，一种前所未闻的传染病突袭广东。2003年1月，广东省中医院一位护士长确诊"非典"，其丈夫急请老师邓铁涛指导，最后以中医为主救治取得成功。4月，香港疫情危急。广东调派两位青年专家驰援，邓铁涛等老中医远程电话指导。邓铁涛一方面建言应允许中医及时介入抗击"非典"，一方面发表文章《论中医诊治非典型肺炎》，为抗击疫情提供了中医方案。

培根铸魂，牵头带徒

新中国给中医学带来了新希望。中医药高等教育的开设，使中医传承乏人乏术的窘境迎来了转机，但借鉴西方医学学科建设，又往往使得中医学如无根之木、成长乏力。

邓铁涛认为，中医教育首先要着力给学子们铸造"医魂"，要把热爱中华文化、热爱中医事业的热诚传承给一代代中医学子。他在给1982级本科班同学的信中写道："振兴中医，需要一大批真才实学的青年中医作为先锋。这些先锋，对中医有执着的爱，掌握中医的系统理论，能用中医药为人民解除痛苦，

▲ 2003年11月8日邓铁涛研究所成立，邓铁涛作《为中医药发展架设高速路》主题报告

有科学头脑，有广博之知识，决心利用新技术以发展中医学，并在发展中医学中又反过来发展新技术。这不是高不可攀的，就怕决心不大、骨头不硬、方向不明，对祖国、对社会主义、对几千年岐黄之术没有炽热的爱。"

倡导名师带徒，抢救中医学术，这是邓铁涛在中医人才培养方面独到的见解。1986年1月，邓铁涛开始撰写"耕耘医话"系列文章，他反复呼吁"继承名老中医经验，抢救中医学术，已成燃眉之急！"

1990年10月，首届"全国继承老中医药专家学术经验拜师大会"在北京人民大会堂举行。会上，邓铁涛作为代表在发言时说："学我者必须超过我！继承是手段，振兴中医、发展中医，为中国人民和世界人民的健康服务，走在世界前头才是我们的共同目的。"

建言献策，文化使者

1984年，邓铁涛以"中共党员中医"的名义写信给中央，建议采取果断的措施使中医学早日复兴。不久，国务院讨论了成立国家中医药管理专门机构的问题。1986年12月，国家中医药管理局正式挂牌成立。

1998年，全国刮起了"西医院校合并中医院校"风潮。8月11日，邓铁涛与任继学、张琪、路志正、焦树德、巫君玉、颜德馨、裘沛然等老中医联名写信给国务院。后来中西医院校合并风被紧急叫停。

20世纪80年代,马来西亚倡议由马华医学院与广州中医学院联合办中医本科班。邓铁涛认为,这是一件关乎炎黄文化、中医学术在国外传播的大事。他还亲自去马来西亚授课,并到当地诊所临床带教。

2003年11月,"中医基础理论构建与研究方法"香山会议召开,执行主席邓铁涛说,中华文化要参与世界文化并与世界文化合流,中医学是中华文化瑰宝;东西方文化是互补性很强的两种文化,因此应把"向国际接轨"的口号改为"与世界双向接轨"。

仁心仁术,中医之魂

20多年前,广州中医药大学第一附属医院一名患儿患有重症肌无力危象,此前在某大医院已治疗38天,气管切开仍治疗无望。当时其父母已经无力支付医疗费用,准备放弃治疗。

邓铁涛得知此事马上赶到监护室,他拿出准备好的5000元给护士长:"到营养室买鼻饲食物,要保证能量,有胃气才有生机",又对ICU主任说:"重上呼吸机,费用我先垫!"接着又和医务人员研究治疗方案,提出免费给患儿提供"强肌健力口服液"。孩子终于得救,4月28日脱离呼吸机。5月19日患儿可以自行吞咽饮食,拔除胃管。六一儿童节,患儿顺利地完成了广州一日游。

2017年底,百岁老人邓铁涛接受住院调养。期间,他曾反复对弟子刘小斌说,自己是为中医而生的人,已经置生死于度外。他在遗嘱中写道:"我能留给儿孙最大的遗产为仁心仁术,全心全意为人民服务……我一生做中医,告别仪式要有我的学生弟子代表和家人站在一起。挽联写'生是中医的人,死是中医的魂',如果有横批就是'铁杆中医'。安琳(二儿媳)代我交最后一笔党费1000元。希望以后经常有人去看看我。我下一世还做中医。"

参考文献

邓铁涛. 万里云天万里路. 山东中医杂志,1982,(6):357—359.
国家卫生健康委干部培训中心(国家卫生健康委党校). 百年卫生 红色传承.
北京:中国人口出版社,2021.
张镜源. 中华中医昆仑·邓铁涛卷. 北京:中国中医药出版社,2011.
周毅,李剑,黄燕莊. 国医大师邓铁涛. 广州:广东科技出版社,2004.

「编舟者」林建德
发皇经典精义，致力辞书编纂

学人小传

林建德（1917—1986），广东潮安人。出身医学世家，1937年毕业于上海中国医学院，师从谢利恒、陆渊雷等名家。后避乱居乡，为乡亲治病，临床以内科、儿科急症见长。1959年调至广州中医学院任教，历任学校中医基础教研室（包括中基、内经、伤寒、温病等学科）副主任，内经教研组主任、顾问等职。致力于中医基础理论研究及中医工具书编纂，主编及参编《中医学新编》《中医名词术语选释》《简明中医辞典》《中医大辞典·中医基础理论分册》《医学百科全书·中医基础理论分卷》等一系列大型中医辞书，为中医医疗教学科研提供了大量资料。1978年评为全国科学先进工作者。

幼承庭训，尽得家传之秘

林建德出生于潮安县江东乡井美村，父林葆生、母刘蕙香均为当地颇有名气的乡村医生。林葆生曾参加大革命，任农会干部。大革命失败后走避澄海、汕头等地，后定居汕头，开业行医，医望颇著。

林建德课余随侍乃翁诊侧，并在其指导下习诵《药性赋》《汤头歌诀》及《黄帝内经》《难经》《伤寒论》诸经典。其父曾于1930年前后开办中医药讲习所，创办《汕头医药》月刊，课业之余，林建德不仅侍诊翁侧，并常协助抄写医学讲义或稿件，日积月累，尚未专门习业，已经培养了扎实的中医基础，克绍箕裘而尽得家传之秘。

负笈沪上，奠定学术根基

林建德幼而聪颖，长而勤奋。中学毕业后，先就读于广州光华医学院，后来负笈沪上，考入上海中国医学院插班学习至毕业。在上海中国医学院就读期间师从谢利恒、陆渊雷、陈存仁、许半农等中医名家，乃焚膏继晷，努力钻研，术业精进，深受师辈器重。

林建德刻苦努力，中医基础扎实，成绩突出，因此在学期间就以学生身份参与了《中国医学大辞典》的编写，主要负责协助收集、整理资料，初步奠定了中医学术根基。

1937年，林建德学成毕业。适值抗战全面爆发，遂避居潮安乡间，服务桑梓。至新中国成立前夕，林建德曾几度在当地学校谋得教职，担任教员以至小学校长，甚至一度远赴越南西贡任教，但期间一直未曾脱离医业，教书育人之余仍为闾里乡亲行医治病。新中国成立初期，林建德尚执教于潮安乡梓，担任小学校长、教导主任，区教师联合会副主席等职，教务之余仍兼行医事，治病救人。

1953年，林建德响应政府"技术归队"号召，辞去教职，专业行医。由于医术精良，临床尤以内科杂病、小儿急症见长，每逢重疴顽疾，辄以平稳方药取效，故医名日著，门庭若市，患者接踵而来，备受闾里所称颂。

1955年，林建德加入了中医联合诊所，1958年转入卫生院。1958年9月，林建德由当地县政府推荐至广州中医学院师资班进修，在进修期间刻苦钻研中医学术理论，并受派带队至博罗县参加救灾医疗工作，工作中其理论与临床实际更臻完美结合而相得益彰，其因成绩卓著而多次受到表扬与奖励。

高校执教，发皇经典精义

进修一年结业之后，林建德随即奉派赴广西作为骨干教师，帮助开办西医学习中医高研班。高研班办班结束之后，林建德返回广州中医学院，一直任教于内经教研室，讲授黄帝内经、中医基本理论、中医诊断学等多门课程。

教务之余，林建德更加着力探究中医学术真谛，发皇《黄帝内经》精义，并用以指导临床辨证论治疾病。他常教导后学说："欲通医理必先通文理，然通文理的目的在于懂医理。学习黄帝内经、难经、伤寒论等经典必须领会其精神实质，并用以指导临证治病。"

林建德强调医要精术，必先明于理，然中医理论极为淹博，要明医理必先解决一个基本认识，即了解中医"重气化而不重形质"的学术特点，若从形质探讨中医理论则易入歧途。林建德的这种学术理解不仅贯穿于中医理论研究工作，亦体现于其辨治疾病的过程。他治疗内科杂病，既善利用气机升降出入之理调整脏腑功能，又每妙用阴阳互根、五行生克法则处方遣药。如提出"治痰须理气，调气必疏肝"的学术观点等。

林建德学识深邃，医理通彻，论医治学既有独立见解，又善取众家，既不偏执成见，又能自成风范。他常说："经方时方各有所长，医者应兼而有之，选而用之，总以适病为宜。"其对中西医结合亦持这种态度，认为中西医学各有专长，临床上可以互相借用，取长补短，但忌盲目凑合，双管齐下，否则非惟浪费药物，且亦于病不利。如20世纪60年代乙型脑炎流行时，林建德受派往兴宁地区参与流行性乙型脑炎防治工作，见高热抽搐严重者，常在大剂中药清热解毒、熄风止痉的同时，辅以物理降温、输液乃至注射小量镇静解痉西药等法，以达到迅速控制病情、减少后遗症、提高疗效的目的。但对西医已用深冬眠疗法者，则不主张并用中药，认为一经冬眠，机体处于抑制状态，口服药物难以吸收，勉强应用非惟于病无济，反有引起回流窒息之弊。

编纂辞书，弘扬中医学术

林建德治学认真专注，殚心竭力，多年来除了担负大量教学、医疗任务之外，更把全副心血和精力都灌注于中医辞书和学术著作的编著之中，为新中国中医辞书编纂工作作出开创性贡献。

1966年，林建德把大量的时间和心血灌注于中医学术著作的编著，除了

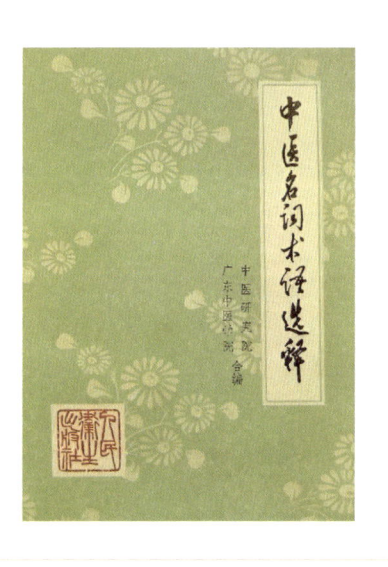

▲《中医名词术语选释》书影

积极参与中医医疗和以培训"赤脚医生"、中医人员等方式的办班教学活动外，还担任广州中医学院基础理论编写组组长，主编或参与编著《中医临床方药手册》（1969年）、《中医急症手册》（1970年）、《西中班教材》等多部中医著作及教材，并与学院中数名志同道合的同事，共同编写当时第一部系统整理中医学理，能够切实指导中医和中西医结合临床，兼具教材和临床参考作用的专门著作——《中医学新编》。该书于1971年出版后风行全国，一时洛阳纸贵，多次印刷，计逾百万册。此书后来被改编为《新编中医学概要》并作为西医学习中医的教材和参考书，印数亦达数十万之多。

早在20世纪70年代初期，林建德即着手主编已经初具中医辞书规模的《中医名词术语选释》一书，该书于1973年出版后，深得业内相关人士的赞许与重视，其后更被评为科研一类成果。林建德因此出席1978年全国科学大会并获先进个人奖。

20世纪70年代中后期，卫生部指定广州中医学院和中医研究院共同组织《简明中医辞典》《中医大辞典》的编纂工作，林建德作为主编成员，参与统筹组织工作。作为中医基础理论编写组组长和主要撰稿人，林建德灌注全副心血，撰写词目1200多条，并亲自对《简明中医辞典》（1979年出版）及分册出版的《中医大辞典》中的《中医基础理论分册》（1982年出版）词目加以修订审定。1979年以后，除了担负大量的本科、研究生、进修班的内经教学任务并培养多名研究生之外，林建德还担任《医学百科全书·中医基础理论分卷》

（1989年出版）副主编、《实用医学辞典》（1986年出版）中医词目编写组组长，并亲自撰写大量词条。

这些辞书的编纂出版为中医医疗、教学、科研提供了大量资料，改变了长期以来中医辞书缺乏的局面，其影响之深，遍及瀛寰。

参考文献

吴弥漫. 林建德名老中医学术经验简介. 新中医，1986，（4）.

吴弥漫. 岭南中医药名家林建德. 广州：广东科技出版社，2016.

"探界者"岑鹤龄

学贯中西开先风，勇倡争鸣兴医道

学人小传

岑鹤龄（1920—1995），广东顺德人。1933年就读于广东中医药专门学校，毕业后在穗行医。1952年作为全国首届中医药专门研究人员班学员选派至北京医学院攻读西医5年，毕业后返粤任职于广东省中医院。长期负责内科临床医疗、教学、科研工作，担任内科主任直至退休。退休后至香港行医立著。1978年被授予"广东省名老中医"称号。主编《中医临床新编》《中医内科》等。

学贯中西，博采众长改进病历系统

岑鹤龄年少时体弱多病，遵其父命习岐黄之学，用以自调兼济世助人。1933年，岑鹤龄进入当时广东中医药最高学府——广东中医药专门学校，学习五年，毕业后在穗行医。

新中国成立后，为进一步推进中医药学术研究的深入发展，刘少奇亲自签署举办全国首届中医药专门研究人员班的决定。1952年3月，各地区卫生部代中央卫生部登报招考。经过严格的审核与考试，最终选拔出43名全国中医药人才进入北京医学院研修，岑鹤龄作为中南地区代表也在其列。

岑鹤龄满怀期待地进入了北京医学院，与其他来自全国各地的优秀中医工作者汇聚一堂，交流彼此的经验和心得。在学习期间，岑鹤龄展现出了非凡的学习能力和刻苦精神，他不仅深入钻研中医药经典著作，还广泛涉猎现代医学知识，努力将中西方医学的精华融会贯通。除了理论学习，岑鹤龄还非常重视临床实践。他利用课余时间，跟随导师们深入医院，参与各类病例讨论。经过4年的理论学习和1年的临床学习，他不仅在中医药领域具备扎实的理论知识，同时也掌握了现代医学的科学思维，具备了精湛的临床技能。他的学贯中西，为他今后在中医药领域的发展奠定了坚实的基础。

于北京医学院毕业后，岑鹤龄回到广东，任职于广东省中医院，继续投身于中医药事业的发展。他将所学的知识运用到临床实践中，同时，他还积极参与中医药的科研工作，努力探索中医药的创新发展之路。

在任职期间，他发现当时的病历系统存在弊端，病历系统采集的病历信息被西医院较为同质化，未能充分展示中医四诊辨证资料，使得青年医师在辨证分析时易被西医的检查和诊断所束缚，导致辨证困难，甚至错误，严重影响了中医治疗的准确性和效果。针对这一问题，岑鹤龄先生提出应建设中医医院独有的病历系统。他通过将中医症状、辨证、理法、处方等信息按照时间顺序融入病历系统中，使病历系统更加系统化、更能符合临床实际需求。这一举措不仅有助于提升中医治疗的准确性和效果，也为医院的发展作出了巨大的贡献。

不拘于泥，勇倡学术争鸣

岑鹤龄学贯中西，临症经验丰富，遵古训而又不拘泥。他倡导中医药界应该积极开展学术争鸣以推动中医学的进步和发展，痛感多年来缺乏中医学术争

▲ 医院工作讨论会，左起：谭祖辉、陈全新、岑鹤龄、梁剑辉、刘炳权

鸣风气。他敢于对传统的某些理论观点提出异议，不因循守旧，罔顾非议，不计个人得失，求取中医药学术发展。

早在 1973 年他主编的《中医临床新编》一书中，就提出外感六淫病邪应按临床实际把传统的"风、寒、暑、温、燥、火"修改为"风、寒、暑、湿、温（热）、燥"。他主张"湿"亦应归入外感邪气之列，且岭南地区凡病多湿，他还认为外感病邪中火邪本无必要，而温热病邪却万万不能缺。

1976 年，岑鹤龄在《中医内科》一书中把温病"卫、气、营、血"四个阶段修改为"卫、气、血、阴（阴虚与阴脱）、阳（阳虚与阳脱）"五个阶段，也就是他常说的"犯卫，在气，入血，伤阴，亡阳"的五个基本病证。叶天士所创立温病的卫、气、营、血四个阶段对指导温病的辨证施治有着巨大的影响，但岑鹤龄认为营分和血分仅有轻重深浅之分，而无本质之区别，治疗上同样以清热凉血活血为主要法则，故把营分和血分合而为一，统称为"入血"，作为温病的五个基本病证之一。关于"伤阴"与"亡阳"，岑鹤龄认为温病在邪虽减弱，但正气受损阶段，或热毒嚣张，正气遭受猛然打击之时，均能出现"伤阴"或"亡阳"的病症，临症中亦至为重要。因此他认为"伤阴"和"亡阳"均应列为温病的基本病证。这一观点一经提出，立刻在行业内激起了热烈的讨论。《中医内科》一书更是风靡全国，累计销量突破十万册。

▲ 岑鹤龄与同业医生进行学术交流，左起：梁乃津、岑鹤龄、甄梦初

以医术济世人，用科普传中医

岑鹤龄致力于中医药学术发展的同时，同样重视中医药知识及保健知识的科普。他认为，只有让广大群众了解和掌握中医药的基本知识和保健方法，才能更好地发挥中医药在防治疾病中的作用，也能够让广大群众更好地了解、信任并接受中医药，受益于中医药的福祉。

他经常向《家庭医生》杂志"名老中医简法治病"专栏供稿，并以"山今"为笔名给《广州日报》供稿，向读者介绍名老中医"简验便廉"的处方，讲述中医药界能给人启迪、教益的传闻、轶事。1987年，他旅居香港后，除了为港人治病外，还先后在《明报》《大公报》《星岛日报》等多家报刊开辟专栏和撰写文章，论述防病治病、强身保健知识。他将自己40余年的临床经验撰写成"鹤龄医集系列丛书"，包括《中医争鸣》《城市人保健》《现代人保健》《中西保健》和《求医录》。这些著作介绍了岑鹤龄个人临床经验所用的简便有效的中医治疗方法，深受广大读者的欢迎。

重人才培养，促中医发展

岑鹤龄同样注重人才的培养。他认为中医药事业发展的关键即人才，他在长期的医疗教学过程中，对见习、实习的学生和进修学员，能尽责带教，精心培育，严格要求，从辨证论治、处方用药至书写病历等，每一个环节都一丝不苟，对中青年医生关怀备至，以自己渊博的学识、丰富的经验，运用辨证施治的特长帮助他们解决临床中碰到的各种疑难问题，业余时间还指导青年医生撰写论文。

岑鹤龄在岗位上几十年如一日地为中医药事业而努力工作，赴港前夕他给广东省中医院党委写了一封长信，满腔热情地对进一步搞好医院医、教、研工作，在学术上贯彻百家争鸣方针，开展学术活动，坚持并进一步搞好专症门诊的工作等方面，提出了宝贵的建议。赴港后，仍关心祖国医学的发展，热心为"广东中医药专科学校校友会"工作，继续为振兴中医而努力。医学同仁评价其"古稀犹健凌云志，功绩光华耀汗青"。岑鹤龄继承中医前贤学术思想，在岭南内科杂病尤其在岭南温病、肝病及中医保健养生等方面造诣颇深。他的学生和弟子们不仅继承了他的学术思想，更在其精神引领下，不断开拓创新，为中医药事业的发展作出了卓越贡献。

参考文献

岑鹤龄. 中医争鸣. 香港：鹤庐医社. 1991.

王进忠，钟世杰，杨荣源，等. 岑鹤龄温病思想对现代卫气营血辨证理论之完善. 中国中医基础医学杂志，2017，23（7）：1020—1022.

王羲明，刘崇晏，黄吉赓，等. 春华秋实五十载：记全国首届中医药专门研究人员班的诞生暨艰苦创业历程. 中医文献杂志，2008，26（5）：40—41.

王曦明，刘崇晏，黄吉赓，等. 全国首届中医药专门研究人员班. 中华医史杂志，2010，40（1）：32—32.

"古籍痴"沈炎南

三尺讲台耕耘不辍，矢志不渝传承中医

学人小传

沈炎南（1920—1992），浙江慈溪人。14岁开始跟随汉口名中医沈文楼习医。1940年入中央国医馆医训班继续深造，毕业后在重庆行医。1945年与人创办《新中华医药月刊》。1945—1948年兼任重庆中央国医馆编审委员。1948年秋受聘为香港中国国医学院教授，从此踏上中医教育的道路。1956年调至广州中医学院任教。1978年被授予"广东省名老中医"称号，1982年被卫生部聘为高等医药院校中医专业教材编审委员会委员。主要著述有《肺病临床实验录》，主编《温病名著精华选析》《脉经校注》《脉经语译》，参与编写《中医大辞典·基础理论分册》《内经讲义》《高等中医院校教学参考丛书·内经》等。

为挽救中医奔走呼号

民国时期,中医命运多舛,岌岌可危,沈炎南为挽救中医事业大声疾呼,奔走于社会各界。1945年,沈炎南与高德明、胡光慈、李汝鹏、王福民等人在重庆创办《新中华医药月刊》。该刊以"弘扬中华医学,开展新中华医药运动,完成中医学术革新"为主旨,刊载各类医学专著、临床案例、医药法令等内容。《新中华医药月刊》虽然存续时间不长,却在当时业界和民众间具有一定影响力。沈炎南为该刊社长,撰写了《发刊献辞》,同时也是重要撰稿人,在该刊发表了《盲肠炎治愈验案》《谈霍乱》《胃出血治愈病例》等文章,并与沈仲圭合作连载《中国食物营养学》。

沈炎南虽为中医,但他并不盲目反对西医,他说:"中西医学,确实互有短长,我们从事于医药事业工作的,无论其为中医西医,应当不分界限地来互相研究,把自己宝贵确实能治好病的医学,发扬开来,对新的医学尽量吸收,迎头赶上,采他人的长处,补自己的短处,作积极的改进。"1946年1月20日,新中华医药学会在重庆成立,这是当时国内唯一的中西医药综合性学术团体,由高德明、沈炎南、王福民轮流担任主席。

新中国的中医政策赋予中医新的生命,沈炎南极受鼓舞,于1949年12月积极响应召唤,毅然从香港回到内地工作,服从组织分配调至刚刚成立的广州中医学院任教,历任内经教研室教师、副主任、副教授、教授,集医、教、研于一身。为了发展高等中医教育事业,沈炎南不怕苦不怕累,经常工作到深夜,在寒暑假中也很少休息,甚至春节时还在忙于整理临床经验或编写教材。他常说:"是中国共产党挽救了中医,只有在今天,我才能真正看到了中医光明的前途和希望。我要在有生之年,为中医事业,为社会主义建设培养品学兼优的人才而努力奋斗。"

潜心数十载精研《内经》

沈炎南嗜学不餍,皓首穷经,一生践行穷经典、集真知、重实践、求善效。他很重视中医基本理论,认为理论是根本,尤其是《黄帝内经》,乃"至道之宗,奉生之始"。他几十年潜心研究《黄帝内经》,主张研读《黄帝内经》,要明其理,知其要,融会贯通,要将经典理论运用到临床实践中去,并在实践中加深对经典理论的认识,经过反复的临床实践不断总结经验。

▲ 沈炎南（中）指导弟子学习

沈炎南讲授《黄帝内经》，并先后参与了《中医大辞典·基础理论分册》、高等中医院校第五版教材《内经讲义》及《高等中医院校教学参考丛书·内经》的编写工作。沈炎南讲课生动有趣、深入浅出，广受学生欢迎。据沈炎南的学生杜同仿回忆，那时他作为"文革"后恢复高考的第一届学子入读广州中医学院，有一天上午是《黄帝内经》课，内容是《素问·咳论篇》，上课铃响了之后，走进一位头发花白的儒雅老者，他讲的第一句话就是"五脏六腑皆令人咳，非独肺也"，然后围绕这句话进行层层分析论证，并不断插入临床例子加以说明，使古奥难懂的《黄帝内经》理论变得浅显易懂。经过这一堂课的学习，"五脏六腑皆令人咳，非独肺也"这句话深深烙入同学们的脑海，大家也从此记住了这位慈眉善目的沈炎南老师。

投身教育，培育英才

沈炎南深知继承与发展中医学术，人才是关键。来到中医学院后，他一直兢兢业业地奋斗在中医教育战线上，培育了众多中医人才。为了使学生树立坚定正确的政治方向和牢固的专业思想，沈炎南经常以新中国成立前自己的经历，以及目睹的中医饱受压制和摧残的事实，教育学生珍惜当下党和政府给中医事业创造的良好环境与条件。他说："中华医学曾经受过五千多年的历史洗练，它不但未被淘汰，而且仍为广大的人群需要着，只此一点，就足够说明中华医学是具有崇高价值的。"

1990年，人事部、卫生部和国家中医药管理局联合作出《关于采取紧急措施做好老中医药专家学术经验继承工作的决定》。是年10月，全国继承老中医药专家学术经验拜师大会仪式在北京人民大会堂隆重举行，全国首批500名老中医开始带学术继承人，广东省入围的名老中医有13名，沈炎南位列其中。

广东省政府非常重视此事，在省府为此次入选的广东省名老中医举办拜师大会。中医文献教研室黎汉津和卢传坚被遴选为沈炎南的学术继承人。他们日常不仅跟师进行大量诊疗工作，还积极地学习、总结、整理沈炎南的临床经验，后来都成为广东省知名的中医工作者。

开办首个中医文献本科班

广州中医学院是全国最早兴办的四所中医高等学府之一，但成立后却长期没有专门搞中医文献的教学或研究机构。改革开放后，高校恢复正常教学秩序，百废待兴，这一问题也提到学校议事日程上来。沈炎南不顾年事已高，仍然勇

▲ 学术继承人拜师大会（第二排右五为沈炎南）

当拓荒者，挑起了组建学校中医文献教研室的重担。

经过一番紧张的短期筹备，终于在20世纪80年代中期创立了中医文献教研室，沈炎南亲任教研室主任。当时国家教育委员会发文要求大学试办中医文献学专业，培养从事中医文献整理与发掘工作的专门人才，经上级主管部门批准，由沈炎南领衔，学校于1986年开办了首个中医文献本科班，招生人数20人。同时沈炎南还招收了学校首届中医文献学的研究生，人数2人。

由于一切都是在仓促间起步，没有现成的中医文献专业教材，更谈不上什么教学参考书，甚至连基本的工具书都很匮乏。面对重重困难，沈炎南要求大家艰苦奋斗，自力更生，决定自行编写《中医文献学》系列教材，沈炎南任主编，赖畴负责编写《中医文献学概论》和《中医版本学》，黎汉津负责编写《中医目录学》，杜同仿负责编写《中医校勘学》与《内经版本源流》，吴弥漫负责编写《中医训诂学》和《中医文献考证与辑佚》。经过一年多的艰苦努力，终告完成，在中医文献学专业研究生与本科班上试用，得到相当好评。

校注《脉经》，奠定基石

沈炎南在认真搞好中医经典教学的同时，还极其重视对中医经典的整理、研究和发掘。1982年，卫生部制订了《1982—1990中医古籍整理出版规划》，沈炎南承担魏晋时期王叔和所撰的《脉经》的整理研究和出版。

1983年4月，沈炎南在沈阳参加了全国第一批中医重点古籍整理研究论证会议。1984年卫生部中医司又将11部重点中医古籍整理研究列为部级科研

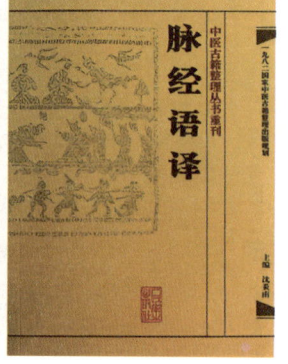

▲《脉经》校注本、语译本审定稿会合影　　▲《脉经语译》书影

课题，首次将中医古籍整理纳入科研管理程序。沈炎南立即组建了《脉经》整理研究课题组，由黄帝内经教研室、各家学说教研室、医古文教研室部分老师组成，沈炎南任课题组组长。沈炎南指示既要认真查阅各种文献资料，又要虚心向相关学者求教，集思广益，方能提高水平。1984年11月，课题组完成了前期的相关准备工作，包括考查、搜求、选择《脉经》版本，搜集各方面的资料，制定了《脉经整理研究设计书》。1985年1月完成课题的开题评审论证。

在吸取各位专家意见的基础上，反复修改样稿与设计书，敲定最终体例后便开始编写。1986年12月，课题组完成了《脉经》校注本和语译本的初稿。为了提高书稿质量，沈炎南将初稿分别送给全国各地16位专家学者，问他们征求意见。1988年12月，《脉经》校注本、语译本审定稿会在广州召开，此次会议受国家中医药管理局委托，由人民卫生出版社白永波主任主持，负责审定稿的著名专家有：广州中医学院邓铁涛教授、福建中医学院俞长荣教授、山东中医学院徐国仟教授、北京中医学院钱超尘教授、辽宁中医研究院史常永主任医师。

经过八年的辛勤工作，《脉经》校注本终于于1991年10月由人民卫生出版社出版。同时，通过此次校注《脉经》的经历，沈炎南为学校培养了一支高水平的中医文献研究队伍，奠定了广州中医药大学在全国中医文献整理方面的学术地位。

参考文献

杜同仿. 沈炎南医论医案集. 北京：科学出版社，2013.

黎汉津，卢传坚. 沈炎南教授学术思想简介. 新中医，1993，（6）：4—6.

黄素芳，廖雅琪，沈小珍，等. 生命不息耕耘不止：忆已故名老中医沈炎南教授. 科教文汇，2009，（13）：21—22.

"万花油"献方人蔡荣

承家学万花满林,汇临证筋骨薪传

学人小传

蔡荣(1921—1980),又名其生,广东海康人。中医骨伤科"粤海五大名家"之一的岭南蔡氏骨伤流派第三代传人。1958年起任教于广州中医学院,是国家级重点学科中医骨伤科学创建人之一,历任外伤科学教研室副主任、伤科教研室主任、教务处副处长等职。1978年被授予"广东省名老中医"称号。主编《中国医学百科全书·中医骨伤科学》等。

献方"跌打万花油"

"万花油"是蔡氏伤科的灵魂，它的传世过程亦是蔡氏伤科发展的一个缩影。在南粤一带流传一句家喻户晓的民谣："家有万花油，跌打刀伤不用愁"，指的是久负盛名的"跌打万花油"。该药已有130多年历史，成分独特，在消炎止痛、去肿活血等方面功效显著，风行国内及新马泰各地，甚至远销欧美地区，被列为国家中药保护品种、被评为中华特色药。

该药的创始发明人正是蔡荣的祖父蔡忠。1898年，蔡忠于广州西关五秀南路6号开办跌打骨科医馆，名"普生园"。由于医德高尚、医术高明、声誉甚佳，每天求诊者络绎不绝。行医的同时,他又设厂生产自己创制的跌打万花油。

新中国成立后，跌打万花油分别由二天堂制药厂、李众胜制药厂生产，采用"蔡"字商标，但其产量一直不大。直到1965年9月11日，跌打万花油处方由李众胜制药厂移交广州敬修堂药厂。敬修堂药厂沿用蔡忠的配方工艺开始独家生产跌打万花油。

1979年国庆前夕，蔡荣毫无保留地正式把祖传秘方"万花油"捐献给国家，交由广州敬修堂药业股份有限公司生产,使跌打万花油更加风行中外。1989年，敬修堂生产的"跌打万花油"获得国家银质奖，被列为国家中药保护品种，并被评为中华特色药，进入国家医疗保险目录。"跌打万花油"也从一个地区性名牌产品变为全国性知名产品，并在2009年进入首批广东省岭南中药文化遗产保护名录。"跌打万花油"这个百年驰名的名药，一直造福广大民众，体现蔡氏伤科对百姓的贡献。

完善岭南骨伤辨证论治体系

蔡荣在脏腑学说的基础上，结合骨伤科的特点，总结出骨伤科的脏腑、经络、皮肉、筋骨、气血、精津病机。这种学说不但弥补了以往伤科病因、病机学说的不足，而且形成了独特的见解。他认为："人体受外因作用或内因影响而发生伤病时，局部皮肉、筋骨组织的损害会导致脏腑、经络、气血和津液的功能失调，因而一系列症状随之发生。""骨关节损伤和疾病多由皮肉筋骨病损而引起经络阻塞、气血凝滞、精液亏耗或瘀血邪毒由表入里，导致脏腑不和；亦可由于脏腑不和由里达表，引起经络、气血、精津病变，导致皮肉筋骨病损。"

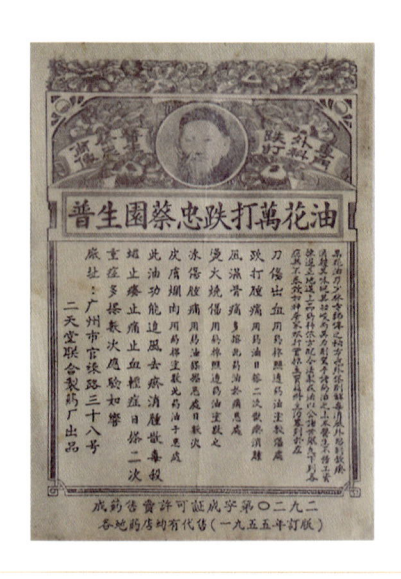

▲ 万花油 1955 年版说明书

蔡荣对伤科病机有独特的见解，形成一套颇具伤科特色的辨证论治原则。他把伤病局部诊断与八纲辨证、脏腑经络辨证、卫气营血辨证等结合起来，以四诊八纲为依据，以中医内治八法为基础，总结出伤科内治十法、外治十三法和理伤十三法等。蔡荣颇有中医特色的辨证论治，丰富了中医骨伤科理论，为后学者提供了一套较为完整的辨证论治规范。

蔡荣创立的伤科病因病机说、骨伤内治十法、外治十三法、理伤十三法，被率先写入全国中医院校规划教材第三版《外伤科学》和第四版《中医伤科学》，他也被遴选为主编。此后，他担任主编的经典著述《中国医学百科全书·中医骨伤科学》、岑泽波主编的全国高等医药院校试用教材《中医伤科学》（第五版教材）、张安桢和武春发主编的《中医骨伤科学》（1988年第一版）均传承了这些内容。

这些书教育了新中国成立后的一代又一代的中医骨伤科医学生，影响深远。从第六版教材起，书籍加入了许多新的观点、现代技术与研究进展，但大凡涉及骨伤治法部分的章节均以传承蔡荣风格、创新编著为主。

协定方尊古不失宗

在20世纪六七十年代，随着附属医院业务量的增长，中医协定处方一度非常流行，骨伤科亦不例外。据曾经跟随过蔡荣编书的黄关亮、彭汉士回忆，在三、四版教材的编写中，有十多条经验方由蔡荣亲手拟订，例如以骨折三期辨证的"肢伤一方""肢伤二方""肢伤三方""肢伤四方""肢伤五方"，骨科外洗的"骨科外洗一方""骨科外洗二方"，头颅损伤辨证的"头伤一方""头伤二方"，胸外科辨证的"胸伤一方""胸伤二方"，腰背骨折和筋伤辨证的"腰伤一方""腰伤二方""腰伤三方"，腹部外伤辨证的"腹伤一方""腹伤二方"等。

据考，当时很多协定处方不能冠以任何发明人的名字，大都以数字方的形式出现。所列的部分处方，由蔡荣首先在1975年1月编撰的"全国中医学院外伤科师资进修班《学术专题讲座》资料汇编"上发表。

随后，同年8月份由上海科技出版社出版、冠名广东中医学院外伤科学教研室主编的中医学院试用教材《外伤科学》（即三版教材）正式将这批协定处方写入。在四版以后的所有教材、骨伤书籍及发表的论文中，大凡引用三版教材经验方的，均以"引自《外伤科学》经验方"标出其出处。综观此经验方，性平温和、用药不偏、分治明显，带有南方伤科用药的特色。在蔡荣的亲手拟定的这些处方中，有的是家传，有的根据自身临床经验并结合岭南伤科用药特点制定。

诸如理伤消肿口服液、补肾续骨口服液、壮腰生髓口服液等广州中医药大学第一附属医院现行的院内制剂，仍带有协定方的影子。此外，大多数骨科专家在门诊时也还会沿用协定方。

推动中西医骨科融合发展

蔡荣十分重视对骨伤科的青年医师的培养，并针对每个人的特点，结合科室业务发展的需要加以培养。

1979年，广州中医学院附属医院住院楼落成后，外伤科教研室分为中医伤科学教研室和中医外科教研室。蔡荣即担任中医伤科学教研室主任，岑泽波任副主任。骨伤科病区设在南楼一层，共有55张床位。病区扩大后，收治疾病的范围随之扩大，疑难病、重病、急症患者比例增大。

在此期间，蔡荣有计划地分期分批派年轻医生外出到天津、上海、郑州、武汉等地，以及中山医学院附属医院、广州市第一人民医院、南方医院等医院学习进修现代骨科技术，为骨伤科的发展、人才的培养打下了良好的基础。各批年轻医生学习返回后开展了四肢骨折切开复位内固定术、小儿麻痹后遗症矫

▲ 1958年广东骨伤科名家合影，左起：李家达、蔡荣、何竹林、李广海、黄耀燊、黄宪章

形术、神经血管的修复术等一系列新业务，使广州中医药大学中医骨伤科步入中西医结合发展时期。

在广州中医学院执教多年，蔡荣为培养下一代人才呕心沥血，主办了全国中医学院外伤科师资班、广东省中医正骨进修班，培养学生遍布海内外各地，其中不少佼佼者均为当今中医骨伤科界的骨干人物，为弘扬中医骨伤科事业、发展"蔡氏伤科"流派起着十分重要的作用。

参考文献

陈凯佳，黄枫，李主江. 岭南中医骨伤科学术流派. 北京：人民卫生出版社，2021.

丁继华. 现代中医骨伤科流派菁华. 北京：中国医药科技出版社，1990.

樊粤光. 岭南骨伤名家蔡荣对骨伤治法理论的贡献. 广东省首届中医学术流派与岭南中医药文化论坛论文集. 2011：127—132.

广州中医学院. 中医伤科学. 上海：上海科学技术出版社. 1980.

黄关亮. 岭南名医蔡荣教授学术思想及治疗经验简介. 新中医，1989，（4）：8—10.

佚名. 院志 1964—2004. 广州：广州中医药大学第一附属医院，2006.

"守藏史"杨复

为中医呐喊，守知识殿堂

学人小传

杨复（1923—2023），广东中山人。原名梁启东，解放战争时期因积极参加学生爱国民主运动，受国民党当局通缉，撤退进解放区时改名杨复。1948年8月毕业于复旦大学新闻系，同年10月进入苏北解放区盐城华中大学学习工作。1949年3月加入中国共产党。新中国成立后，先后担任上海市共青团虹口区工委干事、宣传部长，共青团中央宣传部报刊科干事。1957年12月调入广州中医学院，任学校党委宣教科副科长。后历任学院教革组办公室副主任，《新中医》编辑室副主任，广东中医学院海南黎族苗族自治州"六·二六"大学负责人，广州中医学院图书馆副馆长。

书生意气，挥斥方遒

杨复出生于汉口，因父亲生意失败、社会动荡不安，小学毕业后读不起普通中学，便入读湖北武昌职业学校印刷科。1938年秋，武汉战役前夕，杨复随姐姐和姐夫避难到四川万县，父母则随父亲就职的单位撤到湖北沙市。1939年，母亲为解决杨复读书问题来到万县，将他安排到私立安徽旅鄂中学读初二。

杨复在自传中回忆："记得母亲由乡下送我到学校的时候，她一把眼泪一把鼻涕对我说：要我用功读书，学费来得不容易，是当掉她的金戒指换来的，他们只有我一个儿子，要我替他们争一口气。我当时也感动得流泪了，我开始懂得人生，开始用脑子想问题。"入学后，杨复成了全班最用功的学生之一，直到初中毕业，他总是名列前茅。

1941年，父母和姐姐两家迁到重庆，杨复在重庆度过了高一寒假。作为当时的政治文化中心，重庆各种思潮交融。正逢皖南事变，杨复读到《新华日报》上周恩来的题字："千古奇冤，江南一叶；同室操戈，相煎何急"，对此留下深刻的印象。回到学校后，杨复开始关注时事，并成为学校里的活跃分子。

1943年高中毕业后，杨复考上教育部设于重庆白沙镇的大学先修班，以孤注一掷的心态认真攻读8个月，以全班48人名列第5名的成绩考入复旦大学新闻系。

战时复旦大学迁到重庆北碚办学，新闻系是该校最热门的专业。进入复旦校园，杨复扩展了眼界。彼时学校民主风气高涨：新闻系主任陈望道是《共产党宣言》中文全译本首译者，很多学长都有搞民主革命运动的丰富经验，学校经常召开大规模的时事座谈会。杨复还曾有幸聆听老舍、张志让、洪深等爱国民主人士、知名学者的演讲，政治水平不断提高。

1945年，抗战胜利、重庆谈判等相继发生，学校的民主风气一日千里，社团达到100多个。杨复和好友孟庆远、张希文共同创办了《时事论坛报》，还主持创办了《立言报》。

1946年3月，复旦发生"谷风事件"，国民党策动反苏大游行，以反苏之名镇压民主运动，杨复等没有参加游行的同学被特务污蔑为汉奸。学校的两广同学会领导了学生的抗议斗争，召开大会，杨复在会上做了尖锐的发言，最终带头闹事的特务被开除学籍。事后，杨复被选为两广同学会的干事，进一步投身爱国民主运动。

1946年10月，复旦大学复员上海。此后，杨复参加了上海各高校组织的全市学生抗议美军暴行大示威、"反饥饿反内战反迫害运动"等，并成为校内公开的学生运动核心者之一。

1947年暑假，杨复代表复旦大学参加上海学生联合会主席团，同年秋，参加复旦大学系科社团常委会。此后，又积极领导和参加了1947年11月"于子三事件"总罢课、1948年春抗议英军九龙暴行斗争、1948年6月反美扶日示威。

1948年5月，上海地下党和杨复进行接触，动员他撤退到解放区，9月底才得以成行。10月，杨复被地下党护送到盐城，进入华中大学学习、工作。次年5月，随南下大军回到上海，从事共青团工作。

中医界的呐喊者

1972—1978年，杨复担任《新中医》编委会副主任，任职期间，使《新中医》从内部发行转变为公开发行。

《新中医》创办于1970年，是不定期出版的内部刊物。杨复调到编辑室后，与谭石洲一起探索刊物的出路。他们在校内外征求意见，了解到校内老师需要出版阵地传播、交流中医药防治经验，开展学术探讨；了解到有数千年历史的中医药在广大群众中深深扎根，他们需要从出版物中得到防治疾病的知识。因此，他们认定以学院为依托，立足省内，面向全国，会有广泛的稿源和读者。

杨复多次主动找领导谈话，提出办刊设想，解释有利条件、存在困难、解决办法，得到学校领导支持。当时刊物的公开发行，需要得到国务院批准。于是，杨复又多次奔走，向广东省卫生局有关领导分析。他指出，广东省有一个中医药刊物，有利于加强对全省基层中医药事业的领导，对提高省内基层医疗、预防人员的业务水平能起到促进作用，取得了认同。1972年11月，经学校和卫生局上报，卫生部批准《新中医》杂志在1973年公开发行。

1972年11月，《新中医》编辑委员会和《新中医》编辑室正式成立，由学院革委会副主任李福海兼任编委会主任、编辑室主任，校内名老中医和一些部门领导为编委会委员，杨复、李明宗为编委会专职副主任兼编辑室副主任。

《新中医》侧重报道运用现代科学知识和方法整理祖国医药学的理论探讨和临床成果；反映针灸新医和中草药采、种、制、用的经验；以常、多、普病为重点，介绍祖国医学的基本理论和民间有效单方、验方；增强对中医理论研究和教学文章的报道。

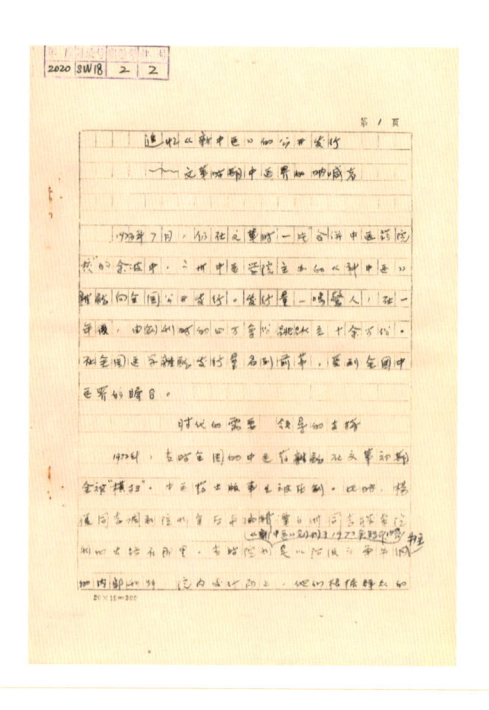

▲ 杨复手迹《追忆〈新中医〉的公开发行》

　　面向基层，走群众路线，是办好刊物的重要条件。《新中医》公开发行后，为了增加发行量，编辑室深入调查，根据反馈的情况，改进刊物质量。除了向医务工作者征求意见，还到中山、新会、江西南昌等地的邮局和读者家中拜访，征求意见。了解到《新中医》的很多订户是中医药爱好者，用刊物介绍的经验来解决自己或家人的病痛；部分读者是基层医务工作者，将刊物作为提高业务水平的参考资料。于是，编辑室在预约稿件时，注意贴近读者需要，更加受到读者的欢迎，增加了发行量。

　　刊物的生命力在于文章的质量。编委会花大精力组织作者队伍，通过通信、登门拜访、赠送刊物等方式，宣传《新中医》。期间，杨复走访了刘赤选、罗元恺、邓铁涛、黄耀燊等老前辈，得到他们大力支持。梁颂名、程锡箴等中青年老师也积极投稿或参加审稿。此外，杨复还到省外预约稿件，走访湖南、湖北、江西、浙江、江苏、上海兄弟院校和一些中医院的名老中医，从而赢得更多作者。

　　《新中医》在1973年正式公开发行，发行量超过4万份，一年后，猛增至18万份，在国内众多的学术刊物中名列前茅。随着发行量不断增长，社会效益日益扩大，《新中医》也赢得了一定的经济效益。当时，学校有人评出了广州中医学院的三宝：中药圃、中药馆、《新中医》。

促图书馆发展上正轨

1978年10月，杨复被任命为图书馆副馆长。当时的图书馆位于旧教学大楼四楼，建于1956年，面积仅有800平方米。业务方面，图书馆一套完整的书目卡片都没有，最基本的藏书量不清楚，基本的规章制度和业务项目也没有建立。

杨复深谙图书馆的重要性。接手图书馆的管理工作后，他向领导宣传图书馆在教育事业中的地位作用，多次进行书面和口头汇报。

杨复非常重视图书馆人才队伍建设。图书馆原有工作人员编制不足，学历较低，有些是小学学历，他在工作计划中写："争取有专长的业务人员来馆工作，尊重他的工作。"为此，杨复加强了人员在职培训工作，派人参加武汉大学、广东省立中山图书馆等单位举办的学历进修和各种短训班；要求工作人员根据岗位业务要求进行自学；订阅图书馆学专业期刊，供工作人员参阅，使馆员从理论到实践水平都有提高。

杨复注重图书馆基本目录的建设，对图书进行彻底清点，建立了完整的公务目录。针对读者借阅较多的中文书籍，新增了书名目录。

▲ 20世纪80年代，李国桥（左一）在三亚热带医学研究所欢迎图书馆馆长杨复（右一）前来考察

服务工作上，在条件极为艰苦、人力尤为不足的情况下，杨复不断延长开放时间，并增加开架流通，方便读者，提高图书的利用率。

在杨复的努力争取，以及罗元恺、邓铁涛等前辈学者关怀下，三元里新图书馆大楼在6年内完成由请示到顺利竣工的全过程，并于1984年5月正式落成。同年9月，杨复光荣离休。

2019年1月18日，96岁高龄的杨复来到大学城校区，目睹图书馆新貌，欣然题词："感谢全馆同志对新图书馆改革创新的辛苦。"

离休后，杨复在离休党支部党务工作者的岗位上，继续奉献。他坚持理论学习，积极组织和参与党支部活动，热心参与公益事业，关心学校的发展建设，建言献策。2011年，被学校党委评为创先争优优秀共产党员。

中医英译家欧明

以译为桥，联通中西

学人小传

欧明（1926—2017），广东顺德人。广州中医药大学终身教授，中医英语翻译家，享受国务院政府特殊津贴。1948年毕业于岭南大学医学院。1956年到广州中医学院工作，历任教务科科长、内科学基础教研组负责人、广州中医学院附属医院副院长、学院教务处副处长、学院副院长、临床药理研究所所长等职务。曾任中国中西医结合学会心血管专业委员会副主任委员，中国中西医结合学会广东分会理事，世界卫生组织（WHO）亚太地区"草药安全性与有效性研究委员会"顾问，广东省中西医结合学会第一至第三届会长、第四至第六届名誉会长、终身理事，中国中西医结合学会心血管专业委员会顾问，《广州中医药大学学报》《中药新药与临床药理》主编。

▲ 欧明参加中国人民解放军粤赣湘边纵队工作时合影（1949 年，后排右四为欧明，后排左四为欧明夫人张青）

悬壶济世报国爱党

欧明，原名欧振远，曾是澳门"米铺少主"。1942 年，欧振远从岭南大学附中毕业后，为了悬壶济世的理想，考取岭南大学医学院。

抗日烽烟最烈之时，1938 年 10 月，欧振远便与岭南大学医学院一起迁至江西永新。战时纷乱，岭南大学医学院依旧俊彦云集、嘉树满园，汇聚了陈心陶、许天禄、许汉光等医学各专科的奠基人。在此期间，欧振远勤奋刻苦，成绩尤为突出。也是在这个阶段，他结识了同班同学、之后的妻子张静娴。两人从此风雨同舟，甘苦相随七十五载。

1948 年秋，欧振远与张静娴完成了岭南大学医学院所有课程，开始在博济医院实习。还差五个月结束实习时，张静娴的表姐与地下党素有接触，便动员二人离开医院，到粤赣湘边纵队去。在对国民党极度失望的情况下，欧振远与张静娴悄悄离开博济医院，来到香港，并于 1949 年 1 月加入中国人民解放军粤赣湘边纵队，担任军队军医。

在香港，他们结为夫妻。婚后，欧振远与张静娴悄悄加入了中国共产党，并分别改名为欧明、张青。从此，岭南大学医学院学生名录上再也找不到二人踪迹。在香港担任医护人员的过程中，革命战争的锤炼与战火的洗礼更坚定了欧明的无产阶级人生观、价值观。与此同时，欧明对中医的接触越来越多，他渐渐萌生出中西合璧的思想，试图打破中西医之间的藩篱壁垒。

潜心发展中西结合

1956年，全国创建首批中医院校，欧明临危受命参与创建广州中医学院，成为新中国成立后连通中西医医学桥梁的第一批学者之一。

1958年，中医学院举办西医离职学习中医高研班，使一批批立志发展中医事业的西医师，钻研中医，走上中西医结合道路。欧明克服当时条件简陋、饱受非议等种种困难，积极开展工作、潜心研究。

工作开展过程中，欧明意识到发展中西医结合事业，必须有一个相应的学术团体。1981年，他与侯灿、王建华等一批德高望重的中西医结合专家创建了广东省中西医结合研究会，后来发展为学会，并连续担任了一、二、三届理事长（会长）。在他的领导下，学会不断发展壮大，会员由成立初始的50多人发展至今已达2600多人，专业委员会从最初的2个发展至今有20余个。

欧明还提出，要发展学会，必须与实体单位结合，扩大学会的影响力。为此，学会在1985年与广州市越秀区第一人民医院共同创办广东省中西医结合医疗咨询中心，开设夜诊，与羊城药厂开展研究治疗肿瘤的科研项目。

▲ 参与广州中医学院筹建人员（1987年，右二为欧明）

欧明认为发展中医学，继承是基础，创新是关键，利用现代科学技术是战略措施，实现中医药现代化是最终目标。实现中医药现代化，必须在继承中医药传统理论与保持中医药特色的基础上，采用包括现代医学在内的现代科学，促进中医药理论与实践的发展。

欧明在中西医结合治疗心血管疾病研究方面有重大建树。他曾主持国家"七五"科技攻关项目"毛冬青甲素治疗充血性心力衰竭的临床与实验研究"，获广东省中医药科技进步奖一等奖及广东省科技进步奖三等奖，在国内学术界产生了很大影响，有力地推动了我国中西医结合事业的发展。为此，2002年他被广东省中西医结合学会授予中西医结合成就奖，2005年被授予特别贡献奖。

此外，欧明还担任国家"七五"科技攻关项目"中医、中西医结合治疗心血管疾病"课题组组长。在国内率先开展中医证候实质、病因病机及辨证规律的现代化研究，主持"中医虚证的分子生物学基础"等多项国家及省部级研究课题。

欧明在研究过程中十分关注中草药的安全性，率先在国内提出关注和研究中草药不良反应。1992年，他受聘于世界卫生组织（WHO）亚太地区办事处，担任"草药安全性与有效性评价指导原则"制定会议的顾问，参与该指导原则的定稿。此外，他还主编了代表性著作《中药及其制剂不良反应大典》，并指出应当从药物选择、合理组方、严格生产、规范处方合理用药等方面力保中草药的安全应用，避免发生不良反应，其学术观点得到广大同行的认可。

编纂《中医大辞典》

中医药要走向世界，中医药理论要获得国际医药界的理解与认同，必须与

▲ 原卫生部朱庆生副部长与欧明（左）　　▲ WHO亚太传统医药官员来访（中为欧明）

现代科学技术相结合。然而长期以来，国内中医英语翻译材料奇缺，学者们主要引用和参考外国传教士、学者所做的中国古代医学文献的译本。但由于文化差异和理解的不同，中医传播依然受到了限制。

1975年，卫生部任命广州中医学院为主编单位，编写出版《中医大辞典》。面对这项浩大的系统工程，欧明不以西医出身推辞，毫不犹豫投入这一中医学术基础建设的艰苦工作中。他带领学校30多位教师，联手全国11家中医学院通力协作，历经21年，先后完成了《简明中医辞典》（1979年）、中医辞典八大学科分册（1980—1988年）等工具书的汇编出版，直至1995年终于完成了《中医大辞典》的编写出版工作。

在《中医大辞典》系列书籍的漫长编写过程中，欧明深刻认识到了打破语言阻碍、加强对外交流与沟通的重要性。在此期间，他领导广州中医学院的中西医专家、英语教师，以《简明中医辞典》为蓝本进行选词翻译，在1982年、1986年又分别出版了《汉英常用中医词汇》与《汉英中医辞典》。时值改革开放，国门打开，中医药的学习引来广大外国留学生的青睐。

为了提高中医英译水平，欧明对中医基本名词术语词条、基本理论、中药及方剂、针灸及推拿等提出了规范的翻译方法，总结出音译、意译、半音半意译三种方法，对每种译法的适用范围、规则、表现形式及利弊都做了详细阐述，形成了自己的英译学派。

除主编多种中英双语专著外，欧明还是"世界卫生组织亚太地区芳香及药物植物情报网络"、"中国中医研究院古籍与信息研究所"、《中医荟萃》（英文版）等组织和杂志的主要撰稿人。欧明开中医英译的先河，为中医药走向世界架设桥梁，对发展我国中医药的英译事业，促进中医药学走向世界建立了不可磨灭的历史功勋。

参考文献

李明丽. 呕心沥血，为了中西医结合的明天：记我国中西医结合医学的奠基人之一欧明教授. 科学中国人，2006，（1）：32—33.

苏红，王银泉. 汉英中医药词典编撰和翻译的缘起：以欧明中医药翻译原则为例. 学术研究，2022，（11）：49—53.

吴辉，吴伟. 中西医结合医学家欧明教授. 中国中西医结合杂志，2017，37（9）：1048—1049.

"骨坏死克星"袁浩

爱心无价，救治好军嫂

学人小传

袁浩（1926—2011），浙江富阳人。广州中医药大学首席教授，享受国务院政府特殊津贴。从医 50 余年，从事股骨头坏死专病研究 30 余年，创立全国中医髋关节病重点专科。曾任全国中医重点专科学科带头人、世界骨伤科联合会顾问、中华骨科学会骨坏死学组副组长、中国中西医结合骨伤科学会股骨头坏死学组副组长、广东省股骨头坏死防治康复学会主任委员、广东省骨病研究所所长。担任全国中医院校骨伤专业教材《骨病学》《骨科手术学》主编、《中国骨与关节损伤杂志》《中国骨伤》编委等。先后在国内外杂志发表论文 50 余篇。1995 年被评为全国劳模，2000 年获国家科技进步奖二等奖。

弃商从医，响应号召支边30年

袁浩出生于浙江富阳的一个商人家庭，父亲热衷经商，希望他能继承衣钵。高中即将毕业时，父亲就替他找了个好去处，让他去做学徒。但袁浩自小爱好科学，希望长大能做一名工程师。

少年的袁浩，生活在日本侵华时期，目睹侵华日军在中国的暴行。当时盛行的"科学救国论"深深影响着袁浩，他深信，只有国家科技发达、国力强盛，才能不受外敌侵略。

青年期间，新四军金萧支队江北办事处在袁浩的家乡建立革命队伍，袁浩毅然参加了新四军，将一腔热血投入革命中。在圆满完成迎接解放军南下任务后，新四军金萧支队大部队同志分散到全国各地工作，袁浩因年轻、向往科学而重新报考大学。此时，他的哥哥、母亲因感染肺结核相继去世，这使他产生了学医济世、治病救人的念头，于是报考了浙江医科大学，从此和医学结下了不解之缘。

大学毕业后，袁浩响应党的号召，主动要求支援缺医少药的边疆海南岛，一干就是30年。当时，袁浩被分配到条件简陋、生活艰苦的海南701矿职工医院，他从一间茅房、3个人起步，建立起一家矿山医院，并虚心向当地民间医生学习中医药防病治病经验，怀着满腔热忱，为基层群众服务。由于工作出色，袁

▲ 1955年的袁浩

▲ 袁浩带领的骨科团队

浩于1963年3月被评为广东省知青上下乡先进标兵，并在广东各地作先进事迹巡回报告。

1974年，因工作需要，袁浩调入海南人民医院工作，先后担任海南人民医院骨科主任、业务副院长。1985年4月，已经59岁的袁浩调入广州中医学院第一附属医院。在别人快退休的年龄，他开始废寝忘食地开展中西医结合诊治股骨头坏死疾病研究。

对于能为工作和生活带来帮助的"新玩意"，袁浩非但不怵，还会主动接触，越用越溜。他50多岁开始学英语，出国能用英语作报告，六七十岁开始学用电脑整理文件报告。

中风之前，袁浩基本坚持每个星期出5天门诊。80岁后，他曾跑了66个城市作了70多场报告。他认为，"医生不能老在办公室坐着，更不能光靠理论，要在实践中总结和提升业务水平"。

勇攀骨坏死治疗高峰

从医多年，袁浩始终"发愤忘食，乐以忘忧，不知老之将至"，全力攻坚股骨头坏死症，在中西医结合诊治股骨头坏死领域取得了许多开拓性的成绩，成为股骨头坏死治疗方面的专家。

袁浩采用袁氏中西医结合综合疗法防治成人和儿童的各种股骨头坏死及相关髋关节疾病，形成了以袁氏活骨系列中药为主的保守疗法、手术疗法、康复疗法"三位一体"的治疗特色。他的研究成果《多条血管束植入治疗股骨头无菌性坏死》《股骨颈吸收伴股骨头坏死》，经全国专家组鉴定达到国际先进水平。

关于如何针对股骨头坏死进行中西医结合治疗的问题，袁浩认为，早中期采用微创术配合中医药治疗减少手术痛苦；中晚期用多条血管束联合带蒂骨瓣植入，最大限度恢复头臼的正常形态，再配合中医药内外治法，缩短康复期，使患者1—1.5年可以恢复轻工作，2—3年达到临床基本治愈，实现中西医治疗有机结合。

袁浩认为，股骨头坏死是否可逆，取决于治疗方法是否能让坏死股骨头有丰富血供，如果能达到这一点，股骨头就能"死而复活"。在长期中医药的临床实践中，他在辨证分型上，提出"血瘀内阻"为主型，又结合X线、CT、ECT、手术所见和病理，把主型分为大块缺血型、混合型、郁血型、增生硬化型。另外又加"肾虚"与"痹症"两个亚型，创建辨证与现代病理相结合的分型法。

此外，袁浩发掘民间三代祖传中草药验方，研制出通络生骨胶囊，手术上首创多条血管束植入治疗股骨头缺血性坏死。在袁浩看来，股骨头坏死具有相当的复杂性，绝非用中医的一方一法或单一的手术方法能解决。加之不同年龄、不同病因股骨头坏死康复期的修复不同，因此必须按不同情况，用不同方法处理，才能取得最佳疗效。他提出的分期、分型、分级，在大量实践中不断总结和升华，形成了体系、程序和处理规范。

在长期对股骨头坏死专病的探索中，袁浩不断改进治疗手段，提高治疗效果，形成了有效药物、手术，以及康复相结合的治疗原则，继而确立了中药治疗、支架微创手术与外展承重、运动塑形等以保留自身股骨头为主的治疗方法。

神医救军嫂，温暖戍边人

"能够当医生，治病救人积德，是莫大的荣幸。"这是袁浩挂在嘴边的一句话。多年来，他用实际行动诠释着大医精诚的内涵。其中，不得不提他与被评为"100位新中国成立以来感动中国人物"的好军嫂韩素云之间的故事。

1993年，报纸刊载了一篇报道，介绍广西法卡山军人倪效武的妻子韩素

▲ 好军嫂韩素云来探望

云的动人事迹，以及韩素云身患双侧股骨头缺血性坏死，久治无效且为之耗尽家产的不幸遭遇。1994年元旦，这份报纸传到袁浩手中。他被韩素云的无私奉献精神深深感动，凌晨3时，他披衣提笔给院长写报告，请求优惠为军嫂治病。接到报告后，院长当即表示，"无偿接来治疗"。

后来，袁浩亲自主刀，为韩素云的左股骨头施行手术，术后服用袁浩研制的中药，并辅以积极的康复治疗。1个月后，韩素云可以扶双拐下地行走，术后半年可以扔掉双拐在室内行走。经多次复查，韩素云双侧股骨头均明显修复，达到临床治愈。

袁浩的精湛医术，医院的大爱援手得到了中央领导与卫生部、国家中医药管理局等各级领导的充分肯定。1994年8月，广州军区授予袁浩大镜匾嘉奖，题词"德高术精，情注长城"。1994年9月，南宁军分区授予其奖杯，题词"神医救军嫂，温暖戍边人"。1995年1月26日晚，北京举行军民迎新春文艺晚会前，中央领导亲切接见韩素云爱国拥军先进群体事迹报告团成员。江泽民握着时任医院党委书记、院长刘震东的手说，你们医院做了一件大好事，医院就应该是这样。该事件经媒体报道后，迅速传遍全国，掀起了"军爱民，民拥军"的热潮，甚至在海内外引起巨大反响。袁浩无偿救治好军嫂的故事成为爱国拥军、大医精诚的典范。

垫钱救人，19年后患者侍病报恩

2009年，袁浩中风住院，一位河南农民跑到床前尽心伺候。护士不解地问原因，农民憨憨地回应："我来报答19年前的恩情。"

这位守在袁浩病床前的男子叫李敬斋，是河南永城的一位农民，跟土地打了一辈子交道，完全没有伺候中风病人的经验。为了照顾病患，他虚心跟护士学习护理方法，经过医院同意后，还在病床边摆了一张小床，24小时守护着袁浩。

李敬斋和妻子都是勤劳本分的农民，两人的肩膀上担负着整个家庭的重任，上有年迈的父母，中间有一个残疾的弟弟，膝下还有3个孩子。不幸的是，1987年开始，李敬斋在3年时间里，接连遭遇了两场车祸，左右腿都被撞折了。李敬斋为此吃了不少苦头，好不容易休养过来了，刚刚能下地干活，没想到，1990年，他又被诊断出股骨头坏死。

诊断结果出来后，李敬斋的妻子哭得昏天黑地，后来一家人坐在一起商量了很久，决定南下求医。李敬斋从家离开的时候，东挪西凑带了3000块钱，一路走一路问，最终在附属医院遇到了袁浩。

袁浩是骨科领域的权威，对股骨头坏死有深入研究，给李敬斋做完检查后，就准备手术。但是，高昂的手术费却成了挡在李敬斋夫妇面前的拦路虎，两口子急得抱头痛哭。

了解李敬斋的家庭情况后，袁浩主动出面跟医院协调，能减的减、能免的免，把费用压到了最低，给李敬斋做了手术。可即便如此，李敬斋出院的时候，还欠了医院1000多块钱。两口子商量了一下，决定让李敬斋回家休养，妻子留在医院打工还账。

"刚出院的病人，身边怎么能没人照顾呢？"袁浩知道后，偷偷出钱垫付了医院的欠款，还买了两张火车票，把两口子"赶"回了家。

李敬斋夫妇回家后，一直跟袁浩保持着书信联系，之后的复诊、换药等事宜，也都通过信件来完成。后来，李敬斋彻底康复后，跟医院联系还钱，才知道袁浩已经把钱给补上了。

这份情谊，让李敬斋深深地记在了心中，这就有了后来"滴水之恩定当涌泉相报"的动人故事。

治病救人幸莫甚焉。从医数十年，袁浩始终急病人之所急、忧患者之所忧，倾尽毕生所学救人无数，成为德高望重、妙手仁心的医学楷模。

药理泰斗王建华

融贯中西奠基复方药理，
呕心沥血开创脾虚研究

学人小传

王建华（1927—2016），江苏泰兴人，广州中医药大学终身教授，享受国务院政府特殊津贴。1951年毕业于同济大学医学院。1953年到江苏医学院工作。1959年到徐州医学院工作。1974年调入广州中医学院，先后担任新组建的脾胃研究小组负责人、脾胃研究室主任、脾胃研究所所长。长期从事中西医结合研究工作，擅长中药麻醉、中西医结合脾胃学说、中药药理特别是复方药理研究，是我国中药药理学学术泰斗，我国现代脾胃学说研究的主要开拓者、中药复方药理研究的主要倡导者和开拓者。开展中药古方"麻沸散"相关研究，是我国中药麻醉作用机理研究的先驱者之一。2000年获国家科技进步奖二等奖。

深入研究麻沸散，揭开中药麻醉之谜

1951年，全国高等医学院校师资缺乏，国家决定在重点医学院校中设立高级师资培训班，培养师资，北京协和医学院药理高级师资培训班是其中之一。1951年8月，王建华进入该班学习，对中药药理研究有了初步接触，为日后开展药理专业工作奠定了基础。

结束培训班的学习后，王建华被分配到江苏医学院药理教研室工作，主要进行药理课教学及实验课带教。其间，他对中医药研究产生了浓厚兴趣，开始参加中药药理研究工作。

20世纪70年代初，徐州医学院附属医院麻醉科王延涛医师自服煎煮的中药传奇古方"麻沸散"，发现其有类麻醉作用，此后该医院率先开展中药麻醉的临床试用工作，得出麻沸散能够有效地起到麻醉作用的初步结论。

为了弄清麻沸散的麻醉作用及机理，王建华带领团队首次对麻沸散开展了系统研究，确定麻沸散四味药物中洋金花为有效药物，洋金花起主要麻醉作用的成分为东莨菪碱。这一研究结果推动了中药麻醉的剂型改革，促使中药麻醉在全国推广运用。

研究还发现东莨菪碱可改善全身微循环、抗休克，克服了全身麻醉易引起休克的缺点。但中药麻醉也存在麻醉深度不够的问题，特别是在进行上腹部手术时，须与肌松剂合用，这一临床需要带动了中药肌松剂的研究。

一系列研究，揭开了中药麻醉的千古之谜，使古老的中医药理论焕发出新的光芒。研究成果先后以多篇论文的形式发表，并于1971年由人民卫生出版社出版《中药麻醉》，有关中药麻醉的研究成果获得1978年全国科学大会一等奖。

艰苦创业，开创脾虚证现代研究先河

1974年，王建华从徐州医学院调到了广州中医学院工作。

当时，王建华负责组建广州中医学院脾胃研究小组，开展脾胃学说的理论研究工作。辨证论治是医学的精髓，是中医理论指导实践的具体体现。脾胃学说这一中医基础理论的研究，必须以证的研究作为突破口，研究组决定以脾虚证辨证论治作为研究目标。

首先，研究组制定出符合临床实践需要的脾虚证中医诊断标准。其次，确

▲ 王建华在全国脾虚证学术研讨会

定临床研究基地。然而，限于当时条件，学院附属医院未能提供临床研究病床。正当他们犯愁时，广州绢麻厂卫生所的领导急切求助，希望中医能够帮助解决该厂女工长期患慢性低热的棘手问题，研究组接受了这一任务。

绢麻厂地处广州郊区，交通十分不便，往返一趟需近4小时，研究组决定到厂里"安营扎寨"。经辨证分析，研究组确定患者慢性低热的病机是脾虚发热，宜采用甘温除大热的方法，运用四君子汤加桂枝、黄芪治疗。

经过治疗，70例慢性低热患者的治愈率达60%，总有效率为87.5%。研究组不仅治好疾病，还改变了慢性低热采取益气养阴治疗的传统论点，创新性提出了慢性低热从脾虚论治，以临床案例验证了甘温除大热这一治法。

在研究过程中，王建华发现，酸刺激前后唾液淀粉酶活性比值的变化是反映脾虚证本质的特征指标之一，创造性地把负荷实验应用于虚证的研究，这一重要发现为后续脾虚证的深入研究奠定基础。

1980年，研究组正式升格为脾胃研究室。在前期研究基础上，王建华继续深入研究唾液淀粉酶活性的变化规律。他发现有一部分脾虚患者在酸刺激后唾液淀粉酶活性并不降低，甚至升高。在确认辨证无误后，团队发现，脾虚患者如伴有明显腹痛，唾液淀粉酶活性在酸刺激后不降反升，进一步研究发现，剧烈腹痛和便秘不属于脾虚证，其出现对唾液淀粉酶活性的变化是一种干扰因素。

1986年，在郑州召开的全国虚证与老年病研究会议上，唾液淀粉酶活性比值与D-木糖排泄率被定为脾虚证诊断的参考指标。卫生部颁发的《中药新药临床研究指导原则》将该指标列为脾虚证证候诊断的参考指标之一，以及脾虚证治疗药物疗效评价的参考指标之一。

随着研究不断深入，王建华认识到，脾虚证研究不能"单打独斗"。在他的倡议下，广州地区脾胃研究协作网成立，不少西医医院参与到脾虚证研究，广东的脾胃学说研究也逐步影响到全国。

在王建华的努力下，广州中医学院脾胃研究最先得到卫生部的资助，并在"七五"期间纳入国家攻关项目。在他的统筹组织下，全国脾虚证研究迅速发展，形成了多单位、多学科协同作战的局面。

1992年，脾胃研究室建设成为脾胃研究所。在脾胃研究组（所）的建设中，王建华坚持临床与基础理论相结合的研究方法。经过多年努力，脾虚证相关研究取得一大批科研成果，培养了大批科技人才。

敢于创新，推动复方药理研究走向繁荣

20世纪20年代，我国药理工作者陈克恢通过"原料提取—药理实验—临床应用"的途径，对麻黄碱进行了系统研究。这作为一种成功模式，成了中药药理研究的经典途径。

在王建华看来，几千年发展而来的中医药有系统的理论体系、丰富的临床实践，中医药的特色是辨证论治和理法方药的统一，中医临床用药几乎全是复方，麻黄碱研究模式存在缺陷，即脱离中医理论指导，与中医临床脱节，抛弃了中医药的精华，研究结果对于中医药理论的发展与提高作用有限，对中医临床用药缺乏直接的指导作用，不适合研究复方药理。

为此，王建华在开展脾虚证研究的同时，率先对四君子汤、补中益气汤等益气健脾经典复方以及抗溃疡复方，进行系统的复方、拆方、配伍的基础药理研究，对四君子汤的不同提取部位及单味药有效部位、有效成分进行探讨，形成了"整方—拆方—配伍—有效部位—有效成分"的药理研究模式。

王建华首先提出"以药探理"的研究思路，以及"在分析基础上以中药有效部位或有效化学成分组成新复方"的学术观点，对我国中药药理的研究产生了深远影响。

在复方药理研究方面,王建华还推动了我国中药药理研究平台建设和学术交流,牵头创立中国药理学会中药药理专业委员会,并筹集资金,在全国学术会议设立青年优秀论文奖,鼓励中药药理界多出成果、快出人才。

如今,中药复方的研究被列为21世纪中医药理论研究的难点和突破口之一。不少人认为,如果没有王建华等一批学者对中药药理研究的执着,中药复方药理研究不一定能有今日的繁荣。

潜心育人,教导学生"做学问先学做人"

"成就一项事业,人才是关键之关键。"作为终身教授,王建华十分重视人才培养。

学问上的严师,生活中的慈父。这是学生们对王建华的评价。虽然学术和工作任务繁重,但一旦涉及教学任务,他都会将其作为首要任务完成。即使年已古稀,他仍坚持给学生做讲座。当知道学生家中经济困难时,王建华会自掏腰包,给学生们补贴学费。

在研究生培养方面,王建华坚持一个"严"字,不仅重视业务素质培养,更重视思想品德教育。他常告诫学生:"要做学问,先要学会做人。"

▲ 1984年,王建华(右二)与世界药理联合会前主席、澳大利亚著名药理学家 Mike Rand 教授(左二)在广州中医学院三元里校区图书馆前合影留念,博士生刘良(右一)随同翻译

▲ 1985年王建华与学生合影

由于成绩显著,王建华在全国中医药界享有很高声誉,但他从不居功自傲,在学术上提倡"百家争鸣",鼓励年轻人要敢于超越自己。

王建华培养的学生,许多成为中医药医教研的领军人物和中坚力量,如中国工程院院士、中医证候全国重点实验室主任刘良,国家药品监督管理局党组成员、副局长赵军宁,香港浸会大学协理副校长(中医药发展)兼中医药学院临床部主任卞兆祥,广州中医药大学第一附属医院岭南脾胃病研究所所长、国家"百千万人才工程"培养对象刘凤斌……可谓桃李满天下。

王建华故去后,他所藏图书及一生珍贵的学术科研资料,悉数捐赠给学校,以更好地造福后学。可以说,王建华把毕生精力,都献给了热爱的中医药事业。

参考文献
刘良,王汝俊,卞兆祥. 王建华论文选. 广州:羊城晚报出版社,2000.
刘良. 我与我的老师王建华教授. 广州中医药大学校报,2016-05-06(3).

劳模专家庄国德

等值退还患者红包，融汇中西创大内科

学人小传

庄国德（1927—1997），广州番禺人。广东省中医院原门诊部主任，内科主任医师、硕士研究生导师。1985年6月被广东省人民政府授予"广东省职工劳动模范"称号。1986—1989年获评"广东省中医院优秀共产党员""广州中医学院优秀共产党员""广东省高教系统优秀共产党员"等称号。

决心投入中医药发展事业

庄国德出生于三代中医世家，自幼受家学熏陶，立志学习中医，以济世安民为己任。少年时期，他就跟随父亲学习医术，聆听医道真传，耳濡目染之下，渐通医理，积累起丰富的医学知识。

青年时期，庄国德负笈求学，拜名师、习医术，不仅精通中医经典，更善于将理论与实践相结合，对疑难杂症有独到见解。他就读于广东光汉中医专门学校，后来考入光华医学院学习西医并于1954年毕业。

小时候，老师曾和他说外国人认为中国人像一盘散沙，他愤慨不已。此外，当目睹日军飞机空袭后的断壁残垣、支离破碎的景象时，他颇受触动。带着这股爱国情怀，高中时，庄国德参加了中国共产党领导下的地下学联组织的读书会，学习了《资本论》《论人民民主专政》等著作。

广州解放前夕，庄国德是光华医学院一年级的学生。后来，光华医学院搬迁至香港。当时庄国德的许多同学都劝说其一起去香港发展，身边的亲戚和朋友也再三对庄国德说"香港条件比内地优越，应该到香港来"。但庄国德觉得，中国有无限的新希望，百废待兴，婉言谢绝。

新中国成立后，庄国德下决心努力读书，准备为建设社会主义做贡献，并跟其他同学一起，鼓励当时去港澳的同学们重新回广州读书。尽管当时国家一穷二白，但对于庄国德这些大学生，国家仍然一律供给每人每月膳食费，这让庄国德很感动。在他看来，自己是生长在中医世家的学生，全靠党和人民的培育，自己才能成为新中国的第一代大学生、人民的医务工作者，党的恩情永远难忘。于是他更加坚定要把毕生所学投入中医药事业发展中，投入祖国的建设中。

三个科研项目获省科委立项

庄国德是广东省中医院最早的中西汇通人才，也是医院大内科开创的重要成员之一。

1933年医院开业之际，内科并没有明确的分科，也没有病房，更谈不上专科建设，工作主要就是门诊。到1949年全国解放时，全院只有几十张病床，还没有内科独立病房。

20世纪50年代，内科开始了初步发展。1956年7月，广州中医学院筹备委员会确定办学地址暂设在广东中医院，并开始临床带教工作。当时，住院部主任是张阶平,主治医生有两人,其中,庄国德是常驻医生,他与岑鹤龄、李建中等专修西医学成归来的教授共同开拓了医院中西医结合新局面。

当时内科是医院最大的科室,门诊有十多位医师出诊,庄国德也在其中。他们医术精湛,颇受患者欢迎,常有病人为了挂号,从半夜排队到天亮。

庄国德深知医术之精深需不断学习和探索。为此,他时常研读医学典籍,汲取前人智慧,同时关注现代医学进展,将中西医结合,以提高诊疗水平。他常说:"医道无涯,学无止境。医者需时刻保持谦虚谨慎之心,不断进取,方能造福苍生。"

他致力于中医科研工作,参与多项课题研究,发表多篇学术论文,为中医药理论创新和发展贡献了自己的智慧。其中,中医治疗腰椎肥大、肝炎、结肠炎等三个科研项目获批省科委立项。在他带领下,科研团队人才辈出,培养了一批批优秀的中医药人才,为中医药事业的传承和发展作出了重要贡献。

把礼物悉数上交给组织

庄国德医术高超,医德高尚,深受病人赞誉。他擅长内科杂病,尤对心脑血管疾病有深入研究。他注重望闻问切,四诊合参,善于运用中医辨证论治之法,因病施治,疗效显著。

古人云:"医者,父母心。"庄国德时刻以病人为中心,用心倾听病人的需求和痛苦,用精湛的医术为病人解除病痛,用仁爱之心温暖病人的心灵。

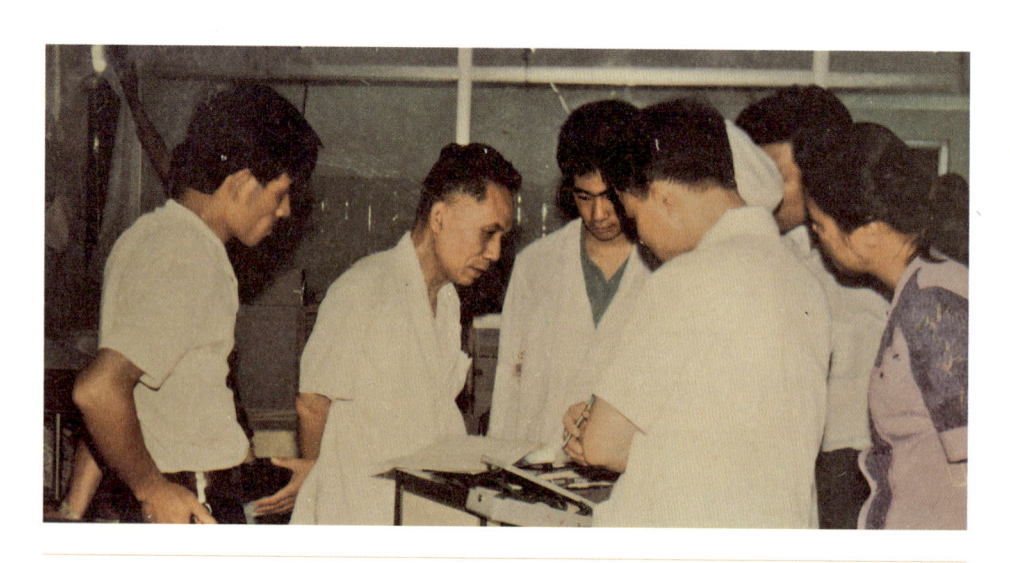

▲ 庄国德(左二)带教查房

20世纪80年代，入院要送红包一度成为"潜规则"。"收受红包""索要红包"成为社会关注的焦点问题，但庄国德依然保持医者初心，坚决抵制这一行为。

有一次，庄国德到外院会诊，会诊对象是一名肝癌合并消化道大出血的病人，当时情况危急，要求庄国德用尽一切办法为病人止血。在医护人员通力合作下，血终于止住了。家属为表达感谢，想给庄国德五十元的酬谢费，庄国德婉言拒绝，但家属再三说，这不是从公费医疗开支的，而是补助的。

庄国德却说："我认为如果由国家开支，那就增加了国家的负担，如果私人开支，那就增加了病人的负担，病情危重，花费必多，就算我对这位病人过去毫不认识，现既然到了我手上治疗，那就必然要把爱心奉献给他。既然是补助给病人的，那正好给病人增加营养吧！"听罢，病人家属母女二人眼中含着泪花，目送他上车离开。

像这样的例子数不胜数，庄国德每次都是坚决婉谢，有时候实在拒绝不了，为了照顾到有些病人想图个吉利，庄国德就收了利是封，把里面的钱退给病人。

这种"收皮退肉"的方法很快在广东省中医院门诊流行起来，之后在病房流行的"先收后退""等值退还"，或把现金当押金交还给病人等婉拒红包的办法都是在庄国德"收皮退肉"做法的启示下推广流行起来的。

还有一次，庄国德接到一个外事任务，要到某高级宾馆，为一位在商业界颇有名气的韩国外宾诊病。该外宾患的是肺癌，经过详细的问诊后，庄国德把治疗的方案、饮食、护理、起居等注意事项都细致地向外宾作了交代。外宾对此非常满意，临别时送给庄国德一份礼物。

庄国德婉言谢绝，但外事翻译的同志劝他不要推脱，担心外宾认为拒绝是对其不尊敬，不利于外事工作。最终庄国德只好收下，回院后立即上交给医院，拆开一看原来是一块较高档的金表。类似事情，他先后遇上两次，但都如数上交给组织处理。

在庄国德心中，医者不仅要具备精湛的医术和高尚的医德，更要有一颗为民除病的仁爱之心，只有这样才能真正成为人民心中的好医生，为社会的和谐稳定贡献力量。

"有一分热就发一分光"

庄国德的出诊次数常常是别人的两三倍，这是因为有时病人太多，他就主动让挂号处给他加号，经常加班加点。此外，他还坚持参加夜诊，科主任有事外出时，他会主动承担起病房危重病人的救治工作。

他始终坚守着医者的初心和使命。他认为，医术不仅是一种技能，更是一种责任和担当。有一次，庄国德在巡视病房时发现一位红斑狼疮合并肺部感染的病人突然停止呼吸。他当机立断，立即对病人实行人工呼吸，后在及时赶来的其他同志合力抢救下，病人终于脱险了。

1972年，庄国德不幸患上肺癌，经肺叶切除术在家休养一段时间后仍然坚持上班，照常出门诊、查病房、会诊，从不缺席。

在1982年前后，他又因胃溃疡而大出血，先后接受了三次胃手术。第三次手术刚开始入院治疗时，他的情况还比较稳定，但第三天傍晚，他突然口吐鲜血，经诊断是吻合口血管破裂。主管的医生们一边为庄国德输血，一边准备为他进行手术。

当时，庄国德股静脉处被切开输入了1000毫升的血液，在手术前他的血压已降至0，经过4个多小时才完成手术。他的胃被大部分切除，术后7天仍处于神志半昏迷状态。出院后不久，他竟又马上投入工作，照旧上班，参加门诊、查房和会诊。

他认为病者来医院诊治很不容易，自己无论如何也不能随便让他们离开。为了病人，庄国德在门诊时常常都不能准时下班休息。他说，尽管十分疲劳，但只要想到病人能康复，自己再苦、再累也甘心，也感到快乐。

已过退休年龄的他前后共经历了四次手术，医院领导和同事都十分关心他，让他多休息，但他坚持有一分热就发一分光，依旧每天骑着自行车上班。他说："这是党多年来帮我培养起来的责任心和使命感，党和人民培育了我，我能有一分热就发一分光，我是人民培养出来的医生，病人找到我，也说明病人信任我，愿意把生死权放到我的手中，我就要担得起这份信任。"他真正做到了让有限的生命发出光和热，献给中医药事业，献给人民，献给国家。

参考文献

佚名. 关于开展向庄国德同志学习活动的决定（卫中党字〔1997〕18号）. 1997.

庄国德. 毕生的精力献给党和人民的卫生事业. 广东省卫生系统职业道德建设先进事迹报告会, 1995.

"生理学领路人"陈洁文

砥砺深耕行致远，笃行不怠领芳华

学人小传

陈洁文（1930—2005），广东南海人。1948年考入中山大学医学院。毕业后先后赴大连医学院、华南医学院和上海第二医学院进修学习。1956年到广州中医学院任教，历任广州中医学院生理学教研室主任、教务处副处长等职。曾任广东省生理学会副理事长兼《生理学通报》副主编、《广州中医药大学学报》编委等职务。为广州中医药大学生理学系重要奠基人及电生理实验室主要创始人。1981年获评广东省"教学优秀奖"，1988年被评为广东省高教系统先进工作者。

▲ 陈洁文（左二）带领教研室老师进行实验室建设

开创电生理实验室

20世纪60年代，Alan Hodgkin 和 Andrew Huxley 关于动作电位发生机制的研究获得诺贝尔生理学或医学奖，随后电压钳等电生理研究工具逐渐兴起，并逐渐成为生理学研究的主流技术。

20世纪80年代初，时任生理学教研室主任、教务处副处长的陈洁文等人敏锐地意识到，生理学的课程教学不该一直停留在以往照本宣科的层面，同时中医药的基础理论研究更应该与时俱进，充分借助现代科学技术手段；而组建电生理实验室，正是推动生理学课程内容与时代同步更新、推动中医药原创理论系统化诠释与创新、阐释中医药治疗重大疾病核心病机的有力抓手。

于是，陈洁文以时不我待的紧迫感、舍我其谁的责任感，带领教研室老师着手筹建电生理实验室。

20世纪80年代初正是百废待兴的时期，建设经验不足、资金不足、资源匮乏、场地简陋等困难，不但没有动摇陈洁文干事创业的决心，反而赋予了她锲而不舍的动力。陈洁文等人牵头制定了电生理实验室的建设方案，认真对比了当时市面上供应的几乎全部电生理仪器设备。

在学校的大力支持下，几经周折，陈洁文带领团队终于实现了电生理实验室从无到有的突破,在当时全国中医药高等院校里率先开启了基于中医理论的生物电实质研究。

依托电生理实验室平台,陈洁文带领生理学团队在人才培养和科学研究方面取得了长足进展。

在人才培养方面,生理学系为学生开设了多项电生理实验。陈洁文提出要培养有知识、有创新能力和有事业心的"三有"科技人才,共培养了10名研究生,其中包括1名国际留学生。

在科学研究方面,陈洁文带领团队用电生理方法开展"脾虚实质探究"工作,相关研究成果获得了广州中医药大学科技奖(基础研究奖)三等奖,广东省中医药科技进步奖一等奖、二等奖和三等奖。

融合生理学与中医学,提出现代中医生理学概念

陈洁文对学校的贡献,不仅在于她带领团队开创了电生理实验室,还在于她躬耕讲坛倾心育人、为党和国家培养高素质中医药人才所做出的不懈努力。

历经漫长的政治运动,中医药人才梯队断层,面临青黄不接的尴尬局面。高考恢复后,加快中医药人才培养工作被提上日程,生理学作为中医药专业学生的基础专业课程也正式恢复。陈洁文身先士卒坚守教育一线,将满腔热情灌注到《生理学》的讲授中,以高度的责任感履行教育教学的神圣职责。

从教50载,陈洁文对教学工作始终认真负责、一丝不苟,不断总结教学经验,提炼教学方法,教育教学方法深受学生喜爱。陈洁文在课堂上大胆运用启发式教学法,积极引导学生进行独立思考,培养他们分析和探究问题的能力。

按照陈洁文的教育教学理念,传授知识不是培养人才的第一目的,培养学生去寻求新知识和运用已有知识才是重中之重。据学生回忆:"陈老师讲课,既严肃认真,又生动活泼。虽然已经毕业30余年,但陈老师上课的激情澎湃和有条不紊,至今仍历历在目。"

1984年3月至5月,陈洁文赴美国、加拿大进行医学教育考察。1985年,陈洁文将生理课的授课范围从本科生拓展到研究生,专门给硕士研究生开设了选修课——生理专题讲座、心血管生理,大大开阔了研究生的科研学术视野、拓展了他们的学术科研思维,激发了他们钻研学术的热情。

陈洁文致力于开展各种形式教学改革探索,力图提高教学质量和人才培养质量。

▲ 陈洁文（中）指导学生进行电生理实验

　　针对中医院校生理学课程长期存在知识传授多、理论教学多、讲课时长多，而培养能力少、实践教学少、自学实践少的"三多三少现象"，陈洁文率先在七年制中医学专业班级中推行生理学课程改革。通过缩减课堂授课时数，增加自学、课堂讨论和实验教学时间，开创性地设置自主设计实验课时等举措，极大激发了学生的求知潜力和创新精神。

　　令学生们印象深刻的是，生理学的学习为他们开拓了中西医结合的广阔思路，使其能在临床内科学习中提出一些中西医结合解决问题的办法。在陈洁文的启发下，他们对某些中医基础理论的研究，如"心主神明与脑的功能""扶正祛邪与机体免疫功能""肾藏精与性激素功能""经络实质""正气的科学内涵"等课题产生了浓厚的兴趣，积极参与其中并提出了自己的见解和研究思路。

　　1997年，陈洁文主持的"中医专业七年制本科硕士生生理学教学改革"荣获广东省教学成果一等奖。生理学也成为广州中医学院院级重点学科和优秀课程。

　　陈洁文笔耕不辍，针对在中医药院校开始生理课程这种需要"融贯中西"的教学情景，陈洁文主动承担教材编撰任务，在教材中创造性地将中西医基础理论进行多维度的系统对比，部分内容还作了相互渗透、融合。

　　编写教材不但需要满腔工作热情，更需要严谨的科学态度和实干精神。为了编写好一本适合中医药类院校学生学习的生理学教材，陈洁文带领团队与兄弟院校同仁一起翻阅大量中外文献资料，编撰的内容历经精心谋篇布局和反复推敲，最后编著出版了教材《现代中医生理学》。其中，"卫气与免疫生理""气功调息的生理效应""气血的现代研究""心脉理论研究的思路方法""肾阴、肾阳的生理学基础""脾胃学说的现代研究"等章节的编著具有较强的创新性。

教材以及课程内容的改革把学生引入到现代中西医结合的新领域。以"脉象现代生理学基础"一章为例，教学内容已超越本课程动脉脉搏的原有知识，并跨越学科界限，对脉象进行了本质探讨。这一改革既体现了中医特色，又把传统知识与现代科技发展有机地结合起来，给学生以探求新知的启迪。

此外，陈洁文还主编了校内自用教材《人体生理学》，以副主编身份参加了《生理学复习题集》编写，并参编《中西医结合与生理学》，这些教材已经成为中医药院校生理学课程的经典参考教材。

对于教学经验尚浅的青年教师，陈洁文总是扮演着提携后辈的角色。无论是理论课，还是实验课，陈洁文总是积极跟踪青年教师的教学情况，每一节课后都帮他们开出"诊断单"，协助他们及时发现教学中的亮点和不足之处，帮助他们快速成长。

陈洁文时常勉励和要求教研室的青年教师："讲课是一门艺术，当教师的应当多花些力气研究它。要修炼好授课的'内功'，对于教材上看似简单的一页纸内容，想要给学生讲明白、讲精彩，需要翻阅大量的参考材料弄清楚来龙去脉，讲课才能胸有成竹、收放自如。你要给学生端一碗水，首先自己就要有一缸水。"

几十年教研生涯中，陈洁文大力发扬了甘为人梯、奖掖后学的精神，大力支持团队教师在教育教学和科研任务中"挑大梁"，甘做后辈学者的"铺路石"和领路人，为学校发掘和培养了一批又一批有志于投身生理学和中医药教育事业的中坚力量，使生理学教研室形成了继往开来的局面。

参考文献

陈洁文，陈朝凤. 更新教育观念培养高素质人才：生理学教学改革. 中医教育，1996，（5）：25—26.

吴仲强. 中国当代自然科学人物总传（第二卷）. 长沙：湖南出版社，1991.

"靳三针"靳瑞

轰动世界的三针绝技

学人小传

靳瑞（1932—2010），广东广州人。广州中医药大学首席教授、针灸推拿学科带头人，岭南针灸新学派"靳三针"疗法流派创始人，广东省名中医，全国老中医药专家学术经验继承工作指导老师。1955年毕业于广东省中医进修学校。1956年到广州中医学院工作。曾任国务院第二、第三届学位委员会学科评议组员，国务院学位委员会中医专家组员，中国针灸学会第二届常务理事，中国国际针灸考试委员会委员等职。首创"颞三针"治疗中风偏瘫、"眼三针"治疗视神经萎缩、"智三针"治疗儿童弱智等针灸治疗方法，被誉为"靳三针"。

岐黄世家的传承者

靳瑞祖上乃广州西关的一个世代行医家族，其先祖靳贤曾参加针灸经典医籍著作《针灸大成》的辑校。父亲靳太和曾为著名的太和洞肾亏丸制药厂厂长，叔父是眼科名医。靳瑞幼承庭训，四岁便早早入校读书，总是在课余时间到叔父的医馆玩耍。虽然当时尚年幼，但他从不在医馆里喧哗冲撞，懂得礼貌，并在一旁默默观察叔父为患者治病时的一招一式，获得了父辈的医学真传。正值小学升初中时，战火频仍，他的家里陷入窘迫，靳瑞只能选择免费的鸣裕纪念中学就读。他是个爱憎分明的人，经常喜欢独自哼唱《义勇军进行曲》，有时还会跟同学议论某人是否汉奸，故此学校领导对他的意见很大。1945年，学校领导强行要求靳瑞自行退学，他得知后，头也不回地离开学校。往后的日子靳瑞便跟在父母身边学习《汤头歌诀》《药性赋》《本草纲目》等中医典籍。两年后，年纪轻轻的靳瑞便担任了制药厂负责人。

1949年，靳瑞放弃前往香港深造的机会，在广州继续学习中医。1950年，18岁的靳瑞如愿地考进广东中医药专科学校。刚入学的他，首先将针灸医经当作主攻点之一，每天早上5时就起身诵读医经，十年如一日。功夫不负有心人，他对《黄帝内经》倒背如流。他曾说："熟读背诵，乃学者第一必修课，当读书之时，必有趋人之急，救人之疾的恭敬之心，则心不自躁，志不外逸，外物难扰。"

决心将针灸发扬光大

毕业后，靳瑞被分配至广东省中医进修学校工作。那年冬天，靳瑞父亲生日晚宴间，一家人庆生时，父亲几杯热酒下肚，突然牙关紧闭、昏倒在地。靳瑞想起针灸急救，但此时家中并无针灸针具，只有注射针头。他即刻拿起注射针头，然后用烈酒消毒父亲的十宣、人中、涌泉等穴位，用注射针头快速地开始针灸。随后，父亲的脸色由灰白转为红润，口中发出哼哼声，随即慢慢睁开双眼，由此平安度险。

针灸的神奇就此深深地吸引了靳瑞，他决定要坚持把针灸钻研透彻，并把针灸发扬光大。他白天诊病，夜间读书，清晨写作，学术日益精进。

参加工作不久的靳瑞每月固定地从工资中抽出部分来买书。凡是买书，必买三本，两本书用于分类剪贴，另一本用于随时查阅。

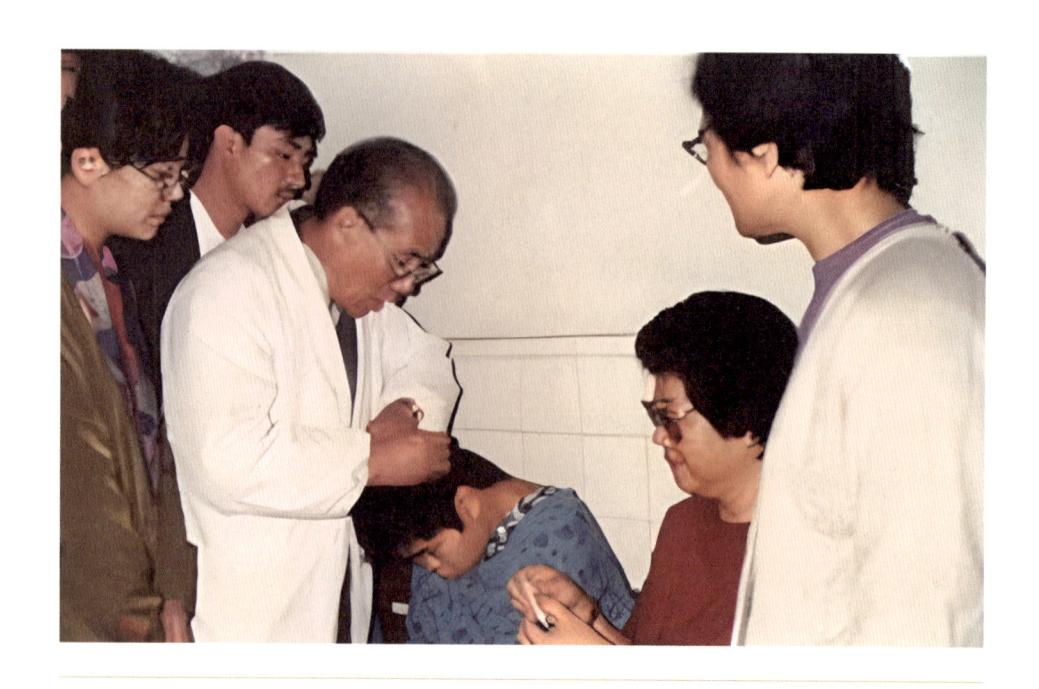

▲ 靳瑞（左三）为病人施针

当时，靳瑞住的是一间简陋的木屋，房间墙壁上除了悬挂着一幅"业精于勤而荒于嬉，行成于思而毁于随"的联句借以自勉外，没有其他的装饰。靳瑞在墙壁画上书页大小的格子，下面留有一栏较小的格子，将书中有关针灸的论述，按经络、腧穴、刺灸、治疗等分类归纳，将有关条文裁剪下来，贴在墙壁的书页栏。每条经文不加注释，不加评语，仅注明出处，保持原汁原味，便于留下思考的空间。

同时，通过编撰剪辑，他对历代重要针灸医著进行比较鉴别，对经典内容融会贯通，为后来《针灸医经类编》和《针灸医籍选》的编写，奠定坚实的工作基础。

靳瑞十分重视古代针灸学的精华，在他漫长的几十年行医过程中，一直在浩如烟海的古典医著中求索，将古典医著中的精华用于针灸临床。他说，读遍针灸医经，可自然地了解到针灸在各个历史时期的水平和发展状况，把握针灸的内在发展规律。

靳瑞十分重视医经的实践应用，认为这是继承和发展针灸学术的重要环节，他指出，实践医经的要素是：理论导行、学以致用，针灸治病应辨证正确，在经络理论指导下选穴和应用手法，力求取穴少而精，最大限度减轻病人的疾苦。

创立"靳三针"

1966年，靳瑞被上级部门点名要求参加周恩来总理主持成立的"523"医疗队，进行脑型疟疾的救治和研究工作。1967年，靳瑞带着这份使命，来到了海南，并成为抢救组的组长。

有一天，一位久治不愈的过敏性鼻炎患者来找他看病，过敏性鼻炎一般要连续扎好几次，隔天一次，可患者扎完第一次后过了好长时间才来，扎完第二次后，又过了一段时间才来，待扎完第三次后就再没来了。靳瑞回忆："突然有一天，一辆军用吉普车开到我们卫生院的茅棚前，我当时正在给学生们上课，他握着我的手说要请我去他们部队里吃饭，因为我治好了他的过敏性鼻炎。"饭桌上，那位部队领导好奇地问靳瑞到底是用了什么方法治好他的过敏性鼻炎，靳瑞开玩笑说："我也不知道叫什么方法，既然只在鼻子上扎了3次，就叫鼻三针吧。"自此，"鼻三针"的说法就在当地传开了。

而完善的"靳三针"体系却得益于10多年以后的一个机缘巧合。1987年，靳瑞返回了广州中医学院筹办针灸系，国家中医药管理局准备总结新中国成立近40年的中医药成就，邀请靳瑞担任编委主持针灸学部分。于是，靳瑞把新中国成立以来全国最有代表性的针灸临床研究资料进行了分析和总结。他分析了全国各地临床医生的针灸取穴规律，调阅了大量相关文献，发现用针灸治疗每一种病时，都会有3个主要的穴位起着重要作用。于是，他尝试把针灸治疗常见病中最多人用的、最有代表性的3个穴位总结出来，得出用3个穴位治疗一种疾病的方法，这就是"靳三针"。

靳瑞表示取穴用针较少是"靳三针"特点之一，更关键的是，它突破了传统针灸医学的条条框框。曾经也有同行问靳瑞，设想究竟从何而来？靳瑞说："只要心里想着病人的痛苦，就会去琢磨，去想，一点点地去发现，一点点地去悟，最终发现结果。"

这些构想和发现来自靳瑞孜孜不倦的探索。"按照传统经验取穴，病人必须抬起胳膊才能扎到那个位置，可是，许多肩部疾患严重的病人连胳膊都抬不起来，怎么能够取得穴位呢？"靳瑞开始苦苦思索如何在自然体位下取穴以治好病人的病，于是便有了"肩三针"。就这样，越来越多的三针疗法被发现和总结出来，"智三针""脑三针""颞三针""足三针""耳三针"……越来越多慕名而来的求学者拜师门下。

经典医籍里经络学说上的每一个人体穴位，他都曾在自己身上试验过无数次，就连书上特地指明的禁针穴位——神阙穴和乳中穴都试过了。

他对学生们说："宁可在自己的身上扎错一千针，也不愿意在病人身上扎错一针。只有自己亲身体会到'得气'的感觉，才知道如何能够让病人'得气'。"

在餐桌上撰写多部著作

作为"老广州"，靳瑞每天早上必到学校附近的茶楼喝早茶，并要求自己在喝早茶时至少写500字的读书或临床心得，如果写不完就要回家补写。靳瑞说自己的书稿文字部分大多是在餐桌上完成的。

在学校附近的一家茶楼楼下，曾有一位记者偶遇靳瑞和他的学生们。记者心生震撼：靳瑞全身上下竟然没有一件衣服是平整的，身上的衣服皱褶散漫，且款式过时。看到记者面露难以置信的表情时，一旁的学生大笑起来。

学生们对靳瑞的穿着早已习惯。其中的一位学生回忆：2001年，靳瑞受邀前往香港讲学，工作人员在接待靳瑞时，见他竟然穿着一双破破烂烂的皮鞋，脚底几乎都露在外面。靳瑞对此也并未察觉，后来，会务组的人员连夜给靳瑞买来一双崭新合脚的皮鞋，这才没让他在第二天的讲台上"出丑"。

但回到广州后，靳瑞依然每天穿着旧鞋，直到实在没办法穿了才扔掉。靳瑞说："那双鞋我本来不打算扔的，但鞋底磨坏了，实在无法再穿了，补鞋匠

▲ 靳瑞（左二）在学生答辩现场

都说已经没办法再修，只能换掉整个鞋底了，换鞋底需要40块钱，我一听40块钱，没同意，就又买了一双新的。"其实，靳瑞脸上戴的老花眼镜也是多年前在地摊上花5块钱买的，一直没舍得换。

生活上，靳瑞对自己的关心少之又少，但对学生的关照却无微不至。曾有一位女同学考上了靳瑞的研究生，但因其家境贫困无法入读，产生了轻生的念头。靳瑞得知后十分着急，于是自己掏钱资助她完成学业和开展针灸治疗脑病的研究。靳瑞说："我最喜欢别人读书，喜欢读书的孩子我就是喜欢。"

以科技赋能针灸发展

在学医路上，靳瑞很早就开始接触西医，了解中西医各自的长处，为针灸发展赋能。1957年，他编写第一版《针灸学讲义》时，就开始用神经解剖学和神经生理学等知识来解释针灸的作用机理。他说：以中医为核心，认真学习西医，取其精华，去其糟粕。在中西医结合研究中，西为中用，独立自主，做铁杆中医，不断创新发扬中医是靳瑞一贯的学术精神。

靳瑞较早意识到科研实验在针灸学科发展中的重要性。在1960年，他就开始了针灸实验，将针灸治疗脑病的研究逐渐扩展到了阿尔茨海默病、脑血管意外、小儿脑瘫、儿童孤独症等疾病领域，逐渐形成以脑病治疗为特色的针灸学术体系。

1991年和2002年，靳瑞分别被人事部、卫生部确定为全国老中医药专家学术经验继承工作指导老师；2004年，"靳三针"疗法成为国家中医药管理局首批适宜诊疗技术；2005年，靳瑞学术思想、经验传承研究列入"十五"国家科技攻关计划项目；2013年，"靳三针"疗法进入了全国首批64家中医学术流派传承工作室建设行列；2020年，"靳三针"疗法治疗中风诊疗技术进入国家中医药管理局中医药特色技术专项建设。如今，"靳三针"疗法成为岭南针灸发展史具有代表性的新针灸学派。

"活到老，干到老"，靳瑞古稀之时，除了每年春节前后20天之外，平时几乎每天都进行一定量的针灸临床诊治活动，同时作为全国老中医药专家学术经验继承工作指导老师，继续指导大批博士研究生，跟随靳瑞学习"靳三针"疗法的海内外学生不计其数。

靳瑞常说："我的学生不能只是看书学习，凡是跟我学习过的，并真正地运用我的方法去开展医疗实践、为患者服务的，我都承认他是我的学生和传人。"

▲ 靳瑞与"靳三针研究中心"

"靳子守杏林心存天下，瑞星临橘井利济苍生。"这是著名书法家区潜云送给靳瑞的一副对联，也正是靳瑞一生的写照。

参考文献

彭丹凤. 靳瑞教授医事传略及针灸学术特色整理研究. 广州中医药大学硕士学位论文，2006.

王军. 神奇的"靳三针"和一个平凡的老头. 医药经济报，2007年1月26日A8版.

庄礼兴. 靳瑞学术思想及靳三针疗法经验集成. 北京：人民卫生出版社，2016.

庄礼兴. 靳三针疗法精要. 广州：广东科技出版社，2020.

飞针大师陈全新

东方神医，开创流派

学人小传

陈全新（1933—），广东广州人。国家级非遗"岭南陈氏针法"代表性传承人，全国老中医药专家学术经验继承工作指导老师。1955年毕业于广东中医药专科学校，留广东省中医院针灸科工作。历任广东省中医院针灸科主任、主任导师等职。曾任广东省针灸学会会长、中国针灸学会常务理事等职。"飞针法"开创我国无痛针灸技术的里程碑，成为我国岭南针灸学术流派的重要组成部分。获广东省名中医、南粤最美中医、羊城好医生、广东省卫生系统先进工作者、广东省中医药强省建设突出贡献奖、邓铁涛中医医学奖、岭南中医临床名匠"终生成就奖"，广东省科技进步二等奖、中国针灸学会科学技术二等奖、中华中医药学会学术著作二等奖等荣誉。

运动健将远赴也门，变身"东方神医"

陈全新年轻时是位运动健将，在1958年广东省运动会上，他参加铁饼项目比赛并破了省纪录，一举夺得了金牌。随后，他被卫生部委派参加赴也门王国的中国医疗专家组。在异国他乡的三个春秋里，陈全新运用传统的中医针灸为当地各阶层人士解除了病痛。某日，也门国王贴身卫士长下车时不慎致下肢放射痛，X光检查腰椎骨质无异常。陈全新辨病为"伤筋"，辨证为气滞血瘀，选环跳、委中针刺并行导气法，治疗仅一次竟获痊愈。卫士长激动万分，连声夸赞"东方神针好神奇"，陈全新遂获"东方神医"美誉。1962年，陈全新回到久别的祖国，在自己的日记本上感慨地写下："运用传统的中医学，完成了祖国托付的任务，回到久别的故乡，继续攀登医学征途。"同年，陈全新获外交部和卫生部授予"援外乙级奖"。

悟出无痛进针法，独创"岭南陈氏飞针"

"岭南陈氏针法"历经陈宝珊、陈锦昌、陈全新、陈秀华等六代人128年传承、发展与创新。陈全新的祖父陈宝珊是第一代，于清光绪二十一年（1895年）在广州西关开设"大国手陈宝珊医馆"，主治外科疑难杂症，擅长跌打驳骨、刀伤续筋和点穴手法，形成针法雏形。第二代是陈全新的父亲陈锦昌，他36岁继承父业，在广州开设全科诊所，诊治病种扩大到内外妇儿各科疑难杂症，在两广及港澳等周边地区声名鹊起，针法日趋成熟。第三代是陈全新，1955年毕业于广东中医药专科学校，留在广东省中医院针灸科工作。受邓铁涛学术思想熏陶，在岭南针灸名家司徒铃指导下，凝练形成"岭南陈氏针法"。

陈全新开始从医时就注意到，针灸医师如果进针不够熟练，进针的痛感就会强烈，也就增加了病人的痛苦。此外，操作者手持针体进针，容易因消毒不严而引起感染。这些弊端不但影响疗效，而且严重影响患者对针灸治疗的信心。因此，一向对医技追求精益求精的陈全新便开始致力于无痛进针法的研究，在传承家学的基础上，经过长时间临床探索，凝练出"牵压捻点法"和"压入捻点法"两种无痛进针法。陈全新在元代窦默《标幽赋》"左手重而多按，欲令气散，右手轻而徐入，不痛之因"的启示下，在上述无痛进针法基础上作更进一步的创新，创造出"透电进针法"。随后，陈全新受金代何若愚《流注指微赋》"针入贵速，既入徐进"的影响独创了"快速旋转进针法"。这种方法集

▲ 1999年6月，丹麦卫生大使卡斯顿考克访问广东省中医院针灸科，观摩陈全新现场飞针演示

多种刺法优点，由于针是快速旋转刺入，故穿透力强，刺入迅速，痛感极微，且由于医者持针手指不接触针刺，故更有效防污染，达到"无菌、无痛、准确、快速"的效果，深受患者欢迎。陈全新多次应邀在国内外学术交流会上现场演示该针法，得到同行赞誉，日本针灸师代表团誉之为"飞针"，认为这是一项高超的医疗技术。其研究成果于1985年、1988年先后被香港《广角镜》月刊和泰国《中华日报》刊登，从此，"岭南陈氏飞针法"蜚声海内外。

此后，陈全新受明代杨继洲"刺有大小"的启发，在进针得气后根据气至盛衰辨证施治，结合不同个体的生理、病理特点，采用不同的运针强度、频率和持续时间，将补泻法进行量化，分为补法、泻法和平补平泻三类，以及轻、平、大三级，提出规范化的"分级补泻手法"，乃针刺手法规范化和量化发展史上质的飞跃。

陈全新传承《灵枢》"气速效速、气迟效迟、气不至不治"的学术思想，崇尚华佗针法——"针游于巷"，临证以针向行气、按压关闭、捻转提插、循摄引导等导气手法，循经感传、飞经走气、通关过节、气至病所，从整体观念出发，调整脏腑经络气血功能，令疾病向愈，临床疗效显著。

"岭南陈氏针法"的传承发展离不开陈全新对弟子们的口传心授和言传身教。2003年，陈全新成为人事部、卫生部、国家中医药管理局确定的第三批全国老中医药专家学术经验继承工作指导老师，收下了陈秀华和郭元琦两位高徒，还在广东省优才计划项目中培养了弟子艾宙和吴昊，在院内跟师中培养了弟子李颖、徐振华、孙建、谢长才、李慧、甄宏鹏等人。2018年、2020年、2022年在梅州市第二中医医院、乳源县中医院、新兴县妇幼保健建立非遗工作室，培养曾玲玉、曾丹、陈炎琴、刘展、潘启明、何庆君等第五代传承人68人。以陈秀华为代表的第四代、第五代、第六代传承人通过深入挖掘、整理、传承与创新"岭南陈氏针法"，临证以"阴阳互济、通调和畅"为学术思想，遵循"远近取穴通经络、俞募配穴调脏腑、上下配伍和阴阳、左右思变畅六经"的原则，总结形成了岭南针灸理论和实践特色鲜明的岭南陈氏针法体系，使其成为我国岭南针法学术流派的重要组成部分之一。"岭南陈氏针法"先后在2015年11月、2021年6月和10月入选广东省第六批省级、第五批国家级和广州市第七批市级非物质文化遗产代表性项目。

海外施针，捍卫祖国医学

1995年，陈全新应邀赴美国参加"世界微针国际会议"，并被聘为大会

▲ 1995年，陈全新（左二）出席美国洛杉矶"中国针灸——微针疗法首届国际研讨会"

▲ 2008年，陈全新出席北京WHO"传统医药大会——中国中医药展"，为世界针联学术团演示飞针

学术顾问，会议结束后巡回讲学。有一位美国官员因情志不遂、精神受刺激而出现失眠、头痛、心烦症状。当地精神科医生用镇静剂治疗无效，他的保健医生请陈全新会诊。陈全新诊为肝胆火旺，即为其泻刺导气左侧风池、右侧太冲2个穴位，针后症状明显改善。其后再取耳穴肝、肾、神门，用磁珠贴压，次日患者症状已经好了一大半。后来，该官员再次见到陈全新时，竖起大拇指，连连说："Great！ Great!"原来一周之前，这位官员已经请当地针灸医生进行了5次针灸，一扎就是20多针，可是一点效果也没有。

2003年，陈全新参加国务院侨办组织的中国中医专家代表团赴加拿大讲学并会诊，期间在蒙特利尔市为一侨领诊病。该患者中风已有大半年，经治疗之后有所改善，但是仍然失语、下肢站立不稳。其妻为加拿大人，在此之前也请了医师为其针灸，每次取20多个穴位，而且多针见血，以致家属对针灸产生偏见，不愿再做针灸。中国驻加拿大使馆邀请陈全新前去会诊。陈全新全面了解患者的病情之后，通过四诊合参，认为该患者中风日久，肢体软弱乏力，中医属痿证，根据"治痿独取阳明"的古训，取足三里作为主穴，配合孔最、上廉泉。又考虑到患者年事已高，采用"平补平泻"手法。在运针导气期间，患者即能数数，出针之后患者即能站立，并步行几步。患者感激地说："呀，这才是真正的中国针灸啊！"

1988年"世界中医学术大会"在美国加利福尼亚州举行，陈全新被大会聘为学术顾问。会议期间，有些外籍医生到处散布"中国针灸不行"等言论。刚好在开会前，当地有一个急诊医生值班24小时之后，自感头晕、胸闷、心悸，慕名来找陈全新会诊。他对患者辨证诊断之后，取左侧足三里，右侧内关，针足三里用导气补法，患者顿感一股气自下而上直到胸腹，接着头晕、胸闷、心悸的症状很快缓解了。次日，会议由陈全新主持，他征得症状已缓解的急诊医生同意，在会上进行针刺演示，结果同样出现传感现象。可是，那些谣言散布者仍然不甘心，他们对这位在美国注册的执业医师提出了两个问题：是否来自中国；是否懂得针灸。当这两个问题都被否定之后，这些别有用心的人哑口无言了。陈全新所演示的针灸医术获得与会同行们的齐声赞叹，陈全新捍卫了祖国医学的尊严，维护了中国针灸的世界主导地位。

参考文献

陈全新. 临床针灸新编. 广州：广东科技出版社，1983.

陈全新. 临床针灸新编. 广州：广东科技出版社，1986.

陈秀华，李颖. 岭南陈氏飞针. 北京：人民卫生出版社，2014.

陈秀华，李颖. 岭南陈氏针法技术操作安全指南. 北京：中国医药科技出版社，2022.

陈秀华. 陈全新. 北京：中国中医药出版社，2013.

陈秀华. 岭南陈氏针法飞针精要. 广州：广东科技出版社，2021.

符文彬，陈秀华. 陈全新针灸经验集. 北京：人民卫生出版社，2004.

"广东药王"梁颂名

四代名医一脉源,杏林春满誉南天

学人小传

梁颂名(1935—),广东番禺人。广州中医药大学方剂学首席教授,享受国务院政府特殊津贴。出身中医世家,1957年毕业于北京医学院药理学系,1961年毕业于北京中医学院医药研究班。毕业后分配到广州中医学院中药方剂教研室工作。历任广州中医学院中药方剂学教研室主任、中药研究所所长、中药系创系主任;曾任国家和广东省新药审评专家、国家中药品种保护审评委员会委员、国家麻醉品专家委员会委员、全国高等中医药教材编审委员会委员、广东中药学会会长等职务。1998年协助创办香港中文大学中医学院。现任香港中文大学中医学院客座教授、香港威尔斯亲王医院中西医结合研究所客座教授。

深耕教学，桃李满天下

"我刚来的时候，这里是一大片农田，那时中医学院的老师不到100人，当时的学风很好，平时在校园到处听到琅琅的读书声。"梁颂名作为我国最早成立的四所中医学院的早期教师，深感肩上的重任。他扎根教学一线，承担了中医药学主干课程中药学和方剂学本科生的教学工作，同时也是硕士、博士研究生导师，在学生中颇受欢迎。

梁颂名的学生，现为广州中医药大学第一附属医院二级教授的吴伟说："我们20世纪80年代读书时，最受学生喜欢的老师就是方剂学老师、中药系主任——梁颂名教授。现在梁教授已是90高龄，虽耄耋之年，却炯炯有神、谈笑风生，思路十分清晰，且健步如风。令人崇拜不已！"

梁颂名的香港博士生陈锦良回忆说："有一次，梁教授到新加坡讲学，飞机抵达香港的时候已经是凌晨时分。回家后，他发现把'非常重要'的东西落在出租车上了，马上叮嘱我，一定要帮他找回来。后来，出租车司机主动把东西交回来，我们才知道'非常重要'的东西正是他上课的讲义。"

梁颂名在教学上的付出，也得到了回报，他每年都被评为"深受学生欢迎的好老师""优秀研究生导师"，梁颂名真正做到了桃李满天下，两度被广东省高等教育局评为"高等战线先进工作者"，并被国家医药管理局评为"全国医药教育先进工作者"。梁颂名还主编了全国《方剂学》统编教材三、四版，主编的《中医方药学》获国家卫生部科学大会二等奖。

"不为名也不为利，只为病人"

梁颂名先后师承其祖父梁翰芬、父亲梁具天以及朱敬修、周子容、关济民等名老中医，努力做到"勤求古训、博采众方"。在治疗上，他注重调理脾胃，擅方剂配伍的运用。

梁颂名在广州中医学院创建了第一个中药方剂实验室，开展单味中药和复方的药理实验及新药开发研究，在中药新药研发及产品转化方面取得重大成绩，成果丰富。先后著有《中医方药学基础》《中国药酒》《延缓衰老的中药应用》《中药学发凡》《成方新编》《中医脏腑概论》，主编《中医方药学》《中医方剂学》《方剂学》《中药药性概要》等15本专著，发表论文20多篇。

梁颂名曾担任国家暨广东省新药评审专家、广东省新药评审委员会的主

▲ 梁颂名介绍流感与"非典"的中医药防治

任。改革开放初期，某中药厂请求梁颂名指导和帮助，说他们厂缺少拳头产品，经营上遇到很大的困难。为了解决这个难题，梁颂名拿出自己家传治疗慢性肝炎的经验方；药厂以此创制了中成药，还用了梁颂名的肖像。30多年过去了，梁颂名居然想不起此事。学生们问他："这个公司有没有给您专利转让和肖像使用费啊？"梁颂名笑着说："我不讲这些的，给了就给了。不为名也不为利，能有利于药厂、有利于病人就可以了！"

1985年，国家对中成药进行整顿，不允许其中有西药成分，全国的中成药都要拿到北京去重新审批。广州中药一厂的消渴丸、原佛山中药二厂的鼻炎康这两种畅销药面临被淘汰的命运，但这两种药对各自的药厂来说都是非常重要的。"我跟评委们讨论，说把这两种药砍掉的话，这两个药厂都要关门，能不能这样：我们把药里的西药成分拿掉，做成另一种中成药，对其成效出一份分析报告，纯粹的西药怎么起作用也出一个分析报告，将三个放在一起比较，看哪一种最有效，不要搞一刀切。"梁颂名回忆，"我对厂长们说，就算花上1000万也要做这个比较。大半年之后，报告结果出来发现还是中西药结合的最有效。"在梁颂名的极力争取之下，两个药顺利被保护了下来，目前这两个中成药也成为国家知名中成药。

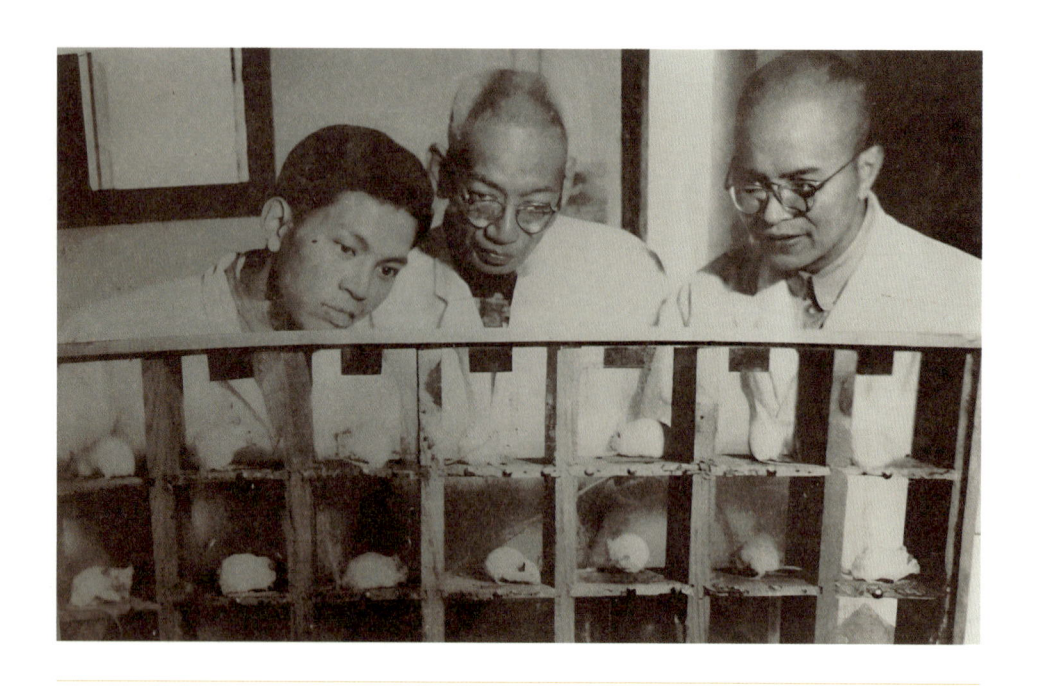

▲ 梁颂名创建的广州中医学院第一个中药方剂实验室，左为梁颂名，中为名老中医周子容，右为时任中药方剂教研室主任朱敬修

一手创办广中医中药系

梁颂名一手创办广州中医学院中药系，被人尊为"广东药王"。"当时很多中医学院都已经设立了中药系，但作为新中国成立最早的中医学院之一的广州中医学院却未开设。这可不行！"1984年，广州中医学院筹办中药系，院领导希望梁颂名来当系主任主持工作，他义不容辞地接受了安排。中药系主任，梁颂名一当就是12年，从引进、培养师资到争取各类经费，壮大中药系实力，他不辞辛劳，挺过了创办初期最艰苦的岁月，为学校成立中药学院打下坚实的基础。在中药系准备提升学院之前，梁颂名积极想办法按照一个学院的建设要求不断充实设备，加强联系广州医药局，加强与企业的合作，因而取得各企业的慷慨支持，1997年中药系顺利提升为中药学院。梁颂名经常召开各教研室主任会议，强调加强教学各个环节水平，提高教学质量，因此分到药厂工作的毕业生都受到药厂的欢迎与肯定，药厂也愿意帮助中药学院发展。

梁颂名说："事实上，广东不少药厂申报的新药方解，都是请我来写，最后获得通过的。我们中药系还经常办短期培训班，为药厂职工做培训，提升广州中成药水平。正因为做了这些工作，药厂的人都感谢和尊重我，称我为'广东药王',我可不敢当啊。"当时的广东省医药管理局局长为了感谢梁颂名的付出,主动提出拨 400 万元人民币帮助大学建一座中药大楼。梁颂名叹息道:"可惜当时学校因为种种原因没有接受这笔捐赠。这是我很大的遗憾。否则,中药学院的发展会更快、更好的!"

如今的广州中医药大学中药学院实力强大、成绩斐然,这与梁颂名早期拓荒打下的良好基础是分不开的。更为重要的是,中药系为广东省培养了一大批专业人才,服务于广东的各个中药部门,为振兴广东中药事业作出了很大贡献。

"二次创业"创立港中文中医学院

从广州中医药大学退休后,梁颂名开启了人生的"第二次创业"——协助创办香港中文大学中医学院。为了中医药的传承、传播,他的足迹遍布粤港澳三地,而受他教诲影响之人更是从这三地辐射全国,乃至全世界。

回顾香港中医药的历史发展,由回归前的不承认中医,没有予其合法地位,到回归后开始重视中医药发展,将中医药教育纳入大学体系,正式在大学成立中医学院,是一个重大转变。梁颂名参与了这一过程并作出了重大贡献。1998年,香港中文大学拟筹办中医学院,创院院长江润祥三顾茅庐,力邀梁颂名参与创院,已年逾花甲的梁颂名奔赴香港开启了另一段教学生涯。当被问到为何愿意到香港中文大学创办中医学院并执教至今时,梁颂名回答:"一是被校方的诚意打动,几次到广州家中相请,因为广州中医学院不愿意放人,据说还惊动了卫生部,二是出于对中医的热爱,希望促进中医传承、传播。"

初到香港让梁颂名仿佛回到了十几年前在广州中医学院创办中药系的时光,其艰苦程度更甚:全院师生只有几间课室,而作为创院教授的梁颂名只能在院长办公室门口摆一张工作台处理日常事务。刚开始的几年,因一时找不到教授,梁颂名承担了大部分中医基础课的讲课任务,并负责学生的见习安排,不定期检查见习情况,及时改进。同时诚邀国内各大院校优秀教师赴港授课。为了提高中医学术水平,香港中文大学中医学院编写了一套共 6 本的"中医药文化丛书",梁颂名负责其中 3 本。"至今全院讲课最多的老师还是我,年纪最大的也是我。"

经过 20 多年的努力,如今的香港中文大学中医学院已是规模初具,一批批优秀中医接班人从这里走出融入社会,用梁颂名的话说就是"从无到有,从小到大"。为了表扬梁颂名对中医学院发展及杰出教学之贡献,在学院成

▲ 香港中文大学副校长和中医学院院长为梁颂名（中）颁发杰出贡献奖

立20周年时，香港中文大学向梁颂名颁发杰出贡献奖。目前，梁颂名依然承担香港中文大学两门课程的授课任务，每年《中药学》120学时，《方剂学》120学时，合计240学时。此外，还每周出两次门诊，香港中文大学门诊、威尔斯医院门诊各一次。梁颂名兢兢业业的工作也感动了学生，有一次下课后他发现同学们在外面排成一队，跟他说感谢，人群里面突然冲出来一个学生，直接跑到他面前，扑通一声跪下，当时梁颂名很惊讶，那个学生哽咽着说："不知道怎么样才能表达对梁老师的这份感激和爱戴，只有恭敬地磕个头，表达一下内心的感谢。"

"四代名医一脉存，杏林春满誉南天，著书辩证凭真义，济世康民记相言。名愈广，志弥坚，不为良相作医贤。沙场虽未流君汗，救死扶伤勇策鞭。"这是《番禺志》编辑戴季波为同乡好友梁颂名所作赠诗，也是对梁颂名家族一生致力中医药事业传承发展的完美写照。

"以身试疟"李国桥
证实青蒿素恶性疟疾疗效第一人

学人小传

李国桥（1936—），广东南海人。广州中医药大学首席教授，享受国务院政府特殊津贴。出身中医世家，1955年毕业于广东中医药专科学校。毕业后留校任教，曾任广州中医药大学副校长、热带医学研究所所长。长期从事青蒿素抗疟研究，先后获国家专利技术发明奖三等奖、国家科技进步奖三等奖、国家科技进步奖二等奖等奖项。

以身试药，验证恶性疟原虫发病机理

在人类历史上，疟疾一直是最为流行且凶险的传染病之一。1967年，还在"文革"的牛棚里劳动改造的李国桥接受了"523"项目中针灸治疗疟疾的研究任务。彼时的恶性疟已对临床最常用的抗疟药氯喹产生抗性。为探索针灸治疗疟疾的方案，在"正气存内、邪不可干"的理论指导下，李国桥亲身感染疟原虫，并常常让护士在自己身上试针，以寻找能够增强免疫力和提高疗效的新穴位。直到现在，李国桥的双腿还经常有麻木无力的症状，这是当初自我试验留下的病根。

针灸治疗疟疾的疗效不理想时，李国桥没有灰心丧气，而是及时调整研究方向，转向抗疟药物临床观察、重症疟疾与脑型疟救治。

经过大量的临床研究实践及验证后，他首先发现了更为准确的恶性疟原虫发育规律及其与临床发热症状的关系，修正了前人的看法，并对恶性疟5种基本热型作出解释。这些发现，犹如拨云见日，为疟疾的诊断和治疗提供了新的视角和方法。李国桥的数据和研究结论被WHO首席执行官吉米主编的《曼氏热带病学》收录。

热带地区，包括我国南方，是恶性疟的重灾区。1971年，李国桥主动请缨开展脑型疟救治研究，并担任专业组组长。自此以后，他成为边疆苦行医，跋涉于交通不便的落后贫困地区送医上门。

鉴于1978年青蒿素抗疟的成果全国已经鉴定，因此李国桥第二次"以身试药"时，底气明显足了许多，他基本没有了"以身试药"的后顾之忧。虽然如此，他仍旧做了发生意外的"准备"，写下一封"遗书"。

李国桥在"遗书"中写道："这次试验完全是自愿的。万一出现昏迷，暂时不用抗疟药治疗……这是研究需要，请领导和妻子不要责怪试验的执行者。"

因为掌握了规律，对青蒿素有坚定的信心，李国桥才敢于冒险。在他的试药实验之后，他的主管大夫和其他7位志愿者也完成了"以身试药"的试验。最终证明恶性疟原虫48小时会引发二次发烧的理论。

总之，李国桥把恶性疟原虫生物学发育规律与临床救治结合，提出了指导脑型疟临床给药窗口的新理论。同时他发明了新的简易皮内血片方法，以替代抽取病人骨髓涂片的检查方法，减少了病人的痛苦。这一创新被牛津大学医学教科书收录，成为全球医学界公认的方法。

后来，李国桥在柬埔寨、越南和非洲等贫苦地区开启了早期的援外抗疟工

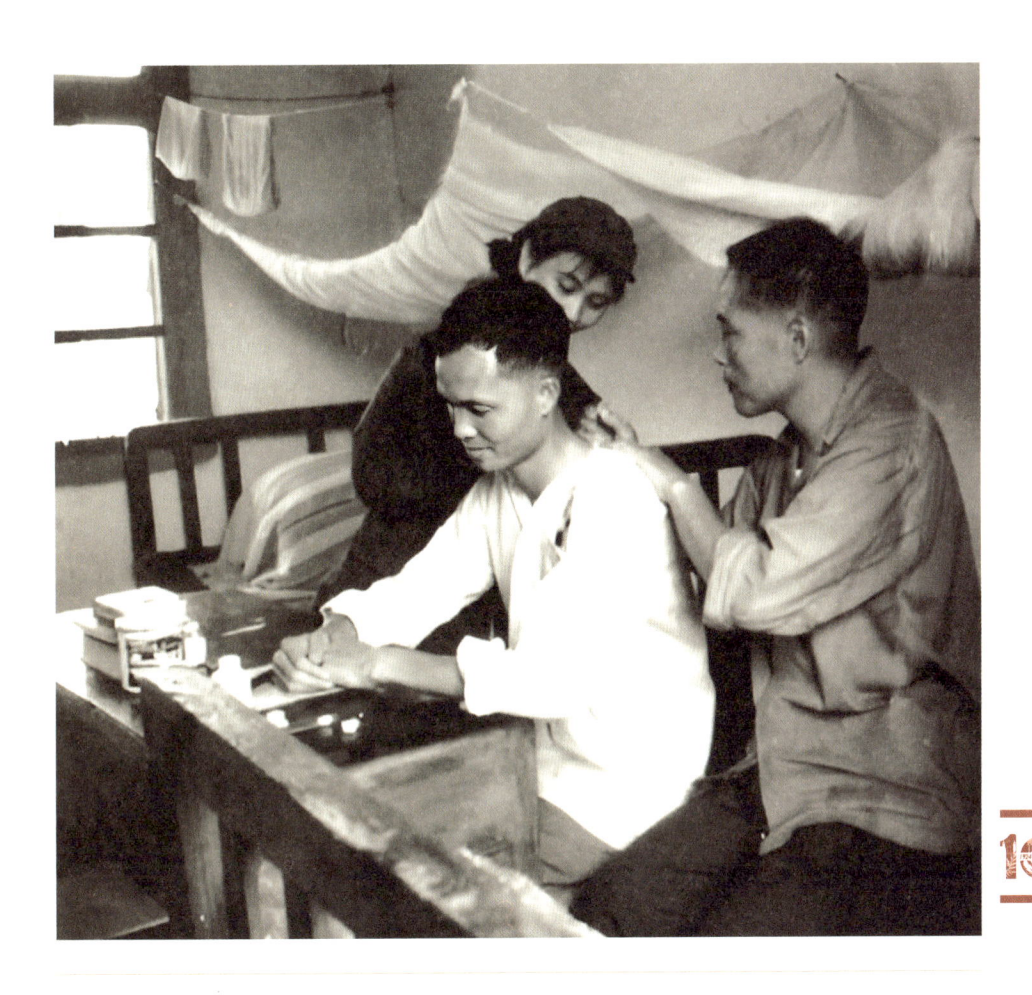

▲ 20世纪60年代，李国桥（白衣者）研究针灸治疟

作，将中医的智慧大爱洒满贫苦地区，赢得了疟区人民的尊敬和爱戴。

推动青蒿素成抗疟药物

1974年李国桥接受青蒿素治疗恶性疟疾的研究任务，开始了他与青蒿素的不解之缘。

彼时，我国医学工作者已经从中药青蒿中提取出了抗疟有效成分，但对其恶性疟免疫作用仍认识不足。疟疾肆虐，明确青蒿素的疗效刻不容缓。李国桥以科学家的敏锐洞察力和医者的仁心仁术，率先证明了青蒿素治疗恶性疟的速效、高效和低毒副作用，促成了1975年"523青蒿素抗疟研究"全国大协作的新局面。他的研究成果促使青蒿素成为救治重症疟疾的首选药物，同时推动了青蒿素及其衍生物的开发研究，为全球数百万疟疾患者带来了生的希望。

李国桥从未停下探索的脚步，先后主持完成了青蒿素、青蒿琥酯、蒿甲醚、双氢青蒿素4个一类新药6种剂型的临床研究，相关研究成果使青蒿素不仅可作为急救药使用，还能成为高效的一线治疗用药。由此制定的青蒿素类药7天疗程方案，1996年被WHO确定为青蒿素类药治疗恶性疟疾的标准疗程向全球推广。

李国桥创造了"按照WHO药物Ⅰ期临床试验设计方案""新中国在《柳叶刀》刊出的首篇医学论文""第一篇在国外发表的青蒿素论文"等我国在学术界的多个首创之举，推动了我国医药事业走向国际。

面对疟疾治疗的挑战，他依旧步履不停、弦歌不辍，带领团队发明了一系列青蒿素复方抗疟新药等。这些新药以其高效、速效、短疗程和低成本的优势，解决了青蒿素单药疗程长、价格高的问题，更降低了患者的经济负担，为全球疟疾防治工作作出了巨大贡献。

2009年6月，李国桥所研究的双氢青蒿素哌喹片和青蒿素哌喹片被卫生部正式列入新的《抗疟药使用原则和用药方案》药品目录，成为一线抗疟药；2009年8月，双氢青蒿素哌喹片被列入WHO颁布的第八版抗疟药EOI（用药需求目录）中。

▲ 2005年8月李国桥（左二）在柬埔寨实居省抗疟项目中期总结会

▲ 李国桥所获得的荣誉奖章

灭源控疟方案的诞生

中医药是中国的，更是世界的。怀着经世济人的医者仁心，李国桥多次带领团队深入疟区，与当地人民并肩作战，共同探索抗击疟疾的有效途径。他们的每一次出发，都是对未知的挑战，每一次归来，都带着宝贵的经验和深刻的洞察。

李国桥的团队是一支由多代青蒿人组成的科研队伍，他们不仅继承了李国桥的科研精神和医术仁心，更在实践中不断创新，将传统中医药的智慧与现代科技相结合，探索出更为高效、更为精准的疟疾防治方法。

20世纪80年代末，为了让中国人发明的青蒿素能尽快在全球普及推广，造福全球疟疾流行区民众，李国桥奔走于世界各地，从越南到柬埔寨，从柬埔寨到泰国、缅甸、印度尼西亚、菲律宾、印度，从东非的肯尼亚到西非的尼日利亚再到南非，以及拉丁美洲的数十个国家和地区，不遗余力地向人们宣传推介青蒿素。

在越南，李国桥见证了疟疾对人民生命健康的严重威胁，他提出并实施了以青蒿素类药物为核心的综合防治策略。这一策略的实施，使越南成为世界上第一个使用青蒿素复方治疗恶性疟疾的国家。他对青蒿素复方药物的推广和使用，还有效降低了柬埔寨的疟疾发病率和死亡率。

在疟疾防治的漫长岁月中，李国桥深知，要彻底战胜这一疾病，必须从根源上解决问题。为此他带领团队总结全球控制疟疾的历史和现状，结合中国50多年的防治经验，提出了创新的灭疟新策略——快速灭源灭疟法。这一策略的核心，是通过青蒿素复方药物快速清除传染源，从而在短时间内控制疟疾的流行。在柬埔寨的试点项目中，快速灭源灭疟法取得了巨大成功，仅仅一年

▲ 2004年李国桥（左二）在印度尼西亚卫生部研究院

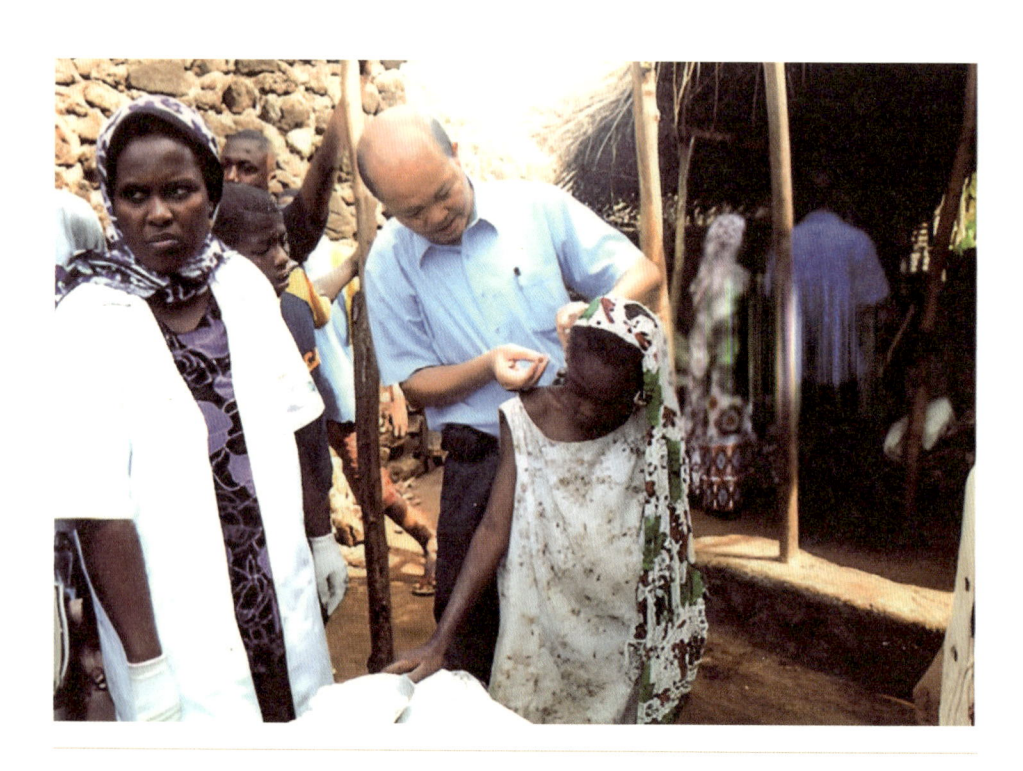

▲ 2006年李国桥在科摩罗进行儿童带虫率调查

时间，人群带虫率下降了95%，无一人死于疟疾。这一成果，为全球消灭疟疾提供了宝贵的经验和信心。柬埔寨王国政府为了表彰李国桥教授的贡献，授予他"莫尼沙拉潘"金质（骑士）勋章。

柬埔寨项目实施3年成功后，李国桥又带领快速控制疟疾医疗队奔赴非洲，希望在非洲建立快速控制和清除疟疾的样板。2007年11月项目推广至非洲岛国科摩罗，仅4个月内就在该国莫埃利岛实现发病率下降95%以上，蚊媒带虫率降至零，而项目启动2年多来实现了疟疾零死亡。2009年4月，科摩罗副总统兼卫生部长莫哈吉阁下在访华时向中国卫生部提出，希望中国继续支持该项目并将其推广到科摩罗全国。

快速灭源灭疟法在国际上的影响力日益增强，逐渐获得世界卫生组织的认可。2009年，双氢青蒿素哌喹片被列入WHO颁布的第八版抗疟药用药需求目录，成为全球抗疟的重要工具。这一成就，标志着李国桥及其团队的研究成果，已经从实践走向了世界。

精诚儒雅岑泽波

中医骨伤一把刀，岭南薪火传四海

学人小传

岑泽波（1936—2009），广东南海九江人。1956—1962年就读于广州中医学院。毕业后留校，历经助教、讲师、副教授、教授。任广州中医学院骨伤科教研室主任、广东省中医院院长、广州中医学院教务处处长以及卫生部药品评审委员会委员、中国中医研究院客座教授等职，并被选为中国中医药学会理事兼骨伤科学委员会副主任委员、广东省中医药学会理事长，政协广东省第五至七届常委等。主编全国中医高等院校统一教材《中医伤科学》《中医正骨学》，同时任《中国医学百科全书·骨伤科卷》副主编。曾获广东省高教局教学优秀奖。1984年被评为广东省教育系统先进工作者。1992年被授予国务院政府特殊津贴。1993年被授予"广东省名中医"称号。1995年被聘为广东省政府参事。2000年退休后受聘为香港中文大学教授。

"中西医两条腿走路"

1966年10月，由兼任附属医院骨外科病区总住院医师的岑泽波主刀，在新落成的广州中医学院附属医院住院大楼手术室开展了手术治疗骨折——肱骨外髁骨折翻转移位切开复位丝线缝合固定术。由中医高等院校附属医院自主性施行手术治疗关节疾病，在当时实属前所未有。在岑泽波的带领下，医院随后开展肘关节陈旧性脱位切开复位术和脊髓灰质炎后遗症下肢肌力重建术等对复杂性骨折、创伤修复及关节疾患的治疗，均取得良好效果。此举开创了中医院校骨科对复杂骨折、陈旧性脱位切开手术内固定的先河。

其间，有领导指出：中医学院应该姓中，岑泽波带头开展手术治疗骨折，是犯了方向性错误，要警惕岑泽波把中医引向西医的道路，即"中医西化"。学科负责人何竹林秉承"讲求实效，不尚空谈"的作风，当即表态："中医、西医好比两个拳头，有两个拳头总比一个好。"

时任外伤科教研室副主任蔡荣知道岑泽波能做事，在会上说："古人有'刮骨疗毒'的记载，而何竹林本人又有丰富的治疗枪火伤经验，说明我们广东伤科处理开放性损伤有一定的基础。现在采用手术治疗开放性损伤，是中西医结合治疗骨折的好方法，不应该放弃。而今有了麻醉科，我们会做得更好。岑泽波带头开展新技术以来效果好，没有发生过医疗事故，我认为可以继续开展。"外科教研室麦冠民则提出："作为中医高等院校，让学生掌握一些西医基础理论，毕业后能更快适应临床工作。"

广州军区总医院骨外科主任魏征对在中医学院附属医院开展骨科手术表示大力支持。前辈开明务实的支持态度，令该时期医院收治骨折病人的种类不断增多，骨科病床使用率稳步上升。在临床工作中，岑泽波更加坚信自己这样做有助于高等院校新中医事业的发展。

奔赴海南培养基层医疗人才

1972年，全社会重新重视文教科技事业。广东中医学院革委会决定派出四名骨干，赴海南举办中西医结合培训班，目的是为当地的军垦农场培养一批中西医结合的高级骨干。妇科教研组主任罗元恺和针灸教研组靳瑞、骨外科教研组岑泽波名列其中。

当时正值台风多雨季节，岑泽波一如往昔，对该培训班的工作十分投入。

他用心备课,身教言传,将课程讲得深入浅出,学员们大受裨益。学员来自海南生产建设兵团属下各团的医院,多是医学院毕业的西医,小部分人只上过卫生学校(中专水平),一共50多人。培训班从5月到12月,为期7个月,学习全属中医课程。4名教员回穗后受到中医学院革委会好评。

1975年5月,广东中医学院党委决定派技术全面、专业过硬的教师前往海南岛中南部的五指山区,为当地少数民族办一所医学院,即广东中医学院海南黎族苗族自治州"六·二六"大学。李国桥出任该大学校长,组成教学、防治、科研三结合小分队,前往海南乐东县。李国桥点名要骨外科岑泽波和针灸专家靳瑞两人随他上任,还从学院调了几名大学生当助教,协助他们工作。由李国桥抓总,靳瑞兼管内科,岑泽波管外科兼基础学科,三人相互配合,管治全校,井井有条。

岑泽波这次欣然领命再次前往海南,与同事在森林茂密的五指山区黎村苗寨工作近两年之久。在首届学员60多人中,黎族、苗族学员占了约70%。当时建校资金短缺,条件极为艰苦,且当地属脑型疟疾的流行区,师生们克服种种困难,终于站稳脚跟。这所学制两年的大学,共三届毕业学员128人,都是有一定中西医基础理论、基本知识、基本技能的多面手,后来多数人成为基层医疗单位的骨干。

举办全国骨科师资进修班

1978年,卫生部命广东中医学院领衔举办"全国中医学院骨科师资进修班"。该进修班以进修骨伤科为重点,由蔡荣主任领衔,岑泽波主持,学员来自省内外22所院校,大部分均是各地高校的教研组高年资教师。岑泽波此时只是讲师,如何承担该师资进修班的教学任务,确实给他出了一个难题。若按传统教材"炒冷饭",则创新性不强;且大部分学员与岑泽波一样是讲师或主治医生,有些学员见并无一名副教授以上的老专家主持,对进修班持怀疑态度。

对此,年富力强且身兼教学、临床重任的岑泽波深思后成竹在胸。他首先提出"共同办班,能者为师"的建议,继而针对一些骨伤科教师拘守课本、疏于实践的通病,安排进修班从临床操作做起。他那娴熟的医术和充沛的精力,很快就使学员们折服;而在讲课中又以渊博的理论知识和丰富的临床例子,赢得了大家的敬佩。师资班办得很成功,于次年7月圆满结束。

▲ 岑泽波教学留影

编写教材著作培养师资

按照上级要求，1971年，岑泽波与骨外科教研组同事编写一套三年制的普通试用教材，包括《医用人体学》《中医基本理论》《医用理化》《英语》《疾病学基础》等，其中《外科讲义·损伤》章节由岑泽波负责编写。

1973年，岑泽波、陈汉章代表中医学院骨外科，参加全国中医学院教育革命经验交流学习班。经协商，决定在"文革"前中医学院第二版教材的基础上，集体编写第三版教材，包括《中医学基础》《中药学》《方剂学》《内科学》《外伤科学》《妇产科学》《儿科学》《五官科学》《针灸学》《推拿学》等18种中医学院试用教材。其中《外伤科学》由广东中医学院主编。骨外科黄耀燊主任和蔡荣副主任领衔，作为学术骨干的麦冠民、岑泽波分别负责《外伤科学》教材编写中的外科部分和骨科部分的具体组织工作。编写组根据协商确定，采取教师和工农兵学员，以及老、中、青三结合的方法，总结中医院校教材改革的经验，使之做到理论和实践的统一。在保持祖国医学理论系统性和辨证施治、理法方药完整性的同时，介绍一定的现代医学基本知识和技能，并注意采用中西医结合的成果，以符合中医学院培养目标的需要。经过近两年的

281

努力，一部有利于初中文化水平以上的工农兵学员学习，且经过改进革新、简明扼要的第三版中医院校试用教材《外伤科学》由上海人民出版社出版，反响良好。

1977年9月，岑泽波从海南调回广州，并晋升为广东中医学院首批讲师之一。紧接着，《中国医学百科全书》编辑委员会通知广东中医学院骨外科负责《中医外科学》分卷和《中医骨伤科学》分卷的编写。其中，《中医外科学》由黄耀燊主编，《中医骨伤科学》由蔡荣主编。在蔡荣的主持下，岑泽波作为副主编和全国高等院校的专家一起编写《中国医学百科全书·骨伤科卷》。来自陕西的孙绍良，上海的石幼山、施杞，长春的刘柏龄，湖北的李同生，北京的尚天裕，成都的郑怀贤，郑州的郭春园，黑龙江的樊春洲以及本校的张悙达、黄关亮、彭汉士、何振辉、何晃中等编辑同心协力、焚膏继晷，在极其困难的岁月里，终于将《中国医学百科全书·骨伤科卷》编成。

为了提高教材质量，促进高等中医药教育事业的发展，国家卫生部于1982年10月在南京召开了全国高等中医院校中医药教材编审会议。这次《中医伤科学》由岑泽波担任主编，吴诚德任副主编。全书共计八章，概述中医伤科发展简史、损伤的分类和病因病机、辨证、治法；并讲解骨折、脱位、伤筋、损伤内证等，基本上概括了中医伤科学的专业范围。当时第五版教材《中医伤科学》一书的预算费用极为有限，基于这样的条件，在编写组的努力和全国中

▲ 岑泽波（后排右四）与同事一起出席教材编审会议

医院校的支持下，《中医伤科学》第五版教材随后由上海科学技术出版社出版。

著有广东省首篇图文并茂的骨伤科学术论文

1962年9月，广东省卫生厅召开"继承名老中医学术经验座谈会及拜师仪式"，出席会议的有广东省各地名老中医72人。在首届毕业生里，岑泽波师承岭南伤科大家何竹林。在跟师期间，岑泽波学习何竹林的正骨手法和用药经验，撰写《略谈夹板固定中的几个力学问题》一文，分析何竹林的五夹板治疗小儿股骨下段骨折的方法，受到骨科界专家的好评，选登在《广东医学（祖国医学版）》1965年第3期。

1972年，岑泽波根据临床实践和学科发展需要，对本院在1964—1972年收治的97个严重移位的肱骨髁上骨折病例进行再分析，撰写《中西医结合治疗严重移位肱骨髁上骨折的探讨》一文，并对疗效不满意的原因作了初步分析。文章认为肱骨髁上骨折为儿童最常见的骨折，由于肘关节的解剖特点，一旦发生严重骨折，整复及固定均不容易，处理不当是造成肘关节畸形和活动障碍的主要原因。文章提出通过总结整复髁上骨折手法的先后次序，以及夹缚固定要求的改进，可有效预防该类骨折的并发症。文章进一步明确骨折的对位是功能恢复的关键。该文用图像直观地表现手法复位及杉树皮夹板固定的方法，是新中国成立以后广东省第一篇图文并茂的骨伤科学术论文，并在全国外科学术交流大会上作报告，分享了广东中医学院中西医结合治疗该类骨折的临床经验，受到同行的好评。

1974年夏，骨外科中的骨科组和外科组系统开展了中西医结合治疗外科感染、外科急腹症、烧伤、毒蛇咬伤、骨折和骨髓炎等专科（专病）的医疗、科研和教学等工作。骨科组收治病人，从骨折到骨病以及关节畸形等病种有所增加。岑泽波根据住院部收治病人的情况撰写了《中西医结合治疗股骨干骨折309例》（附102例追踪分析）临床总结论文。

为振兴岭南骨伤科事业奋斗终身

岑泽波任政协广东省常委期间（1983—1998），积极参与教科文卫体委员会组织的专题调研、视察、考察、座谈等活动。其间，岑泽波提出：目前中医药业存在青黄不接的状态，要充分发挥各级名中医的作用，关心他们的生存状

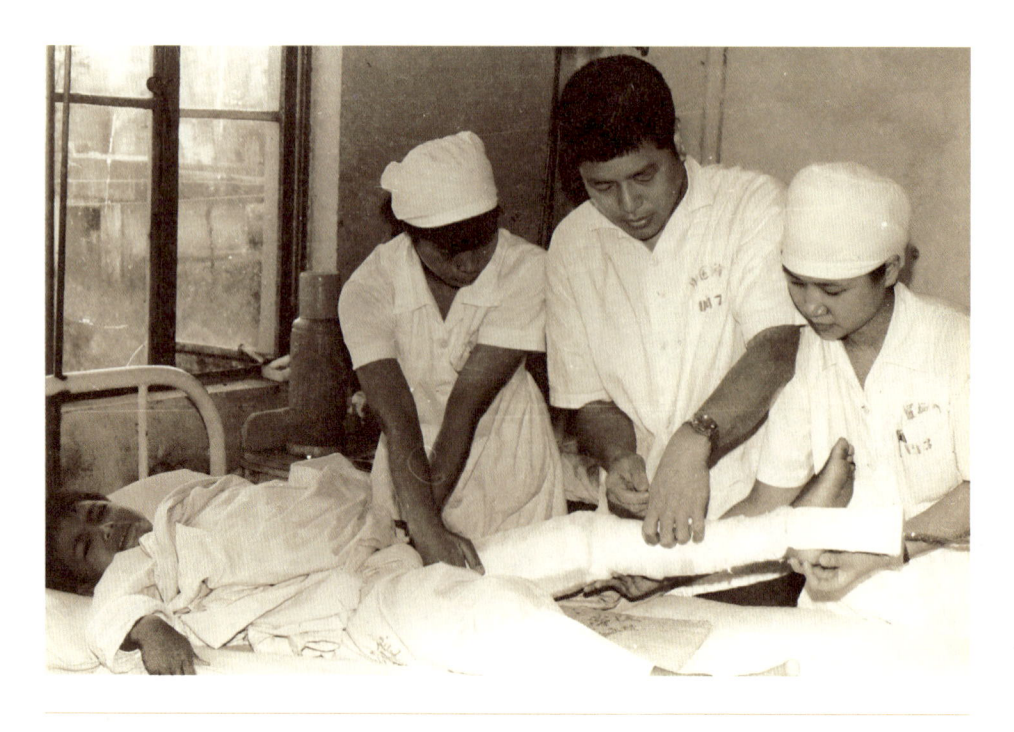

▲ 岑泽波工作留影

态,及时整理总结他们的经验,恢复名中医带徒这一优良传统,让中医后继有人,传承名医学术特色,促进重点专科建设;在临床中发挥中西医结合的医疗特色,建立中国新医学;高等中医院校的重视文史哲的通识教育,抓紧对中医科普人才的培养。

1987年4月,岑泽波从广东省中医院院长任上调回广州中医学院担任教务处处长。他珍惜该项聘任,为学校博士点的设立、多个专业学科建设做了不少工作,鼓励在校教师撰写学术论文以扩大学术影响。

1997年,岑泽波经广州中医药大学批准退休。在短暂的闲暇时光后,他应香港中文大学中医学院的邀请,受聘为客座教授,重执教鞭,讲授含中医骨伤科学、中医外科学在内的五门科目,为香港培育了大批新一代的中医人才。

参考文献
李主江. 岑泽波传. 广州:广东人民出版社,2019.

"岭南皮肤圣手"禤国维

平调阴阳,治病之宗

学人小传

禤国维(1937—2024),广东佛山人。广州中医药大学首席教授,广东省中医院皮肤科学术带头人,享受国务院政府特殊津贴。1963年毕业于广州中医学院。先后在湖南中医学院第一附属医院、广东省中医院工作。历任广东省中医院皮肤科副主任、主任,广东省中医院副院长,广东省中医院皮肤病研究所所长,广东省中医院皮肤病研究所名誉所长等职。先后获广东省名中医、广东省白求恩式先进工作者、全国优秀教师、广东省高等学校师德标兵、全国老中医药专家学术经验继承工作指导老师、和谐中国十佳健康卫士、当代大医精神代表、第二届国医大师、南粤楷模、广东省医学领军人才、全国中医药杰出贡献奖、首届中国中医科学院学部委员等荣誉。

岐黄精义，以和为贵

国医大师禤国维临证最重视"和法"。"和"为中国古代哲学之精髓，乃传统文化之核心要义。"和"思想已深刻渗透到中国哲学、宗教、政治、伦理、教育、文学、中医等诸多领域。中国人擅长理解"和"，运用"和"。禤国维认为，中医学秉持"和"文化的理念，确立"和"是健康的标准，而"失和"是疾病产生的根本原因，"调和"为中医防治疾病的基本原则，而"以平为期"则是中医治疗与养生的终极目标。

禤国维诊治疾病一贯秉承"平调阴阳，治病之宗""解毒祛邪，以和为贵"的学术思想。"平调阴阳"重在扶正以体现"和法"，"解毒祛邪"重在祛邪以体现"和法"，二者殊途同归。"和法解毒"是一种调和阴阳、正邪、水火、方药的思想体系。禤国维结合60余年的从医经验，将"平调阴阳，治病之宗""解毒祛邪，以和为贵"融为一体，这是对"和法"做出了创新发展。

"和法解毒"特别突出了"和法"在"解毒"中的作用，从而实现复杂、疑难、危重疾病治疗的减毒增效。禤国维认为，随着时代进步和疾病谱变迁，致病因素日益多样化，治疗方案渐趋个性化，具有中医特色的"和"之思辨的"和法解毒"，将为现代中医临床提供指导思想。

中医临证思维集成者

中医学思维古老而常新。

随着时代的发展，中医思维也在不断地丰富与完善。近年来，中医思维学的概念愈发在各种学术场合被提及，成为中医学术研究者的共识专业概念，并在不断的研究中演变成为一门融合中医学、中国古代哲学、中国传统文化等多学科精粹的新独立学科。探微中医思维，特别是中医临证思维，对中医未来的发展有重要指导价值。

禤国维结合行医体会，将中医临证思维归纳为整体思维、辨证思维、平衡思维、共性思维、模式思维。禤国维认为平衡思维是指导中医实践的核心思维，它贯穿于探索证候共性、实施辨证论治、实现整体和谐的全过程。禤国维在临床上运用平衡思维，临证贯彻"平调阴阳，治病之宗""以和思辨，提高疗效"的理念，提出以补肾法和解毒法治疗疑难皮肤病。

禤国维还认为，外治法是中医治疗皮肤病的一大特色和优势，许多皮肤病单用外治法就可取效。一些难治性皮肤病，比如慢性皮肤瘘管、窦道疾病等，单靠内治是无法治愈的，需要借助药线法或手术等处理。有些皮肤病如脓疱疮、带状疱疹、痈等，通过内治结合外治，往往能取得更满意的效果。

心里装着的，永远是病人

禤国维总是认真、细致地对待每一位病人，清楚地交代他们药物的服法及饮食调护。这样提高了疗效，却苦了他自己，常常是午饭时间到了，诊室门口还排着长队。因为患有糖尿病，他常备一些饼干和水果糖在身上，看病间隙吃一点，防止发生低血糖。老病号、学生也都不约而同地为他准备好饼干，热心地提醒他保重身体。

禤国维不仅保证每天的门诊风雨无阻，还坚持每周一次的病房查房、临床带教。对查过的病人，他总是亲自追踪各种检查结果，观察病情变化，尽管会因此"拖班"，他也乐此不疲。学生们喜欢跟禤国维出门诊、查房，因为他总是耐心地讲解疑难病例。他总是说："我要尽可能多做、多传、多教，这样就等于活了好几辈子。"

禤国维是一个不知疲倦的人。他白天看门诊，下班回家还要继续工作，22时前看稿子、审阅文件、为学生修改论文，22时以后开始写书和查阅各种最新文献，常常工作到很晚才入睡，次日6时又起床准备新的一天的工作。

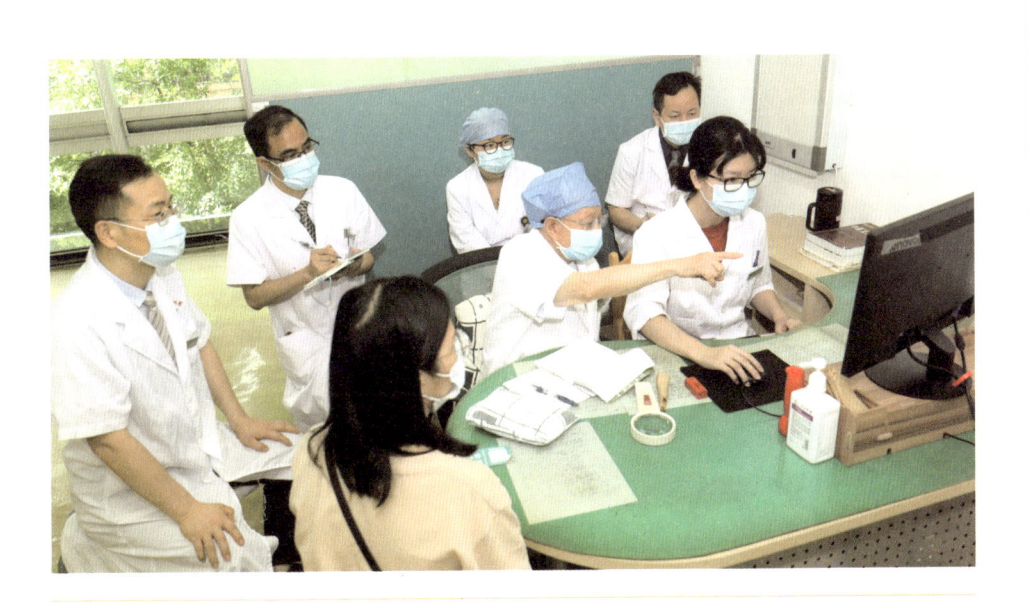

▲禤国维（右三）诊治患者和带教青年医生

禤国维经常说"医者，必具仁义、仁心、仁人之心"，这话时刻体现在他日常的诊疗活动中。他认为做一个好医生，首先就必须有高尚的医德医风，要有乐于奉献的精神。做医生，心中装着的要永远是病人。

为守护医院与歹徒搏斗

禤国维从医60载，作为一名中共党员，为人民服务、为中医药事业奋斗的坚定信念支撑着他走过这一甲子的漫长岁月。

1990年的一个晚上，已经是副院长的禤国维在广东省中医院值班，正巡视大楼。由于前一天办公大楼六楼的挂钟被盗，这次禤国维格外留心，在巡视大楼时被伺机盗窃的歹徒袭击锁喉，用羊角锤猛砸头颅，导致颅骨广泛性、粉碎性骨折，脑挫伤，脑血肿。经过抢救，生命垂危的他经过七天七夜终于醒来。他醒来后想起的第一件事就是那些等待他救治的病人。

伤愈后的禤国维患上了外伤性脱发的顽疾，头发全掉了。"很多关心我的朋友都劝我提前退休，但我是一名共产党员，在年轻的时候就曾立志要为党和人民工作50年，这还没到，怎能打退堂鼓？"于是，当时已经50多岁的禤国维认真钻研，坚持锻炼，努力康复。

这次死里逃生的经历，更加坚定了他悬壶济世的初心。针对外伤性脱发，他决定带伤研究用中医药治疗脱发和斑秃的方法。根据《本草纲目》的记载，他研究中药松针的药性，反复琢磨试验出一种药液，辅以梅花针治疗。功夫不负有心人，他最终找到了治疗脱发的方法，头上也长出了浓密的头发。此后，这一整套研究成果也惠及了大量病患，他们的处方中也增加了"松针"这味中药。

"联名上书"成立皮肤科

禤国维很早就发现中医药诊治皮肤病具有独特优势。他刚到广东省中医院时，皮肤科还没单独成科。他与同事"联名上书"要求把皮肤病从大外科中独立出来。请求很快得到医院领导同意，禤国维被任命为皮肤科副主任。在科室的共同努力下，皮肤科渐渐明确了发展方向：做好一般皮肤病治疗的基础上，要把重大疑难疾病作为研究重点。

禤国维通过科研立项，重点研究自身免疫性疾病的治疗难题。作为广东省医学领军人才，禤国维领衔国家中医药管理局批准建设的岭南皮肤病流派，创新发展了岭南皮肤病学，使得广东省中医院皮肤科在2021、2022、2023年度中医医院学科（专科）学术影响力排行中超过全国600多家三级中医医院皮肤科，位列第一。

禤国维对中医经典理论有很深的功底，对中医古医籍和历代名医家的学术思想、临床经验如数家珍，尤其对一些久治不愈的皮肤病疑难杂症有着很深的认识。他注重运用中医传统的治疗方法。例如他创立的"截根疗法"，用于治疗顽固性的肛门、外阴瘙痒症以及神经性皮炎就有很好的疗效。

禤国维在长期的临床实践中，不仅坚守中医传统的理论和方法，而且也十分重视学习和吸取现代科学和现代医学的新知识、新技术，并以此法丰富和发展中医的理论和治疗方法。他认为随着环境的变化，人们生活节奏的加快，新的致病性微生物的出现等，对一些疾病病因病机的认识，不能长期停留在前人的认识上，而应结合当代的因素有所发挥和发展。

如粉刺（痤疮）病，传统中医对其病因病机的认识均是肺胃血热、上熏头面。如《外科正宗》说："粉刺属肺……总皆血热郁滞不散所致。"禤国维发现，痤疮病除青少年多见外，当今30—40岁，甚至50岁患病的亦屡见不鲜。工作紧张、睡眠不足、生活不规律、饮食不节、月经不调，往往都会使痤疮病情加重。临床采用滋阴泻火、清肺凉血解毒的治法治疗可收到满意疗效。据此，禤国维认为粉刺（痤疮）发病不但与肺胃血热有关，而且与素体肾阴不足，肾之阴阳失调，导致阴虚火旺、相火妄动、冲任不调也有密切的联系。

根据这个新的理论，禤国维主持完成了广东省科委立项的"中药消痤灵治疗寻常痤疮的临床与实验研究"课题，并获广东省中医药科技进步奖三等奖。

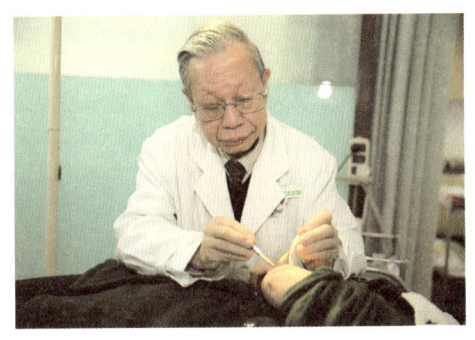

▲ 禤国维开展中医外治法　　▲ 外国的湿疹患儿慕名找禤国维寻求中医治疗

▲ 禤国维主编《中医临证思维》书影

中医药文化的传承要从娃娃抓起

多年来，禤国维积极推动中医药文化进校园活动，曾多次参加广州中医药大学与东江广雅学校联合举办的中医药传承活动。禤国维有很多小粉丝，曾有个5岁小孩发烧来找他看病，就因为他开的药不苦。"现在生活节奏紧张，中药剂型要改革，可做成颗粒剂、冲剂、片剂等不同剂型。我觉得可以开发水果味、咖啡味的'中药伴侣'，在不影响疗效的同时让人更容易喝。"

说起自己对中医发展的构想，禤国维就像个激情洋溢的年轻人。"国家已为我们创造了很多条件，现在就看我们中医人如何努力。像在'非典'和新冠疫情防治上，中医药都发挥了很大作用。中医不是只管慢性病的'慢郎中'，其实在急病重病上也大有可为。"

"勤学医源，广采新知。"这是禤国维红色小本子里的一句话，是他的治学之道，也是他的守正创新之道。

参考文献

广东省中医院. 杏林筑梦：广东省中医院九十载专科发展史. 广州：广州出版社，2024.

中风病救治大师刘茂才

中医脑病的攻关人

学人小传

刘茂才（1937—），广东兴宁人。首届全国名中医，广东省名中医，全国老中医药专家学术经验继承工作指导老师，享受国务院政府特殊津贴。1957年考入广州中医学院，1963年毕业后进入广东省中医院工作至今。曾任广东省中医院副院长、老年脑病研究所所长，广东省省级重点中医急症实验室负责人等职。广州中医药大学中医脑病学科及国家中医药管理局高水平中医药（中医脑病）重点学科建设项目学术带头人，中华中医药学会脑病分会终身名誉主任委员，广东省中医药学会终身理事。是我国中医脑病学科的重要开拓者和奠基人之一，获中华中医药学会杰出贡献成就奖、中医药学术发展成就奖、世界中医药学会联合会"中医药国际贡献奖"、广东省优秀中医药科技工作者、广东省白求恩式先进工作者、首届邓铁涛中医医学奖、广州中医药大学科技突出贡献奖等荣誉。出版专著及教材10多部，发表论文100多篇；师带徒9人，培养硕士14人、博士20人，指导博士后5人。

跳出中医窠臼，抛弃门户之见

从前，普通人家要走出客家农村只有三条路：参军、读书、做生意。刘茂才在新中国成立之后才开始读书，读到高中的时候，他一度想参军，可在体检的时候，医生拿着手表让他听秒针走动的声音，他却听不清楚，这是早年患中耳炎落下的病根。

体检没过关，参军梦想破灭了，刘茂才暗下决心好好读书。高考填志愿的时候，他想到村里还有很多因为医疗条件或者经济条件不好而无法看病的人，便决心学医，憧憬着有一天能凭借自己的医术为这些贫苦的乡亲们救疾解难，选择了广州中医学院作为第一志愿，从此踏进了中医的大门。

六年寒窗后，1963年8月23日，意气风发的刘茂才大学毕业，成为广东省中医院的一名内科医生。刘茂才回忆，当时科里收了一个腰腿痛的病人，在很多大医院都看过了，没什么效果，才辗转到广东省中医院来看。入院没多久，下肢还出现无力的症状。当时内、外科一起会诊，相关检查只有两张X光片，一张是病人之前在外院拍摄的胸椎片，显示没有问题，一张是本院的腰椎片，显示腰椎肥大，于是按照腰腿病来医治。当时一起参加会诊的岑鹤龄是一位少年学习中医，后就读于北京大学医学院的中西结合医生，他利用神经病学的知识，用一根棉签在病者腹部两侧划了几下，发觉下腹壁反射消失。刘茂才等当时就觉得不太对劲，因为这里代表的是11、12胸椎的反射，就让病人以十二胸椎为中心，补照X光片。结果于十二胸椎处发现骨质破坏，诊断为胸椎结核。这和腰椎片相比，仅"一椎"之差。这次特殊的经历让刘茂才对神经学产生了浓厚的兴趣，同时也让他深深意识到，作为医生，只有为人民服务的精神是远远不够的，专业知识和技术一定要过关。

1978年，刘茂才参加了中山医学院举办的神经专业的学习班，成为全院第一个外出进修的神经专科医生。做进修医生工作很辛苦，第一天报到，刘茂才就被安排去病房值班，对病人进行特护。收治病人要写三四页纸那么长的病历，当班的时候是完不成的，要带回家继续写。那个时候去进修学习还没有安排住宿，每天早出晚归，公共交通也不方便，刘茂才就借了别人一辆老式的单车。有一次下班路上，他边骑车边想着病人的事情，正想得出神，丝毫没留意到自己的裤脚被绞进单车轮子里，一下就摔倒了，刚好有一辆汽车驶过来，差一点就从他身上轧过去，刘茂才瞬间惊出了一身汗。虽然进修之路荆棘重重，但刘茂才凭借他对医学的一腔赤诚，终于在1979年学成归来。

扎根临床，走中西内外结合救治中风病之路

在医院的支持下，刘茂才负责的脑病专科门诊成立，主攻方向是中风病等脑病，这是全国中医系统较早成立的专科门诊。

开科之初，困难重重，人手不足，设备简陋。如果需要做 CT、脑电图之类的检查，只能把病人送到有这些设备的西医院去。刘茂才回忆起一次收治病人，当时用中医的方式检查诊断，病人说："你连西医检查都没有，你没有发言权！"而碰到高热病人，医院甚至要通过关系到宾馆去拿冰块来物理降温！可见当时医疗条件十分困难。就是在这样艰苦的条件下，刘茂才带领同事，咬牙将脑病科一步一个脚印发展壮大。

20 世纪 90 年代之前，中医在脑病领域一贯专注于内科治疗，遇到大量脑出血等急危重症病人只能将其转到西医医院治疗。刘茂才看到这样的情况很是心急，于是和黄培新一起找到了时任急诊科主任的梅广源，商议进一步开展急症救治和科研的策略。几次推心置腹的促膝长谈之下，刘茂才等人一致认为必须以急症中风病脑出血为突破口，提高急诊及综合救治能力，并立即将想法报告给了医院。

时任院长吕玉波听闻之后即刻回应道："医院就是治病救人，不管是中医、西医，还是内科、外科，疗效才是硬道理！"

就这样，在医院的支持下，刘茂才着手筹备创建医院自己的神经外科。很快，全国中医医院首台脑外科手术在广东省中医院实施了，开中医系统开展脑外科手术的先河。

中大量脑出血血肿清除术在现有技术水平看来并不复杂，当时却是中医医院向新时代现代化发展迈出的一大步。中西结合救治、术后发挥中医综合治疗特色和优势，由此专科的应急救治能力大大提高，中大量脑出血病死率、致残率也大大下降。

2003 年 10 月，广东省中医院新大楼启用，医院给神经外科安排了整层病房，并从国内各大医院"招兵买马"，神经外科的实力快速赶上了省内先进水平。

在时任院长吕玉波的亲自斡旋下，刘茂才着手搭建脑病学科及专科的中西医合璧平台，医院聘请王永炎院士为首席科学家，直接指导学科发展和建设。随后陆续引进国内最具权威的神经介入领域两大高手"北凌南李"——宣武医院的凌锋教授和珠江医院的李铁林教授。2005 年 3 月，医院脑血管病中心在白天鹅宾馆揭幕，国医大师邓铁涛挥毫疾书"中西内外比翼齐飞"以勉励。刘

茂才带领脑血管病中心创立了"中西合璧、内外结合"的新型诊疗模式，为脑病科内外兼修的发展之路打下了坚实的基础。

开展中风病科学研究，验证并推广应用中风病救治方案

如何获得科学的证据，让"经验"成为便于复制的"标准"，是现代中医亟须解决的问题。

20世纪80年代初，广州市医药工业研究所找到刘茂才、黄培新、黄燕等人，提议一起做毛冬青治疗出血性疾病的研究。后来这项研究由广州市科委立项，全市医院共同提供病例，验证毛冬青甲素治疗出血性疾病临床疗效。

当时，刘茂才等人的工作重心在临床实践，几乎没有任何开展科研工作的经历，面对这项上级管理部门和医院都十分重视的任务，只能说是"赶鸭子上架"。没想到的是，在项目结题的时候，广州市医药工业研究所指名让刘茂才作代表去北京进行答辩。

"虽然很紧张，但按照'瘀血'及活血化瘀法等中医理论的临床应用去进行答辩，最终顺利过关，迈出了我们从事科研工作的第一步。"

▲ 刘茂才（右）与弟子黄燕探讨学术

1996年，刘茂才等人申报的"高血压性中大量脑出血血肿清除术和中医药治疗的研究"获国家"九五"攻关专题批准，实现医院、大学承担国家科技攻关课题零的突破。1997年，广州中医药大学获批中医学博士后流动站资格，刘茂才成为四位博士后合作指导老师之一，指导博士后进行脑出血的中西医结合基础研究。

在随后的五年中，刘茂才带领团队与全国五家中西医院共同完成了201例随机对照试验，用完善的数据证明了中西结合救治方案的突出成效，充分展现了中西医各自的优势，发挥了中医药辨证论治、整体调控的特色。科研成果被科技部等四部委评为"优秀科技成果"，是当时唯一获奖的中医药临床科技攻关研究课题，后获中华中医药科学技术进步奖一等奖，也是当时为医院斩获的首个最高等级嘉奖。

根据《黄帝内经》阴阳理论及中风病临床实际，刘茂才带领团队创立中风病"阴阳为纲、类证辨治"综合救治方案，制定了"阳类证、阴类证"辨证标准，确立了"清热、平肝、益气、通脉、破瘀、涤痰、通腑、醒神"的治则，其理论及指导下的诊疗方案，已在全国300多家中西医院推广应用，并且被定为国家中医药管理局重点专科及协作单位临床路径，成果获得中国中西医结合学会科技进步二等奖。

如今，87岁高龄的刘茂才仍不觉疲惫地工作在临床一线，门诊、查房、带徒、指导博士，为专科及学科发展出谋划策。他时常叮嘱后辈，要围绕"中医药站在前列、现代医学紧跟得上"的中西医结合之路，让中医药在脑病的诊疗中发挥更多的光和热。"我希望后辈们能够继续把我们的中医好好地传承、发展下去，服务社会。"

"骨疏松克星"刘庆思

救死扶伤抢在前，中医振兴冲一线

学人小传

刘庆思（1938—2017），广东兴宁人。广东省名中医，第三至五批全国老中医药专家学术经验继承工作指导老师。出身中医世家，1963年毕业于广州中医学院。曾任广州中医药大学附属骨伤科医院院长，广州中医药研究院骨伤科研究所所长。1994年被选为广东省白求恩式先进工作者，1995年获"广东省优秀中医院院长"称号。培养硕士、博士、博士后、学术继承人近70人（其中境外生10余人）。主持中国与澳大利亚政府间科技合作项目及省部级科研课题20多项，获科技成果奖多项，发表论文60多篇，出版专著10部。

远赴越南救援，在"战斗"中成长

20世纪30年代，刘庆思出生于粤东北一个偏僻小山庄。由于祖传三代都是中医，刘庆思自小便受到相关的熏陶，尤其是父亲对他的影响比较大。

中专毕业的父亲是一名非常尽职尽责的大夫，严谨认真的工作态度也造就了他勤奋刻苦的学习态度。考上广东梅县高级中学后，年少的他从来没有贪玩，大部分时间都用来钻研数理化，终于在1957年以优异的成绩考取广州中医学院。

大学六年，一边学习还要一边劳动，没有粮食吃，就只有榨甘蔗剩下的渣磨成粉以及番薯叶充饥，虽然日子过得很是艰苦，但刘庆思心里是乐的，每天孜孜不倦地学习中医知识，他感觉非常充实。

1962年湖南中医学院第一附属医院成立，次年刘庆思便作为第一批毕业生被分配到这里，开始从事中医骨伤科的医疗、教学、科研工作，同时没有忘记勤勉地研读书籍，为将来的研究和教学储备了丰富的资料。

刘庆思笑称自己是"开荒牛"，上大学和参加工作都是那里的第一届，除学习专业知识以外，丰富的实践机会和许多原创性的活动都令他逐渐锻炼成为一个比较全面的人才。

1969年刘庆思随国家医疗队远赴越南，在战争最激烈的那段时间，作为一名医务工作者，他战斗在救死扶伤的第一线。

"头顶上战斗机在盘旋，下面一台接一台地做着手术，每天十几小时的工作，也不知道害怕，日子过得艰苦但很锻炼人，积累了很多中西医结合的临床

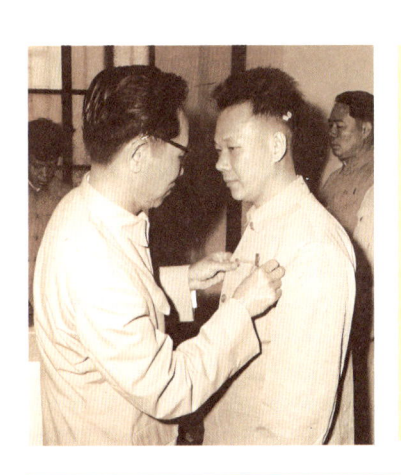

▲ 援越胜利后国家授予勋章　　　　　▲ 越南政府授予刘庆思友谊徽章

经验。"除了赴越经历外，刘庆思还主动申请去过不少条件艰苦、情况危急的地方，1976年唐山大地震，刘庆思也是灾后医疗队的一员。

研究防治骨质疏松

随着中国社会老龄化，骨质疏松患者不断增多，刘庆思敏锐地意识到防治骨质疏松的研究刻不容缓。

1982年4月，刘庆思回到广州工作，担任广东省中医院外科主任。从1988年起，他开始查阅国内外文献资料、将研究重点转移到中医药防治骨质疏松症方面。刘庆思在国内首次提出了"补肾壮骨、健脾益气、活血通络"的中医药防治骨质疏松症的治疗原则。在这一治疗原则指导下，刘庆思研制出治疗原发性骨质疏松症的有效方药"骨康"（十味骨康口服液），该药被临床长期使用，疗效显著，并于2023年成为广东省医疗机构制剂"岭南名方"入围品种。

刘庆思认为骨质疏松症并不是一种单一的病症，而是一种"多虚多瘀"的全身性骨骼疾病，在中医"肾主骨、脾肾相关、血瘀论"和平衡观、整体观和辨证施治观点的指导下，他认为骨质疏松症的病位在肾、脾、经络上，"肾为先天之本，脾为后天之本"，肾藏精，精化髓，骨又是依靠髓来补充营养，而肾中精气依赖脾所运化的水谷精微的培育和充养。如果脾肾都比较虚，那么骨骼失养，最终就会导致骨质疏松症，并且肾气虚，还容易受到外邪的侵袭，使经络不通、气血不畅，导致血瘀，加重骨质疏松症的病痛。

综合上面的分析，刘庆思将骨质疏松症分为四种证型：肾阳虚型、脾肾两虚型、肝肾阴虚型、气滞血瘀型，并得出中医药防治骨质疏松症的关键，那就是"补肾壮骨、健脾益气、活血通络"。他总结的综合疗法，照顾全面，着重提高整体机能。提出了骨质疏松症的治疗是攻补兼施、以补为主，并拟出"骨康方"，实验和研究证明其有提高骨矿含量，改善骨生物力学，降低骨转化率的作用。其机理是促进多系统机能的恢复，达到平衡阴阳、标本同治，并有纠正激素失衡的功效，有助于恢复骨的耦联。

传道授业，培养人才

1991年3月，刘庆思出任广州中医学院附属骨伤科医院院长，当时骨伤科医院属于经费自理单位，只能靠有限的课题经费来支持科研工作。

刘庆思的第一个课题"中药骨康防治骨质疏松症的开发研究"是骨伤科医院中标的第一个国家中医药管理局的课题，当时拿到了10万元的课题经费。1996年，刘庆思主持了第一个国际课题——中澳政府间合作项目"植物药治疗骨质疏松症药效与机理的研究"。后来，刘庆思陆续在省内外拿下重点研究课题，为医院发展在经济上提供了一定保障。

与此同时，作为院长，刘庆思认识到如何管理好、经营好中医院同样是一门学问。从上任开始，刘庆思就大力完善各项规章制度，规范管理编制，改良医院诊疗条件，使医院各项工作开始步入正式轨道。

刘庆思认为中医院要走中西结合、中医为体、西医为用的道路。他要求学生灵活地运用所学到的知识，发挥中医特色，而对西医也要有一定程度的精通。

"现在中医院条件比以往好，关键是要强调创新，创新要靠人才。"刘庆思是一个在研究方面非常专注和专一的人，他要求学生定向、定点、定位地深入做研究，不允许他们东一榔头西一棒槌，这样才能做出高质量的研究成果和培养出真正的人才。刘庆思培养的近70名硕士、博士、博士后和学术继承人已成为所在单位的骨干或顶梁柱。

退休后，刘庆思的日常生活依然安排得很充实，著书讲学，还自学了电脑。

▲ 刘庆思培养的第一位硕士魏合伟（左一）、第一位博士邵敏（右二）、第一位博士后刘海全（右一）、第一位学术经验继承人黄宏兴（左二）

在他的指导下，中医药防治骨质疏松症的团队医教研成果显著，逐渐形成了一套中西医诊断标准明确、理法方药完整、中医特色疗法明显的较为系统规范的中医药防治骨质疏松症诊疗策略。医院还成立了骨质疏松中心和骨质疏松研究所，获得了国家中医药管理局重点专科优势病种"骨质疏松症"全国协作组组长单位、广东省重点专科和首批中医名科，广东省中医药学会骨质疏松专业委员会主任委员单位、广东省中医药局中医优势病种突破项目——骨质疏松症的研究单位以及全国首个中国健康促进基金会骨质疏松防治合作基地等牌子。

参考文献

《刘庆思名老中医传承精粹》编委会. 刘庆思名老中医传承精粹. 广州：广东人民出版社，2013.

张琦. 刘庆思：救死扶伤冲在前振兴中医第一线. 南方都市报，2007年1月29日.

甘作嫁衣区永欣

《内经》教学改革的开拓者

学人小传

区永欣（1939—），广东番禺人。广州中医药大学首席教授。出身中医世家，1957年考入广州中医学院。1963年毕业后留校任教。历任基础部主任、中医基础理论研究所主任，《广州中医学院学报》常务副总编等职。曾任中国中医理论整理研究会委员、中国中医药学会内经专业副主任委员、中国国家科技名词审定委员会中医药名词审定委员、美中医学研究会学术顾问、政协广东省第五至八届委员等职。1993年获"广东省名中医"称号，1998年获国家科技进步奖三等奖。主编《中医大辞典》《中医大百科全书》《医学百科全书》等著作14部。

大学三年级已成内经实习助教

1956年广州中医学院建校后，第二年招收的学生中就有区永欣。作为新生，区永欣一入校门就勤奋学习，废寝忘食，经常挑灯夜战，遨游在中医的海洋中。

早在大学三年级时（1959年冬），区永欣已被广州中医学院聘为内经实习助教，每月领取津贴25元，条件是既要完成本科六年规定的课程、实习和下乡巡回医疗，又要每周两个下午在教研室办公，两个晚上为低年级学生上辅导课。

课业压力加上医疗、办公任务，年轻的区永欣咬着牙坚持下来了，这也铸成了他毕生从事中医基础教学的命运。幽幽一生中，区永欣都与《黄帝内经》，与中医理论教学和临床医疗工作紧紧联系在一起。

1961—1963年，区永欣在广州市第三人民医院实习期间，利用晚上到急诊科实习的机会，整整当了8个月急诊医生，连常规化验也由实习医生取样后自己在化验室独立完成。就是这样，由他诊断并向广州市防疫局申报了当年广州市第一例副霍乱和第一例白喉病例。回首往事，区永欣不禁感慨："人必须在实践中磨炼，在磨炼中成长！"

区永欣是广州中医药大学《黄帝内经》教学改革的开拓者。1985年，他组织创建《内经》教研室，开展中基理论实验研究，领导本学科进行系统的教学改革，开创了文献整理与实验论证的《黄帝内经》研究生培养模式，使《黄帝内经》教学走出传统框架，让广州中医药大学在该领域处于国内领先水平。

在多年的教学生涯中，区永欣耐心细致、辛勤耕耘，全身心投入教书育人的工作中。作为他曾经的博士生，张小虎深深地体会过他在教学中的专业精神、忘我精神。

记得有一次区永欣在给博士生讲授《黄帝内经》中的"标、本理论"时，说"标、本"的内涵有很多层面，有先发病与后发病、有主要症状和次要症状、有现象与本质等，一定要把《黄帝内经》中的不同篇章融会贯通，反复理解、运用，才能掌握其精神，并结合临床案例，深入浅出地做了讲解。学生有疑惑的地方，他就不厌其烦地解释，直到学生明白。

到了最后，一个半小时的讲座延长到了三小时，区永欣还意犹未尽，反复询问学生们是否已经理解、掌握，直到确认大家都明白了，才结束讲解。

"我们当时都被他这种一丝不苟、精益求精、一心为了学生的教学精神所感动！一个老教授，能以这样的专业态度和精神来教导我们。"张小虎说。

▲ 区永欣（前排右二）与内经教研室老师的合影

甘为他人作嫁衣

区永欣在职业生涯中，兼任了不少学术研究和编辑工作，但在他自己主编的14部著作，多半是以本校名义编撰的，其中发行量均超过40万册的《简明中医辞典》《中医学新编》和《中医名词术语选释》，都是在第二版或第三版时才署上自己姓名的。

1984年起，广州中医学院任命区永欣办《广州中医学院学报》，任常务副总编、副主任，主持组稿、审稿事宜，按理说发表文章是较便捷的事，可在20多年中，他在学报只发表过6篇文章，其中2篇还是以编辑部或评论员的名义发表的，自己的文章，大部分都投到其他杂志去了，用他自己的话讲："无论当教授还是当编辑，定要心甘情愿地为他人作嫁衣裳。"他是这样说的，也是这样做的。多年来，他指导的大批硕士生、博士生先后在很多核心期刊发表文章，他自己甘当幕后英雄！

区永欣出身中医世家，热爱中医药事业，矢志不移。几十年来，他一直坚定地认为中医基础理论研究和教学，都必须与临床实践相结合。早在20世纪六七十年代，他先后参与广州中医学院第一附属医院病房和急症室开办，多次在顺德创建中医治疗急性热病的临床科研基地。

区永欣几十年如一日，长期在第一附属医院出诊，因为医术精湛，每天找他的病人络绎不绝，不论门诊多忙碌，从医过程中，他都始终坚持认真负责的态度。

曾有一次在门诊坐诊过程中，区永欣的高血压老毛病加重了，头晕头痛，学生告诉他可否把候诊病人转到其他医生名下，他摆摆手，硬是咬牙坚持看完了所有的病人，才回家休息，令人又敬佩又怜惜，可这就是他从医一直坚持的原则："绝不让患者失望！"

还有一次，一位从广东湛江慕名而来的患者，被慢性乙肝折磨多年，辗转求医均没有好转，病情一度恶化成肝硬化，患者痛苦不堪，经过区永欣的医治，患者一年之后恢复健康，并为区永欣送来锦旗，当这名患者握着区永欣的手时，不停哽咽，激动的心情久久不能平复。

参考文献

佚名. 学者风采：区永欣. 广州中医药大学学报，2011，（1）：2.

"送子观音"欧阳惠卿

兼收并蓄，细大不捐

学人小传

欧阳惠卿（1939—），广东顺德人。广东省名中医，首届全国名中医，第三批全国老中医药专家学术经验继承工作指导老师。1958年考入广州中医学院，1964年毕业后留校任教。长期致力于中医妇科的教学、医疗和科研工作，是广州中医药大学妇科的第二代学术带头人。曾任广东省中医药学会终身理事及妇科专业委员会顾问、中华中医药学会妇科分会委员会顾问等职。

年过八旬仍是图书馆常客

1939年，欧阳惠卿出生于广州。时际日本入侵，其父不愿为日本侵略者效力而失业，后又在贫穷饥饿中染病而逝，从此家庭收入无靠，那年欧阳惠卿年仅6岁。欧阳惠卿13岁时，她的母亲中风偏瘫，丧失工作能力。因此，从广州市立第一小学毕业后，年幼的欧阳惠卿开始勤工俭学，并以优异成绩在广州第四中学毕业。

出于对学习的渴望，欧阳惠卿义无反顾地决定升入大学继续深造。1958年，她成为广州中医学院第三届学生。入读中医学院以后，课堂上名老中医们运用归类比喻法、临床实例教学法等深入浅出做讲述，把中医这门古老的学科，演绎成近世的医学哲理，欧阳惠卿因此对中医学产生越来越浓厚的兴趣。

入学以后，针灸科的郑祥华得知欧阳惠卿母亲的病况，建议其母亲针灸治疗。经过长达半年的精心治疗，欧阳惠卿母亲功能瘫痪的肢体明显康复，实现生活自理，重返工作岗位。这件事令欧阳惠卿感触极深，体会到"医乃仁术"。它不仅仅解除了欧阳惠卿的后顾之忧，还让她感受到中医切实的疗效，"天下之至变者，病也；天下之至精者，医也"，更坚定欧阳惠卿学好中医的决心，以中医济人济世。

年少的磨难赋予了欧阳惠卿超于常人的时间、精力管理能力，在照顾母亲的同时，学习成绩还很优异，积极参与多项运动训练。母亲的康复和运动队的补贴使欧阳惠卿从紧张的生活中稍作释放，图书馆成了她攫取知识的宝地。

欧阳惠卿常把书籍精彩之处记于卡片，收集的读书摘要多达一百多张，这些理论虽然学于学生时代，却为欧阳惠卿今后的临床应诊带来随手之便——这些理论被不断地运用到教学实践，或指导解决临床疑难病症，或启发科研思维。

欧阳惠卿感叹，两千多年前的中医理论却常可新用，指导当下的实践。如今80多岁的欧阳惠卿一直是图书馆的常客，她觉得所有专业人员对自己从事的专业的国内、国外动态都应随时了解并及时汲取新知识、新技术，尤其对中医的长远发展来说，及时翻阅期刊、更新知识无疑是一条重要的途径。

"以疾病为老师"

1964年欧阳惠卿毕业后就留校在妇科教研室担任助教，而后又到广东省中医院锻炼临床技能。欧阳惠卿跟随前辈诊治形形色色的病人，对病情变化和

▲ 1964年广州中医学院582班毕业留念（照片中唯一穿深色衣服的女生就是欧阳惠卿）

证候演变的观察较课堂所学到的更深刻,各种治疗手法的运用更易理解和掌握。

在反复的实践中,欧阳惠卿发现中医学书籍浩瀚,不博览无以扩大学识眼界,懒于思考则瑕瑜不辨,浅尝辄止是不够的。于是,在劳动工作之余,欧阳惠卿时常翻阅书本巩固知识,使学与用相得益彰,收获颇丰。在这段时期,欧阳惠卿深刻地体会到"医之为术,学之易而精之难,行之易而知之难",要实现良医济世救人的愿望,必须具备广博的知识,学行合一；同时,要"以疾病为老师",急病人之所急,痛病人之所痛,从医不能脱离临证,否则是一场空谈。这种思维模式直至今日欧阳惠卿仍躬行践履。

在从基层到高校的多年实践中,欧阳惠卿有感于中医的博大精深、源远流长,但针对某些疾病如恶性肿瘤早期临床症状不典型,延后诊断却会带来严重后果的情况,就需要借助现代医学去发现微观异常,实现早诊断,早治疗。

在基层行医的多年,欧阳惠卿经历的一幕幕惊心动魄的妇科血症和产科急症,这使欧阳惠卿认识到医生应该首先懂得如何处理急症,挽救生命,对中医和西医相结合的临床诊治有了些新看法。

出自中医之门的欧阳惠卿清楚知道,自己需要加强对西医妇产科的基础理论和基本技能的学习。欧阳惠卿先后在广州市红十字会医院和中山医学院第一附属医院进修妇产科。这些临床经历使她体会到，向西医学习，运用现代医学诊断技术，可以提高中医辨证论治的疗效和中医临床科研水平。

欧阳惠卿强调，做学问要结合社会和医学的发展，始终要保持独立思考、终身学习的能力，以便有效地应用于临床，逐步积累自己的经验，敢于付诸实践修正总结，最终形成积淀厚实的实战经验。

工作以来，欧阳惠卿曾参与编写本科班中医妇科教材共4部，因应不同的教育对象、授课时数等，选取内容，注重把时代信息反映进教材中。比如，在1978年出版《中医妇科学》第四版教材中，突出了妊娠病的发生有母体和胎儿两方面因素，并明确"治病与安胎并举"这一妊娠病总治疗原则，提示学生给孕妇用药要同时考虑胎儿的存在，做到治母病不伤胎。又比如，子宫内膜异位症、多囊卵巢综合征等妇科常见病、多发病采用中医辨证治疗都获得很好的疗效，却没有相对应的中医病名，为了反映临床实际，拓宽学生知识面，经编委会讨论同意后，这些疾病被写入欧阳惠卿主编的第七版《中医妇科学》的教材中。

治愈患者是最大乐趣

欧阳惠卿对中医临床和学术有一股"好之乐之"的钻研精神，临床诊病是

▲ 欧阳惠卿（右）年轻时与燕京派妇科名家肖承棕（左）合影

▲ 欧阳惠卿出诊

她的兴趣所在，她把治愈患者作为自己最大的幸福和乐趣。

如今，欧阳惠卿仍坚守临床一线，80多岁的她仍每周出诊，亲自带徒指导；诊后花大量时间专注研究病例，诊后用业余时间学习，砥砺研修，亲自撰写笔记。由此几十年来，欧阳惠卿成为家族几代人、一地区数家庭的健康守护神，慕名而来的粤外就诊者达80%，享誉国内外。

虽然已是耄耋老人，但欧阳惠卿认为自己应该积极融入瞬息万变的年代。她强调，要在继承前人工作成果的基础上不断地吸取周围的营养，特别是要结合现代科学，这有助于中医的长效发展。不过，科技对中医的介入是必要的，但这些研究成果能否融入理法方药体系指导中医，还当客观对待。中西医结合自有其历史阶段，如今尚是一个过程，两相不宜胡乱搅和，削足适履。

欧阳惠卿认为，要做好中医，中医基本理论体系是绝对不可摒弃的。中医思维工具的发散性、模糊性和临证的严密性，让中医三要素——读书、从师、临证不可缺一，而且中医学习是一个漫长的历练，故不可急功近利。

经过数十年的建设，妇产科在欧阳惠卿带领下从仅有5张病床发展到四个病区，病床数达190张，居全国中医院妇产科前列。

欧阳惠卿还积极培养学科和学术继承人。从20世纪90年代中期开始，欧阳惠卿就重点培养罗颂平作为第三代国家重点学科中医妇科学学科带头人。如今罗颂平亦成为第二届全国名中医，中医妇科已成为岭南地区的一块金字招牌。

正骨宗师肖劲夫
骨折复位绝技独步岭南

学人小传

肖劲夫（1939—），湖南湘乡人。首届全国中医骨伤名师，广东省名中医，享受国务院政府特殊津贴。1963年毕业于广州中医学院。历任广州中医学院附属骨伤科医院院长、深圳市中医院院长、深圳岭南医院院长等职。曾获全国卫生系统先进工作者、广东省优秀中医药工作者、广东省优秀中医院院长、广东省白求恩式先进工作者、深圳市突出贡献荣誉中医等荣誉。在医院管理、医术学术等领域多有建树，在骨折和关节损伤的治疗上独树一帜，其治疗方法被誉为岭南一绝。

▲ 1987年新年，肖劲夫（右二）等人在广州中医学院附属骨伤科医院合影

敢为人先，开我国医院经营模式的先河

肖劲夫勇于开拓进取，他的许多具有开创性的举措，至今仍为人所津津乐道。

20世纪80年代，改革春风激荡南粤大地。1985年7月，肖劲夫"砸掉"广东省中医院骨伤科技术带头人的"铁饭碗"，筹措20万元经费，创办了全国高等医学院校中第一家"全民所有、经费自理"的医院——广州中医学院附属骨伤科医院，开我国医院经营模式改革的先河。

肖劲夫回忆："医院严格要求员工工作一丝不苟，态度真挚热情，实行24小时应诊；来诊无需挂号，凭就诊卡选择医生，依次就诊；诊治、检查、取药收费一条龙；设立包括化验、影像在内的家庭病床，深入郊区农家；为了满足市民找老中医看病的愿望，开设老中医夜诊；内部实行责、权、利结合，工资浮动，员工合同制……"在当时，一切都让人耳目一新。

拓荒牛般的闯劲，一直伴随着肖劲夫。在2002年，已经退休的肖劲夫创办了民营医院——深圳岭南医院。该院以精湛的诊疗和贴心的照护服务百姓，改变了很多人看病就去大医院的传统观念，办院13年无投诉；小医院，却能治大病。

2015年，再次退休的他，进驻全国首个中医领域的移动医疗平台"快问中医"，利用现代智能化、互联网化手段，跨越时空界限，为群众提供中医服务。肖劲夫在用他的一生诠释着生命不息，奋斗不止。

知难而上，用"深圳速度"创三甲医院

1988年11月至1999年5月，肖劲夫任深圳市中医院院长。肖劲夫用7年时间把当年仅有3层楼的深圳市中医院，打造成了全国三甲中医院。

肖劲夫刚到深圳时，深圳市中医院只有一座建于1980年的3层门诊部，面积不到3000平方米。除此之外，就是一座动工4年却迟迟未建成的9层楼。对他来讲，这是一个挑战。在接下来的时间里，肖劲夫连续做了这些事：一是筹集资金建成新大楼，二是筹集资金添置设备，三是提升医院软实力，四是努力创建三甲医院。

如何提升医院软实力，肖劲夫认为人才是关键。1991年，肖劲夫一口气从全国各大知名中医院校引进十几个没有临床经验的博士。虽然有争议、阻碍，但他坚信"这批人会很快成长起来，只要给他们实践机会，他们会将前人的经验迅速升华"。如今，当年引进的博士都已是深圳中医界的顶梁柱，成了一号难求的名中医。

20世纪90年代，国家中医药管理局提出中医院分级管理评审活动。肖劲夫意识到，这是中医院提高内涵极有利的契机。但是，按规定，申报医院必须具有相应的硬件和软件，且要有三年的创建时间，而当时的深圳市中医院不论是硬件还是软件，与达标要求距离很大。肖劲夫告诉大家，这个加速医院发展的机会绝不可失，必须加紧创造条件创建"三甲"。

创"三甲"是艰辛的，肖劲夫带领全院职工奋力拼搏，以一年的时间高分通过三甲医院评审，完成了广东省示范中医院、国家示范中医院、三甲医院"三级跳"。从此，深圳市中医院在1995年跻身全国先进中医院行列。

肖劲夫说："现在回想起来，这个过程有点不可思议，但在偌大的经济特区，不应该缺少一家具有三甲水平的中医院。我们当时就是靠着这样一股'冲

劲'，用敢闯敢拼的精神把中医院办成了三甲医院。"肖劲夫用自己的方法，把深圳市中医院经营得有声有色，用"深圳速度"创建三甲医院。

终生追求中医宝库，提倡标本兼治

肖劲夫于1957年考入广州中医学院。通过系统的中医学学习，他渐渐体会到，自甲骨文对医、病的记载开始，到黄帝内经，再到温病学，3000多年的历史长河中，经典理论、各家学说有如一颗颗璀璨的明珠，使他目不暇接，振奋不已，"中医使我心驰神往，需要终生追求"。

肖劲夫就读期间受到何竹林、蔡荣等老师的教导，从医后不断学习，吸收了广东骨伤各学派之长，逐步形成了自己独特的骨伤学术和技法。

肖劲夫十分推崇前人"外治之理即内治之理，外治之药亦内治之药，所异者法耳"的理念，强调内治和外治均需辨证为主。肖劲夫说："我内治法的观点是以扶正为主，实际上'治标'是所谓'标本兼治'。我认为标本兼治，'治标'是为了维护'本'，一切都从'本'出发。"立足于标本兼治的辩证思想，

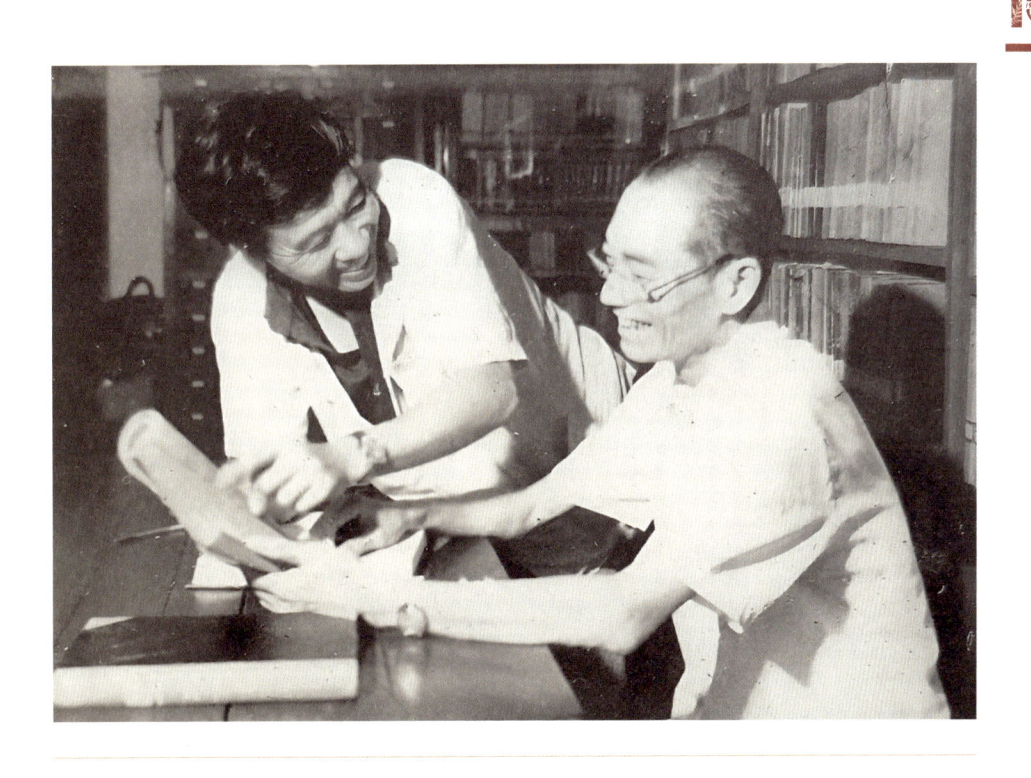

▲ 肖劲夫（左）在广东省中医院工作时与岑鹤龄（右）合影

结合中医正骨手法,在骨与关节的治疗上,坚定闭合复位为首选,肖劲夫治疗骨折病人常常事半功倍。

肖劲夫师古而不泥古,将现代生物学、力学等成果引入中医正骨治疗之中,进行了一系列的革新,逐渐形成了一套以简、稳、准为特点的正骨手法,特别是对复位难度比较高的骨折有非常独特的治疗思路和方法,一次性复位成功率在90%以上。

肖劲夫发现,中医正骨徒手复位受体力、技巧和配合的制约,欲达到理想的境界,需要力学原理的保证,故致力于模拟正骨手法机械之研制。几经努力,最终研制出多台骨折整复机。该项成果于1989年获国家中医药管理局中医药科学技术进步奖二等奖。

肖劲夫不仅在医术上有着令人瞩目的成就,在学术上也感悟颇丰。他先后主持国家、省部级科研课题15项,撰写专著11部,获国家及省级以上科技进步奖及著作奖共12项,专利3项。

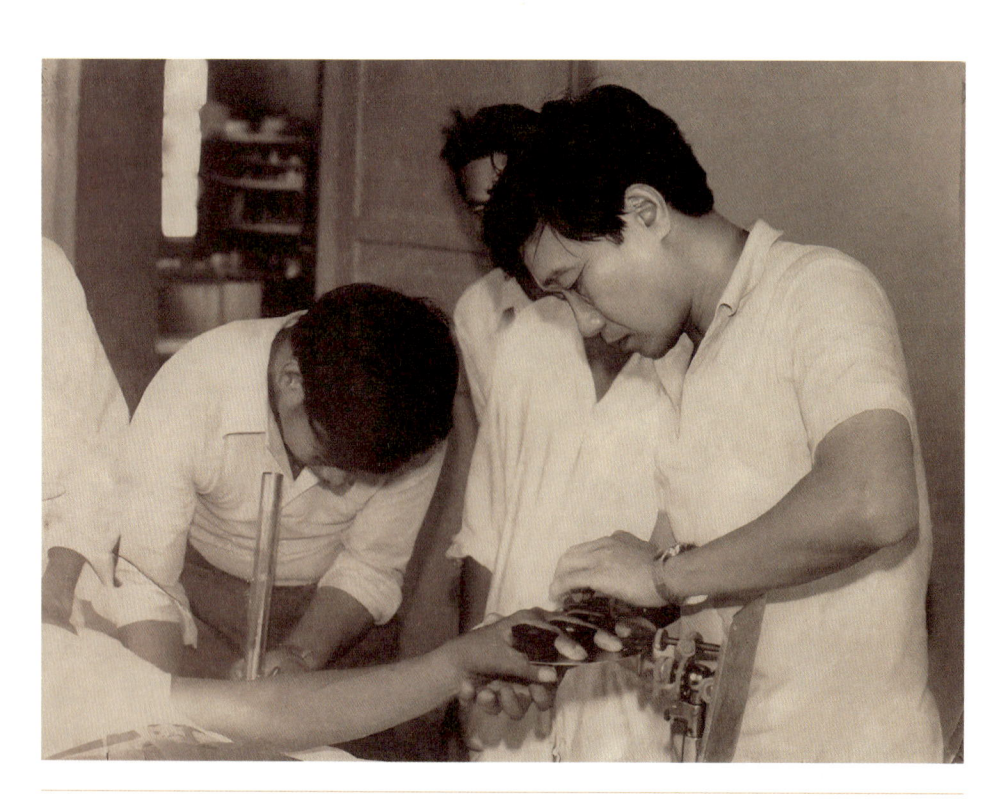

▲ 肖劲夫(右一)使用模拟正骨手法机械为病人进行桡尺骨骨折复位治疗

大医精诚，医生立身之本

在传承中医思维的基础上大胆革新，敢为人先，肖劲夫用传奇般的经历诠释着大医精诚，医者仁心。

"宁要河北一张床，不要河南一间房。"20 世纪 80 年代位于珠江南岸的海珠区江南西一带正在开发，成片的工地与农田混杂，骨伤科医院却偏偏把院址选定在这里，这是因为工地正是骨伤高发的地方。"这里的百姓，需要一个能最快得到救治的地方。""去人民最需要的地方，做好人民的治愈家。"

肖劲夫记得，医院成立那年的夏天，一个从高处坠落的建筑工人被工友抬到了医院，这位体格壮实的工人伤势过重，当时的门诊条件还不足以支撑治疗。"没有住院的条件就为病人创造条件。"肖劲夫带着当时的医护药剂人员，自己动手制作各种牵引器具和固定器材，医院供电不足常常停电，医护就点着蜡烛彻夜陪护，克服重重困难，用生命的力量去点燃另外一个生命，60 天后这个重伤的病人痊愈了，自己走着离开了医院回归生活。

正是因为医院医护人员秉承着一定要治愈病人的决心，四面八方的患者慕名而至。肖劲夫带着 6 位优秀中青年骨伤科医生、护士和药师白手起家，自力更生、艰苦创业，把一间半地下室的医院经营得风生水起。

虽然肖劲夫后来成了全国著名骨科专家，但是他却没有丝毫名人的架子，对病人也是一视同仁。他要求自己和学生、同事要对病人怀有爱心，急病人所急，痛病人所痛。肖劲夫收治过很多经济贫困的患者，为他们免费治疗，让他们免费住院，甚至自掏腰包为他们解决吃饭问题，是位真正在"救死扶伤"的大医。肖劲夫说："医者父母心。这是成为一个优秀中医的最好秘诀。"

参考文献

肖劲夫. 岭南伤科肖劲夫. 北京：人民卫生出版社，2008.
肖劲夫. 岭南正骨精要. 广州：广东高等教育出版社，1996.

"攀登者"赖世隆
以数据诠释中医药疗效

学人小传

赖世隆（1940—），广东潮州人。广州中医药大学首席教授，享受国务院政府特殊津贴。曾任广州中医药大学DME中心主任、科技处处长，广东省中医院国家新药（中药）临床试验研究（GCP）中心主任，广东省中医院临床流行病学研究室主任，广东省政协常委等职。是我国临床流行病学/中医药科研方法学研究领域的奠基人，在国内最早将临床流行病学/DME的方法引入、应用于中医药研究领域。荣获广东省科学技术二等奖1项、三等奖2项，1992年被国务院授予"有突出贡献中青年专家"称号，2001年被科技部授予"九五国家科技攻关先进个人"称号。主编《中药临床试验》《中西医结合临床科研方法学》等专著，发表论文100余篇。

引领中医药科研方法学新篇章

20世纪80年代，中医学这一历史悠久的学科迎来了新的繁荣时期，特别是在融合现代科技进行中医与中西医结合研究方面，中医学显示出了强大的生命力和广阔的发展前景。然而，如何以国际通用的语言来表达中医药的临床效果以及如何推动中医药的现代化进程，成为包括赖世隆在内的中医药科研工作者们共同关注的问题。

在全球范围内，临床流行病学/DME（设计、测量、评估）这一基于群体研究、概率论、生物统计学原理和方法，并结合运筹学、社会学等学科成果的科学方法学，正逐渐以一种全新的姿态进入医学领域。20世纪80年代初，在卫生部的支持下，赖世隆与国内同行们先后远赴加拿大和美国进行深造，学习先进的临床流行病学知识和方法。这段海外学习经历不仅极大地丰富了赖世隆的专业知识，也显著拓宽了他的国际视野。

赖世隆创新性地把临床流行病学/DME的方法引进中医药领域。广州中医学院 DME 中心作为全国中医药界唯一的 DME 培训中心，在赖世隆的领导

▲ 1991年，ChinaCLEN第二次工作会议时，赖世隆（左一）和临床流行病学同行们的合影

下，承担起了全国中医药领域内临床流行病学人才培训的工作。临床流行病学/DME在中医领域的引入和应用逐渐受到业界的广泛关注和重视。美国学者Kerr Lachlan White在著作《弥合裂痕——流行病学、医学和公众的健康》中记录了广州中医药大学的临床流行病学/DME培训课程，国内多部临床流行病学专著也对此进行了记载。国家中医药管理局科技教育司发布的《中医临床研究发展提纲（试行）（1999—2005）》更是肯定了临床流行病/DME方法对中医临床研究的作用，并将其作为中医临床研究的指导思想之一。"DME课程的开设及其推广和应用"荣获了广东省普通高校优秀教学成果二等奖；赖世隆及其团队成员基于多年的教学实践编写的《中西医结合临床科研方法学》教材作为中医药领域第一本临床科研方法学教材，也被纳入"十一五"国家级规划教材目录。1992年，赖世隆被国务院授予"有突出贡献中青年专家"称号。

启动AD风险因素流行病学调查

20世纪90年代，阿尔茨海默病（Alzheimer's disease，AD）在国内尚未得

▲ 赖世隆在查阅资料

到广泛关注，而此时国际上关于 AD 的研究却在如火如荼地进行着。1993 年，美国杜克大学的科学家 Roses 发现了载脂蛋白 E（APOE）基因是 AD 的重要遗传性危险因素。凭借着对科研前沿的敏锐的嗅觉和洞察力，赖世隆与国际专家携手合作，率先启动了我国首次针对 AD 遗传危险因素和中医保健的流行病学研究。

1994 年春，应赖世隆的邀请，Katzman 教授从美国来到了广州中医学院 DME 中心，双方围绕"在广州开展 AD 流行病学调查研究"展开了深入的探讨。广州的这次流调是国内继北京、上海之后开展的第三次关于 AD 的大样本人群流行病学调查。作为国内首次由中医药领域专家牵头开展的 AD 大样本流调，这次研究不仅是国内首次开展的关于 AD 和 APOE 遗传关系的调查，也是国内首次开展的关注 AD 与中医药保健关系的临床流行病学调查。在接下来的几年时间，团队在赖世隆的带领下，和 Katzman 教授及其团队紧密合作，克服了流调工作遇到的各种困难，顺利完成了研究任务。

值得欣慰的是，通过这次研究，赖世隆及团队发现中医保健观念和措施与 AD 有显著性关联。其中，保持充足规律的睡眠、积极社交、饮食作息规律、情绪管理以及持续体育锻炼等中医保健观念和措施是预防和阻止 AD 发生的保护因素，而"过于追求清静"和"完全顺其自然的生活态度"则可能增加 AD 的风险。这项研究的完成不仅加深了赖世隆及团队对 AD 风险因素的认识和理解，更是运用临床流行病学/DME 的方法开展中医药研究的有益尝试。然而，仅仅带领自己的团队进行研究还是远远不够的，要使 DME 的方法更好地在中医领域得到推广和应用，需要更多人的参与。

力推 DME 方法中医领域内应用发展

20 世纪 90 年代初，广东省中医院进入快速发展期，然而医院也遇到了很大的发展困境：临床医生们临床技能扎实但缺乏科研思维，他们不了解科研工作的开展方式，更不熟悉科学研究的规律和方法，这使医院的科研工作举步维艰。

面对医生科研水平薄弱的难题，赖世隆携手时任广东省中医院院长吕玉波，运用临床流行病学/DME 的方法探索中医临床研究的新领域，共同破解医院科研工作面临的难题。赖世隆一方面组织团队开展学习班，对广东省中医院的骨干医生进行科研方法学培训；另一方面，以神经内科为试点，采用临床流行病学/DME 的方法，开展了一系列临床研究工作。随后，妇科、心血管科、皮肤科、骨科等更多的科室也陆续参与进来，在赖世隆的指导下，他们开始尝试用临床流行病学/DME 的方法开展临床研究……临床流行病学/DME 的方法也逐渐被运用到中医证候研究和中医药临床疗效评价研究中。除了积极推动临床流行病学/DME 的方法在中药临床试验中的应用，赖世隆还带领团队编写了《中药临床试验》一书，为中药临床试验的规范化提供了宝贵的指导意见。

随着相关工作的推进，广东省中医院成立了新药（中药）临床试验（GCP）中心，赖世隆和团队的梁伟雄先后担任了 GCP 中心的主任。在两位主任的努力下，医院的中药临床试验日趋规范化，GCP 中心逐步发展为行业的标兵，广东省中医院的临床科研也由此打开了新局面，医院在论文发表和科研项目立项上不仅有了量的突破，更有了质的提升。

团队共书中医药发展新篇章

赖世隆在中医药领域进行的科研工作既有广度又有深度。他重视学科融合，带领团队采用"临床流行病学—临床—基础"相结合的研究范式，开展了多层次、多维度的中医药防治脑病的科学探索。

▲ 2013 年 11 月，赖世隆（右七）及部分团队成员和国内同行在学术研讨会上的合影

多学科融合的研究体系整合了跨领域的专业知识和技术，不仅提升了研究方法的科学性和创新性，还能多维度深入理解和解决中医药研究中的难题。赖世隆带领的 DME 团队，不仅跟临床合作紧密，还汇聚了统计学、生物学和病理学等多领域的专业人才。团队借助跨学科合作的方式，在中医药防治脑病，特别是 AD 方面进行了大量研究工作。团队不仅开展了 AD 风险因素的流行病学调查，还进行了 AD 的中药临床前研究，此外，还从整体—组织—细胞—分子多个层次、多个方面深入探讨了 AD 的病理机制及中医补肾法为主治疗 AD 的作用和分子机制。相关工作取得了累累硕果。"补肾法为主治疗 Alzheimer 氏病的研究"荣获了广东省科技进步奖二等奖，鉴于赖世隆的卓越贡献，2001 年，他被科技部授予"九五国家科技攻关先进个人"称号。

"一枝独秀不是春，桃李芬芳春满园。"赖世隆对中医药研究领域的影响力不仅体现在他个人的学术成就上，也体现在他培养出的众多优秀学者身上。赖世隆门下人才辈出，在赖世隆学术思想的影响下，他的学生们继续致力于临床流行病学 /DME 方法学及循证医学在中医药领域的应用和发展，在各自的工作岗位上继续书写着中医药科研方法学发展的新篇章。

参考文献
陈枫，胡延滨. 致中和：读懂广东省中医院的第一本书. 广州：南方日报出版社，2022.
陈云波. 中西医结合防治阿尔茨海默病. 广州：广东高等教育出版社，2024.
赖世隆. 中西医结合临床科研方法学. 北京：科学出版社，2008.

中医抗癌周岱翰

首倡"带瘤生存",开拓岭南中医肿瘤学术流派

学人小传

周岱翰(1941—),广东汕头人。广州中医药大学首席教授,第三届国医大师,广东省名中医,中国中医科学院学部委员。1960年考入广州中医学院。1976年调至广州中医学院方药教研室。1978年在附属医院开设肿瘤专科门诊。现任广州中医药大学肿瘤研究所所长、广东中医药研究促进会会长、《中医肿瘤学杂志》主编、深圳市中医肿瘤医学中心主任等职。创立岭南中医肿瘤学术流派,是中医肿瘤学科奠基人之一。曾获卫生部重大科研成果乙等奖、教育部科学技术成果一等奖、广东省科技进步奖二等奖、南粤楷模、新中国成立70周年"全国中医药杰出贡献奖"等荣誉。

临床大家，活人无数

1941年，周岱翰出生于广东汕头的一个医学世家。受家庭熏陶，他立志从医，1960年考入广州中医学院医疗系，1966年毕业后分配至地处基层的广东省泗安医院。1976年，周岱翰调入广州中医学院方剂教研室，跟随岭南名医周子容、关济民、黄耀燊学习。1978年，周岱翰在国内较早创立肿瘤门诊及肿瘤研究组，后建立大学肿瘤研究室和附属医院肿瘤科，带领团队发扬中医治癌精髓，提升临床疗效。

周岱翰总结岭南地域癌症病机特点为"毒发五脏"，提出解毒治癌十法，在学术思想上推崇《伤寒杂病论》辨证认病思想，拓展肿瘤临床四诊与辨证论治内涵，诠释"以人为本"及"带瘤生存"理念。首倡放射反应和放射损害属"火邪""热毒"论，部分化疗毒副反应属"湿热"，皆属温病范畴，在肿瘤领域发展温病学说。临证过程中，践行辨证论治三层次，即辨病、辨证、辨症相结合。

周岱翰开创肺癌"益气除痰"治疗及药方研究，被同行接受并推广。治肺癌，周岱翰首重益气除痰、养阴解毒，归纳肺癌病因为"痰、瘀、毒、虚"，关键病机是"脾虚痰湿"。1985年，由周岱翰研制的国内第一个肺癌中成药"鹤蟾片"投入生产，此后还获得了卫生部重大科技成果乙等奖。2004年，该药成为保护品种，至今仍应用于临床。此后周岱翰研制的"清金得生片"获评广东省"岭南名方"。治肝癌，周岱翰强调健脾养肝、软坚消癥，研制"参桃软肝丸"惠及广大肝癌患者。治大肠癌，周岱翰强调"六腑以通为用，以降为和"，研制"解毒得生煎"直肠滴注等创新肿瘤外治法，疗效卓著。作为一名中医临床大家，周岱翰擅长中医治疗晚期、难治癌症，取得了良好疗效，活人无数。

首倡"带瘤生存"理念

周岱翰潜心临床，精研医术，师古不泥古，在国内首倡中医领域"带瘤生存"理念。20世纪70年代，中医尚未能建立自己的肿瘤疗效标准，西医界则采用以"杀灭肿瘤""治愈率"为主要治疗目标的WHO实体瘤疗效评价标准。周岱翰在临床上看到许多应用中医药治疗的中晚期肿瘤患者，症状改善、痛苦减轻、体重增加、活动能力增强，甚至生存了较长时间，但由于肿瘤并未缩小，按照评价标准是治疗无效。而有些瘤体评价"有效"的患者，却因过度治疗反而缩短生存时间。

在这样的时代背景下，周岱翰依据中华文化、中医理论结合临床，参照古人"带疾终天""治病留人"成功经验，提出了"带瘤生存"理念。即当邪正对峙、邪难压正的情况下，可以出现"带瘤生存"的特殊阶段，此时治疗目的在于通过辨证论治改善症状，提高生存质量，延长生存期——这是中医治疗肿瘤的特点和优势。

为此，周岱翰引领中医肿瘤学科研规范化、标准化，制定《中医肿瘤疗效评定标准（草案）》并在行业内推广应用。他尤其重视中医药对癌症患者的生存质量和生存期的维护，主持"八五"攻关项目"中医药治疗非小细胞肺癌"，"十五"攻关项目"提高肺癌中位生存期的临床研究"，"十一五"科技支撑计划"老年非小细胞肺癌中医药综合治疗方案的研究"等。相关成果获教育部高等学校科学研究优秀成果奖一等奖、广东省科技进步奖二等奖等。

开拓岭南中医肿瘤学术流派

周岱翰于20世纪70年代开始中医治癌研究。他秉承中原医经宗旨，重视运气学说，突出"三因制宜"，结合岭南特有的湿热气候和发病热点，构建了具有鲜明岭南特色的中医肿瘤理论学术体系和辨治方法，其中对鼻咽癌、原发性肝癌、肺癌、大肠癌等肿瘤的认识与诊疗颇具代表性，逐步形成具有中医药学特色与优势、岭南医学人文特点的中医肿瘤学术流派。

1982年，周岱翰在全国率先开展"中医肿瘤学"教学，编写广东省中医肿瘤专科班级大学选修课教材《中医肿瘤学讲义》。2005年，周岱翰在全国率先创办中医肿瘤本科方向班，首次将"中医肿瘤学"纳入全国高等院校专业培养体系，传承创新中医肿瘤学文化。1999年起，周岱翰开始招收中西医结合（临床）博士后，培养中医肿瘤高层次专门人才。2006年，周岱翰获中华中医药学会首届"中医药传承特别贡献奖"，其弟子有的在澳大利亚传播中医肿瘤学，有的在越南开设中医肿瘤治疗科室。2012年，周岱翰主编"十一五"全国高等院校规划教材《中医肿瘤学》，2016年，周岱翰主编"十二五"教育部本科教材《中医肿瘤学》。周岱翰先后在广州中医药大学创立"中医肿瘤卓越班"及"岱翰"国医班，在他的大力推动下，2024年中医肿瘤学课程率先纳入全国高等院校本科教育必修课程。周岱翰对学生的培养尤其认真负责。2008年，周岱翰拿出自己的出诊金在广州中医药大学设立"周岱翰优秀博士

▲ 周岱翰获"南粤楷模"称号

论文奖",共计 40 余万元。此外,周岱翰还从 2014 年开始资助品学兼优的贫困生,先后培养博士后和博士研究生 23 名、硕士研究生 12 名。

周岱翰重视对外学术交流,弘扬中医肿瘤学术思想。1979 年,他成为国内首位至香港讲中医治癌的中医师,并积极开拓东南亚、美加等国家和地区的学术交流与癌症会诊,将中医肿瘤学术思想传播到了全世界。2003 年,周岱翰创办"粤港澳中医肿瘤学术大会",至今已成功举办五届。2005 年,美国国立癌症研究院杰弗瑞·怀特博士首次来华与周岱翰交流,并开启了延续至今的中美专家合作。周岱翰的讲学足迹遍布 20 多个国家、地区,在全球"圈粉"无数,桃李满天下。

开中医肿瘤食疗学的先河,追求"医病先医心"

结合岭南地区的"湿""热"病因,周岱翰自 20 世纪 70 年代起研究岭南中医特色和抗癌中草药,并基于岭南饮食文化特色、岭南人体质特点,主张药食结合、辨证施膳以"得胃气",在我国最早出版肿瘤食疗专书《癌症的中医饮食调养》《中医肿瘤食疗学》等。周岱翰强调因人因病辨证施膳，发扬"杂合而治"中医食物疗法以辅助弥补药物疗法之不足，拓展了中医肿瘤食疗学的特色疗效，推动药食结合防治肿瘤。

周岱翰有丰富的临床经验，治疗的癌症病人大多活了10年甚至20年以上。"治病需先从医治心病着手。心里的病根除了，也有助于控制身体上的病情。"在教导学生时，周岱翰经常这么说。在超过半个世纪的从医生涯中，周岱翰用行动践行"三满意"：第一让自己满意——对病人要诚心诚意，诊疗病人要认真负责，对方生命相托，自己也要尽心尽力；第二让病人满意——病人患病，痛苦彷徨，要让病人尽快减轻痛苦，重拾对未来的希望；第三让社会满意——遵守医德医风，为病人着想，让医院和社会满意。

有个病人患了前列腺癌，大小便不通畅，心情烦躁不想治疗。家属带他前来看病，病人很不情愿，见面就问周岱翰："你是什么医生？"他答："老医生。"接着对方又问："你是什么大师？"他继续答："假大师。"三言两语的轻松调侃，缓解了病人的烦躁。见对方情绪稳定下来，周岱翰便一边问病诊脉，一边开导他："像汽车加油一样，没油怎么开得了车啊？人不吃饭就会没

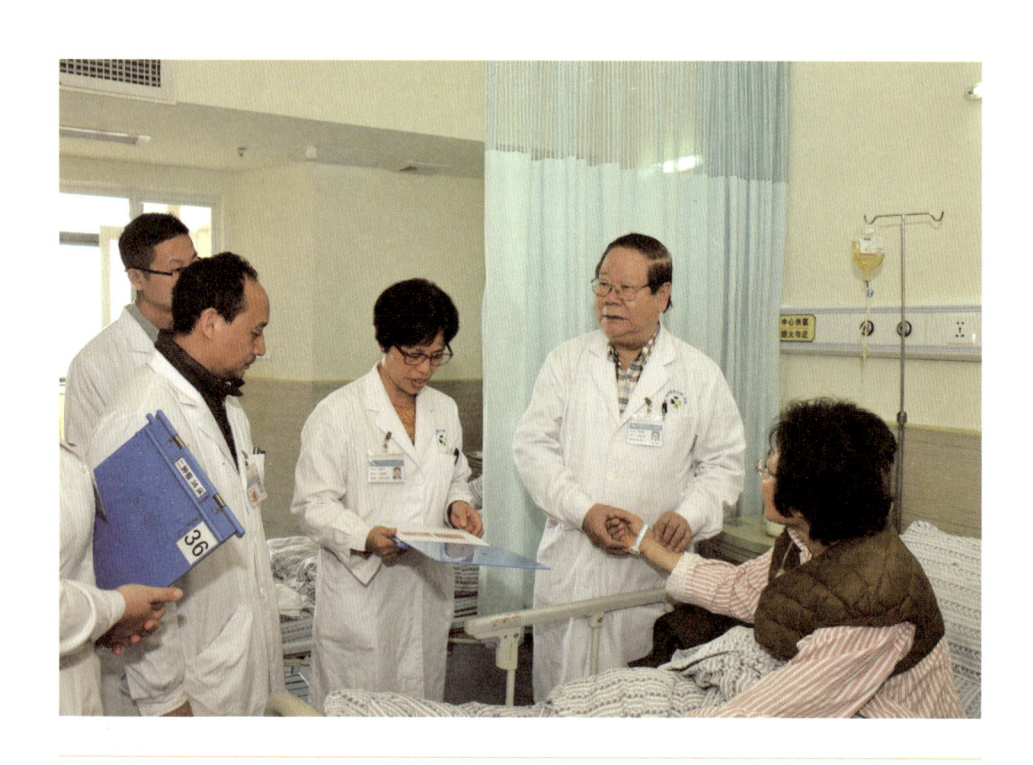

▲ 周岱翰（右二）在医院查房

命，我开药给你吃，你一定会胃口增加，下回来的时候胖几斤，就不会这么辛苦了。"第二个月复诊时，病人已经重了七八斤，一进门就给周岱翰鞠躬，检讨上次就诊时的态度言语。

2017年6月，周岱翰获评第三届国医大师。2019年，国医大师工作室成立，周岱翰又有了传承中医学术的新舞台。他所开拓的岭南中医肿瘤学术流派，在人才培养、高校教育、标准制定、评价体系构建、新药研发等方面建树卓著，展现出岭南中医魅力，为中医肿瘤学发展作出了突出贡献。

参考文献

陈计智，周岱翰. 集岭南流派经验扬中医治瘤精髓. 中国中医药报，2018年5月25日第3版.

戴馨仪，陈林香，周岱翰，等. 清金得生片抗肿瘤机制研究. 中药新药与临床药理，2002，13（6）：360—362.

姜晓丹. 周岱翰治病先解心中结. 人民日报，2021年11月12日第14版.

李穗晖. 继承贵在创新，学识衷中参西：记中医肿瘤学家周岱翰. 中医药导报，2008，（2）：18—19.

李穗晖，方宁. 周岱翰学术思想集要. 中国中医药报，2007年9月21日第5版.

林丽珠. 中医肿瘤学家周岱翰的学术思想. 中国肿瘤，2000，9（8）：352—353.

王雄文，林龙，李佩华，等. 周岱翰诊治肿瘤的中医学术思想探讨. 广州中医药大学学报，2015，32（4）：762—764.

张恩欣，林丽珠. 周岱翰教授论治恶性肿瘤学术经验管窥. 中医学报，2014，29（12）：1753—1755.

周岱翰. 鹤蟾片治疗肺癌临床研究报告：附102例疗效分析. 新中医，1986，4（15）：31—33.

周岱翰. 论中医肿瘤学的历史、现状与未来. 世界中医药，2007，2（1）：6—7.

周岱翰. 中药抗肿瘤研究的评析与前景. 新中医，2008，40（11）：3.

周岱翰. 中医对恶性肿瘤的认识与治疗. 新中医，1977，9（2）：40—43.

周岱翰. 中医肿瘤学. 北京：中国中医药出版社，2011.

周岱翰. 肿瘤治验集要. 广州：广东高等教育出版社，1997.

周岱翰，林丽珠，周宜强，等. 中西医结合治疗非小细胞肺癌近期疗效观察. 中国中西医结合杂志，2005，25（12）：1061—1065.

"铁娘子"林毅
现代中医乳房病学奠基人与开拓者

学人小传

林毅（1942—），福建古田人。第四届国医大师，首届全国名中医，首届桂派中医大师，全国老中医药专家学术经验继承工作指导老师，中国中医科学院学部委员，享受国务院政府特殊津贴。1965年毕业于广西中医学院。1984年任桂林市中医医院院长。1997年到广东省中医院组建乳腺科。现代中医乳房病学奠基人与开拓者。曾任中华中医药学会乳腺病专业委员会主任委员16年，引领推动国家二级学会中华中医药学会乳腺病分会成立，现任中华中医药学会乳腺病分会名誉主任委员等职。曾获全国卫生文明先进工作者、全国卫生系统先进工作者、中医乳腺病学术发展杰出贡献奖、李时珍医药创新奖、最美中医、大医精诚医德医风先进个人等荣誉。

少时梦想冲上云霄

林毅出生于福建一个西医世家。当时正值抗日战争最艰难的时期，身为军医的父亲给在军营中出生的她取名为"毅"，意在"士不可以不弘毅，任重而道远"，希望女儿能接上父辈的班，传承医道，以仁心仁术大济人世苍生。

林毅高中时曾深深沉迷于"航空梦"，毕业前夕通过严格筛选被保送空军某军事学院，后来却"阴差阳错"地投入中医的殿堂——高考后林毅被广西中医专科学校跨类录取。得知结果后的林毅十分伤心，三天没有出门。后来是父亲的老战友、时任广西卫生厅厅长黄征同志的亲切鼓励，让林毅从此确立了奋斗一生的目标——"学好中医，振兴中华"。

在校期间，下定决心投身中医事业的林毅德智体全面发展，历任学校团委及学生会干部、文工团团长、年级学习委员等，展现出了卓越的领导才能和学术素养。由于在校和实习期间的优异表现，林毅毕业之际同时收到学院留校任教和两家实习医院的留院通知。受班秀文、林沛湘等名医成才经历的感召，她决意深耕临床，不断磨炼，提升中医水平，并最终选择在桂林市中医医院任职，被分配到外科工作。

由于当时卫生条件差，人们健康意识薄弱，来找林毅求诊的哺乳期急性化脓性乳腺炎病人特别多。为此，她勤求古训，创新揉抓排乳术、电火针仪及"火针洞式烙口引流术"，研制提脓药捻等多种专科制剂，达到烙口小、出血少、引流畅、损伤小、疤痕小的目标，不影响哺乳，明显缩短疗程，减轻了患者痛苦。林毅由此声名鹊起，响彻八桂。纯中医药的神奇疗效，更加坚定了她深耕中医乳腺病领域的信心。

树专科及医院建设典范

1982年，刚刚就任桂林市中医医院医务科科长的林毅被委以重任，徐敏老院长让她作为代表参加被誉为我国中医药事业生死存亡的转折点的"衡阳会议"。在小组讨论会上，林毅提出"专科专病建设八条标准"，得到与会专家的广泛认可。会后许多专家主动前往桂林市中医医院参观学习。

专家们的认可坚定了林毅发展专科专病的信心与决心。1984年，林毅主持创建了全国卫生系统首个中医乳腺病专科。同年，她以连续三年荣获桂林市专业技术拔尖人才奖的资质被任命为桂林市中医医院院长，同时肩挑乳腺科专业技术和医院全面管理的重担。当时桂林市中医医院一穷二白，收不抵支，百废待兴，紧抓专科建设是当务之急。林毅致力于培养专科带头人，引进现代医学新设备、新技术，制定完善的奖惩制度，带领全院奋勇争先。仅用一年，就使医院焕然一新。

在她的带领下，医院专科专病建设走在全国前列。她领衔创建的乳腺专科更是名声响亮，1991年获评为中华中医药学会乳腺病专业委员会"全国中医乳腺病防治中心"，1995年入选国内唯一的国家中医药管理局"全国中医乳腺病医疗中心"建设单位，成为国内中医乳腺专科建设的标杆。

专科建设加快了医院发展步伐，林毅紧抓机遇，切实发展中医药特色。在她的带领下，桂林市中医医院于1994年成为全国第三家、广西首家"全国示范中医医院"。

医院建设的卓越成就吸引了海内外的目光。时任日本熊本机能病院院长米满弘之来院参观学习并互建友好医院；时任泰国卫生部长派洛宁沙农、韩国卫生部副部长朱京植等相继来院考察；奥地利国家电视台专程前往桂林拍摄中医药纪录片……林毅以不懈的奋斗精神，把一家地级市中医医院打造成为海内外知名的中医医院典范。

铸现代中医乳腺病学辉煌

在桂林市中医医院乳腺科事业如日中天之际，作为学科带头人，55岁的林毅毅然接受广东省中医院的盛情邀请，迎接挑战，1997年前往广东从零开始组建中医乳腺科，肩挑两广乳腺学术带头人的重担。

有了桂林的成功经验，林毅面对"一张白纸"的广东省中医院乳腺科，更加驾轻就熟。她紧抓人才选拔和培养，先后培养学术继承人司徒红林、钟少文等6人和正式拜师弟子陈志军、王志宇、许锐等28人。后来，弟子们均在中医药领域有卓越建树。

在林毅的带领下，广东省中医院乳腺科短时间内实现了从无到有、从小到大、从大到强、从强到优的跨越式发展，自中国中医科学院、中华中医药学会"全国中医医院学科（专科）学术影响力"评价工作开展以来，连年获中医乳腺病学科影响力排名第一。

如今，广东省中医院乳腺科与桂林市中医医院乳腺科一道，组成国内中医乳腺专科的"双子星"，不断焕发出粤桂中医友好合作的光辉，辐射全国。

▲ 林毅（左四）与传承团队

2016年，在中华中医药学会支持下，由林毅引领的乳腺病专业委员会正式获批升级为学会二级机构"中华中医药学会乳腺病分会"，弟子陈前军接任主任委员，林毅任名誉主任委员。一个影响全国、独具特色的现代中医乳腺病学科正在蓬勃发展。

林毅的杰出成就和贡献得到各级政府的认可，2017年被授予首届"全国名中医"称号，2022年被授予第四届"国医大师"称号。

矢志攻克乳腺病临床难题

在中医数千年的历史长河中，辨证论治的理念深入人心，历来被中医学者们奉为圭臬，甚至许多老百姓也能朗朗上口。但林毅师古立新，提出"识病为本，辨证为用，病证结合，标本兼治"。

林毅深知，要做好乳腺病的精准诊断，不能光靠一两个名医，还需要一套完整、合理、精准的诊断体系。20世纪末，在林毅的推动下，广东省中医院成为华南地区第一家、全国第三家引进乳腺钼靶检查仪等专科影像设备的医院，影像、病理医师的培养和协作也被提升到更加重要的位置上。

林毅坚持中医水平站在前沿，现代医学过得硬。从建科初期的钟少文，到从湘雅医院引进的刘鹏熙，再到如今领军人才陈前军等，一位位"刀法"精湛的匠人为患者保驾护航，让林毅在面对需要手术治疗的患者时，也能有不亚于

▲ 林毅在门诊诊治患者

西医顶尖医院的底气。在越来越重视乳房外形的理念影响下，广东省中医院乳腺科在肿瘤整形修复技术、腔镜技术、无痕美容手术等领域走在了国内同行前列。

此外，林毅坚持"中医优势病种能中不西，疑难病种衷中参西，急危重症中西结合"的治疗原则，突破西医框架和诊疗规范，形成独树一帜的中医诊疗方式，发挥中医药在乳腺癌未病先防中的主导作用。

在临床上，林毅首创乳腺增生病"中医药周期疗法"诊疗体系，确立了"经前疏肝活血、消滞散结重在治标，经后温肾助阳、调摄冲任重在治本"的治疗大法，既丰富了中医认识本病的理论，也为传统中医乳腺病学与现代医学相融合提供了重要的切入点。

肉芽肿性乳腺炎是乳腺科疑难病，被称为"不死的癌症"，常致乳房成脓破溃，迁延难愈，患者痛苦不堪。对此，林毅率先提出乳腺炎性疾病"燮理阴阳、立法衡通"诊疗体系，不同类型的炎证异病同治。多项临床研究表明，在该理论指导下治疗肉芽肿性小叶性乳腺炎具有更小创伤、更少毒副作用、更美外形、更好功能及更低复发率五项"完美"优势，是纯中医药特色优势的集中体现，疗效确切。

林毅首创乳腺癌"分期辨治"诊疗体系，牵头在全国运用改良德尔菲法对乳腺癌分期辨证规范化进行研究，确立了乳腺癌围手术期、围化疗期、围放疗期及巩固期的分期辨治方案，因期制宜。实践证明，临床运用疗效显著。

在药物研发上，林毅着力研制院内制剂14种，开发的新药"金蓉颗粒"于2018年上市——这是国家实施上市许可持有人制度以来，全国首个由研发机构作为持有人进行委托生产的中药新药品种。

已至耄耋之年的林毅，仍坚持不懈地奋斗在临床第一线。许多人感到不解，她却淡然："穿上医装救死扶伤，忙碌是最好的长寿药。病人的需要，是我们的责任担当。"

参考文献

井含光，司徒红林，朱华宇，等. 林毅"六郁治乳"理论在乳腺病诊治中的应用. 广州中医药大学学报，2021，（8）：1714—1718.

林毅，陈前军，刘鹏熙. 乳腺癌分期辨证规范化：一个中医乳房病学与时俱进的重要课题. 中西医结合学报，2006，（5）：447—450.

林毅，司徒红林，陈前军. 乳腺增生病与中医药周期疗法. 中医药信息，2003，（1）：7—8.

林毅，唐汉钧. 现代中医乳房病学. 北京：人民卫生出版社，2003.

司徒红林，陈前军. 林毅乳腺病学术思想与经验心悟. 北京：人民卫生出版社，2013.

司徒红林，陈前军. 全国名中医林毅五十年乳腺癌临证精要. 广州：广东科技出版社，2020.

司徒红林，井含光，刘畅，等. 林毅运用"燮理阴阳，立法衡通"中医综合疗法辨治肉芽肿性乳腺炎. 广州中医药大学学报，2020，（10）：1999—2003.

司徒红林，刘晓雁. 林毅乳腺炎性疾病中医特色诊疗. 北京：人民卫生出版社，2020.

司徒红林，文灼彬. 解码乳腺癌：国医大师林毅写给女性的健康书. 北京：人民卫生出版社，2023.

文灼彬，张靓雯. 林毅：现代中医乳腺病学奠基人. 中国中医药报. 2021年11月19日第6版.

周昱麟，侯中平. 桂派名老中医传记卷·林毅：杏林奇葩 坚毅挺技. 北京：中国中医药出版社，2011.

赤子之心罗荣敬

永不停步的生理学『攀登者』

学人小传

罗荣敬（1943—2010），广东兴宁人。广州中医药大学首席教授，享受国务院政府特殊津贴。1969年毕业于中山医学院。历任广州中医药大学生理教研室副主任、主任。多次出国留学和学术交流，曾被聘为美国威斯康星医学院客座教授。曾任中国生理学会中医生理专业委员会委员，广东省生理学会常务理事，广东省神经科学学会常务理事。获广东省科技进步奖二等奖。主编多部生理学规划教材。

筹建电生理学实验室

在科研上，罗荣敬是一个精益求精的攀登者。

20世纪七八十年代，伴随着改革开放，人们都在向世界看齐，期望能够"走出去"学习知识。经申请安排，1982年，罗荣敬赴美国威斯康星医学院进修学习，两年后回国，为所在的教研室带回先进的理念及精湛的实验技术。

1984年，世界银行向中国贷款支持科研教育事业发展，其中有一部分资金落在了广州中医学院。当时全国的中医学院校都还秉承着传统的教学理念，基本上没有几个像样的实验室。为此，学成归来的罗荣敬力排众议，申请建立电生理学实验室，强调中医药的现代化研究是中医的未来，更是中医药走向世界的前提。

广州中医学院的领导们也深刻认识到，单纯发展本科教学"走不长远"，唯有坚持高质量教学的同时，开展高质量的科学研究，才能真正在世界教育领域占据一席之地。

决定后，学校利用贷款购进了多台多导电生物记录仪。这是当时世界上较为先进的设备，毛冬青甲素的系列研究就此开展。实验室不仅为科研提供了先进平台，也为校本部其他研究室和附属医院提供了服务。

随着研究深入、仪器更新，学校的电生理学研究进入到细胞分子水平。2000年，学校花巨资从美国买了膜片钳设备。膜片钳技术是一种以记录通过离子通道的离子电流来反映细胞膜单一的或多个的离子通道分子活动的技术，和基因克隆技术并驾齐驱，给生命科学研究带来了巨大的前进动力。但是膜片钳技术不仅在中医院校没人搞过，就连西医院校也刚开展不久。看着这个精密的"大家伙"，大家都发起愁来。

"没有过不去的坎，只有过不去的心！"罗荣敬的犟劲一下子就上来了，"我们不会，总有人会。我们没有经验，但是我们可以摸索经验。"

为此，生理学教研室迅速组织了膜片钳攻关小组，派出了有相应基础的研究生，前往当时的南方医科大学高天明实验室学习膜片钳的实验操作技术；同时收集国内外与膜片钳有关的技术操作，组织专门人才进行翻译学习和整理。此外，还与设备生产厂家、学校主管部门协商仪器的安装与调试。

膜片钳记录的是细胞膜内外的极其细小而精密的电流变化，因此对外界的环境要求特别严苛。一开始，罗荣敬团队准备将实验室建在三元里校区基础楼3楼南侧，那里有间面积比较大且朝阳的房间，但是楼外就是飞鹅西路，平时人流熙攘，常有车辆通过，震动较大，导致吸起来的细胞膜很容易脱落下来。为此团队又换了地址，解决了问题。

但是，又一个问题出现了——实验过程中常常有一些干扰，无论如何消除不了。有人提出在楼外深挖洞，将接地线深埋进去；有人提出是不是白天楼里用电的人多，改到晚上半夜再做实验……一项项可能性和解决方法被提出，又一个个被排除，大家几乎都麻木了。

后来，团队的李小英提出，可不可以加个屏蔽笼？没想到结果出奇地好。总结该经验，罗荣敬干脆又在实验室外边加了一个屏蔽房，干扰完全消除了。

屏蔽房内，看到平滑的曲线流畅显示在电脑屏幕上时，大家都忍不住欢呼。

在罗荣敬看来，膜片钳实验室的建立，将中医学院校的实验设备提高到与西医学院校平齐的地步。在此基础上，罗荣敬取得了多项科研硕果，其《毛冬青甲素对心血管功能及其神经调节的影响》《中药抗衰老、防治老年性痴呆和帕金森氏病》及脏腑相关理论等研究处于国内领先水平。在国内外杂志和国际学术会议发表论文70多篇，先后获得广东省科技进步奖二等奖，广东省中医药科技进步一等奖、二等奖等。

为学生"开小灶"

罗荣敬对培养后辈尤为上心，退休前一直都坚持给本科生上课。

广州中医学院是第一批招收七年制学生的中医药院校，1991年首批学生进校。面对新的学制，如何对学生进行有针对性地培养？罗荣敬与老师陈洁文一起进行了探讨。他们决定，创新教学方法，注重培养学生的创新思维能力。

针对长学制的学生，基于学生基础知识扎实，罗荣敬提出在生理学实验过程中加强综合教育——让学生自己按照兴趣进行分组讨论和设计实验。此举一下子提高了学生的积极性，培养了他们进行科学实验的兴趣，更是有不少学生积极参与课题研究并取得了不错成绩。

罗荣敬在理论教学中也进行了一系列的改革。他早年毕业于中山医学院，从事过多年的临床工作。因此在课堂教学中，他将多年的临床经验与基础理论相结合，以具体的病例引导学生分析疾病的产生原因、发展机制、治疗原则以及预后等，使学生对每种疾病都有一个完整而清晰的了解。他风趣幽默的语言也让枯燥的生理学内容变得妙趣横生，每一次课堂都会人数"爆满"，甚至有一些其他班的学生跑来听课。

▲ 罗荣敬（右三）在博士论文答辩会上

针对一些理科基础较差的学生，以及不熟悉中文的国际学生，罗荣敬始终耐心教学，为大家"开小灶"。夜间，他的办公室常灯火通明。渐渐地，学生们的成绩都突飞猛进。

"要把真正的学问教给孩子们，而不能随随便便去糊弄人家。"罗荣敬说。

重视本科教育的罗荣敬，也尤为注重教研室的教学梯队建设。除了引进人才，选留优秀毕业生之外，他还规定，凡新进教师都至少要有一年的时间去跟听老教师的课，学习教学内容和教学技巧，回答学生的课后疑问，批改学生的作业，了解学生容易犯错和不理解的地方，甚至跟学生一起参加考试。

他和每一个新入职的青年教师谈话时，都会提出这两个问题——怎样才算是一位优秀的大学老师？如何做好一个大学老师？

为提升中医院校生理学教育水平，罗荣敬还积极参加全国中医院校生理学教材的编写，如《生理学》《人体生理学》《中西医结合生理学》《消化道生理、病理生理学》等。他任生理教研室主任期间，教研室被评为省重点学科。

"老顽童"教授

在学生们眼中，生活里的罗荣敬是一个不拘小节，爱说爱笑，甚至有点爱闹的"小老头"。他有着一张白白净净的圆脸，肤色红润，令人感到亲切。路

▲ 教研室活动中的罗荣敬（左三）

上遇到学生，他常常主动打招呼。

有学生回忆，一次教研室聚会时，大家都到了，但罗荣敬迟迟没出现。学生们担心有意外，便给罗荣敬的夫人打电话，对方说他早早就去了。一瞬间大家都紧张了起来：时间都过去这么久了，不会出什么事吧？正当大家准备出门找人时，罗荣敬笑眯眯地出现了。

原来，当时国内刚刚兴起私人买车的热潮，已经50多岁的罗荣敬也"凑上热闹"，成为驾校中最高年龄的"学员"。偏偏"大龄学生"还挺认真，风雨无阻，成为最遵守纪律的"学生"。后来，驾驶证拿回来了，车买回来了，但是夫人不准他开车上路，怕有危险。

结果这天，他偷偷地拿了车钥匙开车出门，越开越高兴，环绕三元里校区开了好几圈，这才想起来还有聚会，急急忙忙赶回来。

哪怕年事已高，罗荣敬也怀有"赤子之心"，流露出"少年感"。

2010年，罗荣敬去世，但他的音容笑貌永远留在了学生们的心中。大家常想起他的笑容和鼓励："喂，加油哇！"

"药学先行者"王宁生

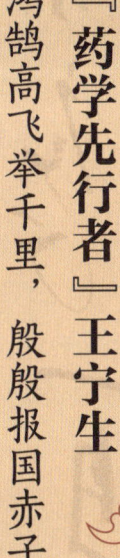

鸿鹄高飞举千里，殷殷报国赤子心

学人小传

王宁生（1946—），贵州安顺人。二级教授，享受国务院政府特殊津贴。1970年毕业于南京药学院。1976年起任教于广州中医学院。曾任广州中医药大学临床药理所所长、广州中医药大学副校长、国务院学位委员会学科评审组成员、广东省药学会理事长等职。曾任农工民主党中央副主席，全国人大常委会委员，广东省人大常委会副主任，食品药品监督管理局药品审评委员会委员，国家药典委员会执行委员等职。主要从事中药的药代动力学、有效性及安全性研究。主编《中药毒性与临床前评价》《中药及其制剂不良反应大典》等著作，发表论文200余篇。曾获吴阶平—保罗·杨森医学药学奖、"九五"国家重点科技攻关计划先进个人、中华中医药学会科学（著作）奖一等奖、广东省科技进步奖一等奖、教育部科技进步奖一等奖等荣誉。

矢志求学，三拒国外高薪聘请

少时的王宁生勤奋好学，1965年以优异的成绩考进南京药学院学习。毕业后，王宁生和相濡以沫的妻子宓穗卿被分配到贵州省威宁自治县一个区卫生所工作。一年后回到县医院，在医院的支持下，他们在很短的时间里办起了一个药厂，用极简陋的设备生产出葡萄糖水、黄连素等药品。由于药品质量高、药效好，很快受到医院和附近部队的认可，甚至吸引了东北的一些医院不远千里前来采购。

1980年初，王宁生以拔尖的成绩考取了美国密西根大学的公费留学资格。正准备赴美之际，他的留学目的地却因故临时改成了德国海德堡大学。出国留学的突然变向，使他必须从零开始学习德语。困难再一次摆在眼前，但是王宁生用惊人的勇气与毅力，仅在半年时间内就突破了语言关。

留学期间，王宁生在导师的指导下进行药理研究工作。由于学习成绩出色，三年后即被德国药学会吸收为会员。学成归国前，海德堡大学有意留他在德国工作，他以"广州中医学院有我的事业"为由婉言谢绝。

1987年，王宁生受德国政府邀请任法兰克福大学医学院客籍教授，在德国讲学9个月。德方又一次留他，仍没留住。

1994年，王宁生再次前往德国国家药检所做高级访问学者，又一次带着满满的收获回到祖国。他说："作为个人，留在德国可以有更好的发展，但是有一点得明白，我出国学习是为了什么？是国家培养了我，我必须用我的所学报效国家。"他的选择不仅令国人敬佩，也让德国人对他敬佩有加。

敢于先行、勤于耕耘，学术成绩斐然

王宁生学术视野广阔，积极将国外所学技术运用到中药药理研究领域，在中药药理学研究、药代动力学研究和中药毒理学及中药不良反应的评价研究各方面，取得了丰硕的成果。

拥有留学背景的王宁生，积极推动药学领域的中外沟通合作。1986年，他回国后利用所学，积极参与国际合作，作为广州中医学院第一个WHO国际合作项目的执行者和参与者，完成了多项国内外合作的药代动力学课题研究。赴德国国家药检所学术访问后不久，在美国佛罗里达举行的第三届国际时间药理学和时间治疗学会议上，王宁生发表了一篇题为《青藤碱的时间药代动力学

▲ 王宁生（中）与香港中文大学代表进行学术交流

研究》的论文，立即引起国际学术界的关注。作为国内药物代谢和药物评价领域的先行者，王宁生在国内开创了将液质联用（LC/MS）技术应用于中药药（毒）代动力学研究的先河，寻找、观察复方在人体内的相关成分及代谢物在体内的动态变化，为国内血清药理学研究奠定了方法学基础。为了进行不同人种对抗疟疾病毒药品的代谢情况研究，他亲自申请世界银行的贷款，后出国购买设备，建立起自己的实验室，参与创办临床药理研究所，开展国际科学合作项目。

在王宁生的带领下，临床药理研究所成为"国家新药（中药）安全评价重点实验室"，建成国内领先、符合中医药特点的中药安全性评价体系，主持完成数十种新药的药效、毒理学研究。2006年实验室成为广东省高校中药有效性与安全性研究重点实验室。

1999—2011年，王宁生先后主持"临床前安全评价关键技术及平台研究"（"863"计划）、"广东中药现代化科技产业基地关键技术研究"（"十五"科技攻关）、"广东省新药非临床安全评价中心"（广东省科技厅）等多个国家级、省部级项目。同时，他还主编出版了《中药及其制剂不良反应大典》《中药毒性与临床前评价》两部书，主持建立了中药不良反应数据库和中药不良反应网站（www.adr.com.cn），在客观、正确地评价中药的安全性，指导临床合理用药，促进中药研究现代化进程及中医药走向世界等方面作出了突出贡献。

王宁生1997年当选为农工党广东省委会主委，继而出任广东省人大常委会副主任，1999年被任命为广州中医药大学副校长，2002年当选为农工党中央副主席。面对繁忙的工作，他总是见缝插针地到实验室，指导研究生开展研

▲ 陈可冀院士到访并指导工作，右一为王宁生

究工作。他说："我的本职还是科学研究，还要出成果，这是我青年时代起便不断追求的理想。我们当以报效国家、奉献社会为己任。重任在肩，更应孜孜以求，不断精业，人生的价值在于奉献！"

参考文献

马镇. 鸿鹄高飞举千里：记农工党中央副主席王宁生. 前进论坛，2003，（1）：28—31.

杨超元. 报国当自负重行：访全国政协常委、农工党广东省委会主委王宁生教授. 前进论坛，1998，（4）：20—22.

杨超元. 人生价值的提升在于多作贡献：农工党中央副主席王宁生一席谈. 前进论坛，2003，（2）：13.

赵俊涛. 殷殷报国赤子心：访农工民主党中央副主席王宁生教授. 当代贵州，2004，（23）：54—55.

卓小红. 药学俊彦王宁生. 前进论坛，2007，（2）：26.

"脾胃大家"陈蔚文

致知格物，创新不息；穷理探微，继往开来

学人小传

陈蔚文（1950—2021），台湾台北人。广州中医药大学首席教授，享受国务院政府特殊津贴。1982年毕业于广州中医学院，获硕士学位。1988年毕业于法国巴黎第七大学Xavier-Bichat医学院，获细胞生物学博士学位。曾任广州中医药大学脾胃研究所所长、中药学院院长、副校长、学术委员会主任，《广州中医药大学学报》主编，中药资源科学与工程研究中心常务副主任，中国药理学会理事，广东省药理学会副理事长等职。曾任十二届全国人大常委会委员，广东省政协副主席，台湾民主自治同盟中央副主席、广东省委主委等职。主要从事中西医结合消化内科和药理学研究，主编出版全国中医药高等院校教材《中药学》，发表论文300余篇。获教育部科技进步奖一等奖、广东省科学技术奖二等奖等各级科技成果奖近10项。

▲ 陈蔚文（左）赴法国学术交流时与法国学者合影

心系祖国中医药科研工作发展

1985年5月，陈蔚文由当时的国家教委公费派到法国巴黎第七大学Xavier-Bichat医学院学习，在细胞信息传递领域获取了深厚的理论知识和丰富的实践经验，于1988年取得了细胞生物学博士学位。随后，陈蔚文在该医学院从事博士后工作继续深造，研究事业进入了快速发展阶段。

在1989年，陈蔚文接到了广州中医学院校领导的来信，得知学校科研工作急需人才，陈蔚文心情沉甸甸的，他想到"我的根在祖国，我的事业在祖国"，于是决定放弃这里的一切，毅然向导师提出回国的意愿。

1989年3月，在法国巴黎戴高乐国际机场，陈蔚文因行李超重，要补交4000多法郎的运费。与当时不少出国人员回国都要带几大件不同，陈蔚文的行李里全都是沉甸甸的实验仪器和资料，生活用品只有很少一点。陈蔚文在国外节衣缩食，但为了回国开展工作，他毫不吝惜地自己掏钱补交了运费，将这些科研设备运回了国内并无偿地献给了学校。

当时广州中医学院的实验条件非常有限，只能腾出一个10多平方米的仓库作为实验室，连一个水龙头都没有。陈蔚文不畏困难，毫无怨言，带领助手因陋就简，从一点一滴干起，创建自己的实验室。

当时广州经常停电，天气炎热，蚊虫滋生，做起实验来困难很多。陈蔚文身体力行，带头干实验室的工作，亲自进行动物实验。他总是让别人先回家休息、吃饭，自己继续做下去。在同一层实验楼里，他经常是最后一个离开。周日和节假日，陈蔚文也经常到实验室来加班。

克服了实验条件简陋等重重困难，陈蔚文结合留学期间的成果，在国内首先建立了内源性高胃泌素—高胃酸分泌模型。

努力探索"寒热方证效应"的现代药理作用机制

在全国名老中医、恩师赵思兢的启发下，陈蔚文创新性地将内源性高胃泌素—高胃酸分泌模型应用于著名方剂左金丸的药理研究中，首次提出"药理模型组合"的概念，阐明了寒热方证效应的现代药理作用机制，揭示了寒热方证效应的科学本质是"寒热方证药理拮抗效应"。

因在左金丸研究中的突出成果，陈蔚文受邀主编了人民卫生出版社"中药名方现代研究与应用丛书"的《左金丸现代研究与应用》。由左金丸衍方而成的"和胃止痛胶囊"2002年获得国药准字号新药证书（B20020328），而以陈蔚文为第一完成人的"一种胃肠止痛药物及其制备方法"在2004年获国家发明专利授权。

首次揭示脾虚证消化吸收障碍亚型的功能基因谱特征

2003年，陈蔚文主持的"脾虚证消化吸收障碍亚型的功能基因谱与模式

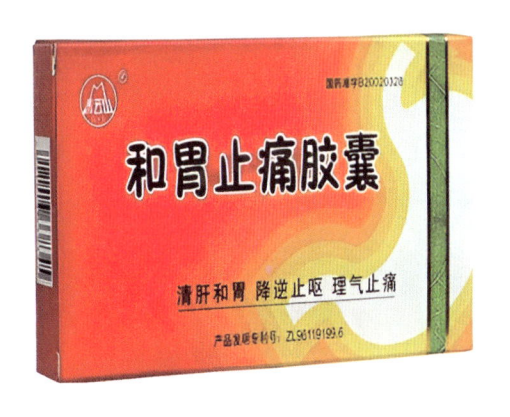

▲ 研制新药并获新药证书及国家发明专利

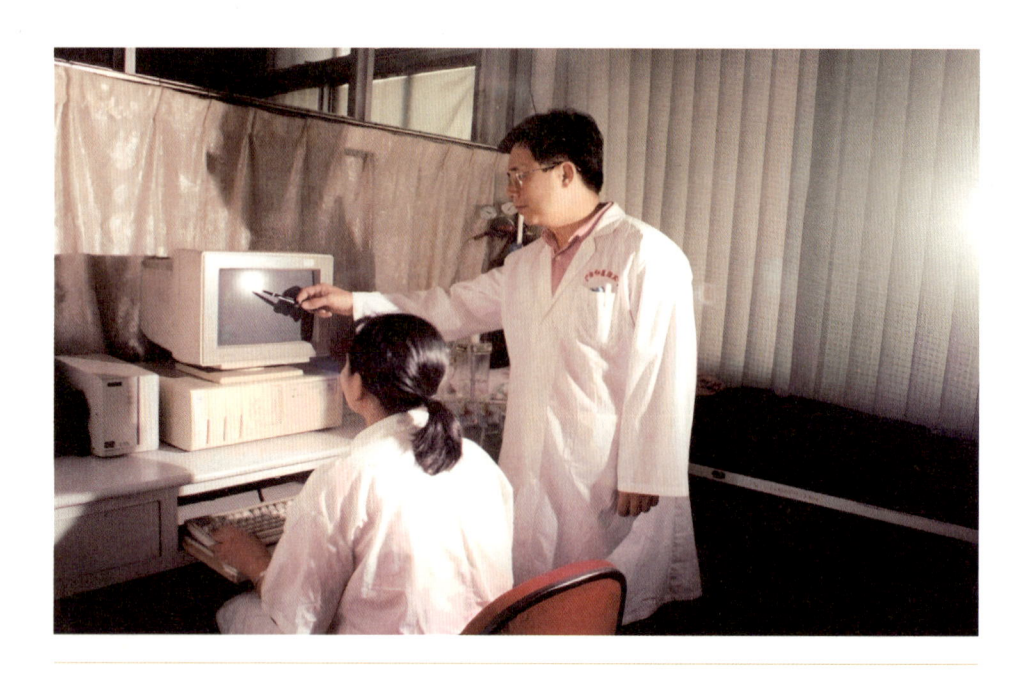

▲ 陈蔚文（右）指导研究生开展科研工作

识别研究"获得国家自然科学基金重大研究计划资助。

课题组提出了脾虚证亚型的概念，即根据不同临床表现把脾虚证分为几个亚型，并首先研究了脾虚证消化吸收障碍亚型，因其代表了脾虚证的主要证候内容，也反映了脾主运化水谷精微这一"脾"的核心功能；课题组提出了慢性胃炎脾虚证消化吸收功能障碍亚型的诊断标准，并对该型患者胃十二指肠黏膜进行功能基因差异图谱研究，发现其脂类、蛋白质、糖类和核酸代谢水平降低，推测此可能是导致其营养代谢障碍的重要机制之一。

关于中医证候研究，陈蔚文指出，每个证候群都有支持它的结构基因组或蛋白组学背景，证候群复杂的多样性表现很可能就是基因多态性和多功能基因异常表达的表型，这种外在表现在临床上由一组特定的症状和体征所组成，并由此构成中医证候最基本的临床特征；证候的科学研究，必须抓住证候的临床表证（证候群）和现代医学生物学基础这两方面，并在这一认识基础上进行证候的科学研究。

深入阐释益气健脾中药的作用机制及药效物质基础

益气健脾是脾虚证的主要治则，在进行脾虚证候研究的同时，陈蔚文带领团队开展了益气健脾中药作用机制研究。

1999年，陈蔚文团队中标国家自然科学基金项目"益气健脾中药对鸟氨酸脱羧酶作用的物质基础研究"，提出益气健脾中药通过影响鸟氨酸脱羧酶和多胺等调节机制而促进胃肠黏膜损伤修复的观点，并通过研究证明了益气健脾中药对胃肠黏膜损伤修复过程细胞迁移、增殖、分化、细胞连接及上皮屏障等环节有调节作用；他们认为，益气健脾中药不同组分对细胞效应的差异性作用，可能是其对黏膜损伤修复过程不同环节发挥综合作用的药效物质基础之一。

在2002年和2009年，陈蔚文主持的"四君子汤益气健脾药效的物质基础及其机理研究""一种用于治疗胃肠道黏膜病变的药物及其制备方法"项目分别获广东省科学技术奖二等奖、国家发明专利。

创新驱动南药的可持续利用与综合开发

陈蔚文致力于南药资源的开发、利用与创新，取得一系列丰硕成果。

陈蔚文主持建设了"岭南中药资源教育部重点实验室"并担任实验室首任主任，主持建设"华南药用植物种质资源库""广东省中药学研究生创新培养基地""华润三九医药股份有限公司—广州中医药大学南药研发联合实验室""国家中医药管理局南药资源综合开发国际合作重点实验室（合作）"等南药相关技术平台。他主持的"南药资源可持续开发利用的系列研究"在南药道地药材种质的研究方面取得的创新性成果，创新和提高了南药种质研究的科技水平，解决了一些产业发展迫切需要解决的技术问题，获教育部科技进步奖一等奖。

在南药资源调查与保护方面，陈蔚文对1200多种岭南药用植物种质资源实施了迁地保护，建立了"华南药用植物种质资源库"。编著《岭南本草》等系列专著，对南药本草知识进行了一次系统整理，体现了传承与创新的结合。研究并起草了《广东中药产业发展规划》，通过产学研相结合，合作培养中药创新人才，为企业建设中药材GAP基地等提供技术支撑，带动南药农业发展，同时促进了企业中成药的技术和质量升级。

陈蔚文带领团队实现了南药资源研究的知识储备、种质保护、种质创新、产业发展的有机结合，为南药资源可持续开发利用提供较系统的知识基础和科技支撑，促进南药产业发展。

改革先锋吕玉波
探索中医院现代化之路

学人小传

吕玉波（1950—），广东新会人。1974年到广东省中医院。曾任广州中医药大学副校长，广东省中医院党委书记、院长等职。曾任中国医院协会副会长、中华中医药学会副会长、中国中医药信息学会副会长、世界中联国际中医药临床标准工作委员会首届会长、中华中医药学会健康服务工作委员会首任主委、中国医院协会中医医院分会第一届委员会主任委员、广东省中医药学会会长等。获全国卫生系统优秀党委书记、全国优秀院长、卫生部有突出贡献中青年专家、医院管理突出贡献奖、中华中医药学会优秀管理人才、全国五一劳动奖章、全国中医药杰出贡献奖等荣誉。

"管理好医院首先要管理好自己"

在吕玉波的带领下，医院党委始终自觉服从并服务于国家和行业发展的整体战略，构建起医院"疗效、服务、信誉"三大优势，从而带领医院走入发展的快车道，实现了跨越式的发展，取得了许多影响全行业的成果，得到了广大老百姓的高度认可。

在医疗行业市场化倾向比较严重，被社会诟病的时候，医院党委确立了"病人至上、员工为本、真诚关爱"的医院核心价值观，医院建立的聘请社会监督员、物价公示、一日清单、病人选医生和选医疗组等制度，在全行业推广。医务人员不收回扣，婉拒红包的做法，得到了各级党委政府和广大百姓的赞许。

"管理好医院首先要管理好自己"，吕玉波认为，干部就要特别严格要求自己，要靠自身行为彰显的人格魅力，来感召凝聚员工队伍，从而推动工作。

在吕玉波看来，领导干部首先要过好"名利关"。在"名"的面前，不能与群众争"名"，把名誉让给临床第一线的医务人员；五条宣传纪律的一条，就是不准宣传领导个人。在"利"的问题上，要始终以患者利益、医院利益为重，要用制度约束规范医院领导班子特别是第一把手的权力。特别是在经济往来和人事上下、进出的两个关键环节，更要以身作则。他还特别坚持"管理就是服务"，在医院形成"倒三角型"的组织结构，以及"务实工作作风"公式，得到全国同行的认可效仿，李岚清副总理视察医院时给予高度评价。

在生死考验面前，特别是在医院最紧急、最危险、最艰苦的关键时刻，医院党委总是冲锋在前。2003年抗击"非典"之时，面对着染病倒下的威胁，直面生与死的考验时，医院党委迎险而上，"抗击非典的大堤不能在广东省中医院打开缺口！"作为广东省中医院的灵魂舵手，吕玉波更是在这生死一线的关键时刻提出"干部更要靠前指挥"。他每日进感染区巡查，把医院碰头会地点搬到隔离病区旁，早上七点半准时召开工作会议。

在以吕玉波为首的医院党委带领下，医院建设取得了巨大成功，不仅是医院规模不断扩大，更是为中医药行业发展创造了不少成功经验，国家各部委在医院先后召开了五次现场会：包括由国务院纠风办、监察部、卫生部、国家中医药管理局联合召开的行业作风建设现场会；由国务院医改办、卫计委、国家中医药管理局召开的建立现代医院管理制度的现场会；由国家发改委、国家中医药管理局召开的中医药传承创新现场会；由国家中医药管理局召开的保证中药材质量，保持中药材的传统加工炮制、实行中药饮片小包装的现场会；由国家中医药管理局召开的中医治未病工程现场会。

打造"铁杆中医的黄埔军校"

吕玉波大胆探索,形成"中医水平站在前沿,现代医学跟踪得上,管理能力匹配到位,为患者提供最佳的诊疗方案,探索构建人类完美的医学"的办院理念,始终致力于把中医药的临床疗效发挥到淋漓尽致。

20世纪90年代,面对社会不重视中医药传承、全国中医药人才匮乏"青黄不接"的局面,吕玉波提出,要培育一支高水平的中医药人才队伍,把医院建设成为"现代名医的摇篮"。医院相继出台了系列引育人才的举措,在全国延请了一批批名老中医到医院带徒,在行业内创建了"跨地区拜师""集体带、带集体"的典型经验,涌现了一批批国内外知名的专家。广东省中医院被行业公认为"育人的沃土""人才汇聚的洼地",国医大师邓铁涛还亲笔题词,称赞其为"铁杆中医的黄埔军校"。

在下大功夫培养人才的同时,吕玉波积极引进人才,特别是关键岗位的人才。哪里有合适的人才就往哪里跑,他经常当天来回打"飞的"往全国各地跑,甚至跑到美国、加拿大、澳大利亚,与人才当面交流,创新了许多引进方式,建立了许多吸引、留住、用好人才的政策,使医院的综合服务能力越来越强。医院的学科(专科)也随之得到快速发展,从开始仅有8个专科,发展到现有37个,国家重点专科也从零变成现有23个,实现了从无到有、从小到大、从弱到强的突破,广东省中医院成为全国中医院拥有最多国家重点专科(学科)的医院之一。

吕玉波追求"把中医药临床疗效发挥到淋漓尽致",率先建立多个平台,围绕病、症和临床关键问题,从多方面挖掘整理祖国医学的精华。包括挖掘和整理历代经典文献和古今的研究成果、挖掘和整理全国名中医的学术思想和临证经验、挖掘和整理不同学术流派的学术思想和实践经验、挖掘和整理中医临床思维、挖掘和整理本院名医的学术思想和临床经验、挖掘和整理中医特色疗法和适宜技术、挖掘和整理安全有效的民间单方验方;建设起中医药知识库(中医临床辅助决策系统)、名医挖掘传承平台、流派梳理传承平台、中医临床思维研究平台、传统疗法中心、临床研究平台,不少平台都是在全国首创的。

在系列挖掘整理的基础上,吕玉波还积极引进现代医学前沿技术,促进中西医高水平融合,形成了最佳的诊疗方案。为保证这些方案的落地应用,他率先在国内推行"临床路径",同时规范了诊疗行为,保证了医疗质量,有效控制了医疗费用,得到了卫生部领导的高度肯定,临床路径成为公立医院改革的一大抓手。

为了进一步突出中医药特色与优势,2005年,吕玉波带领医院率先成立传统疗法中心。2009年起,医院每年举办"杏林寻宝"活动,在全国挖掘、引进了许多确有疗效的治疗方法,使医院成为中医特色疗法和适宜技术活的博物馆和集散地。在全国率先建立的中医经典病房,探索用中医药救治急危重症和复杂疑难疾病,获得了行业认可,成为国家"十三五"传承创新重大专项的标准。率先成立中医临床思维研究室。2007年成立全国第一个治未病中心,开展了慢病管理,为探索一条具有中医优势的预防保健和慢病管理之路作出了成功的尝试,时任副总理吴仪亲自授予"中医治未病示范基地"牌匾。

吕玉波提出,要建设研究教育型医院,用科技创新促进中医药事业的发展,推动临床疗效的提高。经他努力争取,省委省政府依托医院建设广东省中医药科学院、广东省中医药研修院。之后,他又再次争取中国中医科学院在广东省中医院建广东分院,为医院学术水平的提高打下了良好的基础。

为了提高临床研究水平,吕玉波带领广东省中医院在全国中医院中率先建

▲ 2001年,时任卫生部部长张文康为广东省中医院"名医树"碑揭幕

▲ 2014年，广东省中医院与瑞典卡罗林斯卡医学院签署合作研究协议

立临床科研一体化信息平台，该平台在2010年被《华尔街日报》评为亚洲12个创新项目之一。在"十二五"规划中，国家为了提高中医药行业的临床研究水平，启动了中医药国家临床研究基地建设，临床科研一体化信息平台与广东省中医院率先开展的临床研究伦理审查和检验系统标准化得到国际、国家相关机构的认可，三者一起成为国家临床研究基地建设的标准。医院相继建立了多个高水平中医药研究平台，改革了科研运行机制，构建起了医院的创新体系，使医院科技工作日新月异，自身也成为获得国家重大项目的大户。医院从起步时全国杂志上发表文章为零、政府资助的课题为零、科研成果为零的状态，逐步发展到如今在中国医学科学院发布的"中国医院科技量值"排行榜位列全国中医医院第一。

不仅如此，经过持续多年努力，省部共建的中医湿证国家重点实验室获批，这是中医药行业第一个中医国家重点实验室。为了提高医院的研究水平，出高水平的研究成果，吕玉波致力于引进高水平的研究人才，其中引进了6位院士，在医院建立了院士工作站或高水平专家工作站。之后，他又积极争取引进刘良院士团队，积极协助争取中医证候全国重点实验室的建设，这也是中医第一个直接由科技部主管的中医国家重点实验室。

吕玉波还积极推动医院与国家蛋白质中心、国家生物技术工程中心合作开展中医药研究，成果已经逐渐显现。与香港、澳门地区的几所大学的联合研究按计划进行；与澳大利亚皇家墨尔本理工大学共建中澳国际中医药研究中心，不少研究成果被欧盟、美国等国际组织和发达国家的指南所采用，研究项目展示在世界卫生组织的网页上；与瑞典卡罗林斯卡学院、乌普萨拉大学，荷兰乌特勒支大学的合作研究也不断取得成果。

公立医院改革破冰之路

为达到医院的战略目标，吕玉波在全国卫生战线率先变革医院管理模式，进行了人事、分配制度改革，推动价值观管理。在改革的过程中，吕玉波坚持正确的价值取向，构建起了社会目标、医院目标和个人目标相统一的三者利益共同体，形成既有动力又有压力、既有激励又有约束的运行机制，破解了一个又一个困扰医院发展的机制难题，探索出了一条公立医院改革之路。

改革中，难免会进行利益格局的调整，为突破各种各样的思想困扰，他率

▲ 2013年国医大师邓铁涛（中）生日，与时任国家中医药管理局局长王国强（左）及吕玉波（右）合影，题词为邓铁涛为吕玉波亲笔题写的"志同道合　共圆中国梦"

先引进文化建设，强调"干部文化决定医院文化"，以干部的以身作则形成医院优秀的文化，塑造了一支有灵魂的员工队伍。

在利益面前，医务人员恪守了医德。如在处理"红包"的问题上，医院广大员工探索出了许多婉拒"红包"的好做法，成为全国学习的榜样。

在生死考验面前，医务人员奋不顾身挽救患者生命。例如，在"非典"肆虐期间，尽管医院有70多名医务人员为救治病人不幸染病倒下，但没有一个人退缩。叶欣染病去世后，仍然有200多名医务人员主动报名上一线，涌现出了一批像叶欣烈士那样的优秀医务工作者。医院还应香港医管局特别邀请，支援香港"抗非"，香港医管局会议记录上明确指出这是香港历史上第一次允许中医进入公立医院查房处置病人，并且向全世界宣布：实践证明中西医结合治疗"非典"是有效的。

在日常工作中，全院上下围绕患者需求不断改善精进，成就了许许多多的全国率先：率先改革病人的就医环境，当年建成的二沙岛医院被业内和媒体称为"中国医院建设的典范"；率先以"协作医院"的方式，带动了一大批基层医院发展，为中医药事业带来了"榕树效应"；推动中医药"珠江论坛"举办，使这个论坛成为中医药的唯一国家级论坛，国家很多重大项目都首先在论坛上酝酿，再确定立项与否；率先运用信息技术建设"智慧药房"，结合预约挂号，大幅度缩短病人的等候时间……广东省中医院成为国务院相关部门树为现代医院管理制度和卫生改革"保公益，促发展"的典范。

参考文献

陈枫，胡延滨．致中和：读懂广东省中医院的第一本书．广州：南方日报出版社，2022．

教学名师陈群

春风化雨，桃李满园

学人小传

陈群（1952—），北京人。二级教授，国医大师邓铁涛教授（中医诊法）学术继承人，享受国务院政府特殊津贴。曾任广州中医药大学基础医学院院长，中医基础理论研究所所长等职。曾兼任中华中医药学会中医诊断学专业委员会副主任委员、广东省中医药学会中医诊断学专业委员会主任委员、教育部教育评估专家、国家科技评审专家等职。获首届国家级教学名师奖、全国师德先进个人、广东省高校教学名师奖、广东省劳动模范、广东省师德建设先进个人等荣誉。

▲ 国家级教学名师奖、全国师德先进个人证书

"所谓'名师',即一名名副其实的教师"

"带着感情当教师""一切以学生为中心",是陈群推崇的教学文化。

从事教学、科研、临床等工作40余载,陈群始终秉持治学严谨、善于学习、勤于探索、勇于创新的理念,在中医教育领域独树一帜,形成了独具特色的教学风格,深受学生欢迎。

陈群曾担任中医本科、专科、第二学位、七年制、硕士、博士研究生等不同层次的主讲教师,主讲中医诊断学、中医诊断研究进展等课程,具有丰富的教学经验,教学手段、方法新颖多样。教学中,陈群注重引导、启迪学生的逻辑思维,拓宽知识空间,善于旁征博引,深入浅出,因材施教。

陈群上课语速不快,声音也不大,但铿锵有力,入耳入脑,生动形象,常激起学生的共鸣。她那飞扬的神采和优雅的气质,给学生留下了美好深刻的印象。陈群形成了一种习惯,一种兴趣,那就是平时从资料上、报纸上搜集各种珍贵资料,如罕见的图像、典型的病例、误诊的案例、治疗的经验、研究的前沿等,并用以充实教学,把知识性、逻辑性、趣味性融为一体,激发了学生强烈的求知欲。

同时,陈群还经常选取最具代表性的临床病案,展开课堂讨论,通过真实热烈而坦诚的讨论,循循善诱,使课堂气氛达到高潮。教学相长,在积极的互动之中,教师与学生的兴奋之情溢于言表。

陈群认为,所谓"名师",即一名名副其实的教师,全身心地热爱教育事业、时刻不忘教书育人的神圣的重任使命、具有人格风范与魅力的教师。她是这样想的,也是这样做的。长期的艰辛与奋斗,让她曾经病倒过,但在生病住院期间，她念念不忘的仍然是工作；在身体刚刚有所恢复时，就又立即投身到工作第一线。

陈群常说："学生的上课时间十分宝贵，我们一定要在课前把一切准备工作就绪，诸如打开幻灯设备和扬声器、准备好教案等，不能浪费学生一分一秒的时间。这是对学生负责，也是教师应有的工作态度。"虽然她已是资深教授，但每次上课都要提前十分钟到教室，课前认真备课，不断修改补充，一丝不苟。她常告诫青年教师，作为老师一定要有严谨认真的态度，不断学习，每次上课都会有不同的体会和收获，因此每次课前一定要认真准备，对教案不断修改完善。她笑称自己就像个学生，白天工作，晚上学习。

陈群的博士研究生，现福建中医药大学中医学院院长林雪娟回忆道："记得那年五月份的一天，下午两点半陈老师要上课。可是一点半左右，天空转眼间漆黑一片，继而电闪雷鸣，狂风刮起，大雨倾盆。那时，我刚从校外回来，走在路上，偌大的校园只见到两三个人的身影。突然，我看到一个熟悉的身影。陈老师肩挎着小提包，右手拿着雨伞，左手将公文包和手提电脑紧紧捂在胸前，小心翼翼地在风雨中走着。我立刻跑向老师，到她跟前时，才发现老师背后的衣服已经全湿透了，她为了保护材料和电脑，把伞全遮在了胸前的公文包和电脑上了。"

▲陈群（前排左三）与学生们在一起

▲ 全国第一届高等院校百名教学名师奖获得者陈群（左一）

与时俱进，率先推进教育方式改革

敢闯敢干，敢为人先，是陈群教授一贯的工作风格，她关注科技形势对教育带来的影响，及时把握时机。

20世纪90年代，陈群就认识到现代科学技术对教学将产生革命性的影响，高瞻远瞩，首倡用多媒体教学。为此，她果断决策成立"基础医学院CAI研究室"。她主持研制成功首张《中医诊断学诊法——望诊》CAI光盘，并获省多媒体CAI教学优秀软件奖；主持研制成功卫生部立项的《中医舌诊》（网络版）光盘，由人民出版社出版发行。在她的带领下，基础医学院全体教师都率先使用多媒体教学，走在了全国高校的前列。

陈群将传统的中医诊断学教学方法，从单一的课堂授课，发展成为以传统媒体与现代媒体相结合的方式，逐步建立起了以课堂讲授、投影、幻灯、录像、实验、CAI、全程多媒体电子教案等多位一体的教学新模式，率先在全国开设了"中医舌诊""中医脉诊"等实验课，加强了学生的动手能力，深受学生欢迎。她所编导的《中医望诊》《中医舌诊》《脉诊》录像片、CAI光盘等正式出版发行，被国内外一百多个教学科研单位使用。

陈群始终坚持教学和科研并重，在精心搞好教学工作的同时，积极开展科研工作。她曾主持承担国家"十一五"科技支撑计划、"973计划"子项目等国家级、省级科研、教学课题，获科研和教学成果11项。

陈群尤其注重对多年来研究工作的积累和总结，先后主编及参编《古今舌诊研究与图谱》《中医诊断学》《实用中医诊断学》《中医基础理论研究进展》《中医基础理论体系现代研究——基础与临床》等学术著作。

在承担教学、科研工作之外，陈群还曾担任广州中医药大学基础医学院院长职务。

基础医学院承担着学校50%的教学任务。一开始，基础医学院的教学和科研工作比较薄弱。上任伊始，陈群就确定了"学院以教学为先、教学以质量为重"的指导思想，倡导教学和科研改革创新，大力抓制度建设。

在教学方面，陈群主导学院紧紧围绕"转变教育思想观念，深化教学改革，提高人才培养质量"的主题，在全院范围内开展师德教育、教学改革大讨论。为资助青年教师开展科研工作，她创立了"院长综合创新基金"，极大地调动了青年教师的教学、科研工作积极性。

在设施方面，陈群带领全院教职工对所有的教研室的办公室和实验室进行

▲ 陈群向青年教师展示其全程个人精品电子教案

了装修改造，办公环境和实验条件得到明显改善；成立了"中医基础实验中心"和"西医基础实验中心"，特别是"中医基础实验中心"的成立，大大改善了中医实验教学和科研环境。

无私付出，尽心尽力为学生提供帮助

在工作中，陈群严格认真；在生活中，她又对每位老师和学生关怀备至，尽心尽力为老师和学生解决困难，办实事。

为了让来自贫困地区的学生学习生活得更好，陈群奔走于有关部门，为学生争取助学金、生活困难与疾病补助。为了减轻学生的负担，她还常常自己出钱为学生复印额外的参考资料。平时，她课上给学生传授知识，课后为学生义务诊病。因为她的医术精湛，常常是一两服中药就见效，所以找她看病的学生特别多。她告诉学生："只要你们有问题或有需要，每天下午五点之后都可以到我的办公室来，我都会欢迎的。"因此，经常下班之后，还会看到陈群在办公室里与学生在一起的场景。

95级曾有一个学生，刚入学不久便患上了肺结核，是陈群帮他联系住院，在他住院期间照顾他的生活。出院后，陈群又给他另外找了一间宿舍，一方面让他一个人静养，另一方面也防止同宿舍的同学染病。为了给这位学生解决经

▲ 陈群（右六）与境外学生在一起

▲ 陈群（右二）参加国际学术交流活动

济上的困难，她不但自己掏钱给学生买营养品，而且带头捐款，并组织全院教师为贫困学生捐赠。

每逢节日，陈群都会收到大量来自学生或患者的祝福，而这些祝福就是她付出爱的见证。她说，能得到学生的认可，就是她最大的欣慰。

不仅在国内教学一丝不苟，陈群到境外讲学时，同样兢兢业业。她先后到新加坡以及中国的香港、澳门、台湾等地讲课或讲学，给境外专家、同事、学生都留下了极好的印象。课堂上传道授业，课后为学生义诊，深受学生欢迎。离别时，学生们依依不舍。她到香港讲学，全体同学在她离港时这样写道："恳求陈教授能重临香江、惠我南针，则不胜荣幸之极。"一些学生在听了陈群的课后，专门转学来到广州中医药大学继续学习。

参考文献

陈群. 以学生为中心，教好书育新人. 中国高等教育，2004，（20）：29—30.

魏小勇. 胸怀丘壑　无私奉献：记首届国家级高等学校教学名师、广州中医药大学基础医学院院长陈群教授. 中国中医药报，2005年11月11日.

"岭南针匠"赖新生

通元疗法耀杏林，大医精诚铸仁心

学人小传

赖新生（1955—），福建武平人。二级教授，全国老中医药专家学术经验继承工作指导老师，广东省名中医，享受国务院政府特殊津贴。1990年毕业于广州中医学院，为广东省第一位针灸学博士（PhD 和 MD）。历任广州中医药大学针灸系主任、针灸研究所所长、针灸推拿学院院长兼党委书记。现任科技部"973计划"中医理论研究专项专家组成员、国家自然科学基金评审专家、国家自然科学奖评审专家、中华医学会科技进步奖评审委员会委员、中国针灸学会脑病科学专业委员会副主任委员等职。

志存高远，潜心笃行

1977年3月，赖新生考入福建医科大学中医系医疗专业。其时，国家刚恢复高考，作为一个年轻人，他充满激情。

福建医科大学坐落在风景秀丽的泉州东郊，赖新生自此踏上只争朝夕的求学之路，开启了全新的人生旅途。

每天早上6时，赖新生便从校区跑至洛阳桥，再跑回学校。赖新生相信，"体者，载知识之车而寓道德之舍也"。在他看来，一定要野蛮自己的身体，清洁自己的精神，才能够夯实事业之基，在中医学浩瀚的海洋中潜心笃行。这一习惯，赖新生坚持了数十年。

1980年3月，赖新生以优异的成绩毕业后，调至山东医学院医学系中医教研室工作，并在山东医学院第一附属医院针灸科从事针灸临床，与名医臧郁文教授和张善忱教授结下了深厚的师徒之情。随后，赖新生于1984年考入广州中医学院针灸系攻读硕士学位，1987年攻读博士学位，跟随导师司徒铃从事五脏背腧穴的临床研究。1990年博士毕业后，赖新生师承医学泰斗靳瑞。在靳瑞的指导下，赖新生创立了三针体系，并阐发了"靳三针"学术思想和临

▲ 1987年赖新生（左）与司徒铃（中）在广州中医学院第一附属医院出诊

床应用。

2012年，赖新生被评为全国名老中医药专家，独创了"通督养神，引气归元"的"通元疗法"。这是继岭南"靳三针"学术流派之后的又一新的针灸流派。

赖氏通元疗法改变了一直以来习以为常、沿用不变的取肘膝关节以下的所谓"循经取穴"。由于紧紧把握"脏腑腹背，气相交贯，阴阳内外，神气相通"的至深至简的经络原理，通元疗法极大地提高了针灸临床疗效，也扩大了针灸治病的适应证和疾病谱。通元针法结合应用于内、外、妇、儿科及脑病、过敏性疾病或各种久治不愈的沉疴痼疾，均疗效显著。

例如，通元疗法针药结合治疗不孕不育，包括难治性多囊卵巢综合征、反复人工种植失败及少精症、弱精症等，效果显著，以怀孕生产为临床结局指标，先后出生了300多例"通元宝宝"，圆了众多家庭的幸福梦想。2023年，通元疗法治疗不孕不育项目获得广东省省长基金100万专项资金资助。

针药皆精，屡起沉疴

凭借扎实的中医基础理论功底和守正创新的科学思维，赖新生几十年潜心

▲ 1984年赖新生在广州中医学院攻读硕士

▲ 1984年经络研究室，靳瑞教授（左）与赖新生（右）合影（背后是司徒铃发明的人体电光经穴模型）

于针灸临床，他遵循孙思邈古训"若针而不灸，灸而不针，皆非良医也。……知针知药固是良医"，在临床上擅用针药结合，屡起沉疴。

在临床上，赖新生使用古典针刺补泻手法，得心应手，并在此基础上，提出了第二次得气的理论和"轻巧、准确、快速、无痛"八字诀的赖氏飞针法。他和司徒铃教授共同拟定了天灸贴药的中药和穴位处方，并最早在第一附属医院针灸科开展了三九天贴灸，每年为数以万计的患者服务。

1989年，赖新生作为全国中医界唯一的代表参加了全国第一届变态反应学术会议，并在大会上作"中医方药的抗变态反应作用"主题报告，引起国内外同行的关注。随后，赖新生参编了叶世泰主编的《变态反应学》一书。赖新生率先在国内外开展针刺抗Ⅰ型变态反应的临床和机理研究，作用机制研究已经深入到细胞、分子甚至基因水平，围绕神经—内分泌—免疫网络展开全面的深入研究，如细胞因子、毒性蛋白、黏附因子、肿瘤坏死因子、P物质、血管活性肠肽、转录因子等，并对针灸抗过敏的本质进行了不同角度的阐明。

随着临床研究的深入，赖新生先后开展了针灸治疗老年期痴呆研究，并长期专注于针药结合攻克癫痫、帕金森病等疑难脑病，他自创的通元疗法对此有了新的突破，取得更好的临床疗效。

赖新生是知道感恩的。他理解的"感恩"，便是将老师的品德和医术进一步传承和弘扬，回馈服务于社会。同时，他认为传承中医除了原原本本继承老师的临床经验之外，更需要举一反三，领悟中医原始的辩证思维，凝练升华学术思想，以推陈出新，这就是守正创新。

在师承结业论文"三针疗法的临床应用"的基础上，赖新生编著和出版了第一本《三针疗法》，首次用传统中医针灸理论将三针组方原理及补泻等方面进行了系统整理。此外，他创立了"靳三针"针刺操作技术标准，使"靳三针"的临床操作更加系统化、标准化。2016年出版的《靳三针疗法大全》，使赖新生成为集"靳三针"疗法之大成者。

此后，赖新生倡导成立了首家"靳三针"研究中心，首次开展"靳三针"治疗儿童精神发育迟滞的临床研究，并先后对558例患儿进行临床治疗和观察，临床治疗有效率为79.3%，该方法缓解了国内外以教育训练为主的困境。

▲ 1990年，赖新生讲课

随后，他承担了国家中医药管理局适宜诊疗技术项目"靳三针治疗儿童精神发育迟滞"，并出版 VCD 教材，向全球发行。

在应用颞三针治疗智障儿童的过程中，赖新生发现，"颞三针"对中风患者运动功能障碍和儿童脑瘫有明显的治疗效果，于是，他向靳瑞提出，可以将"颞三针"单独应用于治疗中风，观察其疗效，并得到了靳瑞的首肯。由此，他在国内最早系统运用以"颞三针"为主的针刺处方治疗中风后遗症，临床治疗总有效率达 98.3%，该处方安全有效、针对性强、痊愈率高，可弥补体针和一般头针疗法的不足，是目前公认治疗中风后遗症较好的办法之一。

潜心钻研期深入

赖新生认为，无论治学还是科学研究都应该潜心钻研，长期深入。

赖新生以钱学森等胸怀共和国、心系全人类的老一辈科学家为榜样，在针灸临床治疗疑难疾病和针灸治病机理科研上取得多项重大突破和卓越成就，在弘扬和发展中医事业中，为祖国为民族争得荣光。

2003 年，时任科技部副部长程津培邀请赖新生到科技部建言献策。赖新生直抒己见，他提到，应对邓铁涛五脏相关理论的科学内涵和针灸的经穴特异性研究给予更多关注。此后，这两方面的研究均得到科技部领导和国家中医药管理局的充分肯定和重视，被列入"973 计划"专项招标指南。同时，赖新生被科学部聘为首届和第二届中医基础理论专项专家组成员，主要参与中医重大专项计划招标指南的制定以及项目的跟踪指导。

赖新生还原创性地提出"经穴特异性与脑相关"假说。他首次提出了建立经穴识别模型的脑界定方法，总结影响经穴治疗的效应有五大要素，证明针刺经穴与脑功能区存在一定的靶向激活联系。基于阿尔茨海默病（AD）大鼠、自发性高血压（SHR）大鼠，他揭示了针刺经穴效应的脑功能成像特点，研究了经穴配伍对靶脑区的基因组学、蛋白质组学、神经递质及其调控因素等的影响，初步揭示了其中的枢分子机制。

作为国家级重点学科中医学（一级）建设项目针灸学和广东省重点学科针灸推拿学学科和学术带头人，赖新生在"九五""十五"和"十一五"期间，亲自调查学科渊源、历史和现状，纵横比较本学科在国内外的学术地位，寻找学科的优势和发展前景。他执笔学科发展计划，为学科建设倾注了大量的心血和汗水。

▲ 赖新生为境外学生讲课

　　具体到实践上，赖新生组建了重点学科针灸原理实验室，培养了一大批国内外硕士生、博士生和博士后，他们来自美国、加拿大、法国、新加坡、印度尼西亚、马来西亚等多个国家和中国台湾地区。

湾区院士刘良

用现代科学"雕刻"中医之美

学人小传

刘良（1957—），湖南汉寿人。中国工程院院士，美国国家发明家科学院外籍院士。1977年考入广州中医学院，1990年获博士学位。历任广州中医药大学副校长、中医证候全国重点实验室主任，香港浸会大学中医药学院奠基院长，澳门科技大学校长兼中药质量研究国家重点实验室主任，中医药广东省实验室主任等职。长期致力于集成并整合应用多学科的现代技术解析中医药诊疗原理，研发抗关节炎中药新药。曾任世界卫生组织传统医学项目顾问和专家组主席、国际标准化组织/中医药技术委员会ISO/TC249第一工作组主席、中国免疫学会中医药免疫分会主任委员、世界中医药学会联合会副主席及中医药免疫专业委员会名誉会长、SCI期刊 Phytomedicine 副主编等职。

立中医之志，循中医之法

刘良是1977年恢复高考后的第一届广州中医学院中医本科专业大学生。从本科生，到硕士、博士研究生，刘良在广州中医学院寒窗苦读十一载，之后又前往德国进修深造。在求学过程中，他深深地被中医药学的魅力所折服。

20世纪80年代，刘良跟随导师王建华开展"脾虚证"辨证论治的系列研究，通过对消化性溃疡、慢性胃炎、溃疡性结肠炎等多种消化道疾病进行临床观察，刘良发现上述疾病均可出现类同的"脾虚证"表现，而采用益气健脾方药均能收到"异病同治"之效。研究团队还进一步采用多指标合参研究脾虚证，发现在酸刺激负荷下唾液淀粉酶活性比值下降、胃电结肠电及胃肠运动功能减弱、肠道吸收功能低下、自主神经功能紊乱、细胞免疫功能低下等与"脾虚证"密切相关，故认为不同疾病表现为"同一证候"时，可能具有相同或类同的分子病理变化，这可能是中医学"异病同治"的原理之一。

"脾虚证的系列研究"于2000年获国家科技进步奖二等奖。围绕"脾虚证"开展的系列研究，让刘良感受到中医和西医两种医学体系在治病理论与方法、科学研究上有着很大的不同。

中医学作为一门传统医学学科体系，自秦汉开始，已有两千余年的历史，拥有大量的临床经验，但其防病治病的科学原理仍有许多的未知。如何将传统医学与现代科技相结合，一直是现代中医药传承创新发展所面临的首要问题。刘良认为，探究和阐明中医药与西医药的"不同"和"未知"，是中医药研究的科学意义之所在，也会带来原创性科学新发现和新产品。在中医药的发展中，传统理论不可丢，现代先进科技不可少，只有二者有机结合，方能推进中医药快速发展，并走向世界。

近年，在刘良的带领下，广州中医药大学成功申请设立我国唯一的中医类全国重点实验室——中医证候全国重点实验室，夯实了以辨证论治理论为核心的中医临床诊疗学学术之根。此外，刘良主持创建了中医药广东省实验室，该实验室落户珠海横琴粤澳深度合作区，为广东中医药事业和产业在新质生产力驱动下的高质量发展，以及中医药强省建设搭建了最高端平台。

执现代科技之剑，兴传统中医之学

1992年，为了进一步提升对现代科技的认识、拓宽前沿技术在中药研发领域的潜在应用，刘良被公派到德国汉诺威医学院及马普风湿病与临床免疫研究所学习。

出发前，刘良做足了准备，从广州坐了一天一夜的火车到湖南怀化寻找中药青风藤中的活性成分青藤碱，并带着青藤碱到了德国，说服了德国教授围绕青藤碱开展研究。

自此，刘良开启了逾30年的青藤碱药物研发工作。1996年，他回国后与湖南正清制药集团一道成立了正清风痛宁优化研究全国协作组。刘良任组长，先后成功研发了正清风痛宁缓释片、普通片和注射剂系列产品。这些产品现已成为我国治疗类风湿关节炎（类风关）等风湿病的主导性中成药，已在全国31个省（区、市）近4000家医院广泛应用，为无数类风关患者，特别是无法耐受西药副作用和贫困地区患者（每疗程三个月仅800余元）带来了治疗机会。

刘良研究团队还首次发现了青藤碱能选择性抑制前列腺素 E2 终极合成酶-1（mPGES-1）而产生抗关节炎和骨保护作用，填补了抑制 mPGES-1 抗炎药物的国际空白。mPGES-1 是国际研究热点，抑制该酶能产生与非甾体消炎药的相同治疗效应，并可避免诱发心血管不良事件等副作用，但迄今尚无药物面世。青藤碱抗炎新机制的发现，为进一步开发安全有效的抗炎药物提供了理论基础。诺贝尔奖得主 Erwin Neher 教授在生物物理与创新技术引领医学未来研讨会上评价：青藤碱制剂应用前景一片光明。

临床研究表明，正清风痛宁治疗类风关的疗效与西药氨甲蝶呤相当，但副作用小，长程用药患者的耐受性好，并能取代来氟米特与氨甲蝶呤联合用药而增强对难治性类风关的疗效。

正清风痛宁系列产品共获得5项国家标准、2个新药证书和5个药品生产批件，其缓释片更是我国首个中药缓释剂，也是迄今唯一被纳入国家基本药物目录的中药单体化合物抗风湿药。2012年，以刘良为第一完成人的"抗关节炎中药制剂质量控制与药效评价方法的创新及产品研发"项目荣获国家科技进步奖二等奖。这是抗关节炎药物研究领域的第一个国家级奖励。

破现代技术之瓶颈，扬中医药诊疗之风采

医学发展与科学技术的突破密不可分，紧跟前沿，开发原创性技术，方可破解疾病诊疗等临床难题。

40多年来，刘良一直坚守在临床一线，应用传统中医药为无数的风湿病

患者解除疾苦。他深知对于类风关这一类世界性顽疾来说，实现早期诊断和精准诊断，是进一步增进药物疗效、提高临床缓解率的关键。

于是，刘良带领研究团队针对具有风湿病早期诊断意义的低丰度IgG酸性N-糖链难检测这一世界难题进行攻关，经过十余年的努力，成功研制出世界上第一块高效、快速、特异性在线富集IgG酸性N-糖链的TiO2-PGC芯片，检测灵敏度较以往检测方法提高了逾1000倍，迄今仍是全球最灵敏的定量糖组学技术。基于该技术的突破，研究团队建立了多种风湿病分子诊断新方法，解决了类风湿因子和抗环瓜氨酸肽抗体阴性类风关患者难确诊，以及多种风湿病鉴别诊断困难的临床突出问题。

应用该芯片技术，刘良发现了类风关患者的特异性血清生物标志物，使类风关血清诊断准确率由以往的70%提高至95%；亦发现了IgG糖基化N-糖链谱在类风关热证与寒证患者中差异显著，这为中医临床的客观辨证提供了微观生物标志物。还首次发现了其他常见风湿病如系统性红斑狼疮、强直性脊柱炎新的特异性血清生物标志物。这些研究成果获世界风湿病权威期刊 *Nat Rev Rheum* 发布"研究亮点"专题报道，其认为新发现的血清生物标志物应用前景广阔，能显著提高风湿病的鉴别诊断和早期诊断水平。

▲ 刘良（右）指导学生开展科学研究

此外，刘良还采用 SD 大鼠取代 Lewis 大鼠成功制作佐剂性关节炎模型，使实验成本降低 80%，也克服了我国长期依赖进口 Lewis 大鼠制作关节炎模型的难题；首次制作了世界首个 Cys46A 基因点突变小鼠模式动物，发现中药活性小分子的抗炎作用新靶位；建立了世界上首个大鼠肠道基因集，为深入挖掘人类疾病与肠道菌群的因果关联及创制新药提供了崭新的技术平台。

刘良强调，先进科技需与中医药发展紧密相联，尤其是要加大力度集成应用多元前沿技术，解读中医药原理，突破中医药科技创新和高质量产业发展瓶颈，方能开辟中医药创新发展的新赛道，同时防范因国际局势变化而带来的"卡技术"和"卡药品"风险，充分保障国人健康。

2022 年，刘良入选全球顶尖科学家排名榜单。在长期的粤港澳工作过程中，他助推三地高等教育和创新科技的发展与紧密合作，同时肩负着世界卫生组织和国际标准化组织的重要职务，为传统中医药的现代化、标准化和国际化，维护和提高中国在世界传统医学领域的话语权和主导权作出了显著贡献。

不忘科学报国初心，恪守科学研究"三求"原则

作为 1977 级大学生，刘良用青春年华和才智参与国家的改革开放，也见证了改革开放的发展过程。正是改革开放的大潮，带给了这些大学生们到世界看看的强大信念。

1992 年，刘良前往德国汉诺威医学院及马普风湿病与临床免疫研究所学习，后续又到美国访学，他获得了多个可以留在国外先进的研究团队工作的机会，但他始终心系祖国，不忘科技报国的初心，一一拒绝了这些别人梦寐以求的工作机会，义无反顾地回到了母校，想要为母校的发展尽一份自己的力量。在刘良和广州中医药大学领导与老师们的共同努力下，大学的中医药科技水平在 20 世纪 90 年代得到了快速的发展，先后获得了多个国家科技进步奖。

追求真理、严谨治学的求实精神是新时代中国科学家精神的基本要义。在 40 多年的中医药研究实践中，刘良始终恪守科学研究求真、求是、求实的"三求"原则，成为中医药领域弘扬科学家精神的典范。求真，是指科研人员必须具备追求真实知识和实事求是的态度，进而获取客观的、可重复的事实和数据，而不是个人偏见或主观臆断；求是，是指科研人员应尽力寻求正确的和准确的结论，摒弃个人偏见、误导和不实之词，要注重论证的严密性和实证的可靠性，避免片面或错误的结论；求实，是要求科研人员必须注重实践操作和实证验证，

通过数据和实际结果来验证科学假设、理论及其应用价值。

作为科学研究"三求"原则的实践者和弘扬者，刘良对中医药现代化发展也有诸多思考。中医药是一门复杂科学，研究起来要比西药、西医更复杂；中西医又有很大不同，正确认识中医药及中医药科技发展具有重要意义。而"三求"原则恰恰为中医药科技的发展提供了指引。不能因为中西医不同，就认为中医无效或者"不科学"。在"三求"原则的指引下，他和研究团队获得了多项国际首创的研究成果。

刘良认为不管中医西医，治病的最后落脚点都是共同的生物体——人体，所以它们有着共同的生物学基础。中医药治疗只要是有效的和安全的，必有其内在的生物学基础和生命科学原理，并可整合应用多学科的先进技术与方法加以揭示。

针对中医药临床诊疗和研究特征，结合现代医学知识，刘良提出了个体化随机对照药物临床试验的新模式，强调要以科学的语言与证据明确中医药的特色与优势。这一学术观点于2011年在世界著名学术期刊《自然》（增刊）发表。

中医药是中华民族优秀文化的瑰宝。刘良认为，中医药科学研究要紧贴重大疾病"防诊治—防复发"的临床需求，突出中医药诊疗优势，集成应用多学

▲ 刘良（左）为学生讲授中医临证技巧

科的前沿技术与方法，牢牢把握三个关键字开展融合创新研究。一是聚焦"强"字发力，具备解决中医药科技创新和高质量产业发展的关键科学问题和源头技术创新的能力；二是瞄准"高"字登攀，开拓学术和技术的世界引领性；三是紧扣"新"字攻关，创造重大疾病"防诊治—防复发"的新理论以丰富医学思想与方法，同时创造疾病诊治新方法、新药物和新方案，使中医药为世界医学发展和人类健康福祉进步作出更大的贡献。

参考文献

PAN H, GUP R, ZHU J, et al. A gene catalogue of the Sprague-Dawley rat gut metagenome. Gigascience, 2018, 7(5): 55.

WANG J R, GAIW N, GROMM R, et al. A method to identify trace sulfated IgG N-glycans as biomarkers for rheumatoid arthritis. Nature Communications, 2017, 8(1): 631.

ZHOU H, LIU J X, LUO J F, et al. Suppressing mPGES-1 expression by sinomenine ameliorates inflammation and arthritis. Biochemical Pharmacology, 2017, 142: 133-144.

ZOU B, ZHANG Y, LI T, et al. A mutation of cysteine 46 in IKK-β promotes mPGES-1 and caveolin-1 expression to exacerbate osteoclast differentiation and osteolysis. Biochemical Pharmacology, 2020, 172: 113762.

"中医女杰"罗颂平

精研岐黄之术，推动罗氏妇科流派走向世界

学人小传

罗颂平（1957—），广东南海人。全国名中医，岐黄学者，享受国务院政府特殊津贴。出身中医世家，1980年考入广州中医学院。任广州中医药大学第一附属医院岭南妇科病研究所所长、国家重点学科中医妇科学学科带头人，岭南罗氏妇科流派工作室负责人，全国中医妇科联盟首席专家等职。专注于生殖健康与生殖障碍的中医药研究，获中国百名杰出青年中医金奖、全国百名杰出女中医师、广东省名中医、全国医德标兵、羊城好医生、中国最美女医师等荣誉。

初心矢志入杏林

罗颂平出身于中医世家。祖父罗棣华早年是晚清儒生,后以儒通医,从家乡西樵山来到广州的洪德路行医,擅长于温病与妇人病,有妇科验方留存;父亲罗元恺幼承庭训,毕业于广东中医药专门学校,并于 1950 年担任校长,1977 年成为新中国第一位中医教授。

罗颂平受父亲影响很深。父亲下乡巡回医疗时,有些外地的病人便到罗颂平家中等候,平日也常有学生上门请教学术问题,因此父亲总是非常忙碌。长期耳濡目染之下,罗颂平既感受到中医药的博大精深,又体会到医者仁心的大爱情怀。

1980 年,罗颂平考取了广州中医学院中医妇科学硕士研究生,并前往北京中医学院学习。硕士研究生期间,罗颂平从《黄帝内经》"天人相应"理论得到启发,研究月经周期调节与月相的关系。该研究对北京、广州两地 922 名女大学生的月经情况开展调查,发现月经周期的终始在时间的分布上有一定规律,月经节律与朔望月周期呈现同步效应;对节律调节的重要物质——褪黑素(melatonin)进行周期性测定时,发现位于大脑第三脑室的松果体所分泌的

▲ 罗颂平(左)与父亲罗元恺(中)、师姐张玉珍(右)

褪黑素既具有昼低夜高的日节律，在女性身上还具有与月经周期相一致的月节律；针对月经不调、闭经等妇科病症，发现根据月经周期与月相的关系，以及月经周期中阴阳气血的消长变化规律，进行因时施治能取得较好疗效。罗颂平的论文得到了专家高度评价，并先后发表在1984年12月《上海中医药杂志》、1986年1月瑞典杂志 *Acta Obstetrics & Gynecology Scandinavica*，该研究也获得了1987年国家中医药管理局中医药科技成果乙等奖。

1988年，罗颂平到芝加哥做访问学者，在其导师、著名生殖免疫学专家Alan Beer教授的指导下进行封闭性抗体的研究，比较不同检测方法的敏感性，以准确评价治疗效果。回国后，罗颂平根据中医证候特点和中药药理研究，首次提出以补肾健脾中药复方改善妊娠免疫调节的设想，申报国家中医药管理局的项目并获立项，开展对免疫性自然流产的中医研究，阐释中医药在生殖免疫调节方面的作用机理。1997年，"免疫性自然流产与免疫性不孕的中医治疗"获广东省科技进步奖二等奖。2001年10月，她再次获得教育部重点项目资助，到美国耶鲁大学做高级访问学者。在耶鲁大学医学院生殖药理学Harold Behrman教授的实验室，罗颂平以单味中药菟丝子、附子做促进小鼠卵泡发育的体外研究，取得了有意义的结果。两次出国研修，让罗颂平开阔了视野，致

▲ 罗颂平（右）在美国芝加哥医学院研修时与Alan Beer教授（中）合影

力于将国际前沿技术与中医药研究深度融合，为中医药研究提供了新思路。

坚守初心耀岐黄

罗颂平长期专注于生殖健康与生殖障碍的中医药研究。她继续深入研究父亲罗元恺提出的"肾—天癸—冲任—子宫生殖轴"理论，从太极阴阳论女性生殖节律，并将国医大师邓铁涛教授提出的"五脏相关理论"与罗元恺提出的中医生殖轴理论结合起来研究，提出内科疾病"穷必及肾"则可能影响生殖轴，主张"预培其损"来预防各科慢病所导致的生殖障碍，凝练成"岭南罗氏妇科诊法"，成为第七批广东省非物质文化遗产传统医药代表性项目。在此基础上建立的罗氏妇科补肾法助孕安胎理论体系，经专家鉴定研究水平达国际先进水平，研究成果已写入相关的国家级教材和专著。

历经百年，罗氏妇科形成了系列补肾安胎中药制剂。20世纪60年代，罗元恺为解决当时在工农业第一线的患者无法每天煎药的困境，创制"补肾固冲丸"，这也是"滋肾育胎丸"的原型。滋肾育胎丸是1982年上市的首个安胎中成药，主要发挥补肾健脾、滋养天癸、调理冲任的功效，获评卫生部重大科研成果，罗颂平也参与其中的早期研发工作。

罗颂平始终坚持守正创新、与时俱进。针对21世纪高龄生育的趋势，她注重中西医融合，提出补肾中药治疗生殖障碍前移，并认为"高龄生育的女性往往卵巢储备不足，在中医看来则主要是元阴不足，而元阴元阳是生命的根本，脾肾与生殖问题息息相关"，因此尤其注重脾肾并重、保存元阴，创制补肾与健脾并重的"助孕丸"并应用临床32年，该药被遴选为2023年广东省医疗机构制剂"岭南名方"品种（全省仅三项，中医妇科唯一）。她还根据岭南地域特点，提出"岭南四季膏方"的配方与制备特色，在调经、助孕、安胎、消癥等方面取得良好疗效，为患者带来福音。

为广大女性谋福祉

广州中医药大学附属第一医院妇科因其优异的临床疗效而美名远扬，这与几代中医人薪火接力是分不开的。罗颂平担任科室主任20余载，带领团队从1个妇科病区发展为3个妇科病区、2个产科病区，并拥有生殖医学科、新生儿科、儿科、新生儿重症监护病房，共307张床位的妇儿中心，成为国家临床重点专科、国家区域中医妇科诊疗中心。如今，妇产科年均门诊量达30万人次，住院6000人次，辐射基层69家医院。她还牵头制定《反复妊娠丢失中西医结合诊疗指南》等国家行业指南4部，核心参与国家标准修订4项、临床路径1个，并于中华中医药学会立项团体辨证规范1个，规范中医药妇科诊疗，建立了完整的"调经—助孕—安胎—产后"临床服务体系，并获得广东省科技进步奖一等奖、中国中西医结合学会科技进步奖一等奖，达到国际先进、国内领先水平，诊疗水平全国领先。

仁心仁术，不忘初心。从医40余年来，罗颂平坚持以患者为先，为广大生殖障碍女性排忧解难。在她的诊室，常有从省外、国外慕名而来无法挂号的患者，无论工作多繁忙，她总会耐心细心安抚患者，让她们舒心满意。她还坚持在个人公众号发表科普推文、专科学术推介，向广大群众普及健康知识，已发表近600篇推文。

坚持医教研并重

作为首届全国中医药高等学校教学名师，罗颂平亦是国家一流课程和国家级教学团队负责人、教育部中医学教学指导委员会"中医妇科学"课程联盟理事长。多年来，她坚持"医教研并重"，积极进行中医教学研究与中医临床课程改革，被教育部评为"全国模范教师"。

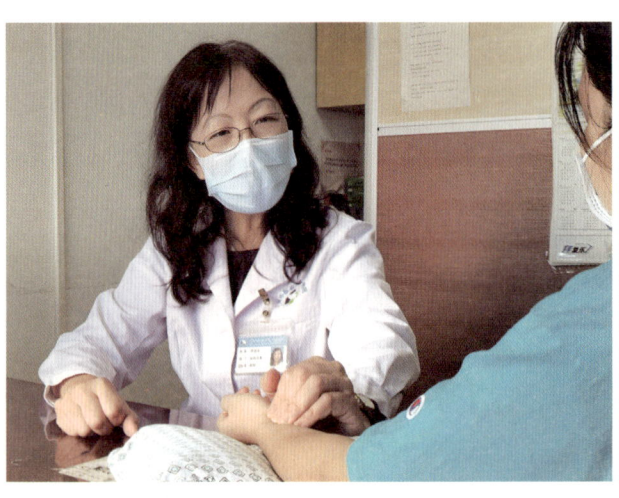

▲ 罗颂平门诊坐诊　　　　　　　　　　　▲ 罗颂平给本科生授课

罗颂平主编《中华医学百科全书—中医妇科学》《广府罗氏妇科世家》等专著11部，《全国中医妇科流派研究》获中华中医药学会学术著作一等奖（2015），主编国家级"十二五""十三五"规划教材《中医妇科学》，主编的中医住培教材获优秀教材奖；建设国家级精品课程和国家级精品资源共享课，开设特色课程3门并主编特色教材、案例版教材、研究生教材等6部，获省级教学成果2项。她所领导的科室接连拿下了国家重点学科、国家精品课程、国家级教学团队、国家临床重点专科4个国字号，建设中医妇科学及其线上课程"女人一生的康与病"成为国家级一流本科课程，并指导青年教师获得省级教学课题4项，获得国家级和省部级教学比赛一等奖4项、二等奖3项。

如今，罗颂平的学生分布在全国及美国、加拿大、印度尼西亚等多个国家，培养2名研究生获得全国岐黄杯博士论文比赛一等奖，国家级青年人才1名，青年岐黄学者1名和省级人才3名，源源不断为世界中医妇科学发展输送人才力量。

推动中医文化走向世界

随着国家中医药国际发展的推进，罗颂平及其团队积极响应号召，推广中医药文化，弘扬文化自信，打造"岭南罗氏妇科"中医特色品牌效应。

他们依托全国中医妇科联盟、粤港澳中医妇科学高校联盟及国家区域诊疗中心，全国名中医传承工作室及分工作站，在国内推广应用单位70余家；建立岭南罗氏妇科流派分工作站12个，包括广东、青海、香港等地，并建立首个中医妇科海外工作站"北美罗氏妇科传承工作站"，同时在岐黄网开设"岭南罗氏妇科论坛"，在美国中医药论坛、美中中西医结合治疗专题研讨会、中美国际生殖免疫学高峰论坛等国际论坛开展系列线上讲座，向全世界讲中医好故事。

一生"针"缘许能贵

彰显国粹精华，勇攀学术高峰

学人小传

许能贵（1964—），安徽来安人。二级教授，"973计划"项目首席科学家，岐黄学者，国家重点研发计划项目负责人（中医药现代化研究专项），享受国务院政府特殊津贴。历任广州中医药大学科技处处长、副校长、国家重点学科一级学科中医学学科带头人，现任广州中医药研究院常务副院长、广东省中医针灸重点实验室华南针灸研究中心主任、广州中医药大学一级学科针灸学学科带头人，兼任国务院学位委员会第八届中医学科评议组成员及秘书长，教育部第八届科学技术委员会学部委员，世界针灸学会联合会科学技术工作委员会主任委员，中国针灸学会名誉副会长，广东省针灸学会副会长。长期致力于针灸效应规律及其机理研究，获国家百千万人才工程"有突出贡献中青年专家"、全国"百名杰出青年中医"、全国优秀科技工作者、广东省"百名南粤杰出人才"培养工程培养对象、广东省"南粤创新奖"、广东省医学领军人才、广东省劳动模范等荣誉。

与"针"结缘,爱"针"永远

小时候,许能贵和小伙伴抓泥鳅、逮黄鳝,在田地里光着身子跑。安徽农村蚊子多,一不留神许能贵就染上了疟疾。好在村里的赤脚医生懂针灸,一根针一把草,许能贵的疟疾被治好了。许能贵当时认为"这东西太神奇,不用吃药,几针下去人也不难受了",这就是针灸和许能贵的初次之交。

凭借着能吃苦、不服输的劲儿,许能贵一路猛学,1983年考入安徽中医学院学习针灸。针灸专业当年是全国首次招生,全年级150多人,许能贵的成绩基本上是前三名左右。那个时候许能贵也没什么特别的爱好,就是学习,就是拼命。在求学期间,《黄帝内经·灵枢》经脉篇中的12经脉的循行原文,许能贵可以倒背如流,默写一个字也没错。他就这样一路认准了中医,一路往针灸的路上钻。

1988年,许能贵考上安徽中医学院针灸专业的研究生。硕士毕业后,表现出众的许能贵被留在了该校的针灸经络研究所。5年时间,他成为该校第一个得到国家自然科学基金资助的人,并被任命为研究所最年轻的副所长,还被破格晋升为全校最年轻的副教授。但这位深深爱上针灸的农村娃没有止步,

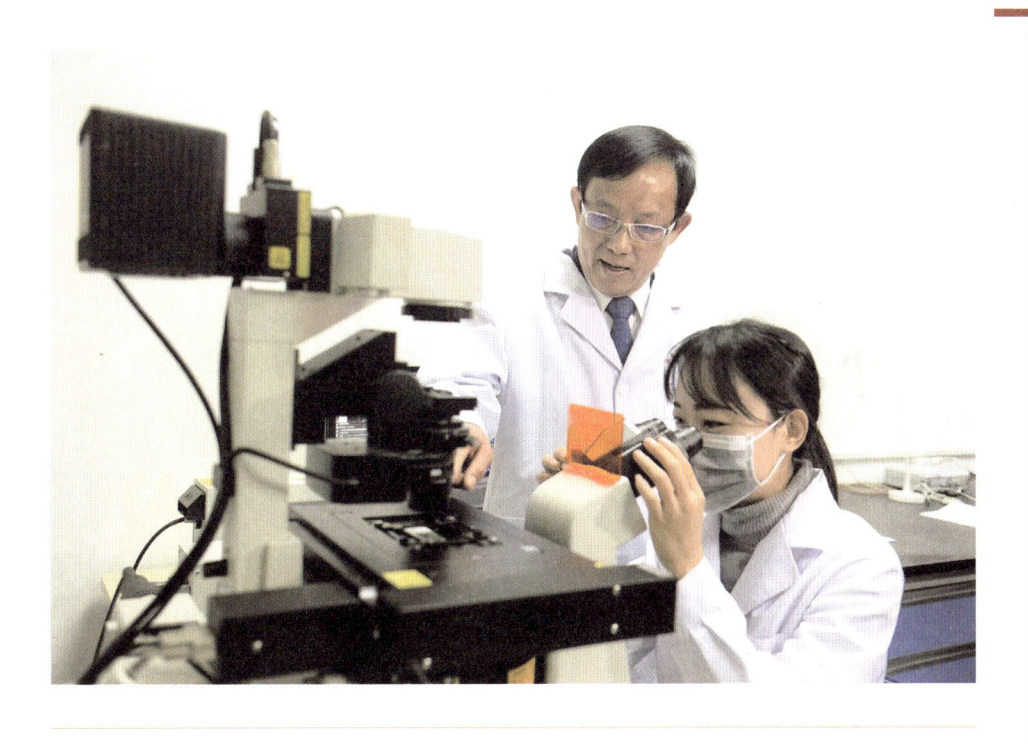

▲ 许能贵(左)指导学生开展实验

1998年，他考入广州中医药大学，开始攻读针灸推拿学专业博士学位。许能贵认为"岭南文化根基深厚，中医药的发展舞台大、平台广、水平高，在广东从事中医药事业大有可为"。博士还未毕业，许能贵就放弃原单位的优厚待遇和事业基础，舍弃了合肥的房改房，谢绝同事的劝阻，举家迁到了广州。

2001年，许能贵如愿调进广州中医药大学，成为学校一名普通的科研人员。多年来，他主持研究10多项国家级、省部级重点科研项目。2010年，许能贵被科技部聘为国家重点基础研究发展计划（"973计划"）"经脉体表特异性联系的生物学机制及针刺手法量效关系的研究"项目的首席科学家。同年，许能贵被推荐为广州中医药大学副校长，在分管广州中医药大学的外事工作时，努力促进中医药在全球的传播，推动广州中医药大学成为中医药领域规模最大的留学目的地高等院校，使学校连续4年成为招收港澳学生最多的中医药大学，并积极推进与"一带一路"沿线国家的合作，促进中医药文化在"一带一路"沿线国家的传播。2012年11月16日《医药经济报》以《许能贵：照亮"中国符号"》为题，进行特别报道。

深耕平台建设，引领学科发展

在广州中医药大学"双一流"建设和高水平大学建设的大力支持下，2015年11月，许能贵牵头创建了广东省中医针灸重点实验室——华南针灸研究中心，中心总面积约为6000平方米，总投资近1亿元人民币，共建成SPF级动物实验室等17个实验功能区和1个临床研究方法学实验室。以此为依托，国际上首个灵长类动物针灸电生理实验室同时建立，在国际上率先开展急性麻醉及慢性清醒状态下的针灸电生理学研究，是国内一流的针灸神经生物学实验室。

兼任中心主任的许能贵一直用心经营这一科研平台，在他的带领下，中心逐渐形成了临床与基础相结合、科研与转化相结合、结构与功能相结合、大动物与小动物相结合4个优势与特色。

近五年，中心科研硕果累累。一是科学阐明针刺治疗中风病后遗症的神经生物机制。许能贵等人首次发现并阐释了M1-PBN-NTS神经环路在针刺廉泉穴治疗中风后吞咽障碍中的关键作用。这一成果发表于 Nature Communications，也是我国中医针刺研究领域首篇发表在该国际权威学术期刊的论文。二是基于针刺研究整合证据链的构建，创立针刺疗法评价的科学范式。许能贵等人应用循证医学评价和人工智能分析方法，构建目前最全的针刺

▲ 华南针灸研究中心科研团队人员合影

临床证据矩阵，创建了基于临床证据体的针刺疾病图谱，厘清针刺有效病种与潜力病种。该成果发表于临床研究领域全球四大顶级医学期刊之一的BMJ。成果见刊后，美国《时代周刊》（TIME）发表专文 Why Acupuncture Is Going Mainstream in Medicine 直接引用和报道了该研究观点，指出对临床应用来说，推广针灸最重要的就是要有高质量的临床证据。三是针刺为药物成瘾提供了行之有效的"中国方案"。开展针刺干预美沙酮减量的随机对照试验。研究表明，在接受了"靳三针"规范治疗后，受治者使用美沙酮维持剂量和阿片类药物渴求显著降低。该成果发表于 Annals of Internal Medicine。四是首创针灸影像学，引领针灸在多学科交叉领域的纵深发展。许能贵等人首次明确定义针灸影像学，运用医学影像学多模态显像技术，结合神经解剖、神经生理病理等多学科知识，定性定量地研究经络现象的生理学基础、针刺疗效的效应机制等，创建了针灸影像学，并作为第一主编出版了国内外第一部专著《针灸影像学》。

创新针灸研究，守正医道人生

中风病以其高发病率、高复发率、高致残率和高死亡率已成为严重威胁人类健康的"重要杀手"。许能贵等从缺血性中风入手，辨章学术，考镜源流，系统深入地梳理总结针刺治疗该病的中医历代文献和医家经验，创造性地提出"奇经—脑脉"理论，并以此理论为指导，以督脉为主体取穴，创立"通督调神针刺法"，构建了缺血性中风偏瘫临床分期针刺治疗方案。经国内外多中心、大样本循证医学研究证实，该方案使缺血性中风残障率由国际上平均的 40% 下降至 17.9%。该方案在广东、天津、安徽等地的 15 家三级甲等医院得到应用，方案实施期间，受益患者达 23300 例/年，获直接、间接效益约 14.68 亿多元。同时为了科学阐明针刺取效的机制，许能贵等人研究发现"针刺可改善缺血性中风大鼠的脑组织血供"及"督脉百会、大椎穴配伍应用疗效尤为显著"的现象，科学阐明了针刺百会、大椎治疗缺血性中风的神经生物学机制，率先将激光共聚焦显微镜活体脑片检测技术和在体 LTP 技术引入到针刺研究中，总体技术属于国际领先水平。

基于此，2020 年 1 月 10 日，在国家科学技术奖励大会上，许能贵带领团队研发的"针刺治疗缺血性中风的理论创新与临床应用"学术成果获得 2019 年度国家科学技术进步奖二等奖。这个成绩对于许能贵和广州中医药大学来说，显得弥足珍贵。这是广州中医药大学多年来的首个国家科学技术进步奖二等奖，也是建校以来的首个针灸方向的国家科学技术进步奖二等奖，对广州中医药大学的"双一流"建设和高水平大学建设的意义重大。

▲ 许能贵（左二）率队在北京人民大会堂领奖合影

"最美逆行者"张忠德

行医如同行善，践行大医精诚

学人小传

张忠德（1964—），全国名中医，岐黄学者。1983年考入广州中医学院，毕业后被分配到广东省中医院工作。现任广州中医药大学党委常委、副校长，广东省中医院院长、党委副书记，国家中医药管理局重点学科中医急诊学学术带头人。曾获全国优秀共产党员、全国抗击新冠肺炎疫情先进个人、全国卫生健康系统新冠肺炎疫情防控工作先进个人、最美医生、中国医师奖、第八届全国道德模范提名奖、南粤突出贡献奖、广东最美科技工作者、南粤楷模等荣誉。领衔的"中西医结合急诊内科学教师团队"入选第三批全国高校黄大年式教师团队。

精诚医道济百姓

1983年，张忠德在机缘巧合之下，考入广州中医学院中医系。他刻苦钻研，勤于思考，利用课外时间，反复阅读中医经典，读书期间还经常给亲朋好友看病。有一次暑假回家，正好来了一位患急性肾小球肾炎的亲戚，曾在多家医院就诊却仍反复出现小便频数、有灼热感、心烦急躁、口苦、腹部胀满等症状，张忠德便为其开了几剂中药，服药第三天基本痊愈。在一次次临床实践中，张忠德感受到中医的疗效，认识到中医辨证论治在临床中的优势，这使他更加坚定学中医的信念。

1988年，张忠德毕业后被分配到广东省中医院工作，同年拜于广东省第一批名老中医甄梦初老先生门下。每当甄梦初出诊，张忠德就在甄梦初旁边抄方，甄梦初边看病，边给他讲解药性、医理、历代经典及各家学术观点。1989年，甄梦初病倒在诊室，其住院治疗期间，张忠德几乎每天下班后就去病房陪甄梦初。甄梦初虽然身体不适，但仍每天坚持给张忠德讲解中医临证要点、探讨疑难杂症辨治。张忠德在跟随甄梦初学习期间耳濡目染，在辨证候、立治法、选方药等方面反复实践，逐渐领悟了甄梦初学术理论的精义和经验技术的窍门。

▲ 甄梦初（前排左二）、张忠德（后排右一）与同道

师友砥砺，教学相长，甄梦初逝世后，张忠德仍保留着甄梦初的一批亲笔遗作，反复学习研究，将甄氏医学很好地延续和发展了下来。

为了不断提升中医临床能力，2004年，张忠德师从国医大师晁恩祥，脱产跟师抄方学习一年，反复学习中医经典医籍。每当晁恩祥出诊，张忠德就一早来到诊室，坐在晁恩祥旁边，边抄方边总结，不仅掌握了晁恩祥的"治痰十法""治肺八法""相反相成法"等，还将其应用范围扩展到小儿咳喘、胃痞病、更年期综合征、失眠等疾病的诊治。

张忠德既秉家传，又经师授，在长期临床实践中，不断进行完善和创新，逐渐形成了具有特色的学术理论和诊疗经验。他首次提出"平调五脏论"——"平调五脏之阴阳、固本培元为中轴"的病因病机理论及中医治疗方案，尤其在久咳、久喘等防治方面有独特见解。针对疑难杂症辨治，他强调病证索源，审证务求其本。他善用岭南道地药材，用药不求名贵，常以寻常之药救治疑难沉疴，减轻患者负担，并降低住院率，提高生存质量，年平均诊治病人数在中医内科名列前茅，深受病人信赖。

发扬中医抗疫智慧

张忠德自1988年起深耕呼吸系统疾病、新发突发传染病及疑难杂病的诊治，先后参与"非典"、甲流、登革热和新冠疫情防控工作，舍生忘死，勇于担当。

2003年春天，一场不明原因的非典型肺炎在广州暴发，广东省中医院打响广州地区抗击"非典"第一枪，时任广东省中医院二沙岛医院急诊科主任的张忠德义无反顾地与科室护士长叶欣冲锋在前。一场接一场的抢救，让狡猾的"非典"病毒悄悄侵入张忠德和叶欣已非常疲倦虚弱的身体，直到被确诊感染"非典"倒下时，他们还在关心患者的治疗情况。不幸的是，叶欣护士长的病情越来越重，最后因抢救无效牺牲。同样作为"非典"患者的张忠德也病情严重，昼夜剧烈咳嗽、难以呼吸，每天在死亡线上挣扎。

2020年，新冠疫情发生后，张忠德先后14次逆行出征，赶赴多地前线支援临床救治和指导疫情防控工作，运用中医、中西医协同治疗方案治疗新冠患者，取得显著的临床效果。2020年1月24日除夕，他临危受命，赴武汉一线连续奋战73天，接管5个病区，精准打出中西医"组合拳"，推动中医药走上全国抗疫主战场，并遵循中医"三因制宜"原则，在多场新冠治疗方案讨论

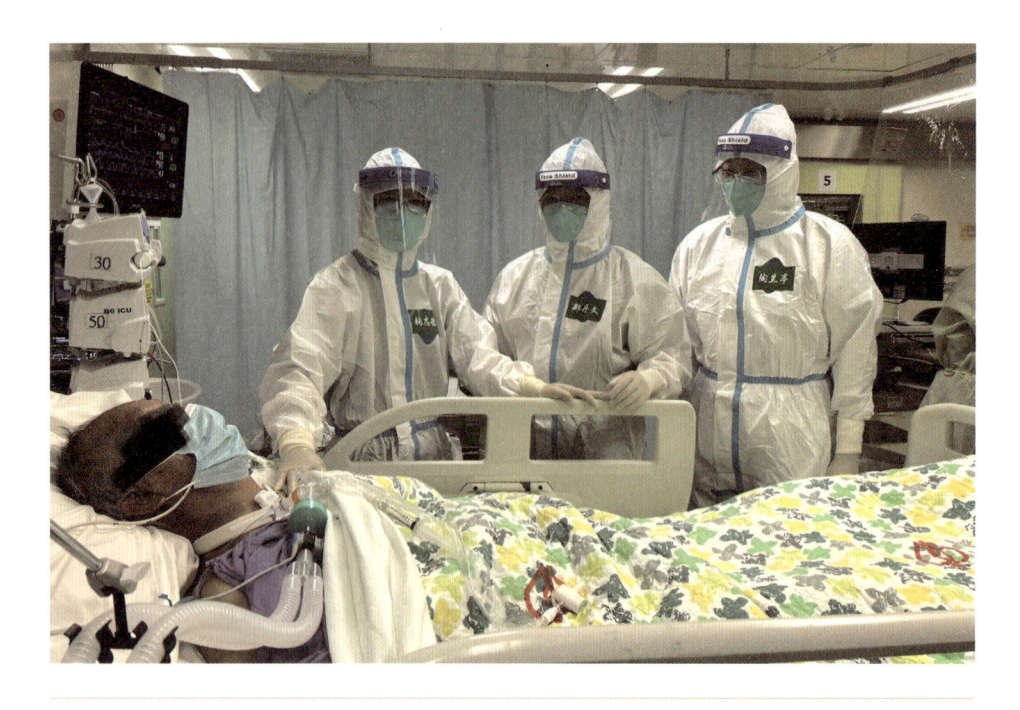

▲ 张忠德（右三）诊治香港新冠感染患者

过程中提出结合区域特点的中医治疗原则。作为中央援港抗疫中医专家组副组长，张忠德带领医疗队300多人赴港，实现中医首次进入香港隔离"红区"，中西医共同组建队伍，大幅度提高了中医药使用率，提升了中医治疗率以及实施一人一方、一人一策的群体辨证模式等突破。

践行大医精诚理念

张忠德擅长救治疑难杂症、急危重症，无畏生死、敬畏生命，始终把病人的生命放在最重要的位置，不仅以精湛医术帮助患者解除病痛折磨，还用幽默的言语和灿烂的笑容温暖着每一个病人，被患者亲切唤作"德叔"。为方便异地患者，张忠德30多年来坚持提前1小时开诊，门诊挂号常常从30个加到60甚至70个，遇上贫病患者他便悄悄垫上药费。从医36载，他深受患者爱戴，收到的感谢信达数千封。

张忠德有一个习惯，无论走到哪儿都会带上处方纸，随时随地能给患者看病开方。他经常牺牲自己休息的时间，加班加点给因病情需要而加号的病人看病，耐心倾听每一位患者的讲述，尽量满足患者要求，不厌其烦为他们排忧解难。某个炎热的夏天，有位来自江苏的老爷爷带着孙子到广州找张忠德看病，张忠德虽因抢救病人，几乎一晚上都没合上眼睛，但他从头到尾详细询问病史、跟老爷爷解释病情，告诉老爷爷平时如何预防、如何调理等。当遇到异地病人做检查需要预约时，张忠德会亲自给相关科室打电话沟通，尽早安排做检查；有些病人出门忘记带钱，他就会先帮病人垫付药费……

张忠德总说，医生最大的价值不是救了多少病人、有多少奖励和荣誉，而是把病人从死亡线上救回来。"那一种生命迎来重生的光芒，你看了以后，就会觉得再辛苦也是值得的！"

坚定中医药自信

张忠德坚持投入实际行动，积极推进中医药科研和创新，推动传统中医药和现代科学相结合、相促进，为人民群众提供更加优质的健康服务。在抗击"非典"中，张忠德积极开展临床一线救治工作，"中西医结合治疗非典型肺炎的临床研究"成果获教育部科学技术进步奖二等奖；甲型流感、禽流感、登革热、寨卡等传染病流行期间，张忠德作为负责人制订了《中医内科临床诊疗指南登

▲张忠德门诊带教

革热》等，开辟了首个中医隔离病区，运用中药治疗这些传染病取得了较好疗效。新冠疫情发生后，张忠德创新求索，紧密结合临床需求，优化救治方案，研发治病良药，带领团队制定柴胡解毒方和扶正救肺方联合治疗方案，降低新冠重症患者死亡风险（与常规方案比较，28天死亡率从21%下降到5%），被国家中医药管理局作为重大抗疫成果进行发布。同时在全国率先提出重症和危重症中西医预警指标，创新"扶正解毒"重大疫病救治理论，参与制定国家《新型冠状病毒感染的肺炎诊疗方案》（试行第三至第十版）、《重症新型冠状病毒肺炎防治诊疗方案》等，研发"扶正解毒颗粒""健儿解毒颗粒""银翘透邪解毒颗粒"并实现成果转化，使中医药防治重大疫病疗效得到广泛认可，为全国乃至世界抗疫贡献了"中医方案"。

"不是在战'疫'，就是在战'疫'的路上。"这是新冠疫情发生后大家对张忠德的第一印象，但其实他的步伐不止于此。为了让更多人懂得运用中医药维护健康，张忠德在繁忙的医疗工作中仍热心于中医药文化科普宣传，传播科学的中医药健康理念，坚持编写原创科普推文，如《德叔医古》《一证一解》《疑难杂症》等5个健康科普专栏。

中医药文化是中华传统文化的精华，是中华民族哲学智慧、独特健康理念及其实践经验的结晶。如今，包括广东工业大学、广东开放大学、广东实验中学、广州大学附属中学、朝天小学、文德路小学等在内的各级学府，或邀请张忠德讲思政课，或成立"忠德中队"，或邀聘其为校外辅导员，张忠德借此机会把党的故事、榜样的力量以及中医药文化带进大中小学校园，带到青少年身边，推动树立中华民族文化自觉和文化自信，为提升国民人文素质、文化修养和道德水平作贡献。

"中医市长"梁剑波

诗书金石称三绝,更钦声价重医林

学人小传

梁剑波(1920—2003),字宇澄,广东肇庆人。第一批全国老中医药专家学术经验继承工作指导老师,广东省名老中医,享受国务院政府特殊津贴。出身中医世家,1957年到广东省中医进修学校学习。曾任肇庆地区中医院院长,肇庆科技学校校长,肇庆市副市长、政协副主席等职。获全国劳动模范、全国卫生文明建设先进工作者、广东省科技有突出贡献专家等荣誉。

医术精湛传四方

梁剑波家世代行医。他的父亲不仅有着高明的医术，对梁剑波的培养也很具特色，从文学功底、中医理论、药理知识、临床实践、身体素质等方面系统培养。20岁时，梁剑波就取得中医师公会的执照，成为一位集书法、绘画、医术于一身的奇才。

梁剑波对广州中医药大学有着深厚的感情。1957年3月到广东中医进修学校进修时，梁剑波就参加了广州中医学院三元里校区第一栋学生宿舍和教学大楼的建设劳动，与广大师生积极投身学校建设热潮，一边学习一边劳动，不惧烈日与风雨。梁剑波当时到广东中医进修学校参加师资班培训学习，后来中山医学院肇庆分院成立，梁剑波在学院任中医教研室主任，被评为副教授。作为兼职教授，梁剑波长期参与带教工作，多次为全国进修生授课和开展专题讲座，如1984年广州中医学院举办全国中医骨干人才培训班，专程邀请梁剑波前来授课，梁剑波欣然答应，讲的是内伤发热的中医辨证施治。当梁剑波走上讲台时，学员们惊讶地发现这位专家竟空手而至，整整一个下午讲课都不用讲稿，但精辟的学术见地、丰富的实践经验深深折服了现场学员，学校电教中心当时专门录制的录音带成了全国各地学员的抢手货。如今，他培养的学生已成为广东中医药界的栋梁之材，如梁宏正、孙晓生等人，有的成为全国老中医药专家学术经验继承工作指导老师，有的获批全国名老中医专家传承工作室。梁剑波带领团队开展科研项目20余项，建设国家中医肾病重点专科，制定诊疗规范20种，临床路径4个，以及院内制剂益气启脾丸、益肾涤浊丸、痛得安等10个，并研发中成药复方黄芩片、保健品剑波凉茶王系列。

梁剑波笔耕不辍、著述甚丰，医学著作有《中医学讲义》《医述》《医学津梁》《公众诊所》《儿科百例》《妇科精萃》《五官新镜》《中医学简明史》《内科临床实用治则荟萃》《临床指南》，还创办《西江杏林》杂志。在长期的医疗实践中，梁剑波形成了鲜明的学术思想，主要概括为"正气论"——强调以人为本、正气为本、脾肾为本，扶正祛邪贯穿始终；"归脾论"——医贵整体，尤重脾胃，百病不治，求于归脾；"偶方论"——强调经方、时方各有特点，适者为用；以及"守机论""圆通论"等。

▲ 时任广东省副省长李兰芳出席梁剑波从医60周年纪念活动

与多位恩师成为忘年交

1957年3月,梁剑波当选为高要县第二届人民代表大会代表,被上级组织选派到广东省中医进修学校学习。进修期间,他在1958年、1959年两度被学校任命为医疗队副队长,协助邹剑琴队长赴广东潮州、惠州疫区参加抗疫救灾工作。后来,学校召开大会表彰了这群奔赴灾区救死扶伤的师生,梁剑波被评为"广东省先进工作者",获二等奖嘉奖。

学习期间,梁剑波有幸成为陶葆荪、黄耀燊、邓铁涛、罗元恺等人的学生,学业快速提升。邓铁涛是广东省中医进修学校教务主任,他讲课妙趣横生,分析问题言之有据,思路清晰新颖,梁剑波常被老师的博学多才深深吸引。三载岁月里,梁剑波和邓铁涛成为忘年之交。在担任肇庆地区中医院院长时,梁剑波曾去北京参加全国中医药会议,以恩师邓铁涛为榜样,为振兴中医奔走呐喊。晚年,由于过度劳累,梁剑波身患疾病,在广州陆军总医院住院期间,85岁高龄的邓铁涛不辞辛劳前往医院为学生把脉看病。

进修期间,梁剑波的另一位恩师是擅长妇儿科的罗元恺,时任广东省中医进修学校副校长。一个周末清晨,罗元恺带领学员到越秀山春游,梁剑波也随之一道前往。站在越秀山镇海楼的长廊上，罗元恺指着悬挂在正门上的对联念道："万千劫，危楼尚存，问谁摘斗摩星，目空今古；五百年，故侯安在，使我倚栏看剑，泪洒英雄！"

"这副对联在镇海楼见闻了几百年间的盛衰业绩史，是岭南书法家吴子复书写的，可谓南粤第一联也。"罗元恺喝了一口军壶里的水，望着梁剑波说："我看到你写的书法，是从'二王'入手，若你能跟岭南书法家吴子复学习隶书，将会百尺竿头更上一步啊！"梁剑波连连点头。

在20世纪80年代，梁剑波撰写《儿科百例》时，结合古代医家如《婴童百问》《幼科发挥》以及罗元恺的医案，对儿科惊风的理论和经验作了全面研究。罗元恺亲自为《儿科百例》作序："明朝时代鲁伯嗣著有《婴童百问》，为后世推崇。今有梁剑波的《儿科百例》刊行，先后争辉，且能结合当今之常见病多发病为例，并补充现代新知识加以阐述，比之鲁氏的《婴童百问》更为实用，影响更为深远。是书出版，定为洛阳纸贵，深受广大读者的热烈欢迎，故乐为序"。

1985年，罗元恺八十寿辰暨从医六十周年志庆之日，梁剑波以词祝寿："燮理阴阳臻耋寿，从医六十周年，苍生霖雨誉南天，妇科称泰斗，著述有名篇；桃李满门春不老，弘扬国粹中坚，良师益友记薪传，蟠桃欣盛会，拜献寿星前。"

1978年，有67人被广东省政府授予"广东省名老中医"称号，邓铁涛、罗元恺、梁剑波师生3人均榜上有名，梁剑波是当年获此殊荣年纪最小的一位，被称为名师高徒的典范。

治愈百岁谭天度

在1997年香港回归庆典活动中，年龄最大的嘉宾是广东省老领导、誉称革命"世纪松"的谭天度，这就不得不提梁剑波和他的缘分。

1950年10月，梁剑波被任命为高要县土改医疗队副队长，深入基层开展送医下乡运动。据当时高要县志记载："医疗队为村民注射预防针1300多人次，普种牛痘2400多人次。梁剑波带领的医疗工作队受到肇庆地区专员谭天度、叶向荣的嘉奖和表扬。"

梁剑波与谭天度两人年龄相差甚大，但酷爱文学、精通诗词歌赋的谭天度却与他十分投缘。梁剑波心中十分敬佩这位长辈，想不到这位革命家投笔从戎、博览群书，文学功底令人叹服。谭天度见梁剑波对中医那么执着，兴趣又广泛，

▲ 梁剑波（左一）与谭天度（左二）

十分赞赏这位年轻人。

1995年，年逾百岁的谭天度多系统衰竭，在广州治疗了一段时间，医院下达了病危通知书，谭天度便要求去肇庆找梁剑波。一晃已过几十年，谭天度还是惦记着这位才华横溢的医疗队长。两人见面后，不知不觉聊了一个小时。"谭老，您身体没有问题，脉象才60岁呢。"梁剑波拉着谭天度的手说。"是吗？剑波，你治病，我放心啊！香港将要回归祖国啦，我很想在见马克思之前去看看香港回归。"谭天度目光闪烁着期盼。

梁剑波采用扶正固本、温补脾肾的治疗方案，谭天度住院一个多月后病情逐渐好转，第二个月竟奇迹般地自己下床，到医院的草坪上活动。

随身携带听诊器和处方笺的副市长

担任肇庆市副市长期间，梁剑波用"中医脉诊三个指头"架起经济社会发展的桥梁，在招商引资中争取到不少项目和社会各界人士的捐赠，在郊区改水、妇幼保健、基层医疗、文物保护方面都做出了成绩，群众称他"身居庙堂，心系黎民"。尽管政务繁忙，梁剑波依然保持医生本色，坚持在家义诊，来者不拒，接诊病人过万。在他的公文包里，有两种常备的医疗物品：一是听诊器，一是处方笺，无论到哪都随身携带。

有一次，梁剑波下乡检查农村医疗工作，有村民突患血崩症，当地医务人员急忙进行抢救。梁剑波刚好路过，见情况紧急，立即要医务人员就地取二两棕榈皮，炒炭给病人煎水饮，并从公文包掏出银针，熟练地在病人的内关、三阴交等穴位进行针灸，很快把病人的大出血止住了。

1982年6月，梁剑波带队到黑龙江等地参观市容卫生工作，突然一个小孩捂着肚子在地上打滚，他立即上前检查，诊断是胆道蛔虫病。当场以银针刺百虫窝穴，使小孩很快解除腹痛，接着又为小孩开药方。

梁剑波宅心仁厚、诚恳待人，不管是谁前来求医，他都以礼相待。有人形容这些病人"入门忧心忡忡，出门满面春风"，非常形象地描绘了当代"大医精诚"的楷模。

参考文献

梁宏佐. 鸿儒：我的父亲梁剑波. 广州：花城出版社，2019.

孙晓生. 端州梁氏杂病世家. 广州：广东科技出版社，2016.

孙晓生. 梁剑波学术经验的中医特色. 新中医，1986，(10)：11—13.

孙晓生. 岭南名医风范. 广州：华南理工大学出版社，2010.

"黎医守卫者" 林天东
琼州经方流派掌门人

学人小传

林天东（1947—），字世光，海南万宁人。国医大师，中国中医科学院学部委员，全国名中医，享受国务院政府特殊津贴。出身中医世家，1978年在广州中医学院进修。历任海南省中医院院长、海南省中医药研究所所长等职。获全国中医药杰出贡献奖、海南省科技进步奖二等奖、中国民族医药学会科技进步奖二等奖、中国民族医药学会突出贡献奖、全国百名优秀医院院长、海南省有突出贡献优秀专家、海南省首届中青年科技奖、海南省优秀党员、海南省劳动模范等荣誉。

成才之路：扎根中医，锐意改革

林天东出生于海南万宁的一个医学世家，父亲林盛森在当地深受欢迎。林天东自幼受父亲医学渊源影响，熟谙《伤寒论》等中医经典，给人看病诊断精准又方出有据，逐渐获得了患者们的认可。当时，万宁还是一个物资匮乏的小县城，缺医少药，疾病横行，这更激发了林天东学医救人的决心。

1973年，林天东以第一名的成绩被海南中医院中医班录取。1978年，他继续北上求学，在广州中医学院进修班深造。从偏僻的琼州区到省府读书是当时所有海南学子的梦想，出身贫寒的林天东深知求学机会来之不易，每每挑灯夜读，学习成绩名列前茅。其同窗好友邓中光时常在家跟其父国医大师邓铁涛赞扬林天东，林天东的为人处世和中医学术造诣也得到了邓铁涛的赏识和认可，后来他得以拜于邓铁涛门下。

林天东回忆："一个农村的小伙来到省城求学，又遇到邓铁涛这样的恩师，是我这辈子最大的荣幸。"1996年林天东被任命为海南省中医院副院长，邓铁涛曾亲临海南看望，表示对这位弟子的认可和赞许。

1984年，林天东到北京中国中医研究院攻读研究生，拜在国医大师陈可冀院士门下，他的第一部中医专著《中医肝病与病毒性肝炎》便是在此时著成。此外，林天东在攻读研究生期间师从国医大师王琦院士，继承了治疗男科病、不孕不育症的相关学术思想，这也成了林天东日后的临证特色之一。

学成之后的林天东回到了海南省中医院，被任命为副院长。彼时的海南省中医院是一块"烫手山芋"：由于医疗市场的冲击、西医医疗设备的投入等，医院连续数年亏损；加上1995年海南省医改后很多中医项目不在医保范畴，导致中医院住院率骤然下降；工作量少又导致医务人员大量超编、业务不精；医院没有自己的中医人才队伍，没有中医优势学科和科室建设，中医院的招牌形同虚设……

中医院的改革发展之"脉"把不准，就没法辨证施治，接下来更会步履维艰。林天东随即召开医院全员大会，开始了医院改革的"三板斧"：首先是医院运行机制上的转岗增效、竞争上岗和扩建增容，其次是改"以药养医"为"以医养医"，再次是把"以患者为中心"融进医院发展的灵魂之中。

经过一番改革，海南省中医院以"中医"这张新名片再次被患者们认识并认可。林天东任职期间带领医院顺利通过三甲医院评审，医院门诊量以每年15%的速度递增，住院人数则以每年30%—40%的速度递增。此外，通过引

▲ 2015年，林天东（右）探望邓铁涛（中）合影

进及争取政府采购和筹集资金相结合，医院的医疗设备得到前所未有的改善，奠定了医院长足发展的基础。

为医之道：心系患者，革故鼎新

在海南，林天东是一位几乎家喻户晓的人物，并不是因为他的三甲医院院长、全国名中医等各种耀眼的职务和头衔，而是因为他把患者放在心尖上的医风。

林天东每周有6天安排出诊，在海南、珠海等多地频繁往返，有时夜间门诊看病到凌晨，这样的工作热情和工作强度，在他这样的年龄亦是少见。每次的门诊虽然都有限号，但林天东几乎从不拒绝患者们加号的请求，有时候跟诊学生们因心疼老师而劝他适当拒绝，林天东常常回答："我不管他们（指患者），他们怎么办？"平淡的一句反问，映照出林天东心系患者的大医情怀。

在林天东的门诊，调经（精）求子的患者占比90%以上，治疗不孕不育症有效率在80%以上，患者们亲切地称他为"送子观音"。对前来就诊的不孕不育症患者，林天东都不忘询问夫妻双方是否患有"地中海贫血"。地中海贫血症是一种隐性遗传的先天性贫血，海南是此病的高发地区。作为政协海南省第四届委员，林天东曾多次联合其他政协委员一起递交提案，呼吁关注地中海贫血症，将其纳入免费筛查的病种名单，最终该提案顺利被采纳。

林天东治学严谨，治参中西。从《黄帝内经》等中医经典，到金元四大家等历代医家的学术思想，林天东研习后都得其精髓为己所用。与此同时，他在学术上无中西医门户之见，抓住一切机会学习现代医学知识。临证时辨病与辨证相结合，善用经方，在治疗冠心病、男科病、妇科病、不孕不育症等及疑难杂症方面独有建树。

在中医理论上，林天东也常常独树一帜。医学界一般认为海南天气炎热，故温病、湿热病居多，林天东却认为南方暑热，世人食凉喜冷易伤脾阳，雨多湿重易伤阳气，所以南方阳虚、寒病者多，宜用伤寒方。基于这种认识，麻黄汤在林天东的手中灵活用于治疗肺系咳喘病变，治愈了不少患者。同样，小柴胡汤亦由林天东加减随心应手，以治外感内伤杂病及妇症男病。林天东还善师张仲景，用乌梅丸治疗各种肠胃疾患。

作为海南省中医男科学科带头人，林天东率先创建了海南省中医男科病研究治疗中心。他认为："男女异，异在经带胎产，而藏象一致；女疾男病，同

▲ 2016年，林天东为黎族百姓义诊

属阴阳八纲，而治法则一。"根据临床疗效，他创新提出"男方女用，女方男用"的诊疗方法治疗男、妇科疾病，进一步论证和丰富了中医"异病同治"理论。

林天东在临证之余亦笔耕不辍，著述甚丰，其担任主编、副主编的中医书籍累计70余部，发表论文百余篇，参与编写新世纪全国高等院校创新教材《外感病误治析因与病案分析》等10余部。2019年新中国成立70周年之际，林天东荣获"全国中医药杰出贡献奖"，是海南省中医药界唯一获此殊荣者。

人才培养：传承中医国粹，抢救黎族医药

作为一个土生土长的海南人，林天东赤诚地热爱着自己的家乡，时刻心系着海南中医药的发展。他也曾有机会留在北京、广州这样的大城市发展，但他还是选择回到养育自己的那片热土，回到了海南省中医院。

从基层医院走到省会城市的三甲医院，从普通的中医大夫成长为医院的管理者，从受教于中医大师到亲自带教学生……随着身份的切换，林天东身上的责任也越来越重。他逐渐意识到，除了自己努力之外，还要培养出更多的"铁杆中医"来建设海南的中医药事业，要把中医药的根牢牢扎在海南。

这些年来，林天东在临床工作中培养了很多学生。他以诊室为中医讲堂，为患者诊断完毕后，对抄方弟子说出处方名和药味加减，弟子迅速手写处方后交给老师审阅，中医基本功是否扎实、能否准确推求师意是一大考验，而老师查阅后作的修改，常常是学习的关键点。在林天东看来，带学生做临床还远远不够，他常常感慨由于海南省至今尚未创办中医药高等院校，中医药人才的培养举步维艰。但林天东没有因此止步，他带着学生们申请课题、搞科研，办培训班、传承中医学术思想。

黎医药是黎族的宝贵医药学文化遗产。林天东自幼采药，对很多黎药的生长特性及药用价值了如指掌。他在临床中常用黎药给人治病，收效甚好。但黎族没有本民族文字，其医药知识主要靠口头传授，这使黎医药知识在传承过程中容易产生误传和失传的现象。林天东意识到，如果再不对黎族医药资源进行抢救性挖掘，这项民族特色医药很可能面临断代的风险。于是近年来，林天东及其团队全面致力于挖掘整理黎药资源、黎族医药特色疗法，梳理黎族医药发展历史，并在相关部门的支持配合下进行黎药品种标准的制定工作等，取得了令人瞩目的成就。

林天东团队先后主编撰写《海南黎药》（共3辑）、《黎族医药概论》等

▲ 2003年，林天东（中）作为第三批全国老中医药专家学术经验继承工作指导老师收徒

书，建立了黎医药学的理论体系，填补了黎医药学理论的空白。他们首次将黎族医药分为"以巫师为医，以牛为药""以巫医为医，以草为药""以草医为医，以百草为药"三个阶段，同时生动展现了黎族草医的诊疗技法，将黎族草医丰富多彩的草药应用经验从深山老林搬到大众面前，丰富了中医药的体系。

一路走来，林天东用自己的实际行动诠释了"铁杆中医"的三层含义：坚定地选择中医之路、坚守并传承纯正的中医思维、以"铁人精神"为中医药事业无私无悔地奉献。

络学大医吴以岭

推动络病理论创新，挺起中医药脊梁

学人小传

吴以岭（1949—），河北故城人。中国工程院院士，全国名中医，广州中医药大学国家级重点学科中医内科首席科学家。任河北中医药大学终身名誉校长，河北医科大学学术副校长、络病理论创新转化全国重点实验室主任等职。中医络病学学科创立者和学科带头人，系统构建中医络病理论体系，开辟临床重大疾病治疗新途径，研发10余个国家创新专利中药。主编《络病学》教材，在国内外40余家高等医学院校开设络病学课程。创立中华中医药学会络病分会、中国中西医结合学会血管脉络病专委会等5个国家级学会的二级分会及130余家省市级络病学会。获全国中医药杰出贡献奖，国家科技进步奖一等奖、二等奖和国家技术发明奖二等奖等荣誉。

"这辈子就搞这东西了"

吴以岭出生于河北故城吴梧茂村的名医世家。其父吴世昇自幼师从德州名医，返乡后创办"脩德堂"开诊行医，悬壶乡里，擅长诊治中风、臌胀、出血等疑难重症，因其医术高超而闻名乡里。受家世影响，吴以岭自幼诵读医书，立志学医，救民济困。

1966年，高中一年级停课，17岁的吴以岭回到家中跟随父亲专修医术。因为热爱中医，他对中医论著《伤寒论》《金匮要略》《濒湖脉学》《王叔和脉诀》《黄帝内经》等出口成诵，还精读了《陈修园医书》《医宗金鉴》《医学衷中参西录》，自学高等中医院校教材。那时，他常常白天劳动，晚上借着一盏昏暗小灯学习到深夜。

1977年，高考恢复，吴以岭的人生也迎来转折点。他在短期内自学完高中课程，考入河北新医大学中医系。一年后，全国恢复招收研究生，吴以岭的班主任看他基本功扎实，劝他报考。3个月后，大学一年级的吴以岭成功考取南京中医学院，成为该校的首届研究生。从中学生到研究生，他在两年内实现了"三级跳"。

研究生期间，吴以岭的研究课题为"《金匮要略》活血化瘀方药研讨"。研究过程中，他发现书中使用的许多药物并没有活血化瘀功效，但疗效非常独特，查阅文献发现这些药物被称为通络药物，而虫药通络为其突出特色。因此，在完成硕士研究课题的同时，他深入络学研究，查阅古今络病文献后摘录了6000多张卡片。

络学研究肇始于《黄帝内经》，它首次提出"经脉""血脉""经络""络脉""络病"等概念，为络病研究奠定理论基础；汉代张仲景首创通络治疗方药，被后世称为"通络祖方"，络病证治由此微露端倪；清代叶天士提出"久病入络""久痛入络"，丰富了络病治疗方药。令人惊讶的是，络病研究两千多年仅有这三大里程碑，在这之外始终未形成系统的理论体系，正如清代医家叶天士感慨"遍阅医药，未尝说及络病"，"医不知络脉治法，所谓愈究愈穷矣"。络病研究成为历史留给当代的重大课题。

吴以岭深感络病理论作为中医学术体系的重要组成部分，具有重要的学术与临床价值，但又没有形成系统理论，属于相对空白的研究领域，所以下决心"这辈子就搞这东西了"。由此，络病研究成为他终生的研究方向。

1982年，吴以岭毕业时，南京中医学院由于没有金匮要略专业的学位授

▲ 吴以岭（左）为患者诊治

予点，所以委托广州中医学院组织答辩考核，并由广州中医学院为吴以岭发放硕士学位证书，自此吴以岭与广州中医药大学结下了不解之缘。

"中医的生命力在于临床"

吴以岭致力络病研究40余年，在络病研究三个里程碑基础上，系统构建络病理论体系——络病证治、脉络学说、气络学说。络病证治是中医络病学学科的理论基础，是络病的辨证论治方法体系；脉络学说和气络学说是中医络病学的两大学科分支，分别指导血管病变和神经—内分泌—免疫系统疾病防治。代表性专著《络病学》《脉络论》《气络论》均获中华中医药学会学术著作一等奖。其中，科技部"973计划"项目专家组鉴定意见指出，"脉络学说营卫理论形成了指导微血管病变性重大疾病防治的新理论，属于中医药学术研究的原创成果，取得中医药治疗微血管病变重大突破"。"中医脉络学说构建及其指导微血管防治"获得2019年度国家科技进步奖一等奖。

截至目前，吴以岭已获得国家科技进步奖一等奖1项、国家技术发明二等奖1项、国家科技进步奖二等奖4项、省部级一等奖及其他科研奖项50余项。此外，他还因对中医理论原始创新及对中医药现代化、产业化、国际化发展的突出贡献，荣获全国中医药杰出贡献奖。

是院士，更是医生。"学术创新不能光停留在纸上，要实际解决临床看病的问题。"吴以岭说。于是，在创建中医络病学学科的同时，吴以岭积极推动络病理论在实践中的广泛应用。

吴以岭将络学付诸实践，致力于中医药的迭代进步。他及其领导的科研团队始终坚持以中医为主体，多学科交叉的科研思路，形成一种中医药创新转化模式——"理论+临床+新药+实验+循证"。在此思路下，他运用络病理论，指导研发了14个创新专利中药，其中10个列入国家医保目录，5个列入国家基药目录，共列入200余项指南共识，累计应用达13亿人次/疗程，在50多个国家注册销售，研制的通络方药经国际标准循证研究证实解决了一系列国际心血管病难题。文章发表于世界顶尖期刊，被称为"实现了百年来中医药国际化里程碑式突破"，为推动中医药现代化、产业化、国际化作出重大贡献。

吴以岭始终强调，"理—法—方—药"是中医辨证论治相互关联、不可分割的关键环节，这些研究内容一定是"姓中"。同时，随着科学技术水平的发展，实验条件和研究方法先进化、多样化，弥补了中医药在微观领域的不足，要多应用现代实验技术，将中医药的现代研究推向新的时代，借助国际标准循证医学研究方法，深入开展中医理论的科学内涵和临床客观证据研究。

在这一思想指导下，吴以岭作为项目首席科学家，主持完成了两项国家

▲ 吴以岭在北京人民大会堂领取国家科技进步奖一等奖

▲ 吴以岭运用络病理论指导研发的创新专利中药

"973计划"项目，并带领中西医科研团队先后主持承担了国家重大新药创制及省部级重点课题40余项，主编出版40余部专著，发表论文400余篇。2024年，吴以岭主持的"中医络病理论体系构建与创新转化"项目入选"中国工程院与大国工程"，充分肯定了络病研究在推动中医药现代化、产业化、国际化方面作出的重大贡献。让中医与时俱进，吴以岭一直在路上。

"学我者必超我"

致力于络病学科化建设，吴以岭在国内外40余家高等医学院校开设络病学的课程，在广州中医药大学也开设了络病学课程，推动络学的进一步体系化发展。自1999年招生以来，吴以岭已培养硕士、博士、博士后及师带徒传承人百余名，广泛分布于全国各地，可谓桃李满天下。

吴以岭对自己的学生严格要求，提出中医专业学生须具备5个素质：扎实的理论基础、丰富的临床经验、深厚的科研修养、良好的写作功底、上佳的演讲能力。他对络学弟子寄予厚望——"多读经典勤临床，穷格医理精微彰；发皇古义融新知，络学薪传有华章"，还经常用张锡纯的话勉励学生，"吾儒生古人之后，当竟古人未竟之业，而不能与古为新，俾吾中华医学大放光明于全球之上，是吾儒之罪也"，期望学生们能够不断超越自我，为中医药的振兴发展作出贡献。

吴以岭是河北医科大学、南京中医药大学、北京中医药大学的硕士和博士研究生导师。其中，广州中医药大学第一附属医院、广州中医药大学第二附属医院里就有吴以岭的师带徒传承人。

除此之外，吴以岭组织创建了中华中医药学会络病分会等团体，并在全国130多个省市形成万人规模的络病研究团队，在国外建立了络病学会，为中医药的国际化发展作出了重要贡献。此外，吴以岭以"传承、开放、创新、融合"为主题，连续召开20届国际络病学大会。在这里，络病学术思想、应用研究、教学进展不断呈现，医生们的创新智慧充分释放、创新力量充分涌流。

吴以岭坚持"道器变通，成就事业"的治学方法与理念，提出"以临床实践为基础、以理论假说为指导、以治疗方药为依托、以临床疗效为标准"的中医药发展规律，创立"理论＋临床＋科研＋产业＋教学"五位一体运行机制，"理论＋临床＋新药＋实验＋循证"中医药创新转化新机制，传承两千年中医络病理论与临床治疗之精华，借鉴当代科技，开辟临床心脑血管病、糖尿病等重大疾病治疗新途径。当代络病研究被誉为"中医络病发展史上第四个里程碑"，吴以岭被誉为"络病医学一代宗师"。从医一生，他将弘扬中医的远大志向寄情诗笔，有云：

岐黄医药佑华夏，千秋功垂岂容撼。
西风东渐几多劫，百年沉沦同国难。
中华雄起复兴梦，国医振兴首当先。
东风西渐遍环宇，光照全球岂遥远！

参考文献

吴以岭. 络病理论科学求证. 北京：科学出版社，2007.

吴以岭. 络病学. 北京：中国科学技术出版社，2004.

吴以岭. 脉络论. 北京：中国科学技术出版社，2010.

吴以岭. 气络论. 北京：科学技术文献出版社，2018.

吴以岭. 身体需要经营. 北京：科学技术文献出版社，2019.

首位中医议员陈永光

初心如磐务实笃行，传承引领使命在肩

学人小传

陈永光（1963—），香港人。出生中医世家，1983年在香港执业行医，开设医馆。后进入香港浸会大学修读，获中医学士与硕士学位；又在广州中医药大学师从刘小斌教授，获医学博士学位。专注于骨伤、重症肌无力研究，在颈性失眠领域取得显着成果。现任香港注册中医学会会长、香港中医中药界联合总会主席、世界中医药学会联合会监事会副主席、香港中文大学中医学院客座教授、广州中医药大学客座教授、广州中医药大学侨联荣誉主席等职。2022年高票当选香港立法会议员，成为香港回归后首位进入立法会的中医药界代表。参与编写《香港中医近代史略》《香港伤寒学术精粹》《香港针灸学术精粹》等中医著作。

世家熏染，勤学不辍

陈永光出生于中医世家，自幼深受中华传统文化影响。古书百草伴随其成长，使他根植于中医博大精深的土壤。陈永光师承名医梁森炎、伤寒名家谭宝钧、澄江针派赖永和。1983年，陈永光在香港执业行医，开设"陈永光医馆"，服务邻里，悬壶济世。彼时，香港尚未有公立大学开展中医药教学，陈永光先后获得香港中国国医学院5年制毕业文凭和香港大学专业进修学院基础医学证书。香港回归前，陈永光已经是小有名气的中医师，30岁便担任香港中国医药文化协会理事长。香港回归后，陈永光进入香港浸会大学修读，获得中医学士和硕士学位。之后，陈永光又前往广州中医药大学学习，获得医学博士学位。陈永光选择广州中医药大学，一则因其浓厚之中医文化与卓越之教学水平，二则得益于其与香港相邻之地理位置，便于交流与学习。在广州中医药大学，得遇恩师刘小斌教授，让陈永光深刻体悟中医经典的重要性，为其中医之路奠定坚实之基础，更奠定了陈永光的母校情结。

医术精湛，勇立潮头

陈永光注重发展中医药新质生产力，积极探索中医医疗的各要素有效整合，尤其是中医与现代科技的结合。人才培养方面，陈永光创新理念，推动发展中医教育，提倡培养具有跨学科背景的中医人才，鼓励中医学生参与科研与学术交流，为香港中医事业的发展注入新的活力。

在中医文献研究方面，陈永光具有很深的学术造诣，参与编写了《香港中医近代史略》《香港伤寒学术精粹》《香港针灸学术精粹》《香港孟河学术精粹》等众多中医著作。陈永光主持研究"中医诊治痹证学术源流探讨及文献整理与资料查询系统建立"项目，他从大量古籍文献中系统梳理中医诊治痹证的学术源流，整理历代名医对痹证的论述与治疗经验。该研究成果不仅为香港中医痹证研究提供重要的理论支撑，其建立的文献整理与资料查询系统也为后人研究痹证提供极大之便利，成为香港中医研究领域的重要里程碑。

医德高尚，仁心护航

医德是传统中医文化的重要组成部分。优秀的中医师更看重的是医德，若无德，则不配为医，因此修炼内心的本领亦极为重要。陈永光在香港面临新冠疫情严峻挑战时，积极带领中医药业界同仁参与抗疫，想方设法服务市民。2022年3月，陈永光带领香港注册中医学会与医管局试行合作，支持安老院院舍新冠中医诊治计划，缓解当时老年病患对医院急症室的压力。陈永光带领香港注册中医学会团队与民建联一起，在香港多区推行"中医遥距视像义诊服务"，帮助居家隔离的新冠患者。他还带领香港中医中药界联合总会主办"齐心抗疫——中医药途遥距诊疗服务"，为居家隔离新冠患者提供遥距诊治送药上门服务。2022年8月，陈永光与业界共同开展"中医药新冠复康诊疗计划"，为新冠复康者提供10次免费中医药诊治，服务新冠复康者。正是在陈永光的带领下，香港中医药界无畏风险，在香港这个中国面向世界的窗口，向全世界表明中医不仅能治未病，在传染病与急性病方面也有显着功效。

履职尽责，推动中医

陈永光多年来尽心竭力推动香港中医药的发展，现为香港中医药发展委员会委员，并从2021年起担任该会的中医业小组委员会主席。他曾于1999年出任香港中医药管理委员会委员纪律小组成员，2005年出任香港中医药管理委员会中药业管理小组委员，2011年出任香港中医药管理委员会中医组委员，并兼任中药管理小组委员，2013年出任香港中医药管理委员会委员，兼任中医组委员、中药管理小组委员，参与实施中药规管制度的工作，致力保障公众健康和消费者权益，并确立中医中药行业的专业水平。

陈永光致力于传播中医药传统文化，充分利用香港作为中西方文化交流重要枢纽的作用。他推动香港成为中医药文化国际交流中心，举办学术活动普及中医药知识，走进学校、社区讲解中医理论与养生方法，让中医药文化在香港这座国际化都市中广泛传播。他鼓励中医从业者参与国际交流，提升香港中医药影响力。陈永光曾于2018年统筹国际中医药香港高峰论坛，并为香港成功申办2021年第18届世界中医药大会。他在2019年获颁发香港特别行政区行政长官社区服务奖状，2020年获香港旅游发展局委任为香港国际会议大使，这些荣誉都肯定了他在中医教育、规管、发展等方面的贡献。

在2022年立法会议员补选中，陈永光高票当选立法会议员。这也是香港回归后首次有中医药界代表晋身立法会。他积极参与政策制定，全力为市民争取优质专业的中医药服务，努力为提升中医的政治与专业地位建言献策，着力

▲ 2022年12月19日，陈永光宣誓就职立法会议员

推动打造香港中医药在国际传统医学领域的品牌，积极推进中医药学术交流与人才培养，取得有目共睹的成绩，受到香港各界广泛认可。陈永光积极争取香港中医药发展资源，针对香港中医发展的短板，结合打造粤港澳大湾区中医药高地的背景，充分利用香港背靠祖国面向世界的优势，为推动中医药加快发展提出了多项议案，主持推出了3份关于香港中医药发展的倡议书，其多数意见建议被香港特区政府采纳。

陈永光作为香港中医药界重要代表人士，多年来秉持爱国爱港传统，团结带领业界人士，致力于维护香港繁荣稳定，促进香港中医药事业发展。

「中医粉」姆萨·姆里瓦·阿哈马达

月亮之国的「驱魔人」，搭建中非友谊之桥

学人小传

姆萨·姆里瓦·阿哈马达（MSA MLIVA AHAMADA）（1963—），科罗摩国人。广州中医学院1984级本科生，专业为中医学。曾任科摩罗卫生部总监局局长。现任世界卫生组织驻科摩罗代表处卫生顾问，科摩罗—中国友好协会主席。为解决疟疾防治难题，在科摩罗大力推广青蒿素复方全民服药项目。不断在国际场合上为中国发声，为深化科中友谊作出积极贡献。

从科摩罗到广州

1982年，在遥远的非洲小岛上，一位名叫姆萨·姆里瓦的科摩罗青年正在埋头苦读。科摩罗全年高温，酷热成为他日常生活的一部分。姆萨由姑母抚养长大，他的成长之路充满了艰辛。他的母亲因医疗资源匮乏，不幸离世。

这一经历让姆萨深感痛心，同时也让他坚定了学习医术、帮助科摩罗人民减少病痛折磨的决心。

遗憾的是，科摩罗的医学教育条件有限，姆萨必须去国外留学才能得到更专业的学习与训练。面对这一困难，姆萨感到有些无助。就在姆萨感到迷茫之际，他偶然间得知中国大使馆正在招募公派留学生的消息，这无疑为他打开了一扇通往医学殿堂的大门。姆萨毫不犹豫地前往中国大使馆报名，凭借多年的刻苦学习和不懈努力，他成功获得了前往广州中医学院学习的机会。

求学的过程自然充满艰辛，但年轻的姆萨撑了过来，他在中国度过了10年的求学时光，最终成功地获得了博士学位，为自己的医学梦想写下了浓墨重彩的一笔。

▲ 姆萨在学校三元里校区正门

▲ 李国桥与姆萨

攻破科摩罗疟疾防治难题

在广州中医学院的学习经历使姆萨积累了深厚的医学知识。这些宝贵的医学知识储备助力他逐步成为科摩罗卫生部总监局局长。

2006年,一次偶然的机会,他听闻李国桥在坦桑尼亚成功推广青蒿素复方全民服药(FEMSE)项目的消息。姆萨内心异常激动并立刻向这位老校友发出诚挚邀请,希望借助李国桥的专业知识与经验,为科摩罗疟疾防治的困境带来曙光。

在姆萨的办公室里,李国桥详细介绍了 FEMSE 项目在柬埔寨的试点成果,在那里,FEMSE 项目取得了巨大成功。仅一年时间,人群带虫率便下降了 95%,且再无人因疟疾而丧生。看着李国桥展示的国际期刊论文和媒体报道,姆萨下定决心,将全力推动这一项目在科摩罗的落地实施,为这片土地上的人们带来健康和希望。

中国及其深厚的中医药文化对于科摩罗来说是一个陌生的领域。面对这样的现实情况,姆萨并没有退缩,他积极行动,决心让中医药的精髓在这片土地上生根发芽。姆萨四处奔波,不辞辛劳地拜访科摩罗医学界的各位专家与领导,通过详尽的解释与真实的疗效数据，逐步揭示了中医药的魅力和FEMSE项目的可行性。

随着时间推移，越来越多的科摩罗医学专家开始理解并接受这一与传统抗疟方式迥异的中国方案。其中，时任副总统兼卫生部长的福阿德·穆哈吉更是对姆萨的努力表示了坚定的支持。福阿德·穆哈吉的理解与支持，无疑为中医药与FEMSE项目在科摩罗的推广奠定了坚实基础。

然而，当地的西方势力与世界卫生组织却对FEMSE项目持反对态度。他们认为："为没有患病的人提供药物，违反了医学伦理原则。"面对这样的质疑与阻力，姆萨并没有退缩。他反复耐心地解释中医药的整体观和辨证施治的理念，强调在科摩罗疟疾高发的情况下，全民服药不仅是最有效的防控方式，也是最经济的选择。他坚信，通过集体服用三轮青蒿素复方，科摩罗人民将有望彻底摆脱疟疾困扰，这对他们的健康与科摩罗经济社会的发展都是有利的。

在姆萨的坚持和穆哈吉的支持下，科摩罗的医学界逐渐达成共识，并成功地将中医药纳入了科摩罗《国家卫生法》。同时，经过近一年的沟通与准备，FEMSE项目也终于在科摩罗正式落地。从此，中医药的智慧将在这片土地上绽放光彩，为科摩罗人民的健康福祉贡献力量。

实现疟疾零死亡的"壮举"

"项目试点我们选择了莫埃利岛。"岛上居民不多，仅3.7万余人，这样的规模既便于项目实施与监控，同时也有利于快速打响项目名气，迅速提升科摩罗人民对FEMSE项目的信心，为后续工作奠定坚实基础。"当然，我们也明白岛上条件相对较差，物资供应略显匮乏。"

面对这些挑战，姆萨异常坚定："尽管条件有限，但我们始终与你们同在。如果有任何需要，可以随时与我联系。"他特地召集了莫埃利岛卫生厅长法提户，向他详细介绍了项目组及其工作，并再三嘱咐务必全力关照中方专家，尤其是要确保他们在当地的人身和财产安全。姆萨深知，这一项目的成功实施将给莫埃利岛带来前所未有的益处，让当地人民彻底摆脱疟疾折磨。

在妥善安排好项目组后，姆萨又迅速投入另一项重要工作中：辟除谣言和引导舆论。首都的一些不实言论试图破坏项目的公信力，称中国人拿科摩罗人做实验。面对这些不实言论与质疑，姆萨与穆哈吉副总统联手，一次又一次地澄清事实，强调中国方案的可靠性和已取得的显著成果。"这一方案已在中国得到验证，并在柬埔寨、越南等地成功试点，其效果得到了国际社会的广泛认可，相关成果也已在国际学术期刊上发表。"姆萨一次次向公众解释，"这是科摩罗人清除疟疾的好机会，我们应该跟中国人一起努力。"

面对质疑与挑战，姆萨始终保持着冷静与坚定。药监局局长法祖尔笑称他为FEMSE项目的"大使"，姆萨听后也忍不住哈哈大笑，他知道，这份荣誉与责任将激励他继续前行。

终于，在2007年11月，服药工作正式启动。连续三个月的时间里，目标区域的人群全体服用了三轮青蒿素复方。令人振奋的是，莫埃利岛的疟疾发病率大幅下降95%，蚊媒带虫率更是降至0，实现了疟疾零死亡的壮举。这一实实在在的成绩让所有质疑声都烟消云散，姆萨与中方团队一同欢庆这一里程碑式的胜利。他坚信，这是一条正确的道路，将带领科摩罗人民走向更加健康、更加美好的未来。

中医药国际化的坚定推动者

在莫埃利岛取得显著胜利后，原本持反对态度的世界卫生组织转变了态度。他们积极回应，捐赠了2万顶蚊帐，以进一步强化病媒控制，巩固莫埃利岛的成果。

▲ 姆萨作为科摩罗代表参加中阿卫生合作论坛

▲ 姆萨代表科中友协向时任驻科摩罗大使何彦军转交捐款

姆萨也因引入中医、在科摩罗三个岛屿成功实施 FEMSE 项目而声名远扬，受邀加入世界卫生组织，担任卫生体系建设顾问，这一角色赋予了他更多的国际话语权。

在世卫总部瑞士以及肯尼亚、卢旺达、土耳其等地，每当有人对中医造谣或表示蔑视时，姆萨总是毫不犹豫地站出来为中医辩护与发声。让他感到欣慰且振奋的是，中医药的国际影响力正在日益增强。在美国、欧洲等地，刮痧、拔罐、针灸等疗法已经逐渐成为人人赞誉的疗法，中医药正在得到国际社会的高度评价。非洲拥有丰富的传统医药资源，姆萨坚信中医药在这片土地上有着广阔的发展空间和无限的发展前景。

在 2024 年广州中医药大学境外校友联络会成立大会上，姆萨被选为荣誉会长。他讲道："我深感责任重大，将一如既往地以青蒿素的推广应用为突破口，积极推动中医药与非洲传统医药的合作，促进双方高层交流，推动中医药国际化，让中医药的发展成果惠及更多的好朋友、好伙伴，共同开创中医药发展的新篇章。"

筑牢科中健康与团结之桥

姆萨的内心深处始终与中国人民紧密相连。为了深化科摩罗与中国的文化交流，他创立了科中友协。在新冠疫情肆虐全球、中国面临严峻挑战时，友协成员不辞辛劳，跑遍了科摩罗的每一个角落，希望能够筹集到一些口罩，为中国送去一份微薄但真挚的援助。然而，由于科摩罗的医疗产品几乎全部依赖进口，且当时新冠疫情已侵袭科摩罗，全国上下都面临着口罩紧缺的困境，友协成员跑遍当地的超市和药店也没有买到。于是，科中友协转向中国大使馆捐出了"象征性"的100欧元。

礼虽"轻"，但对于这个非洲岛国，却代表着其对中国人民的深深情意。

后来，姆萨了解到青蒿素哌喹片在治疗新冠方面具有一定疗效。他立即与当地卫生系统紧密合作，推动将该药作为紧急用药纳入治疗方案。这一举措为科摩罗在严峻的新冠疫情中带到了一线曙光，也为科摩罗与中国在医疗健康领域的合作增添了新的篇章。

姆萨始终坚定站在中国一方，并多次在国际场合上代表科摩罗人民表达对中国的热爱："所有科摩罗人都是中国的朋友，自两国建交以来，科摩罗人民对中国的深情厚谊从未改变。科中友协愿继续发挥民间力量，为深化科中友谊作出积极贡献。"姆萨的征程依旧在前方延伸，但此刻，他的道路上已经洒满了更多的光明和希望。

"澳国中医弄潮儿"薛长利

上下求索谋新路，严谨循证医名扬

学人小传

薛长利（1965—），广东汕头人。1987年毕业于广州中医学院，2000年在澳大利亚皇家墨尔本理工大学（RMIT University）获得博士学位。RMIT杰出教授。创建RMIT大学中医系，任RMIT大学STEM分校国际事务副校长，澳大利亚中医药管理局局长等职。长期致力于推进中医在澳大利亚的合法注册管理，推动中医药教育标准、循证实践指南和国际疾病分类发展。获世界中医药学会联合会国际贡献奖，RMIT校长研究卓越奖，澳大利亚政府大学教学奖等荣誉。

少年立志，探索中医药国际化的"共同语言"

20世纪80年代，国内大学录取率普遍较低，医学发展相对缓慢，想考上医学类院校更是难上加难。但薛长利非常坚定选择报考中医学专业，因为中医药给他带来了健康，他真切地体会到中医药的神奇疗效，所以想把这个中华文化精粹传承下去。经过自己的努力，薛长利来到广州中医学院求学，与广州、与中医结下了不解之缘。

在广州中医学院求学期间，薛长利成绩优异，毕业后便直接留校任教，成为一名年轻的教师。怀着对教育的满腔热忱和对学生的深厚情感，他全身心投入教学工作中。每一堂课，他都精心准备、用心授课，深受学生的喜爱。在教学中，他注重理论与实践相结合，努力培养学生的实际操作能力和创新思维能力，成为无数学生心目中的良师益友。

1993年，薛长利怀揣对中医药的深厚情感和对知识的渴望，踏上了前往澳大利亚的求学之旅，在皇家墨尔本理工大学（RMIT）攻读博士学位。留学期间，薛长利发现国内外的中医环境差异较大，大洋彼岸的澳大利亚人较少接触中国，认为中医不可信的民众比比皆是。

▲ 薛长利（中）担任世界卫生组织《国际疾病分类》第十一版传统医学术语委员会共同主席

正当薛长利一筹莫展时，时任皇家墨尔本理工大学生物医学和健康科学学院院长 David Story 教授看出了他的失落："我们要得到别人的认可和支持，就必须跟他们有共同语言。"

一语惊醒梦中人。薛长利开始从研究方向下手，选择循证医学作为科研方向并不断为之奋斗。事实证明，经过近30年的实践，循证医学确能成为推动中医药国际化传播的"共同语言"。

薛长利知道，要让中医药真正走出去，就要制定更加国际化的中医药教育和临床标准，以适应西方国家的资源和环境，并符合当地的临床规范和药物管理要求。因此，他积极参与世界卫生组织中医术语和临床指南的制定工作，为中医药在国际上的传播提供了权威可靠的教材。他领导的研究团队专注于中医药的循证研究，尤其在针灸和草药治疗慢性呼吸系统疾病及疼痛管理方面取得了显著成果。这些研究不仅为中医药的现代化和国际化奠定了坚实的科学基础，更提高了中医药在国际医学界的认可度。

从零开始，在皇家墨尔本理工大学成立中医系

20世纪90年代的澳大利亚，中医药临床虽已经有了一定发展，但当时在维多利亚州，还没有公立大学开办综合针灸及中医药双学位课程。1996年，皇家墨尔本理工大学看到中医药研究的价值与潜力，率先开办了中医药专业。时任皇家墨尔本理工大学健康和生物医学学院执行院长的薛长利，从零开始，全程参与了中医系的创立工作。

薛长利带领团队，克服种种困难，成功地将中医药引入公立大学的高等教育和研究体系。中医系的成立不仅填补了澳大利亚在中医药领域的空白，也为中医药在澳大利亚的传播和发展奠定了坚实的基础。在他的带领下，皇家墨尔本理工大学的中医系迅速发展，成为澳大利亚中医药高等教育的标杆。

在推动皇家墨尔本理工大学中医系发展中，薛长利不仅非常重视国际学术合作，与美国伊利诺伊大学的 Harry Fong 教授和加利福尼亚大学洛杉矶分校的 Ka-Kit Hui 教授建立了深厚的伙伴关系，同样非常注重与母校广州中医药大学的联系，与母校在中医药教育、科研和临床应用等多个领域展开了深度和长期的合作。

后来，在薛长利和广东省中医院时任院长吕玉波、副院长卢传坚以及温泽淮、赖世隆等教授的共同推动下，皇家墨尔本理工大学与广东省中医院开始了

▲ 成立 RMIT 健康科学研究中心

长达 15 年的合作。

2013 年，皇家墨尔本理工大学与广东省中医院共同成立了由中国国家中医药管理局批准和专项支持的首个中医药国际研究中心——"中澳国际中医药研究中心"（CAIRCCM）。该中心依托两方的长期合作，推动中医药教育、研究和临床的发展。

上下求索，领航澳大利亚中医药立法改革

在澳大利亚中医药立法改革方面，薛长利同样发挥了关键作用。在澳大利亚全国实行中医药管理之前，薛教授协助维多利亚州率先成立了州中医注册委员会，并担任委员和副主席，为中医药的注册和管理积累了宝贵的经验。经过十年的不懈努力，2011 年澳大利亚正式成立了澳大利亚中医药管理局（Chinese Medicine Board of Australia，CMBA），实现了中医药在全国范围内的立法和规范管理。薛长利被澳大利亚联邦卫生部长委员会任命为澳大利亚中医管理局首任局长，并连任三届至 2021 年。

作为中医药管理局局长，薛长利积极与其他管理局和澳大利亚健康从业者监管局（AHPRA）建立稳固的合作关系，推动了中医药行业的规范化发展。

在他的领导下，CMBA 逐步完善了中医从业人员的管理规范和标准，包括中药术语的标准化、临床指南的编制，以及对中医从业人员的严格注册制度，确保了中医药在澳大利亚的合法性和科学性。他的努力大幅提升了中医行业在澳大利亚的社会地位和公众认可度，并通过引入严谨的管理制度，提高了中医药的治疗质量和安全性。

此外，薛长利还参与了新的中药使用指南的制定工作，这些指南详细规定了生药、草药提取物和成药的使用规范，旨在降低不合格标签和非专业操作给患者带来的风险。他的工作不仅赢得了澳大利亚社会的广泛赞誉，也为其他国家的中医药管理提供了宝贵的经验和借鉴。中医药在澳大利亚的迅速发展，为中医药的国际化树立了典范，充分展现了中医药在国际医疗领域的巨大潜力和重要价值。

笔耕不辍，潜心科研破难题

薛长利在中医科研方面的成就斐然，共发表了 400 余篇文章，其中 SCI 文章近 300 篇，专著超过 30 本，其研究成果被引用 1 万多次；多次获得澳大利亚国家级科研项目，连续多年均为全球相关学科最佳 2% 研究者之一。

其中，薛长利与墨尔本北方医院合作，深度探讨了针灸在急诊环境中的应用潜力，并在多个高影响力的期刊发表论文。例如，发表在《澳大利亚医学杂

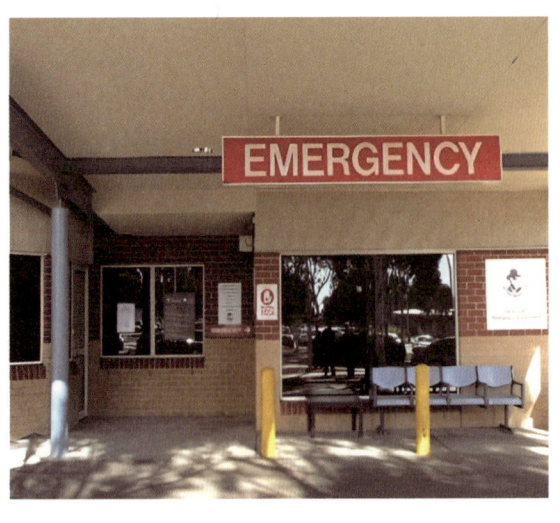

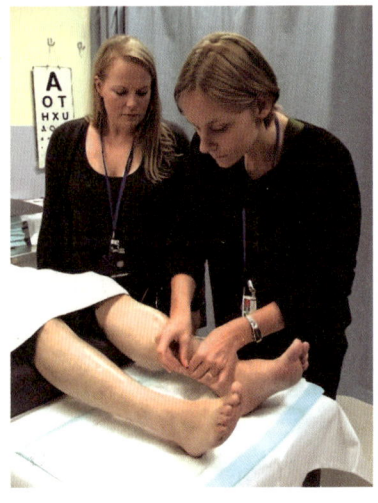

▲ 薛长利的研究团队在墨尔本北方医院急诊室进行针灸项目

▲ 世界卫生组织第一次国际传统医学分类会议

志》的《针灸在急诊科的镇痛作用：一项多中心、随机、等效性和非劣效性试验》，证实了针灸是一种安全且可接受的镇痛形式。而 2020 年，薛教授和母校的科研团队系统评估了针灸和指压对癌症疼痛的影响，结果表明这些疗法显著改善了癌症患者的疼痛情况，并减少了镇痛药的使用。

在 2010 年至 2015 年的六年间，薛长利还主持了一项关于标准化人参提取物对中度慢性阻塞性肺病（COPD）患者影响的随机双盲实验，获得了澳大利亚国家健康与医学研究委员会（NHMRC）的资助。在对 COPD 课题的深入研究中，薛教授与母校紧密合作，共同开展了多项关于 COPD 的重要研究，并成功发表了多篇涵盖随机对照试验（RCT）的权威文章。这些研究成果不仅极大地丰富了中医药的理论体系和实践经验，更为中医药的现代化和国际化发展提供了坚实的科学依据和有力支持。

2019 年，薛教授团队在知名医学期刊 Thorax 上发表了一项具有里程碑意义的研究成果。这是一项为期 52 周的多中心、随机、双盲、安慰剂对照的临床试验，旨在全面比较人参胶囊与安慰剂对中度 COPD 患者的治疗效果，为高质量的中药临床试验建立了科学规范的方法学基础。

此外，薛长利多次成功举办全球性中医药学术会议，其中包括首届世界中医药大会，该会议汇聚了八百多位来自世界各地的中医药专家和学者，交流和分享了中医药的最新研究成果和应用经验。通过举办这些高水平的学术研讨会，薛教授不仅加强了中医药学界内部的沟通与合作，更为中医药的全球化发展搭建了崭新的桥梁，提供了宝贵的契机和平台。

参考文献

SHERGIS J L, THIEN F, WORSNOP C J, et al. 12-month randomised controlled trial of ginseng extract for moderate COPD. Thorax, 2019, 74(6): 539-545.

COHEN M M, SMIT D V, ANDRIANOPOULOS N, et al. Acupuncture for analgesia in the emergency department: a multicentre, randomised, equivalence and non-inferiority trial. Medical Journal of Australia, 2017, 206(11): 494-499.

HE Y, GUO X, MAY B H, et al. Clinical evidence for association of acupuncture and acupressure with improved cancer pain: a systematic review and meta-analysis. JAMA Oncology, 2020, 6(2): 271-278.

"医心人"胡镜清

传承创新并举,中西医学并重

学人小传

胡镜清(1965—),二级研究员,享受国务院政府特殊津贴。1998年毕业于广州中医药大学,获博士学位。曾任"973计划"项目首席科学家、中国中医科学院首席研究员、中国中医科学院中医基础理论研究所所长、中国中医药科技发展中心主任、世界中医药学会联合会临床疗效评价专委会会长等职。主要研究方向为痰瘀互结相关病证诊治规律。获国家科技进步奖、省部级及以上科技成果奖励10余项,发表论文200余篇。

▲ 博士研究生毕业留影

牵头制定冠心病相关多项标准

胡镜清是广州中医药大学1995级博士研究生,师从中西医结合知名专家赖世隆。在校期间他成绩优异,跟随导师进行了循证医学在中医药领域的应用研究及中医药防治阿尔茨海默病的药效机制研究。毕业后,胡镜清在临床药理研究所工作期间,参与"补肾法为主治疗Alzheimer氏病的研究",该项目获得广东省科学技术奖二等奖。

胡镜清一直致力于应用临床流行病学/循证医学构建适应中医药理论构筑与诊疗模式特征的临床研究方法学研究和推广应用,已发表相关论文数十篇。他首次应用AHP(层次分析法)方法确定证候诊断标准的权重,至今已经成为公认的方法,主持完成中华中医药学会团体标准《基于病证结合的中医证临床诊断标准研制与应用规范》并发布。他所作专著《临床研究方法实践精要》出版不到一年,三次重印,发行超过4000册;作为副主编的《患者报告结局的测量:原理、方法与应用》荣获2016年度"杏林杯"中华中医药学会著作奖;主持的祛寒除湿散、金花清感颗粒等20余种中药新药临床研究获批新药证书。

胡镜清还牵头制订了量化、有循证医学证据支撑的《冠状动脉粥样硬化性心脏病痰瘀互结证临床诊断标准》《冠状动脉粥样硬化性心脏病痰湿证临床诊断标准》等多项中华中医药学会团体标准，为规范、量化辨识冠心病痰瘀互结证、痰湿证等提供了方案。他还以此为基础研制《基于病证结合中医临床诊断标准的研制和应用规范》，为中医药行业证候诊断标准研制提供了方法学借鉴。胡镜清还以中国中医科学院广安门医院GCP中心为基地，建立了中药新药临床研究者工作站，引进Oracle公司的OC/RDC软件，建立了符合国际标准的数据管理系统，指导构建中药新药临床研究规范及质量控制平台。此外，他参与中医临床科研信息系统的研究，推广实施到16家国家中医临床研究基地、国家中医药管理局直属直管医院等20家医院14个重点病种的10余万临床病历数据，获得国家科技进步奖二等奖。

率先提出中医常见病的分类框架

胡镜清认为中医学的传承创新发展首要是"衷中"，并在此基础上"融西"促进中西医融合，不断提高治病疗效。他强调对中医原创理论的"归真"研究及应用。

胡镜清主编的《中医学原理通论》，系统地总结了近年来中医基础理论的研究成果，溯本求真，努力还原中华历史文化视域下的中医学科学原理，填补了用通俗的语言权威解读中医学的空白，深受好评。

同时，胡镜清在系统梳理病机辨识源流的基础上，解析"病机"的本义应是疾病发生、发展、变化的"枢机"，是治疗的"扳机点""触发点"。他归

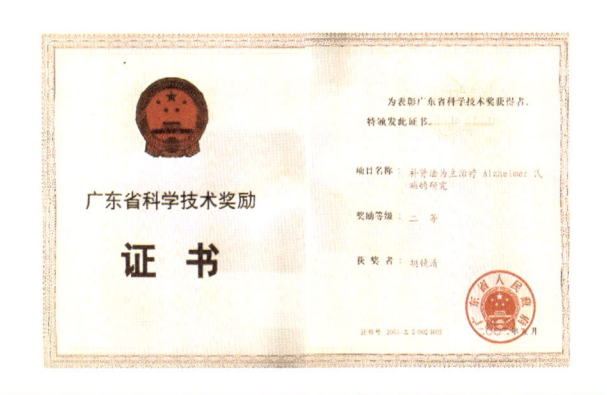

▲ 在校工作期间获得科技奖励证书

纳并总结出"潜藏于内，变动不居"是病机的基本特征，"辨识病机"是临床诊查疾病的中心任务，"调机复常"是中医治疗的守则，从而从根本上解决了"病机的本质特征"这一困惑大家多年的难题。

在此基础上，胡镜清率先提出了中医常见病的分类框架。他带领研究团队根据疾病发生三个不同阶段，总结出三类12种常见病机，其中疾病发生类病机5种。该分类框架的提出，解决了既往病机研究中分类层次结构不清、常见病机不明等难题，为建立以病机为核心的中医临床诊疗体系奠定基础。

作为广州中医药大学中西医结合专业的优秀毕业生，胡镜清认为未来的医学应该是在健康医学大"道"下中西医融合创新的新医学，应该是"病证结合，机理互参"。病证结合是西医的病和中医的证的结合，机理互参则是指中医的"生机"和西医的"生理"与中医的"病机"和西医的"病理"的相互参照，才能更全面把握生命现象和疾病变化规律。

近年来，胡镜清选择冠心病等重大疾病的痰瘀互结证进行研究，在痰瘀互结证理论、诊断标准、演变规律与生物学基础、新药研发等方面开展了系统研究。他首次提出冠心病"痰瘀兼化"病机理论，证实了痰瘀互结证在冠心病发生发展中的核心地位，揭示冠心病发生发展全程痰瘀病机演变规律，即"早期湿化，活动期热化，后期虚化"。该项临床研究是目前国内外样本量最大、涵盖冠心病发生发展全程、横断面调查和纵向追踪相结合的冠心病病机演变临床流调，为重大慢性非传染性疾病病机演变规律的临床研究提供了成功案例。

胡镜清主持研发的金玄安脉方单品种专利转让经费逾千万元。2023年，他系统总结近三十年学界痰瘀互结研究进展，发表论文《痰瘀互结证新论》，在痰瘀互结证的概念、病因病机、分期分型、治疗等方面都有新的阐发，引起行业广泛关注。胡镜清的《病机兼化理论框架下的冠心病病机解析》入选2020年度中医药百篇优秀论文；《痰瘀互结证治理论源流考》被评为中国中医科学院最具影响力论文；各类研究成果先后荣获中国中西医结合学会科技进步奖二等奖、中国医药教育协会科技创新奖一等奖等多项奖励。

胡镜清与广东省中医院开展研究合作，积极参与国家湿证重点实验室建设。他主持的项目"湿证理论源流和理论体系研究"获得湿证国家重点实验室资助，研究结果已相继以论文形式在《中华中医药杂志》等杂志发表，共5篇。

胡镜清对中医药充满了热爱。他一直秉承广州中医药大学"汲古求新、笃学精业"的大医精神，始终致力于将脱胎于古代东方文明的中医药理论及其指导下的中医诊疗实践发扬光大。他的研究聚焦于"证候与病机"这一中医理论的难题，并应用临床流行病学/循证医学方法开展系统研究，他是中西医结合的先行者和开拓者，是推动中医药现代化研究的优秀楷模。他始终把"做难事、必有所得"作为座右铭，坚信事不畏难、行不避艰，只要肯努力，必有所成、必有所获。

参考文献

ZHANG F, LI Z, GAO P, et al. HJ11 decoction restrains development of myocardial ischemia-reperfusion injury in rats by suppressing ACSL4-mediated ferroptosis. Frontiers in Pharmacology, 2022, 13: 1024292.

胡镜清."热结血脉"概论.世界科学技术：中医药现代化，2019，21（10）：2005—2008.

胡镜清.病机兼化理论框架下的冠心病病机解析.中国中医基础医学杂志，2017，23（1）：4—7.

胡镜清.临床研究方法实践精要.北京：科学出版社，2016.

胡镜清.痰瘀互结证新论.中国中医基础医学杂志，2023，29（1）：12—13.

胡镜清.中医学原理通论.北京：人民卫生出版社，2022.

胡镜清，韩晶岩.痰瘀互结基础与临床.上海：上海科学技术出版社，2023.

胡镜清，王传池，段飞，等.冠心病痰瘀互结证宏观诊断标准研究.中国中西医结合杂志，2016，36（10）：1164—1168.

张伯礼，李振吉.中国中医药重大理论传承创新典藏.北京：中国中医药出版社，2018.

"香江中医"卞兆祥

打造国际化中医人才的"梦工厂"

学人小传

卞兆祥（1966—），江苏盐城人。1994年毕业于广州中医学院，获博士学位。毕业后留校任教。现任香港中医医院院长，香港浸会大学协理副校长（中医药临床）、中医药讲座教授、曾肇添中医药临床研究教授，香港中药创新研发中心主任等职。主要从事中医药治疗消化系统疾病的临床研究、临床基础研究及新药研发等。获国家科技进步奖二等奖等多项科研奖励。

现代科技助力中医药研发

卞兆祥的中医药知识浸润,来自中国三大知名中医药学府。他分别取得南京中医学院中医学学士学位、北京中医学院中医学硕士学位、广州中医学院医学博士学位。2001年,卞兆祥在广州中医药大学积累了临床与研究经验后,加入了香港浸会大学中医药学院。他不仅是中医药临床研究者、肠道微生态失调领域的中医药研究学者,同时也是把中医药与医疗卫生健康管理体系结合的倡导者。

秉持"大医精诚"的理念,卞兆祥不仅以医助人,解除疾患,还积极投入中药创新研发当中,冀望为更多患者找到医病良方。近年来,他积极将现代科技运用于中医药研发,推进跨学科研究。

卞兆祥曾说过:"我是一个医生,在浸大的中医诊所中,我应该算是看得快的医生,即使再快,一个下午最多也就看二三十个病人。我常常在想,如果有药,照顾到的病人数量、覆盖面就大不一样,药可以去帮助治疗更多病人。"正是这样的想法,推动他在科技创新的道路上不断前行。

2020年9月,卞兆祥的团队获得香港创新科技署资助,依托"Health@

▲ 卞兆祥(右二)研发"CDD-2107"新药

InnoHK"创新香港计划,成立中药创新研发平台,这也是香港特区政府资助成立的唯一一个中医药研发平台。香港浸会大学卫炳江校长在中心开幕致辞中指出:"对于一个科研工作者来说,从研究到应用会有着相当大的距离。做基础研究,1000次的尝试中,如果有一次成功,就可以出文章了;而做应用研究,即使有999次的成功,但有一次失败,也需要找出问题所在,解决问题。"

卞兆祥认为,中药创新研发中心的重要任务之一就是要消除这种研究与应用之间的壁垒,将中医药产业化国际化。"政府的创新投资政策,加上未来社会资本的介入,以及我们的研发工作,三者结合起来,不仅对浸大的研究产生重大影响,也会在社会上彰显浸大的实力,显示中医药的效用。"

目前,中药创新研发中心将治疗肠胃及免疫相关的药物研发作为主要研究重点,力求在中国和美国获得注册,期望为更多的患者找到医病的良方。

中医临床试验的推行者

在广州中医学院学习期间,卞兆祥积累了丰富的临床和研究经验。这些经验为他后来加入香港浸会大学中医药学院从事中医药治疗与临床研究工作提供了宝贵的资源。卞兆祥在临床研究经历中,意识到进行高水平中医药临床研究的迫切性,于2014年推动成立香港中医药临床研究中心,后来成为中心首位主任,是中医临床试验的设计、实施和报告规范领域的推行者。

卞兆祥制订了中医药临床研究报告的系列指南,这些指南包括临床研究方案制定、临床试验注册、临床研究结果报告和临床研究结果的系统评价等。此外,卞兆祥还于2019年正式申请并获批加入旨在提高卫生研究质量及其透明化的国际EQUATOR协作纲,并成立了中国EQUATOR中心,以期提高包括中医药临床研究在内的卫生研究的总体质量水平。

面对前所未见、突如其来的新冠疫情,卞兆祥带领团队开展临床研究,对19000多个病人持续观察,推动病毒研究工作,对新冠疫情后续发展情况进行持续研究。卞兆祥认为,中医药治疗新冠取得了良好效果,包括美国、加拿大、德国等国家,都有相关医疗机构在提供中药,以对抗新冠疫情。

推动建设香港中医医院

卞兆祥长期致力于在香港成立中医医院。2024年1月,广东省中医院与香港中医医院签署战略合作协议，同年4月，卞兆祥率队前往广东省中医院访问交流。他与广州中医药大学副校长、广东省中医院院长张忠德，医院原副院长杨荣源等深入交流。双方就中西药相互作用制度建立、绩效管理制度、收费模式、名医工作室建立等方面展开探讨，并就下一步合作开展研究，共同推动粤港澳大湾区中医药创新和发展。

在中医药创新上，卞兆祥努力的脚步也不曾停歇。卞兆祥已注册超70项专利，在期刊、书籍和会议上发表了500多篇论文。他与香港中文大学合作，开发了一种治疗肠易激综合征的新药JCM16021，并于2014年获得了中国国家食品药品监督管理总局的临床试验许可，后于2016年转让给一家制药公司。他还获得包括中国国家科学技术进步奖二等奖在内的多项奖励。

入职香港浸会大学20余年，卞兆祥亲历并见证了五任浸大校长发展中医医院的执着梦想。所幸的是，念念不忘，终得回响。2020年7月，香港浸会大学获政府委任运营管理香港首家中医医院。目前，香港中医医院正在政府主导及香港浸会大学的支持下，紧锣密鼓地筹建，卞兆祥与他的团队，期望香港中医医院尽快建成，为市民提供优质的中医药服务，推进中医药在香港的发展，并为中医药走向国际而努力。

廣州中醫藥大學
1924-2024　100周年校庆